Er ist souverän wie Joschka Fischer. Er polarisiert wie Franz Josef Strauß. Er ist machtbewusst wie Gerhard Schröder, schlau wie Hans-Dietrich Genscher, ein Populist wie Oskar Lafontaine. Und er will Kanzler werden, wie Helmut Kohl, sein Vorbild: Roland Koch, der Musterschüler der CDU. Er wird verehrt, er wird verachtet – nur gleichgültig ist er kaum jemandem. Seine Fans halten ihn für das größte Talent der Union, andere für einen Kriminellen.

Hajo Schumacher traf Roland Koch erstmals Mitte der neunziger Jahre in Bonn und seither immer wieder auf Parteitagen, zu Interviews und Hintergrundgesprächen. Er hat mit Kochs Schulfreunden, politischen Weggefährten, mit Wirtschaftsbossen, Medienmachern sowie seinen politischen Gegnern gesprochen, die bereit waren, bisher Unbekanntes über den hessischen Ministerpräsidenten zu berichten: u. a. Helmut Kohl, Angela Merkel, Wolfgang Schäuble, Walter Leisler Kiep, Frank Schirrmacher, Florian Illies, Kai Diekmann, Volker Bouffier, Anke Koch, der Dalai-Lama, Rupert v. Plottnitz und Helmut Markwort.

Hajo Schumacher, geb. 1964, arbeitet seit über zwanzig Jahren als Journalist, u. a. für die *Süddeutsche Zeitung,* als SPIEGEL-Korrespondent in Bonn und Büroleiter in Berlin, zuletzt als Chefredakteur der Zeitschrift MAX. Derzeit arbeitet er als freier Journalist in Berlin, wo er über die Führungstechniken von Angela Merkel promoviert.

Unsere Adressen im Internet: www.fischerverlage.de
www.hochschule.fischerverlage.de

Hajo Schumacher

Roland Koch

Verehrt und verachtet

Fischer Taschenbuch Verlag

2. Auflage: Dezember 2004

Originalausgabe
Veröffentlicht im Fischer Taschenbuch Verlag,
einem Unternehmen der S. Fischer Verlag GmbH,
Frankfurt am Main, Dezember 2004

© 2004 Fischer Taschenbuch Verlag in der
S. Fischer Verlag GmbH, Frankfurt am Main
Alle Rechte vorbehalten
Satz: Pinkuin Satz und Datentechnik, Berlin
Druck und Bindung: Clausen & Bosse, Leck
Printed in Germany
ISBN 3-596-16153-3

Inhalt

Wer ist Roland Koch?

»Ich empfehle Herrn Schröder, mich ernst zu nehmen, in jeder Hinsicht.
Auch was meine Planungen angeht.«   (Roland Koch)

Er steht am Ort seiner geheimsten Leidenschaft. Dort, wo er ganz bei sich
ist, eins mit der Welt und dem Universum, wo er tun darf, was er am liebsten tut, wo er aus sich herausgehen, triumphieren kann, denen da unten
zeigen, was in ihm steckt: Roland Koch steht am Pult und hält eine Rede.
Er spricht ruhig und gelassen, wie immer ohne Manuskript, nur mit einem
Stichwort-Zettel. Freihändig erklären, polarisieren, dozieren, antreiben,
kritisieren, besser wissen, den stärksten Gedanken im Scheinwerferlicht
glänzen lassen, mal langsam und genussvoll, mal flink und atemlos, so wie
ein Bodybuilder seinen Bizeps tanzen lässt vor gebanntem Publikum, das
ist Erotik, das braucht er jeden Tag.

Heute geht es nicht um Föderalismusreform oder Subventionen, nein,
der Ministerpräsident spricht in feierlicher Mission. Er hält eine Laudatio
auf Schauspieler Till Schweiger, Ausstellungsmacher Nicolaus Schafhausen und den Publizisten Florian Illies. Die drei jungen Männer sitzen unten
im Publikum und fragen sich, ob sie auf der richtigen Veranstaltung sind
oder ob das Ganze hier nicht ein großes Missverständnis ist. Der kalte,
spießige Politiker Koch verleiht ausgerechnet ihnen den hessischen Kultur-
preis 2003 samt 45 000 Euro Preisgeld. Das passt nicht, diese Veranstaltung
widerstrebt ihren Denk- und Fühlgewohnheiten. Als einige Wochen zuvor
ein Herr Koch auf Schweigers Handy anrief, war der Mime sicher: »Das ist
ein Gag für die Versteckte Kamera.«

Mit aufmerksamer Skepsis lauschen sie nun der Laudatio, gerade so,
als warteten sie darauf, dass der Politiker einen Fehler macht, sich eine
Peinlichkeit erlaubt, die beweist, dass er von Kultur keine Ahnung hat, von
junger schon gar nicht. Doch Koch kurvt fehlerfrei durch die Welten der
Kunst, preist Schweigers Wirken an den richtigen Stellen und lässt sich
nicht anmerken, dass ihm Schafhausen viel zu links ist mit der respektlos öligen Frisur und seinem Tross junger wilder Menschen im Publikum,

die Politiker wie Koch natürlich verachten und überhaupt so aussehen, als hätten sie am Abend zuvor bei ein paar Joints überlegt, wie diese Veranstaltung aufzumischen wäre.

Besonders ausgiebig spricht Koch über den Schriftsteller Illies, der mit seinem Bestseller »Generation Golf« reich und berühmt geworden ist, weil er als Erster die satten, gelangweilten Konsumkinder beschrieb, die nach der unbeschwertesten Jugend aller Zeiten nun vor einer unbequemen Zukunft stehen. Illies hat der dritten großen Altersgruppe Bundesdeutschlands einen Markennamen gegeben, den Enkeln der Kriegsgeneration Schmidt, Kohl, Brandt, den Kindern der Achtundsechziger Schröder, Fischer, Engelen-Kefer, denen, die keinen ruhigen Lebensabend haben werden, aber dafür einen gemütlichen Lebensstart hatten.

Koch hat das Buch gelesen, vieles gefühlsmäßig nachvollziehen können und im Strandkorb auf Sylt die Fortsetzung »Generation Golf II« durchgearbeitet. Brandaktuell sind die Bände nicht mehr, und insofern genau richtig für Koch, der immun ist gegen Trends und Moden. Kurz vor Ende seiner Ansprache, als er die Entwicklung von Golf I zu Golf II zusammenfassen will, da entgleitet Koch, vom Publikum unbemerkt, ein seltsamer Satz: »Offensichtlich sind wir in diesen zweieinhalb Jahren auch schon wieder ein bisschen reifer, anders, erwachsener geworden oder sehen uns als Generation ein wenig anders als zuvor.«

»Wir«? »… uns als Generation …«? Was um Himmels willen hat Roland Koch mit der »Generation Golf« zu tun? Offenbar liegt ein Versehen vor, ein klarer Fall von Generationenanmaßung. »Nö«, dementiert Roland Koch und grinst kühn. »Es gibt Bücher und Filme, in die man wie in einen Spiegel guckt und eigene Züge, eigene Gefühle wieder erkennt. Die Bücher von Illies gehören sicher dazu.« Sein gefühltes Alter sei ja »höchstens 35« und Fragen wie: Warum machen wir das alles?, die stelle er sich auch, vielleicht sogar häufiger als andere. Früher war die Antwort einfach: »Für den Aufbau!« oder: »Aus Protest!« Und im 21. Jahrhundert? »Bringt Leistung, seid Elite für die eigene Zukunft!«, lautet Kochs Vorschlag. Und in Gedanken fügt er hinzu: So wie ich halt.

Roland Koch ist wie jeder gute Politiker ein Themengrabscher und Begriffsbesetzer. Wo immer er ist, was immer er liest, hört, sieht – alles wird gescannt auf seinen strategischen Nutzen hin, ob es taugt für Machterhalt und Machtzuwachs. Er klaubt zusammen, was ihm verwertbar erscheint; auch so ein Kennzeichen der »Generation Golf«, die für ihn ausnahmsweise mehr ist als eine funktionale Größe. Hierin erkennt er sich tatsächlich wieder. Er war gerade 16, als 1974 das erste dieser Autos in Wolfsburg vom Band rollte. In seiner Familie gab es keinen Golf, seine Mutter fuhr die hässliche Schwester Jetta, er den kleinen Bruder Polo. Er war im Bildungslabor Hessen dem großen Menschenversuch namens »reformierte Oberstufe« ausgesetzt, er schärfte seine Argumente an Lehrern, die mehr Sozialismus wagen wollten, und Mitschülern, die Jeansmarken für Weltanschauungen hielten. Sein Elternhaus erlebte er als Servicebetrieb, den Staat als Wohlstandsmaschine. Er hat das Egoistische, Pragmatische, das historisch Unbeschwerte, das Verspielte, alles, was die Golfer prägt.

Koch hat geschafft, was Guido Westerwelle und Sigmar Gabriel vergeblich versuchten: Er ist Anführer einer neuen Generation von Politikern, den Postachtundsechzigern, die ohne existentielle Grenzerfahrung aufwuchs, ohne Krawall und mentalen Vatermord, historisch bruchlos, frei von Krieg, Diktatur, Hunger, Nazilehrern, Schnüffelstaat, ohne Erfahrungen, die ihm ein unverrückbares Weltbild hätten mitgeben können, ein »inneres Geländer«, wie Egon Bahr es nennt.

Adenauer, Brandt, Schmidt haben den Zweiten Weltkrieg mitgemacht, Kohl und Schröder deren Folgen erlebt und zu verarbeiten versucht, Angela Merkel den Mauerfall, Fischer wenigstens ein paar Straßenschlachten. Kochs historisches Erlebnis war die Einheit, weil sie ihm Kurven im geraden Karriereweg aufzwang. Er wuchs auf ohne Nazitrauma, unbeschwerter als die Alten, aber auch leichtfertiger.

Wie die Generation Golf hat Koch kein inneres Geländer. Woher auch? Er konnte nur beklommen beobachten, wie sein Vater, mit einem Lungensteckschuss von der Westfront zurückgekehrt, zu zittern begann, wenn sich im Karneval eine Plastikpistole auf ihn richtete. Ihm blieb, wortlos zu lauschen, wenn Wehrmachtsoffizier Dregger vom Krieg erzählte, der Vertriebene Kanther von Schlesien und Kriegskind Kohl vom zerbombten Ludwigshafen. Und immer schwang es mit, dieses scheinbar verständnisvolle und doch so abschätzige: »Was hast du denn schon erlebt …«

So spannte sich eine Feder, die ihn bis heute vorantreibt. Weil er nicht erleben konnte, was sie erlebt hatten, wollte er sich anders beweisen, auf dem Schlachtfeld der Politik. Er definierte sich nicht gegen die Kriegsteilnehmer, sondern als ihr loyaler Nachfolger, der pausenlos zeigen wollte, was in ihm steckt: Sein Vater war Minister, er wurde Ministerpräsident, Dregger war Herausforderer, er der Sieger, der der Hessen-CDU 1999 ihr Bern schenkte. Nun eifert er Kohl nach, als Enkel und Erbe.

Mit einem Bein steht er in der Nachkriegs-CDU, mit dem anderen im dritten Jahrtausend, er begreift sich als Bindeglied zwischen der Partei der Väter und der Zukunft, der eine Phase namens 68 überbrückt, jenem großen

Betriebsunfall der Konservativen. Seine Mission ist die Kontinuität, deswegen konnte er Angela Merkel auch nie ernst nehmen, die vor 15 Jahren zufällig hinzu kam, die sich ihre Position nicht erarbeitet hat wie sich das gehört, sondern von einer glücklichen Konstellation profitiert hat. Koch empfindet es als zutiefst ungerecht, dass die evangelische Ostdeutsche seine Partei anführt. Nur langsam begreift er, dass diese Frau mindestens so entschlossen, so selbstbewusst und ehrgeizig ist wie er selbst, dass sie sich nicht von allein erledigt. Und dass er einen Kampf vorerst verloren hat, den er als selbstverständlich gewonnen ansah.

Der Risikopolitiker

Wenn sich die Generation Golf von den Altvorderen unterscheidet, dann durch das arglose Hüpfen durch Stile, Haltungen und Rollen, durch ihre Patchwork-Identität. So konservativ Koch auch oftmals auftreten mag, er hat zugleich auch viel von dieser zeitgenössischen Elastizität. Oft bevorzugt Koch die Simulation von Haltung, die Pose, die situative Ethik. Wichtig ist ihm das Ziel, nicht der Weg dahin. Eine Haltung ist ihm strategische Zwischenstation, für einen Moment nützlich wie eine Stellung auf dem Schachbrett, die man jederzeit verlassen kann, wenn sich eine günstigere bietet. Gesetze, Parlamente, Parteiapparat sind nur Instrumente für ihn, um sein Ziel zu erreichen, die Nummer eins zu sein, mit Hessen, mit Deutschland, als Macher, Optimierer, konservativer Problemlöser. Diese Rolle ist verwaist in der Union, seit Edmund Stoiber den Sozialanwalt mimt. »Koch kann heute erklären, warum das Auto rot ist, und morgen, warum dasselbe Auto blau ist«, sagt ein Ministerpräsidentenkollege voller Respekt und Abscheu.

Dass sich für Koch die Haltbarkeitszeiten von Werten nach ihrem Nutzen bemessen, mag Essayisten empören, aber es folgt der Logik des politischen Geschäfts mit seinen widersprüchlichen Erfordernissen. Was Koch regiert, ist Pragmatismus: Als richtig gilt, was im Rahmen der Gesetze funktioniert. Das kann heute ein ausländerfeindlicher Wahlkampf sein, der für Stimmen sorgt, und morgen die bundesweit ambitioniertesten Integrationsmaßnahmen für Ausländerkinder, weil er das rechte Image loswerden muss oder erkannt hat, dass die sozialen Folgekosten sonst bedeutend höher liegen.

Koch ist kein Moralpolitiker, sondern ein politischer Ökonom, ein Machtmathematiker. Sein Gehirn funktioniert wie eine Rechenmachine:

Er versieht alle für eine Entscheidung wichtigen Faktoren mit einer Wertigkeit, um zu berechnen, welche Lösung mit welcher Wahrscheinlichkeit größtmöglichen Ertrag bei geringstnötigem Einsatz verspricht, wo juristische, ökonomische, publizistische Fallen lauern, wie das Ergebnis Partei und Medien überzeugend zu vermitteln ist.

Eindrucksvoll hat er die Methode bei der Unterschriftenkampagne demonstriert, die ihn 1999 zum Ministerpräsidenten machte. Seine Rechnung: Entweder keine Kampagne, dafür moralische Integrität und eine sichere Niederlage. Oder Kampagne, empörtes Dauerfeuer und vielleicht den Sieg. Eine klare Sache für ihn. So kann er sich jede Haltung zurechtargumentieren – Hauptsache, besser, härter, Kanzler. Koch ist Prototyp der »Generation Golf GTI«.

Der Wähler kann diesen Koch für einen Unsympathen halten, für verschlagen, besserwisserisch, überhaupt ziemlich unsympathisch – aber er weiß, was er bekommt für seine Stimme. Hat sich Koch für ein Ziel entschieden, hält er daran fest, zuweilen dickköpfig und am liebsten gegen öffentlichen Druck. Er treibt das Politische zurück dorthin, wo seichter Westerwellengang und zarter Fischerfaltenwurf herrschen, er polarisiert, er erzwingt eine Meinung. Koch ist alles, nur nicht egal, nicht beliebig.

»Klare Kante«, heißt sein Image, »versprochen – gehalten« sein Wahlslogan, »Kurs halten«, sein Mantra. Nicht, weil er ehrlicher wäre als andere, sondern weil er schlicht keine andere Chance hat. Denn Koch trägt mit der Spendenaffäre eine schwere Bürde. Er weiß: Noch eine Trickserei, noch eine Serie Flunkereien, und er ist erledigt. Koch ist zur Glaubwürdigkeit verdammt. Das geht so weit, dass er am Ende seiner ersten Amtszeit alle Wahlversprechen ins Internet gestellt und jeden Punkt markiert hat: grün für »erledigt«, gelb für »auf dem Weg«, rot für »gescheitert«. Eine derart transparente Bilanz zwingt Politiker zu relativer Ehrlichkeit und den Bürger dazu, die Erwartungen der Realität anzupassen. »Die Menschen wählen auch jemanden, der unbequemer ist, wenn er ihnen offen sagt, was er vorhat«, glaubt Koch, »wenn sie wissen, wofür sie leiden, können sie sich darauf einstellen und lassen sich nicht von dauernden Horrormeldungen verunsichern.«

In Hessen hat die Methode geklappt. Hier hat er den jahrzehntelang regierenden Sozialdemokraten 1999 die Macht weggenommen und ist trotz mancher Unappetitlichkeiten 2003 wieder gewählt worden, mit absoluter Mehrheit. Fast 50 Prozent im launischen Hessen, das ist nicht schlecht für einen, der weder Charismatiker ist noch Feelgood-Politiker, nicht mal kuscheliger Landesvater. Koch hat es geschafft als Macher und Malocher, der

16, 18 Stunden rackert am Tag. Seine Waffe ist der Fleiß, seine Tugenden sind die sekundären, sein Motto: Führen durch Vor- und Bessermachen. »Vollblutpolitiker mit dieser Motivation hat das Volk verdient«, sagt Koch und findet insgeheim, dass Politiker auch ein Volk mit dieser Motivation verdient hätten.

Er wird einen CDU-Parteitag nie mit Charme erobern, nur mit dem Nachweis von Erfolg. Deswegen wirbelt er wie kein anderer Ministerpräsident. Er fördert in Hessen massiv die Wirtschaft, er entlässt Universitäten in die Unabhängigkeit, hebt das hessische Abitur auf bayerisches Niveau, zwingt Sozialhilfeempfänger zurück in die Arbeit, stellt eine 100 Jahre alte Buchhaltung für 150 000 Landesangestellte auf SAP um. Er hat derzeit so viele Baustellen, dass er sich darin selbst fast verläuft. Viele seiner Kollegen Ministerpräsidenten fassen nicht mal ein einziges dieser Projekte an, weil sie Widerstand fürchten oder Niederlagen. Koch ist kein Zauderer, er traut sich, er streicht und investiert, er macht Fehler und weckt Unmut. Aussitzen wäre oft bequemer.

Koch dagegen glaubt an Allmachbarkeit, er liebt Probleme, weil man sie wegschaffen kann, er ist beseelt von Lösungslust. Er hat die Mentalität eines Chefingenieurs in der Formel 1. Er glaubt fest daran, dass er sein Baby, in diesem Fall kein Auto, sondern ein Bundesland, jedes Jahr schneller, windschnittiger, erfolgreicher machen kann. Siege sind konstruierbar, da ist er von undeutschem Optimismus.

Ist diese Politik konservativ? Es ist eher Generation-Golf-Politik, ein global zusammengeklaubtes Patchwork, die keinem Rechts-links-Muster folgt, sondern schlichter Funktionslogik. Koch ist mal marktradikal, mal staatsinterventionistisch, hart gegen Asylbewerber, aber großzügig bei der Integration, radikal bei der Bildung, populistisch in der Sicherheitspolitik, konsequent bei der Forschung. Stramm konservativ ist allenfalls die polarisierende Rhetorik, die wie eine elastische schwarze Plane zusammenhält, was ideologisch auseinander fällt. Inhaltlich wäre er sich in vielen Punkten mit den meisten SPD-Kollegen einig. Damit gewinnt man nur keine Wahlen. Je kleiner die Unterschiede sind, desto klarer arbeitet er sie heraus. Harmonie in der Politik ist ihm zuwider. »Wozu Demokratie, wenn alle einig sind?«, fragt er. Koch will Wettbewerb, Streit, gern Krawall. Demokratie ist Kampfsport. Er ist es gewohnt, abgelehnt zu werden. Das spornt ihn an. »Mut, Härte, Hoffnung«, beschreibt er seinen Emotionshaushalt. Er ist Django. Sein Feind heißt Achtundsechzig. Sein Kampfruf lautet: Euch werde ich's zeigen.

Die Achtundsechziger: Feinde und Trainer

Die Achtundsechziger haben ihn sein Leben lang verfolgt, sie hat er als immerfort fragende, aber selten schlau antwortende Groß-WG kennen gelernt, die über die Reize der Toskana schwärmt, aber alles Deutsche verachtet, die keinen Plan hat, wie das Land sein soll, das sie ihren Kindern übergibt. Es waren Achtundsechziger, die ihn in der Schule verlachten, sie kippten sein Idol Helmut Kohl aus dem Kanzleramt, brockten uns erst die Gesamtschule, dann PISA ein, sie weichten Konventionen auf, die dem Leben des Formalisten einen Rahmen gaben. Natürlich waren es Achtundsechziger, die ihn per Spendenaffäre erledigen wollten. 68, das ist für Koch die Zahl des Bösen, in der sich alles ballt, was ihn je verletzte.

Achtundsechziger trugen unordentliche Sachen, knutschten auf der Straße mit ordinär bekleideten Mädchen und rauchten Haschisch – alles Dinge, die er nicht spannend finden wollte, sondern unanständig. Dem Kopfmenschen war die gefühlige Woodstock-Welt, ihr Patschuliduft nie geheuer. Er war nie glühender Fan von irgendwas, alles war rational unterfüttert, selbst sein erstes Verliebtsein konnte er sachlich erklären. Schon als Schüler sah er aus wie aus dem Manufaktum-Katalog. Sein Frisör Rainer verpasst ihm seit 30 Jahren nahezu den gleichen Schnitt. Und die Termine macht noch heute seine Mutter.

Obsessiv müht sich Koch, den Gegenentwurf zum Balsamico-Lifestyle darzustellen. Er bekennt sich zu Kirche, Kohl, Krawatte, zu Familie, Fleiß und Ordnung. Besucht er mit seinen Söhnen in Berlin historische Stätten, dann nicht das Haus der Wannseekonferenz, sondern das Stasigefängnis in Hohenschönhausen. Koch sagt »unsere nationale Armee« statt »Bundeswehr«. Er weiß, dass er damit Achtundsechziger provoziert, und genau das will er.

Schröder ist für Koch das Gesicht von 68, den er umso mehr verabscheut, weil er ihm Respekt zollen muss, für seine Überlebenskunst, seine brillanten Wahlkämpfe. Umso verbissener definiert er gute Politik als Gegenteil von Schröders. Regiert der Kanzler per Medienecholot, navigiert Koch gegen Schlagzeilen. Bei Schröder sitzt jede Geste, Koch zieht Schnuten und bohrt in der Nase. Schröder sucht Harmonie, Koch den Konflikt. Erfindet Schröder die Agenda 2010, kontert Koch mit 1948, das Jahr, in dem der Wiederaufstieg Deutschlands mit Ärmel aufkrempeln begann. Nostalgie war schon immer die Utopie der Konservativen.

In Wirklichkeit aber hat er den Achtundsechzigern einen guten Teil seines Aufstiegs zu verdanken. Sie machten ihn stark, weil sie ihm bereitwillig ihre großen Themen schenkten: Bildung und Sozialhilfe zum Beispiel. Darum kümmerte sich Rotgrün über Jahre gar nicht oder wenig im Sinne der Wähler. Koch war der erste Konservative, der kapierte, dass er mit diesen beiden Feldern dem Gegner auch die Kernkompetenz Gerechtigkeit entwinden konnte. So gewann er das rote Hessen und marginalisierte die SPD dort.

Koch ist nicht irgendein Konservativer, sondern wahrscheinlich die größte Begabung seiner Partei. Er kann einen Saal zum Toben bringen wie Oskar Lafontaine, polarisieren wie Franz Josef Strauß, er verfügt über ein politisches Sensorium wie Gerhard Schröder, er hat den klaren schneidenden Verstand des Wolfgang Schäuble, er ist so durch und durch CDU wie Helmut Kohl, für ihn der zweite Heilige neben dem Dalai Lama, den er ebenfalls verehrt.

Doch er hat zugleich das mieseste Image von allen. »Ich wäre den Leuten gern sympathischer«, sagt er. Aber wirklich wichtig ist es ihm nicht. Im Gegensatz zur großen Koalition der Konsenspolitiker, die unentwegt auf ihre Umfragewerte starren, liebt er es zu überraschen, zu provozieren, anzuecken. Koch ist ein Hasardeur und Risikopolitiker, er will alles renovieren, beschleunigen, optimieren, durchsetzen, am besten gleich und gegen die ganze Welt. »Ich bin sehr belastbar«, sagt er, und es klingt wie das Angebot zu einer Rauferei.

Koch war immer verrückt nach Effizienz, ein manischer Optimator. Wie er tickt, illustriert eine kleine Begebenheit aus den frühen achtziger Jahren. Es ist ein Samstagmorgen, als bei Jochen Riebel, einem Freund der Familie Koch, das Telefon klingelt. Roland ist dran. Wie man Mörtel anrühre und einen Betonsockel stampfe, will er wissen. Riebel muss grinsen. Der Rechtsreferendar Koch, ein gescheitelter Blässling mit angewachsener Krawatte, war bislang durch großspurige politische Reden aufgefallen, aber nicht durch handwerkliche Ambitionen. »Ich muss einen Briefkasten mauern«, erklärt Koch. Sein erstes Eigenheim, ein schmaler hoher Kasten mit angeklebt wirkendem Fachwerk, hat einen baulichen Makel: Der Briefschlitz ist zu eng für die Aktenmappen, die er sich Tag und Nacht aus Kanzlei und Kreistagsbüro bringen lässt. Akten sind sein Treibstoff. Ihr permanenter Fluss muss gewährleistet sein. Und dafür braucht er einen Briefkasten mit extrabreitem Schlitz und einer Klappe zum Abschließen.

Bis heute ist sein Büro ununterbrochen damit befasst, Koffer mit Akten voll zu stopfen. Die transportieren die Dienstwagen der Staatskanzlei dorthin, wo er gerade ist. Und bringen erledigte Koffer zurück. Das Koffersystem hat Koch sich ausgedacht. Damit keine Minute Zeit verloren gehen kann. »Ich bin in der Lage, binnen 30 Sekunden 10 verschiedene Mitteilungen nicht nur zu lesen, sondern sie gegebenenfalls auch im Papierkorb verschwinden zu lassen«, sagt er stolz. Das ist Koch, immer aufs Funktionieren bedacht. Alles muss perfekt laufen, durchdacht, optimiert. Immer lautet die Frage: »Was ist prioritär?« Essen, Trinken, Schlafen sind nicht prioritär, Ästhetik schon gar nicht. »Früher fand er nie die schönen Stellen in den Gedichten«, sagt seine Deutschlehrerin Brigitte Dörlamm. Kunst ist nicht Erbauung, sondern Standortfaktor. Nie würde er in einer Nacht den »Werther« durchleiden. Zeitverschwendung. Nicht prioritär. In jedem Januar plant Koch sein Jahr durch, so präzise wie möglich. Als ihn Anfang Februar ein alter Freund anruft, ob man nicht mal wieder essen gehen könne, antwortet Koch: »Du, sorry, 2004 bin ich voll, nächstes Jahr wieder.«

Dieses Fleißtier, das alles immer schon gelesen hat, selbst die Liste der Neuerwerbungen, die die Landtagsbibliothek jeden Monat herausgibt, macht vielen Angst. Seine Minister beginnen mit roten Flecken im Gesicht im Jahresbericht des Landesrechnungshofes zu blättern, wenn er im Kabinett bedächtig sagt: »Also, auf Seite 43, im vierten Absatz, da verstehe ich nicht ganz, warum …« Koch erklärt das Problem in drei, vier Sätzen. Jetzt versteht jeder, wo der Haken ist. Kein Minister hat es vorher gesehen. Nur er. Wie immer.

»Alle glauben, sie seien an der Leistungsgrenze«, sagt er, »aber die kann man immer noch ein bisschen hinausschieben.« Rackern wie irre, das lebt er vor, und er will, dass sie es ihm gleichtun. Oder zumindest versuchen. Koch ist beseelt vom Gedanken, dass man sich jedes Ziel erarbeiten kann. Wer ist wie er, der braucht keine Sozialhilfe. Der sorgt selbst für sich.

Seine alles beherrschende Vernunft ist so außerordentlich wie quälend. Koch macht sogar vernünftig Urlaub. Er geht erst an den Strand, wenn es kühl ist, seine Lieblingsmonate sind Mai und Oktober, weil man da wettermäßig ein günstiges Verhältnis von niedrigen Erwartungen und guten Erfahrungen habe. So denkt er wirklich.

Der Rationalmensch Koch ist selbst langjährigen Freunden ein Rätsel geblieben. Auf die Frage, ob Koch eher Vater oder Mutter ähnele, sagt Volker Bouffier nach langem Nachdenken: »Dazu müsste man sein Innenleben besser kennen.« Bouffier kennt Koch seit fast 30 Jahren, »aber wirklich offen habe ich ihn nur ganz selten gesehen. Er ist immer kontrolliert, immer auf Distanz. Wenn ihm etwas nah geht, flüchtet er sich hinter einen Schutzwall aus Ironie. Er ist kein Menschenfischer oder Sympathieträger«, sagt Bouffier, »aber er ist ein treuer Freund, der niemanden fallen lässt. Und das kriegt er zurück. Sonst hätten wir die Spendengeschichte nicht so durchgestanden.« Hessens Kultusministerin Karin Wolff, die ihn ebenfalls seit der Jungen Union kennt, bestätigt,»dass so richtig keiner an ihn rankommt. Wenn ein Mensch sieben Schalen hat wie eine Zwiebel, dann kommt man bei Roland bis Nummer drei, wo man bei anderen bis zur sechsten kommt.« Verhüllungsreflexe bestimmen Kochs Leben, das hat er von Kind auf so gelernt. Als Politikersohn war es stets selbstverständlich, dass draußen vor der Tür distanziert-professionelles Benehmen geboten wurde. Das Privatleben bleibt den Kameras verborgen, nicht mal Fotos vom Urlaub auf Sylt gibt es. Öffentlich und privat sind wohltuend strikt getrennt, kein Joggen in der Dienstzeit, sondern Arbeit, Vorbild sein als leitender Angestellter des Landes.

Verehrt oder verachtet – Polarisierer Koch

Der Vorrat an disziplinierten und weitgehend entertainmentfreien Köpfen mit der zuweilen barschen und hochnäsigen Vernunft eines Helmut Schmidt ist in der deutschen Politik beschränkt. Koch ist so einer, der nicht Bussibussi machen will, sondern führen, mit allen Konsequenzen, auch der, dass er wehtun muss. Am meisten quält er sich selbst, also mutet er Schmerz auch anderen zu. Da ist er sehr amerikanisch: Koch kann das Böse tun, weil er das Gute will.

Doch harte Vernunftpolitik braucht Vertrauen. Und davon wird Koch nicht viel zuteil. Unterschriftenkampagne und Spendenaffäre, die zu seinem Unglück innerhalb von zwölf Monaten passierten, nähren steten Verdacht: Was immer Koch sagt und fordert, man meint, den doppelten Boden zu ahnen, er wirkt verschlagen, überschlau, supertaktierend, durchtrieben.

Ist Kohl zu tumb, Schröder zu leichtfüßig, Merkel zu trutschig, Fischer zu melodramatisch, Eichel zu dröge – sie alle besitzen den menschlichen Faktor, den human touch. Koch dagegen hat während der Affäre oft kalt reagiert, maschinell, bestenfalls herablassend. Es war ein Auftreten, das Vorbehalte geschürt hat. Er hat ahnen lassen, wie er unter Stress reagiert: Tricky, unberechenbar, und manchmal überheblich grinsend. Wie würde ein Kanzler Koch in Extremsituationen regieren? Hätte er beim Feldzug einem George W. Bush die Stirn geboten? Oder hätte er wie Tony Blair artig Saddams nicht existierende Massenvernichtungswaffen aufgezählt?

Mag er sich juristisch unversehrt aus der Spendenaffäre gezogen haben, die Botschaft lautete doch: Der Perfektpolitiker ist schwach, gescheitert an eigenen Ansprüchen von Ehrlichkeit und Geradlinigkeit, die einzigen Trümpfe eines Politikers, der nicht mit den Medien flirten kann oder will. Genau das macht ihn spannend. Schafft er es, das verlorene Vertrauen wieder zu gewinnen? Legt er eine dieser Wiederauferstehungs-Storys hin, die die Deutschen so mögen? Oder bleibt am Musterschüler der ewige Makel haften?

Es ist diese Widersprüchlichkeit, die ihn spannend macht, der Gegensatz von biographischem Glück, eine beispiellose politische Ausbildung genossen und dem historischen Pech, Kanthers Spenden geerbt zu haben. Koch ist voller Talente und voller Tragik, mal früh vergreist, mal spätpubertär, zuweilen sehr witzig und manchmal fürchterlich steif. Kaum steigt er aus dem Nichts zum Ministerpräsidenten und gefeierten Nachwuchsstar der CDU empor, da demoliert ihn eine Spendenaffäre. Drei Jahre später wird er mit absoluter Mehrheit wieder gewählt, um sich wenig später isoliert in der Stänkerecke wieder zu finden. Ganz oben, ganz unten – Koch ist ein Bungee-Politiker, wobei er unten besser ist, weil er sich dann anstrengt. Fühlt er sich obenauf, wird er zuweilen überheblich, dann meint er, alles zu können. Das dankt ihm Angela Merkel. Die Parteichefin hat er besonders leichtfertig unterschätzt.

Koch weckt Emotionen wie kein anderer und außerhalb Hessens meistens negative. Je näher man ihm kommt, desto sympathischer wird er. Zu seinem Leidwesen ist es auch umgekehrt: Je weiter man sich entfernt, desto unangenehmer wirkt er. Bei keinem deutschen Politiker klaffen Nah- und Fernbild weiter auseinander, keiner gibt eine bessere Projektionsfläche ab für die Hoffnungen der Rechten und die Ängste der Linken. Machte man im Rest der Republik einen Assoziationstest, käme nicht viel Schmeichelhaftes zu Tage. Seit seiner Spendenaffäre haftet etwas Schwefeliges an ihm, als trage er ein düsteres Geheimnis bei sich. Zugleich steht er wie kein anderer für den gesunden Menschenverstand einer konservativen Partei, er hat das halbstark kohleske Nervenkostüm, unverwüstliche Gelassenheit, das Rauflustige, und eine subtile, brutale Intelligenz.

Koch kann man nur verehren oder verachten. Dazwischen gibt es nichts. Er ist ein politischer Markenartikel. Er polarisiert. Seine Sympathiewerte sind so katastrophal, dass die Staatskanzlei sie meist unter Verschluss hält wie Kronjuwelen. Aber seine Kompetenzwerte sind gut, Koch gewinnt durch Leistung. Mehr hat er nicht vorzuweisen, kein Brioni, kein Fernsehlächeln, keine umarmenden Gesten, keinen Wärmestrom, nicht mal die Haltung eines Siegers. Die Bandscheibe zwickt.

Aber Schwäche zeigt er nicht. Durchhalten, Zähigkeit, das galt in der militärisch-mafiös strukturierten Hessen-CDU als Wert an sich, Schlappmachen als Verrat. Sein Händedruck fühlt sich an als quetschte man eine erkaltete Weißwurst, dennoch lässt Koch keine Gelegenheit aus zu zeigen, dass er ein ganz Harter ist. Kein Wahlkampf, in dem ihn nicht schwere Medikamente über die letzten Wochen tragen. Im Frühjahr 2003 ist er direkt nach einem Eingriff am Herzen vom OP-Tisch gesprungen und zu George W. Bush geflogen. Galle, Rückenschmerzen, Asthma, alles Kinderkram. Einem Bandenboss ist sein Leben egal. Klagen ist Schwäche, Krankheit erst recht. »Man kann das aushalten«, war seine Bilanz der wochenlangen Jagd, der er in der Spendenaffäre ausgesetzt war.

Als Arnold Schwarzenegger noch ein junger unbefangener Bodybuilder war und nicht der Gouverneur von Kalifornien, da hat er vor der Kamera mal ganz offen und ohne Scham erzählt, warum er dauernd Sex hat, ohne wirklich Sex zu haben. Wenn er da so liege auf der Hantelbank und ihn das Gewicht des Eisens schier zusammendrückt und er mit hochrotem Kopf die Stange nochmal und n-o-c-h-m-m-m-a-l stemmt, wenn er am liebsten brüllen würde oder kotzen oder einfach aufhören, »dann ist das so wie Sex. Dann komm ich, immer und immer wieder. Jedes Mal, jeden Tag, pausenlos. Das ist super, viel besser als Sex.«

Roland Koch ist ein Schwarzenegger der deutschen Politik. Seine Hanteln sind Akten. Wenn ihn sein Fahrer im Sommer auf eine aparte Dame im kurzen Rock aufmerksam macht, dann schaut er nicht mal hoch von der Mappe. Seine Muskeln sind Gedanken und klare Worte, auf die er stolz ist. Das geht nur in der Politik. Und davon kriegt er nie genug. Dieses Leben ist keine Arbeit, das ist Leidenschaft, seine Sucht.

»Er braucht die Droge Politik«, sagt seine Frau Anke mit einer Mischung aus Mitleid und Stolz, so wie Frauen eben über die Passionen ihrer Männer reden. Das war schon mit 18 so, als sie miteinander gingen. Da hat er die Wahlkämpfe für seinen Vater, den Landtagsabgeordneten, organisiert, er dirigierte Lautsprecherautos durch Eschborn, klebte Plakate. Er hat in Kommunalparlamenten gestritten, seinen Landkreis zu einem der modernsten Deutschlands gemacht, er hat nach Verantwortung gestrebt, den Begriff »Ökologie« ins CDU-Programm gedrückt.

Was andere hassen, macht Koch gern, Programmarbeit zum Beispiel. »Das ist Freizeit für mich«, sagt er, »politische Konzeptionen in Worte fassen, das ist eine Art Schachspiel mit Begriffen, das macht mir Spaß.« Als Jugendlicher hat er den Bücherschrank seines Vaters geplündert, Müller-Armack, Eucken, Tocqueville gelesen. Zu Weihnachten 2003 hat ihm der alte Herr Vater die »Psychologie der Massen« geschenkt. Immer haben ihn seine Eltern gefördert, so wie die Beckers ihren Boris.

Politik war das vorherrschende Thema im Abgeordneten- und Ministerhaushalt, mit 14 hat er sich seinen eigenen Ortsverband der Jungen Union gegründet, er war mit 21 CDU-Chef im Kreis, mit 29 im Landtag, mit 33 Fraktionschef, mit 40 Ministerpräsident, mit 43 ergraut. Er bewegt sich traumhaft sicher in diesem komplexen System aus Ritualen und Regeln, Mehrheit und Geschäftsordnung, hier gewinnt er Sicherheit, schon aus der formalen Hierarchie von Führungspositionen. Vor allem liefert ihm die Droge Politik, was ihm sonst oft versagt blieb: Applaus. Keiner genießt das Klatschen so unverhohlen wie er, keiner lockt es so zielstrebig heraus wie der Redner Koch. Hat er eine Rede beendet und die Zuhörer erheben sich, rhythmisch klatschend, läuft er puterrot an, unterdrückt erfolglos ein fleischiges, jungenhaftes Grinsen, er reibt verlegen die Hände oder guckt zu Boden. Der Mann platzt vor Glück.

Manchmal war es vielleicht zu einfach für ihn. Koch ist nie durch lange Täler gegangen, hat sich nie neu aufstellen, nie neu definieren, nie anerkennen müssen, dass andere auch was können. »Ihm fehlt Demut«, sagt ein Freund. Vielleicht ein Grund, warum Roland Koch bei aller vorgetragenen Souveränität von einer tiefen Unsicherheit durchdrungen zu sein scheint, der Angst, nie genügen zu können. Tatsächlich ist der Hochleistungspolitiker nie stolz auf sich, nie zufrieden. »War nicht ganz schlecht«, ist sein größtes Lob. Wenn ihn etwas von seinem Idol Kohl unterscheidet, dann der Mangel an unerschütterlichem Glauben an sich selbst. Kohl wollte Macht, weil er fand, dass sie ihm zusteht. Koch will Macht, weil sie ihm die Anerkennung verschafft, der er seit jeher hinterherjagt. Kohl musste nicht in jeder Debatte der Beste sein, Hauptsache, er war am Schluss der Sieger. So wie Angela Merkel. Diese Geduld hat Koch nicht. Er hasst Ungewissheit, er hasst es zu warten, er will Recht haben, sofort.

Er könnte es einfacher haben. Als Wirtschaftsanwalt würde er bei halber Arbeitszeit das Doppelte verdienen. Doch er will Politik. Sie ist keine Arbeit, sie ist sein Leben, sie gibt ihm Wettbewerb, Spaß, Selbstwertgefühl, Adrenalin, intellektuelle Herausforderung, Sport, Leidenschaft, Entspannung. Politik ist sein Anfang und vermutlich sein Ende. »Ich kann jederzeit aufhören«, sagt er und klingt überzeugend wie ein Alkoholiker. Ohne Politik kann er nicht sein.

Hip wider Willen

»Koch wählen heißt, ziemlich mutig sein«, sagt der Zeitdiagnostiker Illies. Es ist ihm etwas unangenehm, aber er schätzt Koch. Weil er überraschende Erfahrungen mit ihm gemacht hat. Als Illies den Politiker zum ersten Mal traf, da war ihm unwohl. Welcher junge Intellektuelle möchte schon gern mit einem Politiker gesehen werden, zumal mit diesem. Außerdem musste Illies schon von Amts wegen skeptisch sein: Er gehört zu einem exquisiten Beraterkreis von Angela Merkel.

Gleichmütig erwartete der Schriftsteller das übliche Blabla. Doch der Ministerpräsident wollte nicht smalltalken. Das will er nie. Er kann es auch gar nicht. Neugierig fragte Koch nach der hessischen Musikakademie, die in einem Schloss in Schlitz eröffnet werden sollte. Kein Mensch, kaum ein Hesse, kennt Schlitz, ein Kaff bei Fulda mit 4000 Einwohnern. Es ist das Zuhause von Illies. Koch kannte Schlitz. Er wusste auch, dass sich die Eröffnung der Musikakademie wegen der Bauarbeiten verzögern würde; er zählte sogar präzise die Daten auf.

Unnützer Detailkram, sicher, der aber eines illustriert: Da nimmt einer seinen Job, seine Verantwortung ernst, bis hin nach Schlitz. Illies hatte nie erlebt, dass ein Politiker Hessen ernst genommen hätte, das der Trendforscher Matthias Horx zum identitätslosesten aller Bundesländer erklärt hatte. Und jetzt kam dieser Koch und sagte »Wir«, wenn er über Hessen redete, er fuhr freiwillig nach Baunatal und Fritzlar, er holte den hessischen Löwen aus der Mottenkiste, er verlieh hessische Preise, bemühte den ungelenken und obendrein von den Bayern abgeguckten Slogan von »Hightech und Äppelwoi«. Koch tat, was sich Rotgrün nie getraut hätte: Er besetzte Symbole und bastelte am Gefühl hessischen Miteinanders, das ein einigermaßen weltgewandter Schlitzer bislang nur über den Umweg von selbstverletzendem Sarkasmus empfunden hatte.

Detailwissen, Pflichtgefühl, Lokalpatriotismus bei gleichzeitiger Abwesenheit von Design und Ironie – das waren geradezu märchenhaft altertümliche Züge, die Illies Respekt, ein wenig Herzenswärme und so etwas wie Zutrauen einflößten, lauter Gefühle, die man einem Politiker gegenüber nie hegen sollte. Andererseits: War Koch womöglich ein Pionier der Zukunft, Prototyp des Politikers für die kommenden mageren Jahre, ein Zuchtmeister und Tugendbold, der Ernsthaftigkeit, Disziplin und harte Arbeit propagierte, gleichsam als Strafe für die unverdiente Fettlebe am Ende des vergangenen Jahrhunderts?

Welchem 30- bis 50-Jährigen war in den letzten Jahren nicht klar geworden, dass er vielleicht die unbeschwerteste Jugend hatte, die es in Deutschland je gab, dass sich dieses Leben allerdings dramatisch ändern würde bis zur Rente, wenn es die überhaupt noch in nennenswerter Größe geben würde. Vorbei die Zeiten, als Sätze mit »irgendwie« nachdenklich klangen, vorbei die Zeiten, als man Politik wegdelegiert haben wollte, so wie Bügeln oder Putzen. Vorbei die Zeiten, als man mit Haltungen und Stilen und Zielen ein bisschen herumjonglierte, im sicheren Wissen, dass Mama und Papa alles irgendwie gerade biegen würden. »In Wahrheit wollten wir unsere Ruhe haben«, analysierte Illies das Befinden der bestangezogenen, langweiligsten, sattesten, unpolitischsten Jugend, die Deutschland je erlebt hat.

Damit ist es vorbei. Mit dem Ende des automatischen Wachstums bekommt all dieser Politik- und Reformkram, für den man sich Zeit seines Lebens nie ernsthaft interessiert hatte, plötzlich eine sehr persönliche Bedeutung. Die Generation Golf bekommt Kinder, Verantwortung und Angst um die Zukunft. Ist Plattenauflegen wirklich so politisch, wie man jahrelang gern glauben wollte? Oder sollte man sich vielleicht doch mal mit dieser Riester-Rente befassen? Ist Gott gar kein DJ, sondern ein Sozialstaatsreformer?

»Angst ist das, was mich kontrolliert, was mich führt«, beschreibt Matthias Kalle in seinem Buch »Verzichten auf« das Grundgefühl der Postachtundsechziger. Plötzlich machte sich schlechtes Gewissen breit für viele nutzlose Jahre, in denen man aus Sonnenbrillen Weltbilder machte. Aus. Vorbei. »Ich wurde wütend, weil ich es nicht mehr ertragen konnte – diese Sattheit, die Angepasstheit, dieses politische Desinteresse, diese Planlosigkeit, diese Kopflosigkeit – diese ganze beschissene Attitüde eben«, schimpft Kalle stellvertretend für Millionen der Jahrgänge 1960 bis 1980, die ahnten, dass die nächsten Lebensabschnitte weit weniger gemütlich werden würden.

Eine Generation, die auf dem Olymp geboren war, von Eltern und Großeltern unter Entbehrung dorthin gewuchtet, hatte ihren Glauben an die eigene Unverwundbarkeit verloren. Es herrscht Angst, es fehlt Optimismus, Selbstbewusstsein, Stolz. Alle Stimmungsforscher der Republik diagnostizieren ein rapide wachsendes Bedürfnis nach Nähe, nach Gemeinsamkeit und Miteinander. Selbstverwirklichung, der zentrale Wert von 68, hat dagegen rapide verloren.

Bei den Landtagswahlen 2003 holte Koch die größten Gewinne in der Altersgruppe von 25 bis 44 Jahre, dort, wo die SPD am meisten verlor. Lässt sich daraus ableiten, dass das Weiter-so, für das Kohl und Merkel und

Stoiber und Schröder stehen, in dieser Altersklasse nicht mehr zieht? Kann Ernsthaftigkeit und Strenge in der Politik plötzlich wieder hip sein? In der »FAZ« berichtet Professor Elisabeth Noelle vom Allensbacher Institut für Meinungsforschung in einem Ton historischer Erleichterung: »Der Linkstrend ist gestoppt.« Wie Anfang der siebziger Jahre, als in wenigen Jahren bürgerliche Tugenden rapide an Bedeutung einbüßten, sei in der Ära Schröder eine ähnlich dramatische Wende im Meinungsklima zu beobachten. Damals schwenkte das Land nach links; Werte wie Nähe, Wärme, Formlosigkeit gewannen an Bedeutung, in der Wirtschaft waren es Planung und Kontrolle. Dreißig Jahre später schwingt das Pendel zurück: Distanz im Umgang, Disziplin im Leben, Wettbewerb in der Ökonomie gelten nicht länger als reaktionär. »Starkes Wirtschaftswachstum sichern« ist heute auch bei Linken ein akzeptiertes Ziel von Politik.

Der Trend von der Fichte zurück zur Eiche schlägt sich überall nieder, ob in Modeblättern oder Wohnzeitschriften. Plötzlich will Angela Merkel über Patriotismus debattieren. Die Berliner Teenie-Band »Mia«, keinesfalls unter Rechtsverdacht, posiert in Nationalfarben. Die »Süddeutsche Zeitung« meldet: »In der Pop- und Subkultur werden die Chiffren der Nation wieder entdeckt.« Das SZ-Magazin hat das Ende der Spießigkeit ausgerufen, weil »wir alle Spießer sind« und es keinen Gegenentwurf gebe. Ein Film wie »Das Wunder von Bern« wird ein Kino-Hit, »Das Wunder von Lengede« reüssiert im Fernsehen. Hauptdarstellerin Heike Makatsch sagt: »Ich habe nie verstanden, was am Müllrausbringen so schlimm sein soll.«

Das sah Roland Koch aus Eschborn schon immer so. Nur war er damit immer Minderheit. So langsam hat es den Anschein, dass er mit seinen Klamotten, Chiffren und Haltungen, die man für ewig auf dem Sperrmüll der Geschichte wähnte, Avantgarde ist. Marketingmäßig geht es Koch wie einem Puma-Turnschuh: Er war so out, dass er nahezu zwangsläufig irgendwann wieder in wurde. Normalerweise ist es so, dass Politiker sich auf einen Trend zubewegen. Im Falle Koch ist es umgekehrt: Der Trend hat sich auf Koch zubewegt. Der Mann ist hip wider Willen.

An der Oberfläche jedenfalls, denn es herrscht ja keine scharfe, konservative vaterländische Gesinnung bei den Jungen, eher die Suche nach einer sicheren Kuschelecke als Reflex auf eine unheimliche Globalisierung, der selbstvergewissernde Wunsch nach Übersichtlichkeit, nach Heimat, wo plötzlich jeder guckt, wie der Regionalliga-Verein zu Hause gespielt hat. Heimatlose Jetsetter gelten auf einmal als doof, Zuhausehaben zählt: In der Kleinstadt, behauptet der Berliner Schriftsteller Kolja Mensing, da stehe »das Labor der Zukunft«. In Leimen, Kerpen, Oggersheim, Eschborn.

Vielleicht ist die Zeit tatsächlich reif für einen Aufräumer, der das Kanzleramt nicht als Ziel begreift, sondern als Startrampe. Koch ist der Kandidat für alle, die finden, dass Schröders Agenda 2010 kein abgeschlossenes Reformprogramm ist, sondern bestenfalls ein Anfang, die echten Herausforderungen aber ungleich größer sind, weil Deutschland langsam abfällt im internationalen Vergleich. Der »Spiegel«-Mann Gabor Steingart hat in seinem Buch »Abstieg eines Superstars« aufgelistet, wie es um den Standort Deutschland bestellt ist. Bildung, Forschung, Wirtschaft, Wachstum – alles, worauf dieses Land stolz war, ist bestenfalls noch Mittelmaß.

Mit der Angst um Wohlstand und Sicherheit gewinnt der Typus Koch an Bedeutung, ausgerechnet der, den man verlacht hatte, in der Schule, auf der Uni, für seine Spießigkeit, für die Junge Union, für seinen Aktenkoffer und seine Begeisterung für Helmut Kohl. Heute ist er keine Lachnummer mehr, sondern Chef eines Bundeslandes. Der Schrat von einst, über den sie in Schule und Uni lachten, der hat sein Ding gemacht, unbeirrt.

Roland Koch ist unabhängig, soweit ein Politiker unabhängig sein kann. Er wäre nie nur Politiker geworden, er wollte immer auch einen ordentlichen Beruf, »damit ich morgen sagen kann: Auf Wiedersehen«. Das sagt er natürlich nicht, aber es macht ihn freier. Er hasst es sich bevormunden zu lassen, vor allem von den Medien. Die Folgen von Mediengehorsam kann er an Schröder beobachten. So werden aus Politikern Mitläufer statt Anführer, verzweifelt bemüht, jeder öffentlichen Laune, jedem Florida-Rolf nachzugeben. So bleiben alle Standpunkte in der sicheren Mitte, sagt der Clinton-Biograph Joe Klein, der diese Entwicklung vor ein paar Jahren in den USA beobachtet hat, »und lassen keine exzentrischen, brillanten, überraschenden Einfälle zu, die politische Führungsnaturen auszeichnen«.

Koch ist durchaus exzentrisch, zum Beispiel in seiner Uneitelkeit. Was haben sich seine Freunde schon amüsiert, weil seine Hemden zu weit, die Hosen ausgebeult, die Schuhe gefährlich ausgelatscht waren und das Brillengestell aus den Restbeständen eines abgewickelten VEB zu stammen schien. Inzwischen sind derlei Accessoires nicht mehr wichtig. Frankfurter Jungbanker, die einst überlegten, in welcher Farbe sie den Porsche ordern, tragen nun ihre feinen Anzüge auf, weil sie gefeuert wurden. Sie interessiert nur eine Frage: Wann kommen die guten Jahre wieder? Kommen sie überhaupt nochmal wieder?

Kochs Rezepte hätten im Nemax-Rausch noch hoffnungslos spießig geklungen: Fleiß, Disziplin, Verzicht, aber auch Selbstvertrauen und Optimismus. Party muss warten. Er beschwört die Mythenwelt von früher, als vieles besser funktionierte, die Menschen angeblich fleißiger waren, bescheidener, glücklicher, kreativer. Koch weiß, wovon er redet, denn in seiner Keimzelle in Eschborn hat er eine Familie, die drei Generationen Deutschland repräsentiert. Sein schwerkranker Vater und seine gehbehinderte Mutter, auf deren Lebensleistung er unbändig stolz ist, er, der von der Rackerei der Eltern profitierte, und seine Söhne, bald volljährig, die fürchten müssen, dass vom Wohlstand nicht viel bleibt – ein präzises Abbild dieses Landes.

Kochs aus dieser Familie abgeleitete Grundsatzfrage lautet: Richten sich die Deutschen in einer aldisierten Republik ein? Oder verständigt sich das Land über Parteien und Druckgruppen hinweg auf eine Aufholjagd im internationalen Rennen um Märkte, auf ein Comeback wie nach 1945? Seine Antwort ist klar: Angriff. Er hat sogar schon eine Vision formuliert, einen Platz für Deutschland in der globalisierten Welt: Die Deutschen, findet Koch, sollten sich auf die Rolle der »complexity managers« begeben, die überall auf der Welt gerufen werden, wenn es darum geht, hochverdichtete Systeme zu steuern, den Verkehr eines Ballungsraums zum Beispiel. Man kann darüber streiten, aber es ist mal eine Idee.

Roland Koch brennt vor Ungeduld und Tatendrang. Dass ihm diese Frau Merkel dabei im Wege steht, macht ihn rasend. Und verleitet ihn zu Fehlern. Die Kollegen im CDU-Präsidium rollen nur mit den Augen, wenn Koch wieder lauthals überlegt, wie die Union schnell das nächste Thema besetzen, die Regierung jagen, angreifen muss. Selbst Altmeister Kohl merkt in kleinem Kreise an, dass der Junge sich früher geschickter angestellt habe.

Kann sein, dass sich der Ehrgeizling verheddert in seinen vielen widersprüchlichen Rollen. Kann sein, dass er Profil gewinnt als ernsthafter Macher, als einer der wenigen leitenden Angestellten der Republik, die die Kraft für große Veränderungen haben. Den Beweis muss er in Hessen erbringen. Kann sein, dass Koch in ein paar Jahren wieder als Anwalt in Eschborn arbeitet. Kann sein, dass er 2006 Superminister in Berlin wird. Kann sein, dass er als ewiger Ministerpräsident verstaubt, weil sich eine Kanzlerin Merkel nicht ihren Lafontaine in die Regierung holen will.

Kann aber auch sein, dass ihm ausgerechnet seine geschätzten Achtundsechziger-Feinde weiter nach oben helfen. Es war Joschka Fischer, an dem er sich im Wiesbadener Landtag in Rekordzeit zum parlamentarischen Profi emporgerieben hat. Es war Otto Schily, der ihm das Geschenk der doppelten Staatsbürgerschaft machte, das seinen ersten Wahlsieg ermöglichte. Und vielleicht ist es der Kämpfer Gerhard Schröder, der 2006 noch einmal gewinnt.

Kindertage in Eschborn

>»Man muss seine Eltern nur richtig erziehen.«
>(Der Grundschüler Roland Koch)

Wenn sich zukünftige Historiker eines Tages auf die Suche nach Spuren aus der Kindheit des bedeutenden Politikers Roland Koch begeben, dann werden sie in Eschborn auf einen unscheinbaren Garten stoßen, sauber eingezäunt, gleich hinter der Filiale der Dresdner Bank. Schon zur Hälfte im weichen Boden versunken liegen die Steinblöcke, die einst den Grillrost trugen. Zwischen den kahlen braunen Stämmen nichtsnutziger Nadelhölzer leuchtet zart das Weiß einer einzelnen tapferen Birke. Zum Zeichen ihres unverbrüchlichen Zusammenhalts buddelten die Grundschüler Roland Koch und Gunther Dahlem das Bäumchen ein, Mitte der sechziger Jahre, zu einer Zeit, als Adenauer Kanzler war, Eschborn ein Bauerndorf und Roland Koch ein verträglicher Knabe in kurzen Lederhosen.

Die Kochs waren erst kurz zuvor, im Frühjahr 1964, nach Eschborn gezogen, aus der Mietwohnung in Frankfurt-Rödelheim, das der aufstrebenden Familie etwas zu schlicht geworden war. Immerhin betrieb der Rechtsanwalt Karl-Heinz Koch eine Kanzlei in feiner Lage, auf der Zeil. In Rödelheim war Roland in den Kindergarten gegangen, im Gartenhaus mit dem Bollerofen. Vom Fenster ihrer Wohnung aus hatte er stundenlang am Fenster gestanden und auf die Züge geguckt und das Röhrenwerk von Mannesmann. Eisenbahnen waren wichtig, schließlich arbeitete Opa Koch als Buchhalter im Ausbesserungswerk Frankfurt-Nied und wohnte in der dazugehörigen Eisenbahnersiedlung.

Opa Beck, der zweite Großvater, wohnte bei den Kochs. Der Junge schlief damals im Schlafzimmer seiner Eltern und spielte über Tag im Zimmer des Opas, sobald der sein Bett hochgeklappt hatte. Der alte Mann saß oft im Lehnstuhl und las Zeitung, der Enkel spielte zu seinen Füßen.

In Eschborn unterhielt die Familie Koch schon länger einen Schrebergarten mit Datsche, ihren locus amoenus, die zarte Gegenwelt zur Stadt, ideal für die kleine Flucht am Wochenende. Obgleich nur wenige Kilometer von der Metropole Frankfurt entfernt, war Eschborn eine gänzlich andere Welt, ein hessisches Bullerbü, mit munterem Bächlein, mit Kühen, Schweinen, Hühnern. Stolz auf dem Bock seiner kleinen grünen Kutsche dirigierte der Bauernsohn Gunther Dahlem sein Pony über die ungeteerten Straßen, um Heu zu holen.

Das erste Grundstück, das er 1958, in Rolands Geburtsjahr, günstig gekauft hatte und das fortan als Schrebergarten diente, hatte Karl-Heinz Koch nicht bebauen dürfen. Für sein Haus musste er ein weiteres Grundstück erwerben. Auf dem ersten steht heute ein für Eschborner Verhältnisse etwas zu klobiges Anwesen im Südstaaten-Stil, das mit seinen blauen Ziegeln auch gut in eine ostdeutsche Gemeinde passen würde. Dort gehören die Häuser mit den blauen Dächern denen, die es geschafft haben. Die Villa, vor der häufig ein Polizeiauto parkt, ist das Haus des hessischen Ministerpräsidenten.

Eschborn war der ideale Standort für die junge Familie. Vater Karl-Heinz hatte es nicht weit nach Frankfurt, Mutter Irmgard, die bevorzugt damit beschäftigt war, sich auszumalen, was ihrem einzigen Sohn alles zustoßen könnte, wähnte den Filius, der unter Heuschnupfen und Asthma litt, hier sicher und in gesunder ländlicher Umgebung. Wie einen Schatz hütete Irmgard Koch ihren kleinen Roland, dessen Geburt kompliziert und langwierig und traumatisch war und sie fast das Leben gekostet hätte. Dass er sommers wie winters in den Bach fiel, nahm sie mit milder Verzweiflung in Kauf. Für die Eschborner Buben war es wie eine Taufe.

Das Bildungsangebot ist spärlich in Eschborn. 50 ABC-Schützen drängeln sich in der Grundschule an der Jahnstraße. Einer von ihnen ist Roland, der Neuhinzugezogene, ein anderer Gunther, Sproß einer alteingessenen Familie. In der Klasse haben sich die beiden noch gar nicht wahrgenommen, ein Zufall führt sie zusammen. Eines nachmittags kommt Gunther vom Dahlem'schen Hof über die kleine Steigung mit dem Fahrrad in die Königsteiner Straße geradelt, wo die neu errichteten Einfamilienhäuser stehen. Er will einen Freund besuchen. Doch der ist nicht zu Hause. Auf der Straße kurvt ein anderer Junge mit seinem Rad herum, der Mitschüler Koch. Schnell entwickelt sich ein Fachgespräch über Fahrräder. Roland fährt ein blaues »Rixe«, ausgestattet mit einem Tachometer; nicht so ein albernes kleines klackerndes Ding unten an der Vorderradnabe, sondern ein echter Tacho am Lenker, mit Geschwindigkeitszeiger, wie bei einem Motorrad. So einen müsse man einfach haben, erklärt Roland dem beeindruckten Gunther.

Die Jungen beschließen, »auf Patrouille« zu gehen. Mit wichtigen Mienen kreuzen sie durch die Straßen des Dorfes, werfen kontrollierende Blicke auf Häuser und Autos, inspizieren Baustellen, und manchmal observieren sie verdächtige Unbekannte. Sie schauen, ob alles in Ordnung ist. Leider ist alles in Ordnung. In Eschborn ist immer alles in Ordnung. Dass es so ist, führen die Jungs auf ihre ausgiebigen Patrouillenfahrten zurück.

Ab sofort sitzen die beiden Jungen in der Klasse nebeneinander, was sich bis zum Abitur nicht ändern sollte. Schule bedeutet für sie eine unspektakuläre Vormittagsbeschäftigung, weder fordernd noch belastend. Das wahre Leben beginnt danach. Sind sie nicht mit den Rädern unterwegs, wenden sie sich dem Garten zu. Der Koch'sche ist groß und von Hecken umstanden. Die Attraktion: ein kreisrunder Swimmingpool. Die Peinlichkeit: Mutter Koch wacht über hygienisch korrektes Baden. »Geht vorher noch ein Bächlein machen«, befiehlt sie jedes Mal, wenn die Knaben ins Wasser wollen.

In einer Ecke des Gartens hat Opa Beck sein Revier. Ausgiebig macht er sich in den Gemüsebeeten zu schaffen. Hier ist sein Refugium, hier fühlt er sich sicher vor seiner Tochter, bei der er nicht viel zu sagen hat. Opa Beck bewohnt das Zimmer neben Roland. Zum Entsetzen mancher Besucher spricht man im Hause Koch ganz unverblümt, auch in Opas Anwesenheit, darüber, dass ein Durchbruch gemacht werden würde, wenn der alte Herr eines Tages nicht mehr ist. Dann hätte der Roland zwei Zimmer.

Ökonomische Rationalität bestimmt das Leben der Kochs. Mit seinen Möbeln, erzählt der Ministerpräsident, sei er so pfleglich umgegangen, dass sie seine Söhne bis vor kurzem noch nutzten. Effizienz ist ein Sport, der Roland Spaß macht, vor allem im Garten. Das regelmäßige Stutzen des Rasens gehört zu seinen Aufgaben, was er weniger als lästige Pflicht begreift, sondern als Teil einer groß angelegten Versuchsreihe. Ausführlich beschäftigt er sich mit der Frage, wie die gewaltige Fläche wohl am zeitsparendsten zu mähen sei. Jede Schur gerät für ihn zu einem Experiment im Fach Effizienz.

Stolz verkündet Roland eines Tages, dass er den optimalen Weg gefunden habe: Der Mäher müsse spiralförmig von außen nach innen bewegt werden, sodass der Rasenschnitt immer zur Mitte ausgeworfen wird. Am Ende läge die Fläche sauber geschnitten da, das in der Mitte aufgehäufte Mähgut ließ sich sehr viel schneller zusammenrechen als überall verstreute Rasenreste. Mit seinen Optimierungsüberlegungen traktiert er auch gern seine Eltern, solange, bis sie ihm seinen größten Wunsch erfüllen, einen vierrädrigen Sitzrasenmäher – die optimale Optimierung.

Der Knabe Roland bekommt eigentlich immer, was er will. Denn er versteht es meisterhaft, Muttis Liebling zu spielen, ohne es wirklich zu sein. Ihn für ein Muttersöhnchen zu halten hieße, Roland Koch zu unterschätzen. »Man muss seine Eltern nur richtig erziehen«, erklärt er seinem Kumpel Gunther einmal. Wichtig sei es, in den kleinen Dingen des täglichen Lebens zu gehorchen, die Müttern so unendlich wichtig sind. So lässt sich Roland jedes Mal, wenn er vor die Tür will, stoisch das gleiche Ritual gefallen: Mutti striegelt und mustert und fährt ihm, Kindheitstrauma, gelegentlich auch mit einem frisch bespeichelten Taschentuchzipfel durch die Mundwinkel.

Für die stämmige Irmgard Koch haben kleine Dinge eine immense Wichtigkeit. Sie hat keinen Job, weil sich das damals nicht gehörte, sie putzt sich nicht heraus, weil sie betonte Weiblichkeit für anrüchig hält, und sie ist praktisch allein erziehende Mutter. Ihr Mann ist oft und lange bei der Arbeit und abends für die Partei unterwegs, in vorwiegend missionarischer Rolle. Denn die CDU existiert praktisch nicht im sozialdemokratisch dominierten Eschborn. Wenn er spät nach Hause kommt, verzieht er sich am liebsten in die »Bierstub«, wo ein Fässchen Bier wartet. Er zapft sich ein Glas und setzt seine Pfeife in Brand. Feierabend.

»Eine Frage des Anstands« –
Das zweite Leben des Karl-Heinz Koch

Der Anwalt und Lokalpolitiker Karl-Heinz Koch, der später einmal hessischer Justizminister werden sollte, war eine bemerkenswerte Erscheinung, allenthalben hoch geschätzt. Nur für Journalisten war er ein Albtraum. Ein Reporter, der sich mühte, ihm einen zitablen Satz zu entwinden, stöhnte nach einer Stunde vergeblichen Redens: »Sie haben offenbar überhaupt keine Probleme.« Da antwortete Herr Koch seelenruhig: »Das ist nicht weit von der Wahrheit entfernt.« Mediale Öffentlichkeit hielt Karl-Heinz Koch immer für unnötig. Interviews mit ihm gibt es nicht in den Archiven. Nur einmal brachte er es auf ein Foto im »Spiegel«, als Opfer einer Verwechslung. Man hatte ihn irrtümlich für den Chef der Bundesrechtsanwaltskammer gehalten.

Karl-Heinz Koch vertraute auf das Argument, nicht auf die Schlagzeile. Eine, damals jedenfalls, Erfolg verheißende Strategie. Denn bei den Kollegen Politikern genoss er parteiübergreifend einen sensationell guten Ruf. Wer immer mit Karl-Heinz Koch zu tun hatte, lobte ihn als guten Demokraten, als zuverlässigen und vertrauenswürdigen Verhandlungspartner, als Herrn, der Lösungen suchte und keinen Streit. In jeder Gesprächsrunde, in jedem Plenum harrte er eisern auf seinem Platz aus, und waren die Beiträge noch so dürftig. Das sei »eine Frage des Anstands«, erklärte er mal einem Parteifreund, der ihn auf einen Kaffee vor die Tür locken wollte.

Er achtete die Institutionen des neuen Deutschland, dem er den gesellschaftlichen Aufstieg aus dem Eisenbahner-Haushalt in den wohl situierten Mittelstand zu verdanken hatte. Karl-Heinz Koch war Demokrat aus Überzeugung. Die Erfahrungen des Krieges, wie bei vielen jungen Männern jener Zeit, diktierten sein ganzes weiteres Leben: Freiheit war für ihn stets Antrieb, Begründung, Bedingung allen Miteinanders. Er war dankbar, dass ihm nach Krieg und NS-Diktatur die Chance offen stand, sein Leben noch einmal zu beginnen.

Gleich nach dem Notabitur wurde der Teenager Karl-Heinz eingezogen, er musste nach Frankreich. Eine Ladung Schrot, die ihn traf, rettete ihm womöglich das Leben. Er kam ins Lazarett und überstand nach Kriegsende auch eine kurze Gefangenschaft. Viel geredet hat er nie über den Krieg. Roland bemerkte die Spätwirkungen der traumatischen Erlebnisse nur an Kleinigkeiten: Sein Vater mochte Zeit seines Lebens keinen Reis, er bekam zu viel, wenn er Schlange stehen musste oder jemand eine Waffe auf ihn richtete. Das Schrot in seiner Lunge bewirkte zudem, dass das sensible Organ bei jeder Erkältung etwas mehr zerfiel. Als Roland ihn 2003 auf der Intensivstation besuchte, schrie im Nachbarzimmer gerade ein Patient. »Wie früher im Lazarett«, sagte Vater Koch da matt zu seinem Sohn, »da ging das Tag und Nacht so.« Roland erschauderte.

Mit 22 Jahren heimgekehrt, nimmt Karl-Heinz Koch das Jurastudium in der zerbombten Frankfurter Goethe-Universität auf. Im Winter zieht es derart frostig durch die Hörsäle, dass die Studenten auch mit Fingerlingen kaum ein Wort aufs Papier bringen. Höhepunkte der kargen Zeit sind die klassischen Konzerte in der Aula: »Ave Verum« und »Laudate Dominum« von Mozart beeindrucken Koch tief.

Die Studenten fühlen sich als Avantgarde eines neuen Deutschland, sie wollen mitgestalten. Koch wird Vorsitzender der Fachschaft Jura, stellvertretender Asta-Sprecher, jüngstes Mitglied des Senats unter Vorsitz von Walter Hallstein und begründet den hessischen Studentenverband. Zu erster Berühmtheit gelangt er, weil er das Land Hessen auf Lernmittelfreiheit verklagt. Einer seiner Gegenspieler ist der spätere Brandt-Vertraute Hans Matthöfer, der den Sozialistischen Deutschen Studentenbund anführt und die Zeitschrift »Links« herausgibt.

Der Student Koch legt sich das klassische intellektuelle Rüstzeug des modernen Liberal-Konservativen zu, dem Zentralismus und Totalkontrolle des Nazistaats zuwider sind. Er entwickelt sich zum Anhänger der von Freiherr vom Stein begründeten kommunalen Selbstverwaltung. In seinem »Politischen Testament« hatte der Freiherr schon 1808 geschrieben: »Wenn dem Volke alle Theilnahme an den Operationen des Staates entzogen wird, wenn man ihm sogar die Verwaltung seiner Kommunal Angelegenheiten entzieht, kommt es bald dahin, die Regierung theils gleichgültig, theils in einzelnen Fällen in Opposition mit sich zu betrachten.«

Dazu passen die Einsichten der Freiburger Schule von Walter Eucken, Professor für Nationalökonomie. Euckens Erkenntnisse über die Funktionsbedingungen einer freiheitlichen Wirtschafts- und Sozialordnung sind Grundlage der sozialen Marktwirtschaft und entscheidend für den Beginn des Wirtschaftswunders. Mit dem Juraprofessor Franz Böhm, der in Frankfurt lehrt, formuliert Eucken die Ordnungspolitik, nach der sich der Staat darauf beschränken soll, den ökonomischen Wettbewerb zu schützen und zu fördern. Für den Staatsinterventionismus, den Koch junior heute nach dem Vorbild Schröders und Stoibers pflegt, hätten die Herren nur Verachtung übrig gehabt.

Die Studenten, die teilweise in notdürftig umgearbeiteten Wehrmachtsuniformen herumlaufen, weil es nichts anderes gibt, entwickeln schnell ein Elitebewusstsein: Dieses Land ist ihr Land. »Viele Professoren waren Offiziere gewesen und hatten Hemmungen gegenüber dem neuen Staat«, erinnert sich Karl-Heinz Koch: »Wir Studenten symbolisierten den Neuanfang.« Die Dozenten sind froh, wenn ihnen die Studenten Arbeit abnehmen. Koch hilft, Baumaterial für das Juridicum zu besorgen. Im historischen Palmengarten werden erste Feste gegeben, mit Freibier, das die Amerikaner spendieren, und Erbsensuppe, für die der Bürgermeister gesorgt hat.

Die Frankfurter Uni entwickelt als eine der Keimzellen des optimistischen jungen Deutschland gewaltige Anziehungskraft: Heinz Riesenhuber (Chemie), Alexander Kluge (Geschichte), Bill Ramsey (Soziologie) und Kurt Biedenkopf (Jura) studierten hier. 1950 schreibt sich ein gewisser Helmut Kohl für Philosophie und Staatsrecht ein. Dafür nimmt er es auf sich, morgens um 6.11 Uhr in Ludwigshafen in den Zug zu steigen.

Seine Lehrjahre verbringt Karl-Heinz Koch ebenfalls in Frankfurt. Als Assessor beim hessischen Verband für Haus- und Grundbesitzer macht er sich mit den Feinheiten des Immobilienrechts vertraut, was ihm später oft zugute kommen sollte. Für die »Frankfurter Rundschau« verfasst er informative Aufsätze über die erbschaftsrechtlichen Tücken der neuen auf

Gleichberechtigung ausgerichteten Gesetze, in denen erstmals exotische Worte wie »Zugewinngemeinschaft« auftauchen.

1956 macht er sich als Wirtschaftsanwalt selbständig, in der Frankfurter Fußgängerzone, gleich neben dem Groß- und Einzelhandelsverband, für den er juristische Angelegenheiten bis hin zu Tarifverträgen erledigen soll. Im Jahr darauf tritt er in die CDU ein. Er ist viel unterwegs, zieht in diverse Aufsichts- und Verwaltungsräte ein, beim Miederwarenhersteller Triumph zum Beispiel. Die Ausflüge in den Taunus, für die Roland die kurze Leder-hose mit den Trägern und dazwischen montiertem röhrenden Plastikhirsch anlegt, bleiben die Ausnahme, selbst in den Sommerurlaub kommt der Va-ter, wenn überhaupt, nur kurz mit. Eines der Merkmale von Familienvätern ist ihre Abwesenheit, das scheint Roland Koch bis heute zu glauben.

»Schiller'sche Konjunkturspritze« – Roland spielt Monopoly

Die großen Ferien sind für Roland ohnehin nichts Besonderes: Immer al-lein um den Strandkorb herumbuddeln wie am Timmendorfer Strand, das findet er langweilig, zumal seine Eltern zum Fußballspielen oder anderen bewegungsintensiven Aktivitäten nicht geeignet sind. Er sehnt sich zurück nach Eschborn, wo die Heuernte wartet und Gunther und der Grill und all die anderen spannenden Sachen; Dinge, für die sein Vater keine Zeit hat. Für Roland ist vor allem Hausfrau Irmgard Koch zuständig. Seine Aufzucht soll ihre Herzensaufgabe werden, das Projekt ihres Lebens.

Das Einzelkind ist eines der Lieblingsthemen der Soziologie, ohne dass die Wissenschaft dazu abschließende Erkenntnisse gewonnen hätte. Sind Gören ohne Geschwister besonders verwöhnt, autistisch, egozentrisch oder neigen gar häufiger zur Homosexualität? Der Familiensoziologe Hartmut Kesten hat Forschungsberichte aus aller Welt zusammengetragen, die nicht viele unumstrittene Resultate ergeben: Im Vergleich zu Geschwisterkindern schreien Einzelkinder mehr und lächeln weniger, mit 5 Jahren haben sie ei-nen höheren Herzschlag und Blutdruck, brauchen aber weniger Schlaf, sie bekommen mehr Anerkennung und Zustimmung. Väter von Söhnen sehen sich besonders gefordert, Vorbild zu sein.

Einzelkinder sind leistungsorientierter, identifizieren sich mehr mit ih-ren Eltern und deren Leistungsstandards, sie neigen zur Frühreife vulgo Klugscheißerei, sind selbstbewusster, aber auch eingebildeter, selbstgefäl-liger und egoistischer, in ihrem Geschlechtsrollenverhalten unflexibler und intoleranter. Ihre Eltern legen mehr Wert auf Schulleistung, Selbstvertrauen, Verantwortungsbewusstsein und neigen stark zur Überbehütung. Viele bedeutsame Persönlichkeiten und auffallend viele Nobelpreisträger waren Einzelkinder.

Die abstrakte Wissenschaft beschreibt exakt das Ehepaar Koch und sein Wunschkind Roland. Der einzige Sohn wird abgöttisch geliebt, umhegt, begleitet, gefördert und gefordert. Mutter Koch ist gütig und streng gleichermaßen. Gern hat sie Roland und seine Freunde bei sich zu Hause, schon, um zu sehen, mit wem sich ihr Sohn so herumtreibt. Ihre bisweilen scharfen Blicke sind sensibleren Besuchern ein Graus. Unentwegt schaut sie nach den Jungs, mahnt und warnt fortwährend. Rolands Spielkameraden sind ihr oftmals suspekt. Geradezu panisch reagiert sie, als sie den schmächtigen, aber stärkeren Gunther eines Tages auf ihrem Sohn sitzend findet, der mit rotem Gesicht am Boden zappelt. Roland hatte Gunther aufgefordert, ihn ganz fest am Boden zu halten, weil er üben wollte, sich zu befreien.

Die Sorge um den Kleinen treibt putzige Blüten. Als Roland von den Kindern aus dem nahen Obdachlosenheim mal getriezt wird, wird er zum Judo geschickt. Und da hat er richtig Glück. Bei den Eschborner Stadtmeisterschaften treten in seiner Gewichtsklasse außer ihm nur zwei Jungs an. Der eine wirft den anderen bereits aus dem Rennen, und Koch muss nur noch diesen Sieger besiegen, um an den imposanten Titel zu kommen.

Aus Sicherheitsgründen bekommt Roland auch einen Hund an die Seite, einen grauen Schnauzer. Das arme Tier namens »Jery«, aus adliger Linie, muss natürlich in die Hundeschule. Nachdem Jery zurückgekehrt ist, reduzieren sich schlagartig die Besuche im Hause Koch. Denn sobald die Klingel ertönt, springt und kläfft der Hund wie wild, für jeden Besucher Furcht erregend sichtbar hinter der Glastür. Mutter oder Sohn packen die hysterische Bestie dann am Halsband und drücken dem verstörten Gast einen Hundekuchen in die Hand. Das »Leckerli« beruhigt das hysterische Haustier schlagartig, und es trollt sich still in sein Körbchen.

Was Vater Graf für Steffi war, ist Mutter Koch für Roland. Sie ist Trainerin, Antreiberin, Fahrdienst, Finanzier, Aufpasserin, vor allem aber ist sie stolz. »Alles drehte sich um Roland«, sagt ein Freund der Familie, »wären da noch weitere Kinder in der Familie gewesen, hätte es Roland nie so weit gebracht.« Alle unerfüllten Wünsche, Sehnsüchte und Träume werden auf den geliebten Sohn projiziert, er soll es mal besser haben.

Unter der streng behütenden Fuchtel seiner Mutter wächst ein smartes, lümmeliges, selbstbewusstes, zuweilen herablassendes Alphatier heran, für das das ganze weitere Leben eine Mischung aus Spiel und Pflichterfüllung

und Grenztesten bedeuten wird, zusammengehalten von der einen Gewissheit, letztendlich immer zu kriegen, was es will. Seine Lieblingsfigur
im Fernsehen ist Captain Kirk, gern liest Roland »Jerry Cotton« und »Perry
Rhodan«. Sein Berufswunsch: Müllmann, wegen des eindrucksvollen Las-
ters mit den vielen Hebeln.

Seinen ausgeprägten Führungswillen spüren auch die Freunde, zum Beispiel beim Monopoly. Da haben alle nach Rolands Regeln zu spielen, die
den kindlichen Immobilienhandel entscheidend dynamisieren. Regel eins:
Wer bauen will, muss nicht warten, bis er drei Straßen einer Farbe zusam-
mengekauft hat. Er kann sofort loslegen. Regel zwei: Die Bank verwaltet
nur einer, Roland. Regel drei: Wer pleite ist, hat nicht etwa verloren, sondern kommt in den Genuss einer »Schiller'schen Konjunkturspritze«. So
nennt Roland den unbürokratischen Schnellkredit, den er als Bankier mit
gewichtiger Miene auszahlt. Auch beim Schultheater entscheidet Roland:
Wie selbstverständlich übernimmt er die Rolle von Ritter Kuno, während
sich Gunther mit der eher peinlichen Rolle des Burgfräuleins zu arrangieren
hat.

Roland Koch verfügte von kleinauf über eine besondere seelische Kon-
stitution, die Psychologen als »Resilienz« bezeichnen: Resiliente Wesen
sind von Natur aus widerstandsfähig gegen Rückschläge, zeigen kaum Ag-
gression, Angst oder Depression, sind stressresistent, grübeln wenig, sind
aktiv und risikofreudig, diszipliniert und ehrgeizig. Dafür neigen sie kaum
zu Suchtverhalten (außer in der Politik wahrscheinlich).

Resilienz beweist er etwa beim familiären Reizthema Fernsehen. Das
moderne Medium sei eine wichtige Sache, hat er seiner Mutter erklärt, daher müsse man sich regelmäßig damit befassen, am besten jeden Nachmittag. Mitschüler, die bislang fest überzeugt waren, dass ein Fernseher erst
nach Einbruch der Dunkelheit und am Wochenende funktioniert, schätzen
diesen liberalen Umgang. Zudem besitzt der Koch'sche Kühlschrank eine
magische Anziehungskraft: Hier gibt es wunderbare Tütenmilch aus dem
Supermarkt und nicht das Zeug direkt aus dem Euter der Kühe von Bauer
Dahlem. Deren Rahmschicht verabscheut Roland zutiefst.

Als Autorität akzeptiert der Heranwachsende eigentlich nur die katholische Kirche. Auf regelmäßige Ausübung der Religion legte Irmgard
Koch, obgleich protestantischen Glaubens, großen Wert; Kommunion und
Firmung waren große Tage im Hause Koch. Fürs Familienalbum posiert
Roland im schwarzen Samtanzug mit Fliege und Einstecktuch und Ker-
ze, flankiert von den kurzbehosten, weil evangelischen Freunden Michael
und Gunther, die mit ernsten Mienen salutieren. Schließlich hatte ihnen der

Ministrant Roland zuvor ausgiebig die Feinheiten des katholischen Regelwerks erklärt, wie wichtig es sei, alles minutiös einzuhalten, und entsprechende Ehrfurcht angemahnt.

Eine tiefe emotionale Bindung zur Kirche beseelt ihn nicht, eher pflegt er ein funktionales Verhältnis zum Glauben. Die Kirche und ihre Rituale, das waren Verlässlichkeiten im Leben. Und lustig war es auch, wenn dem Messdiener Roland das Wachs über die Finger lief, wenn er am Altar mit dem Schlaf kämpfte, wenn er schon im Leichenwagen den Weihrauch entzündete, sodass auf dem Friedhof erst dichter Qualm aus der Heckklappe kam und dann ein benebelter Roland. »Eine gute Ministrantenzeit ist eine Lausbubenzeit«, sagt Koch heute mit Nostalgie im Blick.

Umso entsetzter war er, als eines Tages der neue Pfarrer, beseelt von den modernen Ideen der »Kirche von unten«, alle Regeln und Rituale über den Haufen warf, als im neuen Gemeindezentrum plötzlich Karnevalssitzungen veranstaltet wurden. Da verabschiedete sich der Ministrant Koch von der katholischen Kirche in Eschborn: »Es war eine leise und einsame Entscheidung«, sagt er. Kirche, so findet er bis heute, »muss überall auf der Welt gleich sein und verstanden werden, in jeder Kultur, in jeder Sprache, in jedem Land, ob für Arm oder Reich, Jung oder Alt. Das macht ihre Universalität aus, und damit ihre Kraft.«

Rituale aufweichen heißt für ihn, Kirche aufzuweichen, nötig sei dagegen, sich abzugrenzen. Die Skepsis hält bis heute. Weil er im Eschborner Gemeindezentrum nicht heiraten wollte, ließ er sich von Pater Wolfgang aus dem nahen Kelkheim trauen, der auch die Taufe seiner Söhne übernahm. Später, als Ministerpräsident, gibt er allen theologischen Fakultäten in Hessen eine Bestandgarantie, »und wenn da zwei Professoren mit nur zwei Studenten sitzen«.

Bis heute versucht Koch, den Sonntag für sich und seine Familie zu reservieren. So kam er zum Leidwesen seiner Freunde am Tag des Herrn nie aus dem Haus. Stattdessen Kirchgang, Mittagessen und dann den Sonntagnachmittagsspielfilm im Fernsehen, der ihm gar nicht schlicht genug sein konnte. Komödien mit Durchschnittskomikern wie Georg Thomalla lösten bei ihm gewaltige Heiterkeitsstürme aus.

Es war eine eigentümliche Mischung aus Gehorchen und Vorwärtspreschen, aus Ritualgläubigkeit und Unwillen zum Anpassen, die den Knaben Roland ausmachte. Diese Widersprüchlichkeit erklärt die Bonner Psychologin Dagmar Meyer-Anuth, die sich intensiv mit Politikern und ihren psychologischen Eigenheiten befasst, mit einer besonderen Familiensituation. Auf der einen Seite das Kriegskind Karl-Heinz Koch. Er stand für die Werte Solidarität, Disziplin, Bescheidenheit, Loyalität. Vater Koch hatte früh lernen müssen, eigene Bedürfnisse zurückzustellen. Nach dem Krieg mühte er sich vor allem, unter Wahrung der gelernten Werte, die Existenz der Familie zu sichern. Trotz politischer Erfolge blieb er im Hintergrund, große Auftritte empfand er als unangemessen.

Auf der anderen Seite stand Irmgard Koch. Sie teilte die Wertvorstellungen ihres Manns, legte aber auch Wert darauf, dass diese Werte und die Leistungen ihrer Männer nach draußen getragen wurden. Das erfuhren die Freunde Rolands, später seine Lehrer, die Eschborner Bürgermeister, CDU-Mitglieder und bis heute Rolands Gattin Anke. In einem für jene Aufsteiger-Familien durchaus nicht ungewöhnlichen narzisstischen Hunger – Seht her, wir haben es zu etwas gebracht – sorgte sie für jene Zuwendung und Bewunderung, die ihr Mann nicht einzufordern wagte. Eine Partnerschaftsdynamik, wie sie sich in vielen Nachkriegsehen findet.

Das Einzelkind Roland musste von kleinauf zwischen den sehr unterschiedlichen Bedürfnissen von Vater und Mutter balancieren: Hier die ehrgeizige Irmgard Koch, dort der eher bescheidene Karl-Heinz. Ein bis heute reichender innerer Konflikt war angelegt. Roland Koch hatte die Wünsche der Mutter nach Bedeutsamkeit zu erfüllen, ohne die Führungsrolle des Vaters zu schmälern, indem er ihn demontierte oder überholte. Anfangs wurde dem Konflikt aus dem Weg gegangen, über eine natürliche Erbfolge: Roland folgte seinem Vater oftmals nach auf politischen Posten.

Bescheidenheit und narzisstischer Hunger – die beiden vorgelebten Werte verinnerlichte das Einzelkind Roland so lange, bis er sie nicht mehr als Elternbotschaften wahrnahm, sondern als eigenen Antrieb. Experten sprechen von Introjekten. Diese auseinander strebenden Triebfedern halsten Roland Koch jedoch einen permanenten seelischen Konflikt auf: Je erfolgreicher er wurde und damit Mutters Bedürfnisse erfüllte, desto stärker entwertete er die Führungsrolle des Vaters. So balanciert er immer zwischen zwei Rollen und zwei Erwartungen, die sich oftmals widersprechen. Er ist Angreifer und Verteidiger, Hasardeur und Biedermann in einem.

Zwischen den widersprüchlichen väterlichen und mütterlichen Rollen ist Koch bis heute zu finden: als lauter Anführer überall dort, wo er sich sicher fühlt, und als artiger Junior an der Seite von Vater, Kanther, Kohl, George W. Bush, an deren Seite er offenbar gar nicht wie eine Führungskraft aussehen will. Er ist Polarisierer und Balancierer, Chef und Junior. Die Folge ist zuweilen irritierend: Beobachter wissen nicht, ob sie einen Boss vor sich haben, den harten, unbeugsamen Koch, oder den Knaben Roland, einen Schlaks mit hängenden Schultern.

Entlastung von den subtilen Druckverhältnissen daheim fand Roland Koch auf dem Bauernhof der Dahlems. Hier waren die Jungen sich selbst überlassen, zumal Gunthers Eltern oft krank waren. »Wir hatten das Gefühl, dass das alles uns gehört, dass wir den Hof managen«, erinnert sich Koch. Ein Blick in den Kuhstall, ein Sprung vom Heuboden in den Heuhaufen, das Pony getätschelt, eine Hand voll Körner für die Vögel in Gunthers Taubenschlag. Auch gelegentlichem Kräftemessen war Roland nicht abgeneigt. Als Vater Dahlem mal den Schweinestall ausmistete, kommentierte der Junge die Arbeit keck. Noch eine dumme Bemerkung, warnte der Landwirt, dann flöge eine Forke voll Mist auf ihn. Natürlich machte Roland weiter, und tatsächlich traf ihn eine Ladung Schweinekot. Damit hatte er nicht gerechnet, so was hätte seine Mutter nie getan.

Am Ende landeten sie immer im Garten, der es Roland angetan hatte. Die bunte Dahlem'sche Gänsewiese entsprach allerdings nicht seinen Ordnungsvorstellungen. Der junge Experte für preußische Grünanlagen führte auch hier das Rasenmähen ein, rigoros wurde die Wiese rasiert. Die Jungen hatten ihr eigenes Beet angelegt, mit stibitzten Ablegern aus dem Garten Koch, und zum Schutz eine kleine Hecke drumherum gesetzt. Aus Bruchsteinen und Mörtel hatten sie einen Grill gebaut, mit einem Drehspieß als Clou. Überm heftig qualmenden Papierfeuer drehte hier manches Hähnchen seine letzten Runden. Sie achteten darauf, dass die kleine Birke nebendran nicht allzu viel Rauch und Hitze abbekam. Schließlich hatte das Bäumchen einen immensen symbolischen Wert. Es war ihre Birke – die Birke der Freundschaft.

Ein Mann, ein Ort – Koch und sein Kral Eschborn

Schon in der Grundschulzeit wandelt sich die Eschborner Idylle. Der Wohlstand kommt. Das Wirtschaftswunder, Frankfurts hohe Steuern und Immobilienpreise und Bürgermeister Wehrheim von der SPD verwandeln das Bauerndorf in eine der reichsten Kommunen Deutschlands. Wehrheim ahnt früh, welche Rolle für seine Stadt die einträglichste sein würde: die des Blutegels, der sich am Frankfurter Bizeps nährt. Der Bürgermeister geht von Kuhstall zu Kuhstall und überzeugt die Bauern, ihr Land zu verkaufen. Anwalt Koch hilft, ordentliche Preise zu erzielen. Um auch künftig mit an der Macht zu bleiben, verteilen sich die Landwirte auf die im Stadtparlament vertretenen Parteien. Und tatsächlich – immer mehr Firmen, denen

Frankfurt zu teuer geworden ist, setzen ihre wuchtigen Bauten bereitwillig auf Eschborner Weiden und Rübenäcker. Einzige Bedingung: Sie dürfen weder Dreck machen noch stinken. Junge Menschen aus ganz Deutschland kommen nach Eschborn, weil es hier Arbeit gibt, Bauland, Aufbruch, Zukunft. Die Hochhäuser in Eschborn sind schick, Willy Brandt ist schick, Umweltschutz und Mitbestimmung auch. Die Post-Adenauer-CDU ist nicht schick. In den Jahren von 1960 bis 1970 wächst die Bevölkerung von 4000 auf 17 000 und die Zahl der Arbeitsplätze nahezu in gleichen Dimensionen. Um die ständig drohende Eingemeindung der Frankfurter zu vermeiden, vereint sich Eschborn mit dem benachbarten Niederhöchstadt zur Doppelgemeinde. Es entwickelt sich eine jener Speckfalten, die immer fetter werden, während die Städte verarmen. Und die Kochs schicken sich an, die Macht in Eschborn zu übernehmen.

Der Frankfurter Kabarettist Matthias Beltz hat die großen Fragen des Lebens auf zwei reduziert: Wo kommen wir her? Wo gehen wir hin? Im Fall Roland Kochs ist die Antwort klar: Eschborn, zu betonen übrigens auf der zweiten Silbe. Wer Roland Koch verstehen will, muss Eschborn verstehen. Hier findet sich komprimiertes Bilderbuch-Deutschland, Kochs Idealgesellschaft, wo jeder eine Familie hat, einen Job und später ein Eigenheim. Hier lebt das Milieu, das die Republik im Innersten zusammenhält, jener leidlich zufriedene kleinbürgerliche Mittelstand, dessen schleichende Vernichtung das ganze Land in eine Schieflage brächte. Eschborn ist über Generationen und Gartenzäune hinweg vernetzt, man kontrolliert und behütet sich gegenseitig, geklatscht und gekungelt wird ohne Ende. Den Tag zu vertrödeln gehört sich hier nicht, multiple Vereinsmitgliedschaft ist Pflicht. Am liebsten würde Koch das Eschborn-Prinzip dem ganzen Land verordnen.

In Eschborn, gerade mal 20 Minuten vom Frankfurter Opernplatz entfernt, gibt es über 100 Vereine und Verbände, wo Angler, Rollstuhl-Tennisspieler, Vertriebene, Guttempler, dicke Menschen, Funkamateure, Brieftaubenzüchter, deutsch-indonesische Freundschaftspfleger, Katzenfans, Jäger, Eisenbahnfreunde und Obstbaumbesitzer Gleichgesinnte finden. Allein fünf Chöre und Gesangvereine stehen zur Auswahl. Und natürlich eine Reihe der gängigen Ressentiments: Ausländer werden akzeptiert, wenn sie so sind wie Roberto Blanco.

Für Koch und Eschborn gilt, was Günter Gaus einmal über den Altkanzler und sein Ludwigshafen geschrieben hat: »Helmut Kohl gehörte zum juste milieu einer bodenständig südwestdeutschen, katholischen CDU, die ihre Stärke wie ihre Begrenztheit darin fand, ein politischer Zusammenschluss lokaler Vereine und Seilschaften zu sein. Ein bisschen von Zuckmayers fröhlichem Weinberg war dabei im Spiel. Aus dem Mitglieder-Gros von Kleinbürgern und Kleinbauern stiegen viele Söhne ins Akademische auf; ein Ergebnis der zunächst christdemokratischen und dann mehr und mehr auch sozialdemokratischen Sozialreformen. Mittelständisches Management drang vor in der Partei; einige reiche Leute fanden ihre Interessen zunehmend gut aufgehoben in Kohls CDU. Im Charakter der Union blieben immer herkömmliche antisozialdemokratische Ressentiments erhalten.«

Das großstädtische Frankfurt, obgleich nur ein paar Autominuten entfernt, liegt auf einem anderen Planeten. Dort gibt es Spontis und Sünde, eine falsche, gefährliche Glitzerwelt. Frankfurt bietet keine Sicherheit. Mag dem Großstädter die schmiedeeiserne Spießigkeit, all das Vercliquete und Vertratschte und Schlingensief-Kulissenhafte auch unerträglich vorkommen, in Eschborn gibt es Sicherheit. Dort funktioniert das soziale Leben für die, die mitmachen wollen und dürfen. Es funktioniert sogar besser als anderswo, denn ein mächtiger äußerer Feind zwingt die Gemeinschaft zusammen: Die stetigen Versuche Frankfurts, das reiche Städtchen einzugemeinden, hat die Eschborner seit jeher geeint. Bei allen Streitereien fand sich immer ein Minimalkonsens, und der lautete: Nie nach Frankfurt.

Bis heute herrscht hier eine friedliche Koexistenz zwischen Fachwerk und Bürotürmen, man sieht die Jets beim Anflug auf den Frankfurter Flughafen, die Skyline der Bankhäuser und zugleich die bewaldeten Rücken des Taunus. Es gibt Kopfsteinpflaster und die Autobahn, die alte Esche, die dem Ort seinen Namen gab, und zugleich die endlosen Weiten der Parkdecks vor den Großmärkten.

Von der Autobahn sieht Eschborn aus wie eine Frankfurter Trabantenstadt. Doch die Hochhäuser täuschen, sie bilden nur einen Palisadenzaun um den Ortskern, wo schon in vorchristlicher Zeit Menschen siedelten, wie Funde aus der Bronzezeit belegen. Eschborn leitet sich vom keltischen »Aschenbrunne« ab, der »Brunnen an der Esche«. Hier standen mächtige Gutshöfe, hier tummelten sich die »Ritter von Eschborn«, ein mittelbedeutendes Geschlecht von Edelleuten.

An der alten Esche fährt heute noch Karlheinz Gritsch, Anführer der örtlichen CDU und alter Koch-Freund, mit dem Trecker vorbei, nicht weit entfernt liegt Rainers Friseurladen, einen Steinwurf weiter erheben sich die ersten Bürotürme. Eltern und Sohn wohnen Zaun an Zaun aneinander, so einträchtig, wie das große Geld der Konzerne und die kleinen Bürger in den

Doppelhaushälften. Eschborn hat alles, nur kein Ghetto, kaum Arbeitslosigkeit, wenig Ausländer, kein Elend. Die Baracken des Erstaufnahmelagers für Flüchtlinge lagen bis vor kurzem weit vor der Stadt, hinter einer Containerfirma und waren mit Stacheldraht umzäunt. Wer hier aufwächst, für den ist soziales Elend etwas, das es nur im Fernsehen gibt.

Wenn Koch über Deutschland redet, dann hat er stets Eschborn im Kopf. So wie in seinem Ort soll, kann, muss es überall sein. Eschborn ist für Koch wie Oggersheim für Kohl, hier sind Frau und Kinder aufgehoben, hier kann er am Samstag unbehelligt auf der Leiter stehen, um die Hecke zu schneiden. Hier hat er die große Freiheit erlebt, als er Trecker und Mähdrescher fahren durfte, lang bevor er den Führerschein hatte, als er mit Gunther, beide Allergiker, mit Taschentuch vor dem Mund die Heuernte organisierte. In Eschborn haben drei Generationen Koch Sicherheit, Verlässlichkeit und Wohlstand erfahren. »Hier bin ich der Roland«, sagt Koch, »hier ist mein Kral.«

Vereinsmeier waren die Kochs allerdings nie, nur im politischen Sinne. Vater Karl-Heinz war Stadtverordneter, Mutter Irmgard gründete die Frauen-Union, Sohn Roland die Junge Union. Den Eingeborenen war die hochpolitisierte, aber stets höflich distanzierte Familie immer etwas unheimlich. »Die Kochs sind die Leitwölfe von Eschborn«, sagt Manfred Seelig, der jahrelang mit den beiden Koch-Männern als Stadtverordneter diente. Eisern zeigte sich die Familie bei jedem der zahlreichen gesellschaftlichen Ereignisse, ob Eschenfest, Karneval oder Schlachtfest, die drei hielten aber immer etwas spitzfingrig Abstand zu den fröhlichen Zechern. Nie sah man einen Koch betrunken. »Die sind was Besseres«, tuschelten die Eschborner.

Nur die wenigsten einfachen Einheimischen drangen jemals in die »Bierstub« von Vater Koch vor, allenfalls der Lebensmittelhändler Willy Baumann, der die Getränke lieferte, vor allem Cola für den Sohn, der Baumann später so freundlich wie beharrlich aus der Kreisgeschäftsstelle der CDU komplimentieren sollte. Selbst Mutter Koch hatte im Keller nichts zu suchen. »Das ist Männersache«, erklärte der Gatte, wenn er sich mit politischen Freunden zum Bierfass begab.

»Wir sind Bildungsbürger und Marktwirtschaftler«, so erklärte Karl-Heinz Koch einmal einem staunenden Kollegen Stadtverordneten das Selbstverständnis seiner Familie. Aber das stimmte nicht ganz. Kunst, Musik, Literatur spielte keine große Rolle im Hause Koch. Den Dichter Paul Celan anglisiert Koch heute noch zu »Pohl Sielänn«.

Jugend unter Linken

»Egal, was passiert, ich hau euch da raus.«
(Der Klassensprecher Roland Koch)

Nicht ohne Skepsis verfolgt Irmgard Koch den Wechsel ihres Sohnes auf die höhere Schule. Im Jahre 1968 treibt es in Frankfurt, Berlin und anderswo zottelige Studenten auf die Straße oder zu ungehörigen Dingen. Jeans sind Pflichtkleidung, heißen aber »Nietenhosen«. Ob das just in Sulzbach eröffnete Eichwald-Gymnasium ihren Vorstellungen von anständigem Lernen genügen würde, das bezweifelt Mutter Koch gewaltig. Die Schule war erst vor wenigen Jahren eröffnet und sofort von Schülern überschwemmt worden. Es fehlt an Lehrern, an Räumen, das Kurssystem ist für alle neu. Die in Hessen hyperaktiven Bildungsreformer um Ludwig von Friedeburg mit ihren neumodischen Rahmenrichtlinien machen ihr Angst.

Zugleich sind Schüler und Lehrer in Protestlaune: Startbahn West, Drogenpolitik, Nachrüstung. Das junge Gymnasium ist stolz auf seinen liberalen Stil, die Schülervertretung wird ernst genommen, Projekttage werden organisiert, das Kollegium pflegt die Grundsatzdebatte, und das auf einer Bildungsfarm mit mehr als 1000 Schülern. Sicherheitshalber fährt Irmgard Koch die Eschborner Jungs mit dem Auto zur Schule und holt sie auch wieder ab. Und sie lässt sich in die Elternschaft wählen.

Der seltsam korrekte Schüler Roland hatte nicht übermäßig viele Freunde. Nur die Eschborner hielten zu ihm, sie wussten, was sie an ihm hatten. Da waren zum Beispiel Rolands überaus praktischen Niesanfälle, vom Heuschnupfen verursacht, die seltsamerweise immer dann mit voller Wucht ausbrachen, wenn unerwartet Vokabeln abgefragt wurden. Mitleidig oder genervt verzichteten die Lehrer nach den lautstarken Niesattacken meist auf eine Fortsetzung des Verhörs.

Bei Diktaten inszenierten sich die beiden Eschborner Freunde Roland und Gunther dagegen als angstbebende Nervenbündel, die sich angeblich vor lauter Nervosität an der Hand halten mussten. Was man nicht sah: Die beiden hatten ein System von Drucktechniken entwickelt, mit dem sich beispielsweise korrekte Kommasetzung übermitteln ließ. Zuweilen rieb sich Roland nach getaner Arbeit allerdings die Hand und beschwerte sich beim kraftstrotzenden Landwirtssohn:»Musstest du denn wieder so doll zudrücken?« Auch die unbeliebten Lateinarbeiten überstand das Duo trickreich. Zwischen ihnen lag ein Schmierzettel, der auf Fußtritt mit Fragen und Antworten unauffällig hin und her wanderte. Als der Trick aufflog, nahm Roland die Schuld ritterlich auf sich, um gleich darauf die nächste Mogeltechnik anzuwenden: Unter dem Vorwand, aufs Klo zu müssen, holte einer das Reclam-Heft mit der Übersetzung aus der Jacke im Flur, prägte sich die entscheidende Passage ein und kehrte leise murmelnd zurück ins Klassenzimmer. Gunther erwies sich als besonders kreativ, die amtliche Übersetzung so kunstvoll zu verholpern, dass die Quelle, die Originalübersetzung, gar nicht mehr auffiel.

Im Jahr 1970, als Willy Brandt in Erfurt und Warschau historische Auftritte hat, in dem der erste Jumbojet über den Atlantik fliegt, in dem Andreas Baader aus dem Berliner Zuchthaus Tegel befreit wird, sollen einige einschneidende Ereignisse das junge Leben des Knaben Koch für alle Zukunft prägen. Sowohl sein Vater als auch er machen wichtige Schritte ihrer politischen Karriere. Im zweiten Halbjahr der sechsten Klasse rückt der stellvertretende Klassensprecher Roland zum ersten Mann im Klassenraum auf, da der Amtsinhaber überraschend verzogen ist.

Obgleich alles andere als ein Vertreter des linksökologischen Mainstreams, schafft es Koch schon in jungen Jahren, Mehrheiten auf seine Seite zu ziehen. Weil er spürt, dass er mit seinen Ansichten, die so eigentümlich sind wie seine Klamotten, nicht punkten würde, verlegt er sich auf spektakuläre Aktionen, die sich schon herumsprechen würden. Schnell macht er sich mit allen Regeln und Vorschriften vertraut, bis er die Schülerrechte besser kennt als mancher Lehrer. Sollen Klassenarbeiten ohne Ankündigung geschrieben oder Kollektivstrafen verhängt werden, weiß der Klassen-Advokat meist, dies zu verhindern.»Ich habe eben schon früh meine anwaltliche Neigung gezeigt«, sagt er heute grinsend.

Besonders gern schaltete sich Roland bei der Notenvergabe ein. Das Feilschen mit den Lehrern bereitet ihm unbändigen Spaß. Seine rhetorische Begabung, die bislang geschlummert hatte, entfaltet sich plötzlich. Die Erdkundenote von Freund Gunther quatscht er von einer Vier im ersten auf eine Eins im zweiten Halbjahr hoch. Ein Sprung, den normalerweise kein Pädagoge rechtfertigen kann. So hat er am Ende der Noten-Stunden fast jedem Mitschüler die bessere Zensur verschafft. Was ihn zur großspurigen Diktion des Staranwalts verleitet:»Egal, was passiert, ich hau euch da raus.«

In der siebenten Klasse ist er bereits Jahrgangsstufensprecher, eine Position von besonderem Gewicht. Denn plötzlich sitzt er in den Schulversammlungen seiner Mutter gegenüber, der Elternvertreterin. Besonders spannend muss jene Sitzung gewesen sein, auf der Sohn Koch erbittert gegen Mutter Koch über die Aufstellung eines Pommes-frites-Automaten focht. Die Eltern wollten eine Milchmaschine durchsetzen. Roland gewann zur Freude der Schüler. Doch die Frittenstation lieferte aufgrund technischer Unzulänglichkeiten nur selten genießbare Ware.

An anderer Stelle gelang ihm indessen ein triumphaler Sieg: Einer neuen Regel zufolge mussten die 1000 Schüler auch bei strömendem Regen auf den Pausenhof. Doch Schulsprecher Koch mobilisierte die Massen zum Protest.»Wir haben so lange demonstriert, bis dieser Unsinn korrigiert wurde.«

Mit seinen Ämtern machte Roland Koch eine erstaunliche Wandlung durch. Da war zum einen das auffällig gravitätische, ja etwas peinliche Früherwachsenen-Gehabe, das zu mancher Lästerei einlud. Da war aber auch ein plötzliches Kümmern um die ganze Klasse, und später die ganze Stufe, ganz so, wie er es bei seinen Eltern gelernt hatte. Sympathie erntet er bei den Mitschülern zwar nicht, aber immerhin Respekt. So wie bei Albert, der sich berechtigterweise Sorgen machte, jemals das Abitur zu erleben. Offen bekannte Albert:»Ich bleib beim Roland, dann schaff ich das Abi.« Der Knappe wich jahrelang nicht von Rolands Seite. Er war es auch, der den legendären Satz prägte:»Der Roland wird mal Bundeskanzler.« Opportunistische Verhaltensweisen, die Koch noch öfter erleben sollte.

1970 war auch das Jahr, in dem sich die große Politik des Koch'schen Haushalts bemächtigt. Überraschend gewinnt Karl-Heinz Koch im traditionellen SPD-Wahlkreis 30 (östlicher und nördlicher Main-Taunus-Kreis) mit fast 43 Prozent das Direktmandat. Seine Themen (Schluss mit Schulexperimenten, mehr Polizei, mehr Straßen, schlankere Verwaltung) soll Sohn Roland Jahrzehnte später praktisch unverändert übernehmen. Aber der Triumphator ist alles andere als euphorisch. Er hatte nur auf Drängen seiner Parteifreunde kandidiert,»weil ich davon überzeugt war, nicht gewählt zu werden«, wie er hinterher mault. Als guter Demokrat betrachtet er es aber »als Verpflichtung für mich«, die Wahl anzunehmen. Für seine Kanzlei muss er sich einen Sozius suchen. Arbeit und Fahrerei würden mehr werden, die Einkünfte eher geringer.

Der neue Job des Vaters weckt auch das Interesse des Sohns an der Poli-

tik. Das Spiel mit der Macht reizt ihn zunehmend mehr als Patrouillenfahrten mit dem Rad. Er lernt, dass die CDU mit ihrem etwas öligen Spitzenmann Rainer Barzel nicht gerade viele Anhänger hat. Ins Ferienlager lässt
er sich das »Höchster Kreisblatt« nachschicken, um das lokalpolitische
Geschehen zu verfolgen. Musik und Sport lassen ihn kalt. Roland wendet
sich von der Mutter hin zum Vater.

Der Landtagsabgeordnete Koch legt Wert auf unaufgeregte Volksvertretung. Er betont die soziale Verantwortung von Politik, er kümmert sich um
Verbraucherschutz und geißelt »die Überforderung, das Gift unserer Tage«.
Mit feinem Lächeln bezeichnet sich der Politiker als »Softie«, legendär
sein Ausspruch:»Ich kenne keine Feinde, keine Gegner, nur Leute mit einer anderen Meinung.« Einmal im Jahr trifft sich Vater Koch mit Freunden
und Waldarbeitern in einer einsamen Hütte im Taunus, die der Gemeinde
Eschborn gehört. Die Männerrunde zecht, redet, kaut Hausmacherwurst.
Als sich abzeichnet, dass Karl-Heinz Koch Minister werden soll, fragt einer der Forstarbeiter vorsichtig, ob die Treffen auf der Hütte weiter stattfinden. Da entgegnet der Alte knapp:»Glauben Sie, dass ich in meinem Alter
noch die Freunde wechsle?«

Die Koch-Familie, nun endgültig Teil der Eschborner Prominenz, übt
den professionellen Umgang mit Öffentlichkeit und Privatheit. Draußen, so
lautet die Parole, hat ein Koch immer formvollendet aufzutreten, schließlich
repräsentiert man nicht nur die Familie, sondern eine Partei. Roland lernt,
sich Namen und Titel einzuprägen. Das gehöre sich so für einen Politiker,
erklärt sein Vater. Bis heute hat Roland Koch ein phänomenales Namensge-
dächtnis. Seine Freunde bemerken weitere komische Züge: So entwickelt
Roland die Angewohnheit, Besuch in seinem Zimmer per Körpersprache
zum Gehen aufzufordern. Er steht einfach auf und geht zur Zimmertür. Die
Kumpel wissen: Jetzt war ihre Zeit abgelaufen.

»Mit vorzüglicher Hochachtung« – Als die Lust am Zoff erwacht

Roland ist fast 14, als ihn sein Vater erstmals mit zu einer Versammlung der
Jungen Union im Main-Taunus-Kreis nimmt. Die jungen Menschen, die da
Erwachsene spielen, faszinieren ihn. Podium, Reden, Geschäftsordnung –
es ist wie Kinderpost, wo man mit wichtiger Miene die Machtinsignien der
Großen ausprobieren darf. Roland will mitspielen. Nur: In Eschborn gibt
es so etwas nicht. Er erkundigt sich, wie man einen Ortsverband der Jungen

Union gründet, er besorgt Beitrittsformulare und hat schließlich genügend Teenager mobilisiert, die zwar nicht genau wissen, was sie im dusteren Hinterzimmer der »Bauernschänke« sollen, wo ein Tisch mit 10 Stühlen steht. Aber auf eine Cola kann man ja mal vorbeischauen. Sie eignen sich perfekt für Rolands Pläne, denn sie sollen nichts außer Karteileichen sein. Gunther ist gar nicht gekommen, er findet das neue Hobby des Freundes nicht so aufregend. Es ist Rolands Privatveranstaltung. Sofort ist klar, wer der Boss ist. Ein 30-Jähriger, der unerwartet auftaucht, hat keine Verstärkung dabei. Gegen die Übermacht von Roland und seinen Kumpels hat er nichts auszurichten. Die Jugendorganisation der CDU ist 1972 um den Ortsverband Eschborn reicher und die Familie Koch um ein Amt.

Im Eschborner Mainstream liegen die Kochs allerdings nicht. Die CDU ist bedeutungslos, die Junge Union erst recht. »Wir waren ein kleines Häuflein«, sagt Karl-Heinz Gritsch, der mit dabei war. »Die Jusos waren stark, es gab KPD-Leute, da waren wir froh über jeden, der mitmachte.« Roland ist der ideale Anführer. »Er wollte nicht beliebt sein, er wollte Respekt«, sagt Gritsch, »er war sehr ehrgeizig.« Zuweilen ist er unerträglich altklug, so als wisse nur er, wo es langgeht. Und schon damals hatte er nie Zeit.

Vater Koch, Stadtverordneter und Kreistagsabgeordneter für die CDU, gilt ebenfalls als Exot. Gleich neben dem Koch'schen Haus liegt der Tennis-Klub, wo die Vertrauten von SPD-Bürgermeister Wehrheim regieren. Auf den kleinen schwarzen Koch haben sie nur gewartet. Wollte Roland dort mit seinen Freunden ein paar Bälle spielen, wurde er regelmäßig angeraunzt und auf das umfängliche Regelwerk des Vereins aufmerksam gemacht. Wer im Hochsommer gar wagte, sein T-Shirt auszuziehen, wurde umgehend gestellt: »Sag sofort deinen Namen und deine Mitgliedsnummer.«

Schon bald zieht der Jungpolitiker in seine erste Schlacht. Ganz anders als sein auf Harmonie und Ausgleich bedachter Vater sucht der Junior zielstrebig Zoff. Was für Gleichaltrige der Fußballplatz oder das Jugendheim, das wird die Politik für Koch: Bolzplatz, Tummelwiese für halbstarkes Gehabe. Politik ist sein Sport, seine Clique ist die Junge Union. Mögen die anderen die Top Ten oder die Aufstellung von Eintracht Frankfurt auswendig kennen, er weiß alles über die Jungunionisten und ihre Anträge. Und er kennt die Programme der regierenden SPD.

Die jugendliche Unerschrockenheit des Politik-Freaks bekommt als Erster der hessische Kultusstaatsminister Ludwig von Friedeburg zu spüren. Bei einer Informationsveranstaltung in der Sulzbacher Eichwaldhalle, wo der Minister vor Eltern, Lehrern und Schülern für die Bildungsreform wirbt, da erhebt sich plötzlich ein Junge aus dem Publikum und treibt dem

Regierungsvertreter mit gezielten Fragen den Angstschweiß auf die Stirn. Offenbar ist dieser Schüler besser im Stoff als alle anderen in der Halle. Wer den armen Minister so zielstrebig grillt? Natürlich der junge Koch. Die Zuhörer sind verblüfft und klatschen. Angespornt vom geglückten ersten öffentlichen Auftritt sucht er sich gleich die nächste Gelegenheit zum Streit. Und die bietet sich direkt vor der Haustür. Noch heute grinst er breit, wenn er an die Fehde um den Jugendring denkt. »Politischer Wettkampf«, sagt er genüsslich; dafür büffelte er sogar Historischen Materialismus. 1973 will Koch mit seiner Jungen Union in den Stadtjugendring aufgenommen werden, dem Verband Eschborner Jugendgruppen. Mit Aktentasche, kurzen Hosen und den Worten »Ich bin die Junge Union« begehrt er um Aufnahme. Doch sein Antrag wird Ende Oktober von der Vollversammlung, bestehend aus den Delegierten vom Verein Jugendzentrum, von den Jusos, der DKP-Jugend, abgelehnt; katholische und evangelische Jugend sowie die Jesus People sind nicht anwesend. Dem Aufnahmeantrag der Sozialistischen Deutschen Arbeiterjugend wird zugleich stattgegeben.

Der Kleinkrieg des politischen Nachwuchses kann beginnen. Für die Begründung, warum die JU nicht mitmachen darf, gönnen sich die Jugendring-Vertreter 20 fußnotenhaltige Seiten inklusive Anhang mit dokumentiertem Briefwechsel. Im Kern werden Koch drei Vorwürfe gemacht: Erstens: Der JU-Chef habe sich nicht klar genug vom faschistischen Diktator Pinochet in Chile distanziert, der den frei gewählten Präsidenten Allende wegputschte. Damit beweise die JU »ein problematisches Verhältnis zum Grundgesetz«. Zweitens: Kochs JU habe mangelnde Kooperationsbereitschaft gezeigt, weil er die Wiedereröffnung des Jugendheimes hintertrieben habe, mit »unglaublicher Hetze« und »breit angelegten Kampagnen«. Derartige Vorwürfe soll er noch öfter hören in seinem politischen Leben. Drittens: Dass Koch drohte, die Aufnahme gerichtlich durchzusetzen und dass sogar der hessische CDU-Chef Alfred Dregger den Vorgang thematisierte, habe jedes Vertrauensverhältnis endgültig zerstört.

Dass Koch in einem selbst getippten Flugblatt (mit integriertem JU-Aufnahmeantrag) die Arbeit der linken Jugendgruppen kritisierte, hätten sie ihm vielleicht durchgehen lassen. Aber seine Haltung zu Chile ging dann doch zu weit. Quasi als Gesinnungstest hatten die Jugendring-Vorsteher ihm die tückische Forderung unterbreitet, in einem Chile-Solidaritäts-Komitee mitzumachen. Doch Koch lehnte ab.

Was die Jugendvertreter auf die Palme gebracht hatte, war die Begründung Kochs, tatsächlich eine perfekte Provokation. Unter dem getippten

Briefkopf »Junge Union Deutschlands, Ortsverband Eschborn« schlug der Zehntklässler den Ton eines Großwesirs an:»Die Ereignisse in Chile sind nach meiner Ansicht und meiner Kenntnis der Sachlage wesentlich schwieriger, als von Ihnen dargestellt. Wenn Sie diesen Putsch, der von rechts kam, verurteilen, dann müssen Sie auch Revolutionen von links verurteilen. Die Junge Union ist von den Problemen in Eschborn und der Bundesrepublik so in Anspruch genommen, dass sie sich nicht in der Lage sieht, gegen jeden Putsch zu protestieren. Sie wird in jenem dubiosen Solidaritätskomitee nicht mitarbeiten.« Unterzeichnet:»Mit vorzüglicher Hochachtung, Roland Koch, Vorstandssprecher.«

Die kühne Tonlage trieb nicht nur die organisierte Eschborner Jugend zur Weißglut (»Wir brauchen keine Führer«), sie illustrierte auch die Bewusstseinslage des Jungunionisten Koch: Der Widerstand der Linken spornte ihn noch an, weil er bewies, dass er auf der richtigen Seite stand. Lustvoll sorgte Kampagnero Koch auch noch dafür, dass der Jugendring-Streit bis in den Bundestag gelangte. Erst wetterte Alfred Dregger wie bestellt gegen den »Skandal in Eschborn«, dann sprach der Bundestagsabgeordnete Vogel die Kausa im Bonner Plenum an, ohne dass es allerdings außerhalb Eschborns auffiel.

Wie weiland Helmut Kohl, der sich zum Wohle der Partei mit den Plakatklebern der SPD prügelte, wähnte sich auch Ritter Roland auf einer Mission gegen das Böse, das Falsche, das Dumme. Auch er wäre fast verdroschen worden, von zwei Jusos, die schon die Dachlatten erhoben hatten, die kurz zuvor als Haltestäbe für sein Transparent gegen die Rahmenrichtlinien gedient hatten. Inzwischen wurde deeskaliert: Einer, Jörg Jordan, hat an Kochs neuer Staatskanzlei gebaut, der andere namens Exner war Oberbürgermeister für die SPD.

Solche Zwischenfälle bestärkten Koch in der Annahme, dass diese Linken keine Argumente hören, sondern ihn nur fertig machen wollten. Aber nicht mit ihm: Denen würde er es zeigen. Alles Feinde. In diesen Jahren bekam er einen kräftigen Schluck jenes Treibstoffs, der ihn seither mit Vollgas in den politischen Kampf gegen alles Linke ziehen ließ. Sein Gut-Böse-Raster wird für alle Ewigkeit in Stahl gegossen.

Die Motivation des Jung-Politikers für den zweiten Landtags-Wahlkampf seines Vaters ist immens. Er textet Pressemitteilungen, verhandelt mit Fotografen und Plakatdruckern, beklebt Streichholzheftchen als Werbegeschenke, stopft gemeinsam mit seiner Mutter Flugblätter in die Eschborner Briefkästen und dirigiert einen Lautsprecherwagen durch das Dorf. Die Parolen hat er selbst gedichtet, zum Beispiel den Klassiker:»Sie wissen doch, hier wählt man Koch!« Den bellt er nun unaufhörlich ins Mikrophon.

Vater Koch wird 1974 mit 54,4 Prozent wieder gewählt, dem stärksten Stimmenzuwachs in ganz Hessen, und steigt in Wiesbaden zum stellvertretenden Fraktionschef auf. Bei den Kochs verkehren inzwischen wichtige Männer wie Dregger, Kanther, Wallmann. Anerkennend nicken die alten Krieger, wenn Roland dazukommt. Immerhin ist der Junge mit 16 in den Stadtverbandsvorstand gewählt worden. Dort braucht man einen, der Pressemeldungen schreiben kann.

Wäre Roland Koch als Fußballer so talentiert gewesen wie als junger Politiker, der FC Bayern hätte ihn jetzt nach München geholt. Koch verfügt über Ehrgeiz und Technik, Einsatz und Ausdauer, Spielübersicht und Spaß. Als andere Jungs den Mädchen nachrennen, über Deep Purple und Genesis philosophieren, da hat Koch nur eines im Kopf: Politik. Er erklärte den älteren Recken der Jungen Union, wie Politik geht, er textet die Nacht durch Flugblätter, nervt Stadtverordnete, hat keine Scheu vor Mikrophonen und für sein Alter ziemlich oft Recht. Das Rednerpult ist von Anfang an sein Zuhause, Parteiprogramme ersetzen ihm den »Playboy«. Er ist ein Heintje der hessischen Politik, ein Kinderstar, der bei Erwachsenen Wohlwollen erntete, weil er so ist wie sie sich Heranwachsende immer gewünscht und nie bekommen haben. Für Gleichaltrige personifizierte er indessen eher das Grauen.

Im Bewusstsein, bereits ein ziemlich bedeutender Politiker zu sein, unternimmt Roland Koch die ersten Ausflüge in die große Welt der hessischen JU, die allerdings relativ uncool geraten. Während die Anführer der Jungunionisten wie Franz Josef Jung, Bernd Siebert, Volker Bouffier oder Karlheinz Weimar mit eigenen Autos vorfahren, wird der minderjährige Bub aus Eschborn von seiner Mutti gebracht.

Zum JU-Landestag in Grünberg liefert ihn Irmgard Koch bereits um 16 Uhr an, weil sie ausnahmsweise etwas vorhat, was nichts mit Roland zu tun hat. Dabei beginnt die Sitzung erst zwei Stunden später. Als der Junge mit dem schwarzen Aktenkoffer im Sitzungsbüro herumlungert, fordert ihn eine resolute Sekretärin auf, er möge sich gefälligst nützlich machen. Also stapelt er Papiere und heftet sie für die Delegierten zusammen. Die strenge Sekretärin wird später einmal Weimar heißen.

Ihr künftiger Ehemann Karlheinz Weimar, damals schon eine Nummer in der hessischen JU, erinnert sich noch genau an den Moment, als er Koch zum ersten Mal sah:»Es war noch kein Mensch im Saal, nur so ein pickeliger Knabe im grauen Anzug, der saß mutterseelenallein und las in irgendwelchen Papieren.« Es war die Zeit psychedelisch gemusterter Hemden, aber dieser Kerl sah aus, als sei er aus einem Heinz-Erhardt-Film entlaufen. Dass der Jungspunt eines Tages Ministerpräsident und er dessen Finanzminister sein würde – jenseits der Phantasie. Die strategischen Überlegungen der hessischen Jungunionisten sind bereits weit in die Zukunft gerichtet. In Bonn ist gerade Rainer Barzel an seiner Bundestagsfraktion gescheitert, die ihm die Gefolgschaft verwehrt hat. Der Stern des fröhlichen Pfälzers Helmut Kohl geht langsam auf. Barzel ist ein Mahnmal: Weil er keinen ordentlichen Beruf gelernt hat, ist er von Gnadenjobs abhängig. Obwohl es der schneidige Alfred Dregger, der die CDU von 26 auf fast 50 Prozent gebracht hatte, eines Tages schaffen kann, die CDU in Hessen an die Regierung zu führen, kümmert sich der Parteinachwuchs konsequent um eine gute Ausbildung. Berufspolitiker, das erscheint ihnen allen nicht als attraktive Perspektive.

Der JU-Clan war traditionell in regionale Lager aufgespalten, die sich misstrauisch und eifersüchtig beäugten. Einig waren sich allerdings alle, dass sie diesen blassen Jüngling aus Eschborn, der pausenlos erklärte, wie wer was zu machen hätte, sehr seltsam fanden. Auf so einen Klugscheißer hatten sie gerade gewartet, der einem nicht in die Augen gucken konnte, der weder Smalltalk beherrschte noch Herrenwitze.

Beim Biertrinken oder gar in der Diskothek war er nur dabei, wenn es noch Parteiangelegenheiten zu besprechen gab. Vergnügen schien ihm suspekt zu sein. Allein seine Cola-Sucht wies ihn als menschliches Wesen aus. Andererseits sprach er ohne Scheu und druckreif, er argumentierte sauber und schien sich inhaltlich auszukennen. »Einbremsen und einbinden«, lautete die Parole der Anführer. Wer wusste schon, wozu man Koch eines Tages würde gebrauchen können. Immerhin war er einer der wenigen, die diesen ganzen Parteiquatsch lasen.

Was die Jungen zusammenhielt, war ihr Image: Sie waren links in einer Dregger-und-Kanther-CDU, deren Programm seit Jahrzehnten unverändert hieß: »Den Sozialismus bekämpfen, zu Lande, zu Wasser und in der Luft, und das 24 Stunden am Tag.« Wobei es schon als sozialistisch galt, wenn man, wie Weimar, mit Lederjacke und Lenin-Bart aufkreuzte oder mit hippiehaften Hemdmustern wie Franz Josef Jung oder Moritz Hunzinger. Nur Koch sah aus wie immer.

Auf dem Landestag 1975 der JU Hessen gaben sich die 246 Delegierten linker als es sich die Jusos heute trauen würden. Thema war: »Gewerkschaften in unserer Gesellschaft«. Vehement bekannte sich der CDU-Nachwuchs zu Tarifautonomie und zum Frieden in Vietnam. Gastredner und Landesparteichef Alfred Dregger machte keinen Hehl daraus, dass er Mitbestimmung für eine »Durchgangsstation auf dem Weg zum Sozialismus« hielt und die JU-Leute für ihren »Progressisten-Look« verurteilte. Krawatten-Koch konnte er nicht gemeint haben.

Obschon mit 17 einer der Jüngsten, schaffte es Koch, sich einen Arbeitskreis zu ergattern, Thema »Tarifautonomie«, Leitung Franz Josef Jung. Der galt als »junger Wilder« und »Kommunist«, weil er die Gewissensprüfung der Bundeswehr abschaffen wollte und im Pullover in den Kreistag kam. Jung war angetan von dem Knaben Koch, der einen Helmut-Kohl-Aufkleber auf seinem schwarzen Aktenkoffer trug, aber trotzdem »auffällig viele intelligente Beiträge lieferte«.

»Der Koch schon wieder ...« – Roland, der Lehrerschreck

Gunther Dahlem beobachtet die Politisierung des alten Freundes mit einiger Skepsis. Plötzlich bekommt Roland zum Geburtstag eine Adenauer-Biographie, redet über einen gewissen Machiavelli und liest allerlei andere schwierige Dinge, die ihm offenbar sein Vater empfohlen hat. Er verbringt immer mehr Zeit mit diesen Menschen von der Jungen Union und in seinem Zimmer, das seit dem Tod von Opa Beck doppelt so groß ist und in dem ein Wahlkampfplakat von seinem Vater hängt.

In der Schule wirbt Roland ohne viel Euphorie für die Schüler Union (SU), die sich 1972 als Antwort auf die linken Schülerverbände konstituiert, nachdem JU-Anführer Matthias Wissmann die Parole »Ran an die Schulen« ausgegeben hat. Im Organisationshandbuch der SU wird minutiös beschrieben, wie man eine Schule fachgerecht unterwandert, man die Schülerzeitung kapert, Flugblätter bastelt, den SV-Wahlkampf führt und Debatten mit dem politischen Gegner besteht.

Pflichtschuldig gibt Roland Koch als Gegenprojekt zur marktführenden Schülerzeitung »Objektiv« das Konkurrenzblatt »Blickpunkt« mit heraus, elektrisierendes Titelthema: »Schüler-Union – was ist das?« Attraktiv ist nur der Preis von 10 Pfennig, niedrig gehalten durch Reklame für »Damenmoden Wenzel« und »Schreibwaren Stahl« in Bad Soden. Zwischen mäßigen Witzen und Kleinanzeigen verbergen sich zwei kämpferische Beiträge mit dem Kürzel »rk«: Der eine weist auf die Rechte der Schüler hin, der andere lobt die Schüler Union als »konstruktive Antwort« auf andere Schülergruppen, da sie »grundsätzlich die Wirtschafts- und Gesellschaftsordnung in der Bundesrepublik bejaht«. Der Erfolg des Blattes lässt zu wünschen übrig. Seinen journalistischen Drang lebt Roland fortan als freier Mitarbeiter beim »Höchster Kreisblatt« aus. Er schreibt über die Schließung einer Pudelfarm, er nimmt sich in einem Kommentar den Flörsheimer Bürgermeister vor, der gegen alle Vorschriften ein Gebäude errichten ließ. Der Ortsvorsteher ist allerdings CDU-Mitglied und so wird der Aufsatz sofort als Tiefschlag der Familie Koch interpretiert. Roland merkt, dass es nicht sehr glücklich ist, gleichzeitig Politik und Journalismus zu betreiben.

Koch war nicht beliebt, aber respektiert. So wurde er mit 16 zum Schulsprecher gewählt, gegen zwei Vertreter der Hippie-Fraktion und einen weiteren Konservativen aus gutem Hause, der die Wähler mit kostenlosem Reiten lockte. Hippies hin, Wählerfang mit Pferden her – Koch machte das Rennen. Es hatte sich herumgesprochen, dass er furchtlos und gut vorbereitet in die Schlacht mit Lehrern zog. In Wirklichkeit war der Posten des Schulsprechers ohnehin etwas für arme Irre. Wer setzte sich schon freiwillig mit Lehrern und Eltern in Gremien zusammen. Für Roland indessen waren die Sitzungen spannend: So kam er an Herrschaftswissen.

Die Pädagogen hatten durchaus Respekt vor dem Schüler Koch, selbst Direktor Reinhard Kolbe. »Ich musste immer aufpassen, dass mir Roland nicht in die Suppe spuckt«, erinnert sich der damalige Schulleiter, ein Verehrer Willy Brandts. Wenn der Schüler Koch sprach, so Kolbe, »dann waren alle leise und haben zugehört. Der hatte keine Probleme, vor 60 Lehrern zu reden. Und er hat tatsächlich versucht, alle auf seine Seite zu ziehen.« Koch, obschon ihn Kolbe für »einen Einzelgänger« hielt, entwickelte ein Gespür für die Stimmung im Kollegium.

Meist machte er sich daran, die Sympathie der Linken zu gewinnen, denn dort saß die Mehrheit. Dabei hatte er überhaupt keine Probleme, auch Meinungen zu vertreten, die er gar nicht teilte. Als ihn Direktor Kolbe einmal fassungslos fragte, wie er denn Dinge wider besseres Wissen fordern könne, da antwortete der Teenager Koch kalt lächelnd: »Ich bin gewählt worden, um die Interessen der Schüler zu vertreten, nicht meine eigenen.«

Es war diese kalte Rationalität, die die Lehrer frösteln ließ, die sie aber auch bewunderten. Er war für sein Alter unglaublich organisiert, der Spruch, der ihm folgte, hieß: Nichts gegen eine spontane Demo, solange sie gut vorbereitet ist. Heimtückisch hat Kolbe den Schülersprecher allerdings nie erlebt. Trickreich – ja. Mit allen Wassern gewaschen – ja. Bis an jedes Limit – ja. »Aber letztendlich konnte man sich immer auf ihn verlassen. So einen Schüler habe ich nie wieder gehabt«, sagt Kolbe.

Dass Koch mit einem fröhlichen »Ich musste noch was mit Herrn Kolbe besprechen« oftmals zu spät zum Unterricht kam, fanden die Pädagogen zwar befremdlich, trauten sich aber nicht, etwas dagegen zu sagen. Die Lehrer, überwiegend rot, mögen den Jung-Konservativen nicht übermäßig. Der Graben zwischen konservativem und linkem Spießertum, der Hessen spaltet, teilt auch die Schule. Viele Pädagogen engagieren sich in der Lehrergewerkschaft GEW und treffen sich am Wochenende, um über Bildungspolitik zu diskutieren oder Exkursionen ins Grüne zu unternehmen. »Babyface« war so ein Schimpfwort der Mitschüler für Koch, das die Lehrer gern übernahmen, wenn sie nicht einfach nur stöhnten: »Ach, der Koch schon wieder …«

Anerkennung findet Roland dennoch, weil er ein Meister der Arbeitsökonomie ist. »Er war unglaublich effektiv, er machte nicht einen Strich mehr als nötig«, sagt Deutschlehrerin Brigitte Dörrlamm, die ihn im Abitur prüfte. Als sie ihm da eine Aufgabe zum Thema Rhetorik stellte, sagte Direktor Kolbe spitz: »Das kann der doch.« Die Lehrerin erwiderte: »Geben Sie Ihren Schülern nur Aufgaben, die sie nicht können?« Koch holt 13 Punkte, eins minus. Brillant war Roland nie, nicht neugierig, und für Ästhetik hatte er auch keinen Sinn. Sein Benehmen indessen ging in Ordnung, »Unfair war er nie.« Wenn er heute die Lehrerin von früher trifft, schießt er auf sie zu und lobt sie in höchsten Tönen: »Von Ihnen habe ich viel gelernt.«

Die sicherste Eins holte sich Roland in Gemeinschaftskunde. Dort standen zwei konkurrierende Kurse zur Auswahl. Den einen leitete der eher traditionelle Claus Ruppel, den anderen gab der gelernte Pfarrer und FDP-Anhänger Heiner Kappel, der sich später hart nach rechts wenden sollte. Kappel war ein meisterhafter Karikaturist, der gelegentlich auch in der »FAZ« veröffentlichen durfte. Zu jeder Stunde malte er ein Bildchen an die Tafel, dann wurde debattiert. Seine Unterrichtsstunden galten als unterhaltsam. Koch hatte sich indessen für Ruppels Kurs entschieden. Es ging um politische Ideen, das politische System der Bundesrepublik, um Apartheid und Pinochet und das Thema Sozialisation. »Roland musste sich überhaupt nicht anstrengen, das hatte er alles parat«, sagt Ruppel.

Sternstunden des Unterrichts waren die Debatten zwischen dem CDU-Anhänger Koch und Sigi Schmidtbauer, einem Juso. Nur die wenigsten Schüler konnten überhaupt folgen, wenn die beiden politischen Kampfhähne sich eine ganze Stunde lang darüber stritten, ob nun CDU oder SPD den zeitgemäßeren Begriff der Solidarität hatten, wo die innerparteiliche Demokratie besser funktionierte und wie man sich in so einem Parteiapparat nach oben arbeitet. Pädagoge Ruppel ließ die Diskussion einfach laufen, denn so wohlmeinend sich die Schülerschaft auch zugunsten der Dritten Welt äußerte – politisch kenntnisreich oder engagiert waren die wenigsten. Dass sie nun einen Einblick ins echte Parteileben bekamen, hielt Ruppel für einen »Glücksfall«. Zumal der Roland gern seine Kontakte spielen ließ: Für die obligatorische Berlin-Reise besorgte er einen Termin im Ministerium für innerdeutsche Angelegenheiten. So wie er auf Klassenreisen oft die Organisation übernahm, Kneipenverzeichnisse besorgte, Sehenswürdigkeiten auskundschaftete.

Zum Koch'schen Effektivitätsdogma gehörte auch, dass er und seine Mutter die Schule von früh an so weit wie möglich unter ihre Kontrolle brachten. Wie in Eschborn, wie in der Main-Taunus-CDU arbeitete der Familienverbund auch in der Eichwaldschule daran, in die Machtstrukturen einzudringen. »Er hatte immer seine Eltern im Kreuz und alle wussten es«, sagt ein Lehrer von früher: »Aber immerhin hat er es nie raushängen lassen.« Peinlich achteten Mutter und Sohn darauf, möglichst nicht gemeinsam aufzutreten, schon weil er sich den Ruf des Muttersöhnchens ersparen wollte.

Dennoch entwickelte Roland beachtliche Virtuosität, den Job der Mutter zu nutzen, wenn es etwa darum ging, sie auf einen unliebsamen Lehrer zu hetzen. Roland schwärzte die Lehrkraft nicht etwa an, sondern lobte sie überschwänglich. Wie Ohrenzeugen berichten, müssen die Dialoge im Hause Koch etwa folgendermaßen geklungen haben:

Roland: »Heute in Mathe war es wieder lustig. Da ist der Lehrer über die Bänke gesprungen.«

Mutter Koch: »Was? Warum denn um Himmels willen?«

Roland: »Ooch, nichts Schlimmes. Da hat nur einer ›du Doofmann‹ zu ihm gesagt. Das passiert öfter.«

Mutter Koch: »Das darf doch wohl nicht wahr sein.«

Roland: »Doch. Der lässt sich immer alles gefallen. Da geht's die ganze Stunde so zu. Da haben wir viel zu lachen.«

Spätestens jetzt war der Punkt erreicht, an dem Mutter Koch aktiv werden würde. Der Schüler Roland durfte sicher sein, dass den Mathelehrer ein unangenehmes Gespräch erwartete. Auch sonst erwies sich Irmgard Koch als Gewinn: Sie organisierte einen Schulbus für die Eschborner Knaben, diktierte natürlich Haltepunkte und Abfahrzeiten, sie besorgte Sponsoren für einen neuen Flügel, sie sorgte für die Einrichtung einer Religions-AG.

Wirklich traurig war allerdings niemand, als Roland endlich sein Abitur hatte. Roland, Irmgard und Karl-Heinz – das war einfach zu viel Koch für eine Schule.

Händchenhalten im Mondschein – Roland Koch als Romeo

Die Kochs gelten als eigenartiges Gespann, das nicht so richtig in die Zeit passt. Sie sind ja engagiert in schulischen Belangen, aber eigentlich haben sie die falschen Ansichten und fallen auch sonst aus dem Rahmen. Roland achtet peinlich genau darauf, dass der oberste Knopf seines Hemdes stets geschlossen ist. Es gibt allerdings Mitschüler, die den geschlossenen Knopf für einen besonders schlauen Trick halten, mit dem sich Roland immer wieder die Nähe von Petra erschleicht, auf die er ein Auge geworfen hat. Denn in jeder Pause kommt sie auf ihn zugestürzt, um seinen obersten Hemdknopf zu lösen.

Tja, die Petra. Roland Koch ist bekannt dafür, dass er in Zeitungsinterviews, die ihm zur Autorisierung vorliegen, kaum etwas ändert. Bei einem großen Gespräch mit dem Berliner »Tagesspiegel« im Jahr 2003 war das anders. Auf die Frage, ob er vor seiner späteren Frau Anke eine andere Freundin gehabt habe, antwortete er zögernd und sehr leise: »Petra.« Später bei der Autorisierung lässt er diese fünf Buchstaben wieder streichen. Es ist ihm, wie alles Persönliche, ziemlich unangenehm.

Damals, in der siebenten Klasse, war Roland wegen Petra ein Held. Kaum einer hätte ihm zugetraut, dass ausgerechnet er als einer der Ersten eine Freundin präsentieren würde, ein echtes Mädchen, das an einem herumnestelte, Händchen halten und im Geheimen auch mal küssen wollte. Der Neid der Jungs äußert sich in beißendem Spott. Bei jeder Gelegenheit wird dem jungen Paar aufgelauert, gefälschte Liebesbriefe mit Geschmacklosigkeiten landen in Petras Briefkasten, Romeo Roland erfährt das ganze Arsenal pubertärer Gehässigkeiten. Das lässt ihn jedoch vergleichsweise kalt. Denn eines hat er den Freunden voraus: eine Freundin.

Dass die Liebesbriefe nicht von Roland stammen, hätte sich Petra ohnehin denken können. Mit Herzklopfen verfasste Zeilen, das war nun wirklich nicht seine Art. Der auch im Emotionalen ökonomisch haushaltende Junge begründete seine erste Beziehung gegenüber Gefährten beängstigend rational: Die Petra, das sei eben ein konservatives Mädchen, auf das man sich verlassen könne. Mit der könne er sich ein gemeinsames Leben vorstellen, mit Heirat und Kindern, aber natürlich erst nach Bundeswehr und Studium, wenn man finanziell unabhängig war. Die Freunde, die noch überlegten, ob sie Astronaut oder Fußballprofi werden wollten, waren verblüfft ob der erschreckend unromantischen Lebensplanung ihres Klassenkameraden.

Einen der ersten Höhepunkte des jungen Glücks bildete eine Reise nach

England in den großen Ferien, die natürlich Mutter Koch für die Eschborner Clique organisiert hatte. Sie fand, dass die Leistungen der jungen Leute in Englisch sehr zu wünschen übrig ließen. Wie schlecht sie wirklich waren, erfuhren sie eines Mittags im Praxistest. Auf der Suche nach bezahlbarem Essen geriet die Gruppe in eine Kneipe, die draußen auf der Tafel preisgünstige Lammschulter annoncierte. Die glaubten sie auch, bestellt zu haben. Doch der Wirt servierte Rumpsteak. Ihrer wortreichen wie unverständlichen Beschwerde begegnete der Kneipier mit der Frage:»Are You from Wales?«, was Roland mit Stolz vernahm.»Für Briten hält man uns schon«, konstatierte er,»jetzt müssen wir nur noch Engländer werden.«

Petra war auch in jener kleinen Sprachreisegruppe. Wenn sie vormittags nicht büffelten und nachmittags nicht beim Sport herumtollten, dann verzogen sich Roland und Petra in die weitläufigen Parkanlagen: er mit blauer Windjacke, sie mit weiß-gelb gewürfelter Bluse und kurzem weißen Tennisrock. Vorsicht war allerdings angebracht. Denn die Schulfreunde hatten nichts anderes im Sinn, als die Turteltäubchen in möglichst verfänglicher Lage zu fotografieren. Doch mehr als ein Bild der beiden Arm in Arm gelang ihnen nicht. Und auch das war alles andere als kompromittierend: Denn die Fingerspitzen, die an Petras Taille lagen, hatte Roland eingeklappt, als wolle er die zu berührende Fläche möglichst gering halten. Draufgänger fassen entschieden anders zu.

Das Thema Aufklärung war, zumindest in groben Zügen, schon auf dem Dahlem'schen Bauernhof abgehandelt worden. Immer wenn der Bulle Anlauf für die Kuh nahm, wurden die Jungs weggeschickt mit den Worten:»Haut ab, das ist nichts für euch.« Weshalb sie den Vorgang im Schutz der nächsten Ecke umso genauer verfolgten. Eine Übertragung des Erlebten auf den Menschen sprengte allerdings die Grenzen ihrer Phantasie. Was aber auch egal war, da sich die Beziehung mit Petra ohnehin bald auflöste. Sie wechselte die Schule.

Roland litt nicht lange, sondern widmete sich seinen Marotten. So trainierte er, sich an mehreren Gesprächen gleichzeitig zu beteiligen, was Restaurantbesuche mit ihm gelegentlich zur Peinlichkeit werden ließ. Er führte nämlich nicht nur am eigenen Tisch das Wort, sondern versuchte, auch den Konversationen an den Nachbartischen zu folgen, was an kurzen unerwarteten Sprechpausen zu bemerken war, weil er ja mal zuhören musste. Zuweilen kommentierte er den Schwatz von nebenan noch lautstark.

In der Oberstufe hatte Roland ein neues Mädchen ins Visier genommen: Anke, die Musterschülerin, die in Englisch und Französisch so gut war und den Lehrern als fleißiges, unauffälliges, wohlgeratenes Mädchen gefiel.

Anke Schoel wurde in Bad Hersfeld geboren. Ihr Vater, Angestellter in der Textilindustrie, zieht der Arbeit hinterher, erst nach Eschwege, dann nach Frankfurt.

Als sich herumsprach, dass Roland ein Auge auf Anke geworfen hatte, reagierten Lehrer und Mitschüler gleichermaßen verblüfft: Wie konnte ausgerechnet dieser Koch auf die Idee kommen, einem so netten Mädchen wie der Anke nachzustellen? Das potentielle Opfer musste ähnlich gedacht haben: Sie ließ den Kandidaten monatelang beharrlich abblitzen. »Liebe auf den ersten Blick war es nicht«, sagt sie. Dabei kannte sie ihn schon ein wenig, wusste sogar, dass er Politik macht, weil sie in Liederbach mal in einer Veranstaltung im Publikum saß, als er auf dem Podium stand und redete.

Die Monate geduldigen Werbens um Anke, das war exakt die Koch'sche Sturm-und-Drang-Phase. Weder vor- noch hinterher haben Zeitzeugen einen ähnlich amourösen Schub bei ihm erlebt. Er setzte Freunde ein, seiner Herzdame als Postillon d'Amour die besten Grüße auszurichten und kleine Anträge zu machen. Er ließ nicht locker. Und die Pendeldiplomatie hatte tatsächlich Erfolg. Anke gab nach, Rolands Lebensplanung war gerettet, und wieder mal hatte er bekommen, was er wollte.

Dass tatsächlich Liebe im Spiel war oder zumindest Engelsgeduld, beweist Ankes Bereitschaft, ihren neuen Freund auf eine Versammlung der Jungen Union zu begleiten. Roland kandidierte für den stellvertretenden Kreisvorsitz und wollte seiner Anke mal zeigen, was für ein toller Hecht er war. Doch leider geriet der gemeinsame Ausflug zu einer grundpeinlichen Aktion. Erst nannte ihn einer seiner Widersacher »Hans Helmut Stoltenkohl«, und dann fiel er auch noch bei der Wahl krachend durch.

Es folgte eine kurze hochromantische Phase vor dem Abitur, deren Reiz noch gesteigert wurde, da Roland genau zu seinem 18. Geburtstag ein Auto bekam, einen neuen VW-Polo, der sich gut neben dem VW-Jetta der Mutter machte. Wenn die Junge Union Zeit ließ, inspizierten sie, Roland, Anke und ein paar Freunde, mit dem Auto die nähere Umgebung, bevorzugt dann, wenn es dunkel war. Die Diskothek in Bad Soden sagte ihnen allerdings genauso wenig zu wie das evangelische Jugendzentrum in Eschborn, wo Matratzen auf dem Boden lagen, langsamer Rock gespielt wurde und für sehr lange Momente das Schwarzlicht erlosch. Junge Konservative waren da nicht gern gesehen.

Die kleine Gang verlegte sich auf Nachtwanderungen, auf die Hühnerbergwiese zum Beispiel, von wo aus man einen prächtigen Blick über Frankfurt, die Autobahnen und den Flughafen hatte. Einmal wurde das traute Händchenhalten von zwei Polizisten gestört, die ihre Taschenlampen auf die jungen Leute gerichtet hatten. »Feiert hier die Junge Union eine wilde Party?«, fragten die Beamten. Sie hatten Rolands Polo mit den JU-Aufklebern auf dem Parkplatz stehen sehen.

Ungestörter verliefen die konspirativen Zusammenkünfte in Dahlems Garten, wo der ehemalige Hühnerstall zu einem behelfsmäßigen Partyraum umgebaut worden war. Im Sommer konnte man die Lautsprecherboxen nach draußen richten und im Schutz der Hecke einen Engtanz wagen.

Lehrjahre

»Das ist Training unter Wettkampfbedingungen.«
(Roland Koch über seine Jahre in der Kommunalpolitik)

Die letzten unbeschwerten Tage als Schüler. Roland und Gunther zelebrierten noch einmal jenen extrem ironischen Ton, der zwischen ihnen immer geherrscht hatte, der ihre Präzision in der verbalen Attacke geschult und sie gleichzeitig gegen Angriffe immunisiert hatte; ein herb-brutaler Slang, den Außenstehende für hochgradig verletzend halten konnten und der nur unter besten Freunden funktioniert. Für die Mitschüler gab es einen letzten Anlass, über Roland zu lästern. Denn der wollte als einer der wenigen zur Bundeswehr. Verweigern war angesagt.

Die Freunde träumten von schicken Berufen. Gunther Dahlem wollte forschen, am liebsten im Fach Genetik. Er hatte daheim im Taubenschlag schon einige Vögel gekreuzt. Ein aufregendes Forschungsgebiet, fand er. Anke folgte ihrem Talent und wollte Romanistik und Anglistik studieren. Als Lehrerin, dachte sie, könnte man Familie und Beruf gut unter einen Hut bringen.

Jahre später sollten sich Anke und Gunther an der Frankfurter Uni wiedertreffen. Das Fach Agrarwissenschaft in Gießen hatte sich als Flop erwiesen, weil es kaum um Genetik ging. Nun musste Gunther langsam mal Geld verdienen. Er hatte sich entschlossen, gleichfalls Englischlehrer zu werden. Als solcher unterrichtete er später Koch-Sohn Dirk. Und hätte einige Male fast »Roland« zu ihm gesagt.

Roland träumte natürlich nicht. Er hatte ja Ämter und auch privat konkrete Pläne, in denen Anke eine zentrale Rolle spielte. Aber Zusammenziehen kam nicht infrage. Der mütterliche Heimatstützpunkt mit kontinuierlichem Frische-Hemden-Nachschub und gefülltem Kühlschrank war konkurrenzlos. Der Grundwehrdienst war selbstverständlich für ihn, sollten die Mitschüler doch spotten. Verweigern, so wie der zarte Günther, das hielt er für Vaterlandsverrat.

Für einen ganz kurzen Moment dachte er daran, Medizin zu studieren.

Einen Job in der Notfallambulanz, später dann Unfallchirug, das hätte ihm auch gefallen; ein Beruf übrigens, der nicht so weit weg ist vom Amt eines Ministerpräsidenten. Roland hatte sein Abi zwar mit einer »1« vor dem Komma gemacht, aber in realistischer Einschätzung seiner Lateinkenntnisse hielt er es für unwahrscheinlich, mit wenig Arbeit das Physikum zu meistern. Stünde er heute vor der Wahl, würde er vielleicht Kunstgeschichte studieren, sagt er.

1977, das Jahr des Abiturs, bringt wieder mal mächtige Veränderungen ins Hause Koch. Erstmals widerfährt Karl-Heinz Koch ein Skandal, der aber keiner ist. Die »Frankfurter Neue Presse« hatte berichtet, dass Koch, wie andere Politiker auch, von der seit jeher skandalumwitterten Hessischen Landesbank (Helaba) einen zinsgünstigen Kredit erhalten habe. Koch, sowohl Verwaltungsratsmitglied als auch Bausparer der Helaba, dementiert aufs Schärfste: Seine sechs Bausparverträge, von denen er die ersten gleich nach dem Studium abschloss, seien allesamt wie die eines normalen Kunden behandelt worden, die 7,5 Prozent Zins durchaus marktüblich. Von den Vorwürfen hört er nie wieder etwas. Der hessische CDU-Spitzenkandidat Dregger lässt anfragen, ob Karl-Heinz Koch bereit wäre, das Amt des Wirtschaftsministers im Falle eines Wahlsiegs zu übernehmen. Koch lehnt dankend ab.

Roland, der permanente Wahlkämpfer, landet einen schönen Marketing-Erfolg. Das Landgericht Frankfurt stoppt ein von ihm getextetes Flugblatt (»Personen und ihr Werk«), das in routiniert diskreditierender Absicht die angebliche Filzokratie der Eschborner SPD-Mitglieder angeprangert hatte. Die »Frankfurter Rundschau« berichtet über drei Spalten, der junge Koch wird ausgiebig zitiert – endlich mal Bundesliga.

Rolands Karriere machte dieser Tage einen gewaltigen Sprung. Und das lag an einer Gesetzesänderung. Zwar beharrten die Stahlhelme in der hessischen Altmänner-CDU auf dem Standpunkt, politische Ämter sollten auch in Zukunft erst mit 21 Jahren bekleidet werden dürfen. Doch das Schicksal war gnädig. Der SPD-dominierte Landtag entschied, das Mindestalter auf 18 Jahre herabzusetzen, so wie überall in der Bundesrepublik. Der einflussreiche Landtagsabgeordnete Karl-Heinz Koch soll hinter den Kulissen entscheidend daran mitgewirkt haben, dass die Mehrheit zustande kam. Von einer »Lex Koch« war die Rede, so, als sei das Gesetz nur für Roland verabschiedet worden.

Tatsächlich lag er schon in Lauerstellung. Er hatte alles vorbereitet, um umgehend in die Parlamente zu stürmen: als Stadtverordneter in Eschborn und als Abgeordneter in den Kreistag. Weil die Konservativen allerdings wenig angetan sind von dem Gedanken, dass künftig zwei Kochs mitmachen, muss er sich mühsam über Kampfkandidaturen einen guten Listenplatz erarbeiten. Am Wahlabend war der junge Koch so aufgeregt, dass er im Rathaus auf die Ergebnisse wartete und schließlich triumphierend die CDU-Vertrauten abtelefonierte. Erstmals die Mehrheit für die Union, und Roland Koch hatte ein Mandat im Kreistag.

In den nächsten Jahren würde er auf drei Spielfeldern aktiv sein: Bundeswehr und Studium, als Lokalpolitiker in Stadt und Kreis und als Vorarbeiter der Jungen Union in Hessen und im Bund. Angst vor zu viel Arbeit hat Koch nicht, im Gegenteil: Endlich fühlt er sich einigermaßen ausgelastet. Und jeder Karriereberater hätte ihn beglückwünscht.

Denn gäbe es eine Musterlaufbahn für den Weg nach oben in der CDU, er sähe aus wie Kochs: Engagement in der Jungen Union, die zwar letztendlich ohne Macht war, aber wichtig, um Kontakte in Land und Bund zu knüpfen und sich in der Partei nach vorn zu robben; das Jurastudium, was ohnehin zur Grundausbildung des Berufspolitikers gehört; schließlich die Arbeit an der Basis als ideales Trainingslager für alle Tricks, die ein Volksvertreter draufhaben muss. Einen begnadeten Lehrmeister hatte er auch noch, der zugleich Stadtverordnetenvorsteher und CDU-Fraktionschef im Kreistag war und obendrein ein sehr guter Bekannter: Karl-Heinz Koch.

Der Rekrut Koch absolvierte seine Grundausbildung beim Fernmeldebataillon in Diez an der Lahn. Fast zwei Autostunden von Zuhause entfernt, das machte dem jungen Multifunktionär zu schaffen. Es drängte ihn bei jeder Gelegenheit nach Hause, er musste einfach in Eschborn mitmischen. Schließlich gab er auch noch die Zeitung »Eschborn Info« heraus; außerdem war 1978 wieder Landtagswahlkampf.

Den üblichen Schichtdienst bei der Bundeswehr hätte er trotz aller Arbeitsoptimierung nicht überlebt: »Die Kameraden hätten mich erschlagen.« Zum Glück gab es die CDU und dort die richtigen Leute, die gute Kontakte zur Bundeswehr unterhielten. So sorgte ein Parteifreund dafür, dass Koch nach der Grundausbildung in den Genuss eines heimatnahen, flexiblen und entspannten Dienstes beim Verteidigungskreiskommando in Frankfurt kam, als Assistent eines Oberstleutnants.

Wieder waren Glück und Partei auf seiner Seite. Der Offizier brauchte für ein paar Sandkastenspiele unbedingt den Entwicklungsplan Untermain, war aber mit Kommunalpolitik nicht vertraut. Koch verfolgte nicht ohne Amüsement, wie er verzweifelt von Behörde zu Behörde telefonierte, doch ohne Erfolg. Da bat der Rekrut darum, das Telefon benutzen zu dürfen. Koch rief einen CDU-Kumpel an, der zufällig im richtigen Amt saß, fragte

»Haste mal so'n Plan übrig?«, sprang in den Kübelwagen, düste los und war nach kaum einer Stunde wieder da, mit einer Rolle unter dem Arm: die gesuchte Karte. Daraufhin sollten sich die restlichen Monate bei der Truppe äußerst entspannt gestalten. Koch durfte eigenverantwortlich die Katastrophenschutzpläne der Gegend überarbeiten, ein bisschen herumorganisieren, eben das, was er am liebsten tat. Als Obergefreiter wurde er wieder ins richtige Leben entlassen.

»Überall den Kopf hinhalten« – Das Sohnsyndrom

Der hessische CDU-Politiker Gottfried Milde jun. und Roland Koch empfinden eine besondere Verbundenheit. Denn sie teilen ein Schicksal: beide sind Söhne legendärer Väter. Gottfried Milde sen. war Innenminister, Karl-Heinz Koch Justizminister unter Ministerpräsident Wallmann. Beide galten als anständig und gute Ressortverwalter, waren loyal und obendrein beliebt – eine seltene Kombination. Sie verstanden sich auch noch und verbrachten ihre Urlaube gemeinsam, mal in Afrika, mal in Skandinavien. Bizarrerweise würden sich die politischen Laufbahnen von Koch junior und Milde senior zudem auf dramatische Weise verzahnen. Denn Roland sollte später vom Karriereknick des alten Milde profitieren.

Die Mildes und die Kochs gehören zu den wenigen Politikerfamilien, die es in Deutschland überhaupt gibt. Aristokratien wie die Kennedys und die Bushs in den USA haben sich hierzulande nie gebildet. Man braucht wohl eine besondere psychische Stabilität, um als Spross eines Politikers aufzuwachsen und den Job hinterher trotzdem noch zu mögen.

Über diese Kindheit hat sich Politikersohn Milde so seine Gedanken gemacht. »Ob man will oder nicht, man lernt das politische Geschäft von kleinauf«, sagt er, »man wird schon als Kind überall haftbar gemacht für etwas, das man noch gar nicht richtig versteht. In der Schule, auf der Straße, im Sportverein, überall muss man den Kopf hinhalten für den Vater. Das sind beileibe nicht nur CDU-Fans. Man findet das normal, weil man es nicht anders kennt. Aber es ist doch nicht normal, wenn man in der Grundschule lernen muss, eine Partei und ihre Politik zu rechtfertigen oder sich Verteidigungsstrategien zurechtzulegen. Man entwickelt entweder eine sehr große Abneigung dagegen oder eine starke Bindung. Denn in der Partei ist man sicher, da sind die Freunde und Vertrauten, da hat man seine Ruhe.«

Koch und Milde junior entschieden sich für die schützende CDU, die ihnen Sicherheit gewährte in einer feindlichen Welt. Als sie sich erstmals trafen, war Georg längst nicht so verwundert wie viele andere Junge über die distanzierte und sehr formale Art des Roland Koch. Schließlich hatten sie zu Hause das Gleiche zu hören bekommen: dass ihr Auftreten draußen aufmerksam verfolgt würde, dass die anderen nur darauf warteten, einen Koch oder Milde bei der geringsten Unkorrektheit zu erwischen. Fehlerfreies Benehmen, lautete die Order in den Elternhäusern, druckreif und höflich reden, nur keine revolutionären Statements, jegliche Pannen vermeiden. Immer Vorsicht, dauernde Obacht, permanente Selbstkontrolle. »Zurückhaltung gehört zu unserem in Jahren geübten Miteinander«, beschrieb Karl-Heinz Koch einmal in der ihm eigenen distanzierten Sprache ihr Auftreten. Eine Politikerfamilie ist zu lebenslänglichem Wahlkampf verdammt.

Das Kontrollierte ist ein wesentlicher Zug von Roland Koch. Die Welt zwischen seinen vier Wänden unterscheidet sich immens von der äußeren Welt. Wie ein Zirkuskind hat er verinnerlicht, dass er sich auf einer Bühne bewegt, sobald er die Haustür geschlossen hat. Bis heute würde er nie im T-Shirt an die Öffentlichkeit treten, nicht mal im Sommer, und nur in den seltensten Fällen ohne Schlips. Jeans besitzt er zwar, aber darin hat man ihn nie öffentlich gesehen.

Zumal die Kochs noch ein weiteres Problem hatten: Sie standen unter verschärfter Beobachtung, weil sie, nicht ganz zu Unrecht, vom Ruch umweht waren, etwas Besseres zu sein im bäuerlichen Eschborn. Karl-Heinz Koch hatte seine Kanzlei auf der Zeil 51, was in Hamburg »Jungfernstieg« bedeuten würde oder in Düsseldorf »Kö«. Er verkehrte in der Frankfurter Geld-Society und in Wiesbaden in der feinen politischen Gesellschaft, traf Prominente, die der durchschnittliche Lokalpolitiker allenfalls aus der »Hessenschau« im Dritten kannte. Vater Koch hatte oft einen Informationsvorsprung, seine Drähte in Verbände und Parteien galten als exzellent. Morgens, wenn mancher Stadtverordnete vom Melken kam, hatten Junior und Senior Koch schon ausgiebig die Berichterstattung des »Höchster Kreisblattes« und der »FAZ« analysiert.

Distanz und Formalität boten den Kochs die einzige Chance, gemeinsam politisch zu arbeiten. Der geringste Verdacht von Vetternwirtschaft hätte im vertratschten und neidbegabten Eschborner Mikrokosmos unabsehbare Schäden an beider Glaubwürdigkeit angerichtet. So verzichteten sie beharrlich darauf, zu klatschen, wenn der andere geredet hatte. Ihre Nähe musste aussehen wie maximale Ferne.

Schon bei kleinster Gelegenheit wurde das Tandem thematisiert. »Augen zu, Ohren zu, den Bürgerwillen missachten und koste es was es wolle den Willen einer kleinen Gruppe innerhalb der CDU durchsetzen – mit dieser Kritik zielt die FDP vor allem auf die Macher in der Eschborner CDU, Karl-Heinz und Roland Koch«, kommentierte die »Frankfurter Rundschau« das Auftreten des Duos auf der lokalen Bühne.

Es war ja auch kaum zu verbergen, welches Spiel die beiden da trieben. Natürlich bereitete der Vater seinem Sohn den Weg, alles andere wäre schlicht widernatürlich. So ließ sich Karl-Heinz Koch erst zum Stadtverordnetenvorsteher wählen, als sichergestellt war, dass sein Sohn die Führung in der Fraktion von ihm übernehmen würde. So einen Posten gibt man ja nicht einfach weg aus dem Familienbesitz. »Es war mir sehr recht, dass der Junge so früh mitgemacht hat«, hat Koch mal gesagt.

Die gemeinsame Sache mit dem Vater erwies sich für Roland als schwierig und leicht zugleich. Einerseits bekam er von seinem alten Herrn einen Crashkurs in Volksvertretung, erstklassige Kontakte, Bekanntheit und damit einen stabilen Lift nach oben. Andererseits wurde, wie in jedem Verein oder Betrieb, der Sohn des Chefs besonders argwöhnisch beäugt. Was war der Junior für einer? Ein vorlauter Halbwüchsiger, der mit der geliehenen Autorität des Alten daherkam und ihnen ihre Plätze streitig machen wollte? Oder sollte er tatsächlich etwas vom politischen Geschick des Vaters geerbt haben? »Lange Zeit galt ich als das U-Boot meines Vaters«, sagt Roland.

Die Kochs wussten von den Bedenken ihrer Parteifreunde. Und sie wussten natürlich auch, dass die Bedenken berechtigt waren. »Ohne den Vater wäre Roland nie so schnell nach oben gekommen«, sagt einer, der immer dabei war. Das lag weniger daran, dass der Vater offen protegierte, sondern kam vielmehr daher, dass er eine Respektsperson war. Es traute sich von den Parteifreunden einfach keiner, sich gegen den stellvertretenden CDU-Fraktionschef im hessischen Landtag zu stellen oder auch nur zu reden. Selbst die Opposition schwieg lieber, um sich insgeheim umso heftiger aufzuregen, dass dieser Knabe sie für Sozialisten hielt, nur weil sie ein Kinderhaus in Eschborn gründen wollten.

Als das Vater-Sohn-Thema wieder einmal durch das Kommunalparlament rumorte, da wurde es Roland zu bunt. Er stand auf und sprach offen an, worüber viele tuschelten. Er bat um Verständnis dafür, dass ihm keine Nachteile erwachsen dürften nur aus dem Umstand seines Sohn-Seins. »Ich trage ein Hemd nicht nur deshalb, weil es meinem Vater gefällt. Aber man muss auch akzeptieren, dass ich ein Hemd nur deshalb nicht trage, weil es mein Vater auch trägt.« Das saß. Alle nickten einsichtig.

Doch das gehorsame Schweigen bedeutete nicht, dass nicht weiterhin ausgiebig getratscht wurde. Von den Ceauşescus war die Rede im Dorf, von nordkoreanischen Verhältnissen oder nahöstlichen Herrscherdynastien, wo der mächtige Vater den dummbeuteligsten Sohn zum Nachfolger erkor. So war es bei den Kochs allerdings nicht, wie die Lokalpolitiker schnell merkten. Im Gegenteil: Der junge Koch schien ein schlaues Kerlchen zu sein, für manche eine Spur zu schlau. Denn er konnte mit den Argumenten wirbeln, so schnell und so lange, dass hinterher keiner mehr genau wusste, warum er wo eigentlich zugestimmt hatte. Nur eines war immer klar: Es war so gekommen, wie es die Kochs sich gewünscht hatten.

Besonders allergisch reagierten manche Abgeordneten, wenn der junge Koch sich nach gelungener Rede breit grinsend in seinen Sessel warf, den nachfolgenden Redner abschätzig taxierte oder ihn gleich ganz ignorierte. Das freche Grinsen dieses pickeligen Knaben, das brachte die Ureinwohner auf die Palme.

Der Sozialdemokrat Manfred Seelig, der zehn Jahre neben Karl-Heinz Koch in der Stadtverordnetenversammlung saß, hatte Zeit, sich das Duo genau anzuschauen.»Der junge Koch hatte keine Gegner, den traute sich keiner anzugreifen. Wie ein Wunderkind wurde der behandelt. Der stand ja immer drüber über uns Dorfpolitikern. Die Älteren haben sich immer über ihn geärgert, aber alle haben die Klappe gehalten, und bei Wahlen gab es immer DDR-Ergebnisse.«

»Roland, nun hör doch mal zu« – Mit Papa im Parlament

Besonders arg trieb es Roland gleich nach seinem Einzug in der Stadtverordnetenversammlung, wo die CDU nach Jahrzehnten der Bedeutungslosigkeit ab 1977 erstmals die Mehrheit besaß. Seinem dauerhaften Drang, es den andern mal zeigen zu wollen, ließ er freien Lauf, schimpfte laut und drosch auf den Tisch, bis ihn der Stadtverordnetenkollege Karl-Heinz Koch rüffelte.

Im Kreistag war es auch nicht besser. Zuweilen kam es vor, dass der Sohn einen Geschäftsordnungsantrag stellte, der Vater aber gänzlich anderer Meinung war. Grundsätzlich legte er wenig Wert auf Streit, sondern versuchte, strittige Punkte bereits vor Beginn einer Sitzung beigelegt zu haben. Aber nicht mit Roland. Der zelebrierte es geradezu, wenn es vor versammeltem Plenum zu familiären Zwiegesprächen zwischen dem »alten Koch« und dem »kleinen Koch« kam, wie sie genannt wurden. »Training unter Wettkampfbedingungen«, sagt Koch heute.

Damals lernte er, sich durchzusetzen. »Roland, jetzt hör doch mal zu«, bat der Vater flehentlich, was schon deswegen eine kleine Sensation war, weil er seinen Sohn sonst ausschließlich mit »Roland Koch« ansprach. Doch der Dickkopf war oft nicht einigungswillig, so als wolle er geradezu jeden Verdacht einer Familienkumpanei zerstreuen, und schritt entschlossen ans Rednerpult: »Meine Damen und Herren, der Fraktionschef Koch und der CDU-Abgeordnete Koch sind anhaltend anderer Meinung. Ich ziehe daher meinen Antrag zurück.«

Letztendlich war es hilfreich für das Duo, dass sie einen unterschiedlichen Stil pflegten. Sie galten zwar beide als spröde, waren keine Kumpeltypen, legten Wert auf Distanz und ein gepflegtes »Sie«. Doch die Unterschiede waren gewaltig. Karl-Heinz Koch war ein gemütlicher und bescheidener Typ. »Ich muss nichts mehr werden, ich will nichts mehr werden«, war so ein Ausspruch, mit dem er seinen Einsatz allein für die Sache unterstrich. Oder er sagte: »Ich habe dieses Amt nicht angestrebt, aber ich bin stolz, diesem Land dienen zu dürfen.« Das waren Sätze, die von jedem anderen komisch geklungen hätten. Doch dem alten Koch glaubte man sie.

Roland dagegen stampfte wie ein unausgelasteter Jungbulle durch die Arena der Lokalpolitik. Er war ein Raufbold, ein Provozierer, ein Meister der schweren Krawallerie, der auf dem politischen Spielfeld alles kompensierte, was ihm sonst fehlen mochte im Leben. Meist ging es um die Gangart: Roland wollte Themen schnell abräumen, der Vater mahnte zur Geduld. Legte der Vater Wert darauf, immer 10 Minuten vor Beginn einer Veranstaltung da zu sein, rechnete ihm Roland vor, dass dadurch über einen Tag gut und gern eine Stunde verloren ginge. In der heimischen Bierstube stritten sie sich zäh und erbittert.

Doch die Auseinandersetzungen blieben immer sportlich. Denn im Grunde waren sie sich einig, sagt Roland Koch: »Es gab eine Grundlinie, einen gemeinsamen Stil, aber nie ein Spannungsverhältnis. Ich musste mich nicht von meinem Vater emanzipieren, ich wollte es auch gar nicht. Wir haben sehr früh begonnen, als Team zu arbeiten. Schließlich haben wir uns nie über Grundüberzeugungen gestritten, da waren wir immer einig. Die Prinzipien einer freien Gesellschaftsordnung und der Marktwirtschaft standen für uns nie infrage.«

Auf die Frage, was ihn von seinem Vater unterscheide, antwortete Roland Koch mal: »Das Alter.« Da ist was dran. Weitestmöglich kopierte er dessen Lebensweg: erst Studium, dann Kanzlei, dann Familie, dann erst die Karriere in der Politik. Wie sein Vater ist auch Roland Koch selten zu Hause. »Immer mitmischen, das ist bei uns Familientradition«, sagt Koch. Selbst sein Onkel war so, wenn auch nur bei den Sozialdemokraten. Nur einen Knackpunkt gab es, die Ökologie. Roland war früh davon überzeugt, dass grünen Themen die Zukunft gehörte. Vor allem aber glaubte er, dass Umweltschutz eine Komponente der Ökonomie sein müsse. Unternehmen, die rücksichtslos mit Natur und Ressourcen verfuhren, sollten nicht belohnt werden. Stattdessen warb er für »die positiven Steuerungsmöglichkeiten des Ökosystems durch die Marktwirtschaft«. Vehement stritt Roland dafür, dass die CDU in ihrem Programm die »soziale Marktwirtschaft« zur »ökologisch sozialen Marktwirtschaft« erweitern solle. Sein Vater hielt das für modischen Quatsch.

Dass die Kochs bei aller vorgetragener Uneinigkeit fast immer gemeinsame Sache machten, war nicht allen Parlamentskollegen klar. »Das lief bei denen immer unauffällig«, sagt ein Kenner. Aber es lief auch zu vieler Vorteil. Manche in Eschborn haben bis heute das Gefühl, dass die Jahre mit den Kochs die besten waren. Wenn einer laut wird im Kreistag, heißt es immer noch: »Beim alten Koch hätt'ste dir das nicht erlaubt.«

Was auch daran lag, dass kein Streit zu lang anhaltenden Feindschaften führte. Ging der Hardliner Roland auch nahezu gewalttätig mit den politischen Gegnern ins Gericht, so blieben doch selten tiefe Verletzungen zurück. Er kannte seine Grenzen, die er nicht aus Menschenliebe beachtete, sondern aus rein praktischen Erwägungen. Selbst Sozialdemokraten konnte man immer nochmal gebrauchen. Vom Vater lernte Roland, dass man Gegensätze nicht negieren solle, aber das Verbindende im Auge behalten müsse. Oft genug konnte er bestaunen, wenn wieder zwei Zerstrittene bei Kochs auf ein Glas oder zwei in die Bierstube kamen, wo sein Vater bei einem Pfeifchen geduldig schlichtete. »Wie man Menschen zusammenführt, das ist eine Kunst, die mein Vater beherrscht hat«, sagt Roland Koch: »Es wäre schön, wenn man das von mir auch einmal sagen würde.«

Das hat sich bis heute nicht herumgesprochen, schon gar nicht in Berlin. Dabei galt der junge Roland Koch bei aller Angriffslust als einer, mit dem man, wie mit dem alten Herrn, über jeden Kompromiss reden konnte. Solange man sich an drei goldene Regeln hielt, die bei den Kochs gleich hinter den Zehn Geboten kamen: Erstens: Stelle nie die Machtfrage. Denn die

Macht heißt Koch. Zweitens: Intrigiere nie hinter den Kulissen, und wenn, dann nicht gegen einen Koch. Drittens: Keine Spielchen mit den Medien. Wer dagegen verstieß, kam fortan bei der Postenvergabe auf geheimnisvolle Weise immer zu kurz.

Vater Kochs Einfluss ging so weit, dass er seinen Bürgermeisterkandidaten durchsetzen konnte. Roland nervte die Abgeordneten zuweilen, weil er die Angewohnheit hatte, Begriffe, die ihm gefielen, von anderen zu leihen und fortan pausenlos zu benutzen. Auch die banalsten wie »Donnerwetter«, das er eine Weile lang bei jeder Gelegenheit anbrachte.

Wie weit ihre Arme in Hessen reichten, erfuhr auch SPD-Mann Reinhard Birkert, der bei einer Veranstaltung im Kurhaus von Bad Soden den jungen Koch auf die katastrophalen Zustände der Eschborner Grundschule hinwies, das kaputte Dach, die heruntergekommenen Klassenzimmer, das Asbest im Gebäude. Koch antwortete nur knapp: »Ich gucke mal.« Wenig später waren 4 Millionen Mark mit Zustimmung von SPD und CDU für die Sanierung bewilligt. »Faszinierend, wie reibungslos das ging«, staunt Birkert noch heute.

Zielstrebig hatten sich die Kochs die CDU in Eschborn und im Kreis untertan gemacht, denn auch Irmgard war auf einen Chefposten vorgedrungen, an die Spitze der örtlichen Frauen-Union. Sie veranstaltete Modenschauen im Gemeindesaal, die große Erfolge waren. Eschborns Damen buken Kuchen und verkauften Kaffee. Vor allem aber diente der Posten dazu, ihrem Sohn nah zu sein. Sie verfolgte ihn, und zwar im wörtlichen Sinne. Kaum eine Versammlung, kein Landesparteitag, wo Mutter Koch nicht still, aber aufmerksam in einer Ecke hockte.

»Wer nicht in Schlips und Anzug kam, oder schlimmer noch, die gute Frau Koch nicht grüßte, der konnte sicher sein, dass es in ihrem Hinterkopf einen Eintrag gab. Und an den erinnerte sie sich noch Jahre später«, weiß ein Zeitzeuge. Mit äußerstem Missfallen ließ sie sich von Ausschweifungen berichten, wenn etwa ein lokaler Autohändler die Eschborner Honoratioren per Helikopter zu einer Sause ins Salzkammergut flog, wo schon ein paar nette Damen darauf warteten, dem Besuch die Zeit zu vertreiben. So etwas hätte mal jemand ihrem Roland versuchen sollen anzubieten.

Ihr sittenstrenges Regime erlebte auch ein Eschborner Bürgermeister. Sie hatte gesehen, dass der Würdenträger beim Kreisparteitag mit einer Dame auftauchte, die definitiv nicht seine Ehefrau war. Empört schickte Mutter Koch ihren Mann am nächsten Montag ins Rathaus, wo er dem Stadtoberhaupt pflichtschuldig mitteilte, dass er nicht länger Bürgermeister in Eschborn bleiben könne. Wenig später war der Mann verschwunden und Jochen Riebel, ein Bekannter der Familie, statt seiner der Bürgermeister. Ein anderer, den man auch den Sonnenkönig nannte, sollte dem Vernehmen nach nahe Offenbach in seinem Wohnhaus einen Nebenerwerbsbetrieb unterhalten, in dem Transvestiten aus Südamerika eine wesentliche Rolle spielten. Auch hier forderte die Koch'sche Inquisition Aufklärung und Abhilfe.

Ihre Sorge um Zucht und Ordnung ging so weit, dass die gute Frau Koch sogar beim Karneval auf anständige Kostümierung achtete. Das Männerballett, das mal in sehr kurzen Hosen über die Bühne des Eschborner Gemeindesaals hüpfte, fand sie gar nicht witzig. »Ist diese Stadt so arm, dass sich die Herren keine ordentlichen Hosen leisten können?«, fragte sie vorwurfsvoll. Die anderen grienten: So kannten und so schätzten sie die Queen Mom von Eschborn.

1978 wurde ein neuer Landtag gewählt. Zum ersten Mal lag die Organisationsverantwortung für die Schlacht um Vaters Wahlkreis allein bei Roland. Die Junge Union trieb er beim Plakatekleben an und seinen Vater bei der Öffentlichkeitsarbeit. Publikumswirksam spendete Karl-Heinz Koch seine 1500 Mark jährlicher Aufwandsentschädigung als Parlamentarier dem Spielmannszug der Freiwilligen Feuerwehr, forderte, dass ABC-Schützen »Fleiß und Ordnung« lernen statt gesellschaftliche Probleme zu debattieren. Koch lockte CDU-Cheftheoretiker Kurt Biedenkopf, Verfassungsgerichtspräsident Kurt Benda und Kartellamtschef Wolfgang Kartte zu Auftritten nach Eschborn.

Die SPD arbeitete mit allen Tricks gegen den konservativen Clan. Am Samstag vor der Wahl streuten Sozialdemokraten das Gerücht, Sulzbach solle eingemeindet werden. Blitzschnell reagierte Rolands Apparat. Flugblätter wurden getextet, gedruckt, verteilt, und mit dem Lautsprecherwagen, einem orangen VW-Käfer, rollte Roland Koch noch am Samstagabend durch die Straßen und tönte: »Schauen Sie unbedingt heute Abend in Ihre Briefkästen. Die Lügen der SPD zwingen uns zu dieser ungewöhnlichen Maßnahme.«

Stress empfand der junge Kampagnenmacher nicht bei solchen Aktionen, im Gegenteil. Noch mehr Tempo hätte ihm gefallen. Neidvoll schaute er nach Amerika, »wo abends die neuesten Umfragezahlen kommen und am nächsten Morgen schon ein Fernsehspot dazu auf Sendung geht. Das ist Spannung, das ist Tempo, das ist eine echte Volksdemokratie.« Für die 50 Prozent, die wählen, jedenfalls.

Der junge Politiker begann, die Arbeit zu professionalisieren. Für die Produktion von »Eschborn Info« und andere CDU-Publikationen beschäftigte er eine Sekretärin. Um Zeit zu sparen, diktierte er seine Beiträge auf Tonband. Details wie falsche oder fehlende Kommata waren ihm egal, bis heute übersieht er Rechtschreibfehler in seinen eigenen Briefen.

»Streber, Klugscheißer, vergessen« – Schwerer Start bei der Jungen Union

Der Lebenslauf von Volker Bouffier ähnelt dem von Roland Koch an manchen Punkten verblüffend. Bouffier, ein paar Jahre älter als Koch, war auch immer der Jüngste, Beste, Schnellste, Größte. Wie Koch war er ein einsamer Konservativer und dennoch Schulsprecher an seinem Gymnasium, er studierte Jura, führte früh eine gut gehende Kanzlei, spielte erfolgreich Basketball beim MTV Gießen, war Hessens jüngster Landtagsabgeordneter (bis Roland Koch kam) und er fand zur Politik, weil sein Vater, als CDU-Lokalpolitiker in der Daueropposition im sozialdemokratischen Gießen, ihn mitnahm zu einer Versammlung der Jungen Union. So weit, so Koch – bis auf die Basketball-Karriere.

Der Student Bouffier fand die Jungunionisten allerdings weit weniger spannend als Roland: »Da saßen 30-Jährige und lasen sich den Leitartikel aus der ›FAZ‹ vor«, sagt er, »die waren damals schon so alt, wie ich nie werden wollte.« Der selbstverliebte, aber wenig machtbewusste Haufen hatte allerdings einen Vorteil: Er ließ sich schnell übernehmen, die jungen Herren waren sogar dankbar für Führung. Sie konnten ja nicht ahnen, dass der Neue als Erstes seine Freundin mitbringen, ein paar gewagte Partys organisieren und noch mehr von seiner Sorte in den früh vergreisten Schlauberger-Verein einschleusen würde.

Der flotte Basketballer aus Gießen war bald der Star der Jungen Union. Von dieser Sorte gab es allerdings noch einen: Karlheinz Weimar, der ebenfalls fand, dass er zum Anführer des hessischen CDU-Nachwuchses geboren war. Damit setzten die beiden eine Tradition fort, die in der JU herrschte: Die Junge Union war immer tief gespalten. Früher waren es Walter Wallmann und Heinz Riesenhuber, jetzt eben Bouffier und Weimar. Und so würde es wohl bleiben, weil es immer so gewesen war.

Eines Tages Ende der siebziger Jahre ersuchte ein gewisser Roland Koch um ein Gespräch bei Bouffier. Dessen Ruhm beschränkte sich darauf, der Sohn des Landtagsabgeordneten Karl-Heinz Koch zu sein. Die beiden trafen sich in einer Pizzeria. Roland trank Cola und war wie immer gut vorbereitet. Er wusste um die Streitigkeiten zwischen Bouffier und Weimar und erläuterte keck, wie man die verfeindeten Flügel einfach zusammenführen könnte. Bouffier, sechs Jahre älter als Koch, staunte nicht schlecht über »diesen Knaben, der da einfach so ankam, und mir erklären wollte: Das machen wir dann so und so und fertig.«

Natürlich konnte Bouffier diesem vorwitzigen Koch schon aus Prinzip nicht Recht geben, schließlich war er der Ältere und der Schlauere sowieso. »Das machen wir überhaupt nicht so«, antwortete er dem selbstbewussten Jungspunt, der daraufhin unverrichteter Dinge wieder abzog. Dennoch imponierte Bouffier dieser Frechdachs, der meinte, er könnte einfach so mitreden bei den Großen. Außerdem hatte er ja Recht: Natürlich hatte die Junge Union überhaupt nur als Einheit eine Chance, wahrgenommen zu werden. »Der kann was«, dachte er sich. Fortan redeten die beiden immer öfter, immer vertrauter. Eine Freundschaft entwickelte sich, die in Zukunft einige Belastungen würde aushalten müssen.

Auch bei anderen hessischen JU-Größen hatte der junge Eschborner keinen gelungenen Einstand. Der mächtige JU-Mann Clemens Reif, der den wegen einer Personalfrage zu ihm entsandten Koch gleichfalls in einer Pizzeria empfing, staunte nicht schlecht über das forsche Küken, das mal eben seine Ideen vom Ablauf der nächsten Landesvorstandssitzung skizzierte. »Ich hatte noch nicht den ersten Schnitt in die Pizza gemacht, da wollte er mich schon über den Tisch ziehen.« Reifs Urteil stand fest: »Streber, von Bcruf Sohn, Klugscheißer, vergessen.« Reif hatte keine Zeit, sein Urteil zu verfeinern, da er die JU aus Altersgründen verließ.

Die Elite der Jungunionisten merkte allerdings bald, dass dieser Koch einige unschätzbare Vorzüge hatte: Er war fleißig, er hatte was im Kopf, er war mutig bis verwegen, was man angesichts seiner Erscheinung nicht vermutete, und er mochte Dinge, die sie als Strafarbeit empfanden: Sitzungsprotokolle anfertigen zum Beispiel oder Programme schreiben. Koch war nützlich, als Buchhalter und Sekretär. »Die haben mich akzeptiert, weil ich gearbeitet habe«, sagt er in realistischer Einschätzung seiner Strahlkraft: »Ich war einfach praktisch für die, gut zu gebrauchen. Ich war zum Beispiel Schriftführer, und nach zwei Tagen waren die Protokolle getippt und verschickt. Das war früher eben nicht so.«

Außerdem war er mit 21 schon Kreisvorsitzender geworden, der jüngste bundesweit, und hatte sich als schlauer Networker erwiesen. Mit Klaus Lippold und Jürgen Banzer, den Chefs der Nachbarkreise, hatte er ein Gesprächskränzchen gegründet, wo es um die wirtschaftliche Entwicklung der Rhein-Main-Region ging. Nebenbei studierte er noch.

Mit Stolz und der üblichen elterlichen Sorge beobachten Karl-Heinz und Irmgard Koch, wie ihr Sohn seinen Weg macht. Als ein vorwitziger Zeitgenosse den alten Koch einmal fragt, ob er nicht stolz sei, dass sein Sohn als kommender Bundeskanzler gehandelt würde, sagte der Vater nur:»Ach, wissen Sie, das ist politisch sicher richtig. Aber wenn ich überlege, dass die besten Freunde meiner Enkel die Leibwächter sind, wenn man seine Herkunft vergisst, dann kann ich ihm das nicht raten.« Ein bisschen Koketterie mag da im Spiel gewesen sein. Warum trainiert man seinen Sohn sonst von kleinauf für höchste Ziele?

»Dr. Kohl würde Sie gern kennen lernen« – Ein väterlicher Freund taucht auf

Dass dieser Koch Mut hatte und Selbstbewusstsein, wurde den gesetzten JUlern spätestens 1980 klar, als er einen brillanten Auftritt auf dem Bundesparteitag in Mannheim hinlegte, der ihm eine Einladung des Bonner Oppositionsführers einbrachte. Helmut Kohl war Star der Nachwuchs-Unionisten, schon weil er nicht so laut polterte wie der Bayer Strauß.

Mit seinem kleinen politischen Werkzeugkasten, den er sich in Eschborn und im Main-Taunus-Kreis zusammengeklaubt hatte, und einer gehörigen Portion Kühnheit hatte Koch in Mannheim das Rednerpult erklommen und in Kohl'scher Manier ein paar Regeln genüsslich missachtet. Es galt, einen Geheimplan zu durchkreuzen. Einige alte Herren wollten den JU-Chef Matthias Wissmann aus dem Parteivorstand mobben, überhaupt all diese jungen Hüpfer dorthin bugsieren, wo sie ihrer Meinung nach hingehörten: in die hinteren Reihen.

Das ungeschriebene Gesetz, dass man Personalentscheidungen der Honoratioren nicht kritisierte, empfand der junge Jurist Koch nicht als bindend für sich. In fester Rede meuterte er:»Wenn die CDU in den Führungsgremien keine Leute unter 40 hat, dann darf sie sich nicht wundern, wenn sie von Leuten unter 40 auch nicht gewählt wird.« Rumms, Volltreffer. Wissmann wurde wieder gewählt, Koch hatte gelernt, dass sich Frechheit lohnt, und die anderen Jungunionisten waren beeindruckt.

Hinter der Tribüne wurde Koch wenig später von einer gewissen Frau Weber abgefangen, die sich als Büroleiterin des CDU-Vorsitzenden vorstellte:»Herr Dr. Kohl würde Sie gern kennen lernen.« Vater Weber, Direktor in einem Panzerausbesserungswerk in Mainz und als Kommunalpolitiker im hessischen Hochheim aktiv, kannte den kleinen Koch schon länger, er war ihm im Kreistag aufgefallen. Auf diesen Jungen, schärfte er seiner Tochter Juliane ein, müsse sie den Kohl unbedingt aufmerksam machen. Das hatte sie getan.

Nun wechselten Koch und Kohl ein paar Worte, und der Schwarze Riese regte an, den Kontakt aufrecht zu erhalten. Koch stimmte freudig zu. Juliane Weber notierte die Telefonnummer. Der kommende Kanzler hatte Gefallen an diesem Jungen gefunden, der sich so früh für die Partei begeisterte, der schon feine Erfolge aufzuweisen hatte und einen fast so großartigen Eindruck machte wie er selbst früher. In Mannheim begann eine lange ungewöhnliche Freundschaft.

Was der JU-Spitze in Hessen besonders imponiert hatte, war der Umstand, dass Koch mit seinem Kontakt zu Kohl nicht groß herumprahlte, wie es viele andere getan hätten. Koch war seltsam, aber in Ordnung. Trotzdem konnte man gut über ihn lästern.»Sein Alter nähert sich immer mehr seinem Aussehen an«, flachsten sie und mopsten sich über den Spruch, den der Dregger-Vertraute Dieter Weirich dem gediegenen FAZ-Korrespondenten Bernd Heptner diktiert hatte:»Der Koch lernt auf Kanzler.«

Fast immer zog er seine Anke hinter sich her, die er seine Freundin nannte, doch besondere Anflüge von Zärtlichkeit hatte nie jemand erlebt. Anders als die Jungs mit den buntgemusterten Hemden schien Roland Frauen für Reproduktionsapparate zu halten und Sex für eine gelegentlich notwendige Bedienung derselben.»Guck mal, jetzt geht er ran«, tuschelten die lieben Parteifreunde, wenn Roland seine Hand auf Ankes Stuhllehne sinken ließ.

Roland Koch war eben ein befremdliches Wesen.»Man nahm ihn nach außen immer nur durch Politik wahr«, sagt Karin Wolff, die Koch damals kennen lernte.»Er war disziplinierter, vielleicht nicht uneingeschränkt, aber doch braver, und immer ein bisschen weit weg. Und dann mischte er sich wieder so elegant und schlau ein, immer wenn es wichtig wurde, mit dem exakt richtigen Beitrag.« Wie viele seiner Weggefährten redet auch die schlaue Frau Wolff über den jungen Koch wie über einen sensiblen Hochbegabten, ein grenzgängerisches Schachgenie.

»Es ist gut«, sagt sie,»wenn es Leute um ihn herum gibt, die ihn ein bisschen steuern.« In gesundheitlichen Dingen zum Beispiel. Denn schon damals betrachtet Koch seinen Körper als eine Art Automaten, der sich mit dem Willen, der Kraft der Gedanken steuern ließ und außer regelmäßiger Befüllung von Cola und Hamburgern nicht viel brauchte.

Koch war stolz, mit wenig Schlaf auszukommen. Kranksein hielt er für Schwäche. Sein Glaube an die Kraft der Chemie ist bis heute unerschütterlich. Mit den richtigen Pillen, so verriet er Freunden, da ließen sich Krankheiten praktisch übergehen. Die Freunde grienten und machten Witze. Er könne mit verbundenen Augen Dutzende Fähnchen in eine Landkarte von Hessen pieken, exakt überall dort, wo eine McDonald's-Filiale liegt. Roland Koch hielt das für ein Kompliment.

»Viel lernen« – Ohne Strickzeug an der Uni

Fast widernatürlich still war der Jurastudent Koch. Er fiel dadurch auf, dass er nicht auffiel. Er missionierte nicht für die CDU an der Uni, der konservative Studentenbund RCDS erschien ihm für das weitere Fortkommen nicht nützlich, und zu den Grundsatzdebatten, die auch schon wieder gedämpfter geführt wurden, hatte er wenig Lust. Enterten mal ein paar Störer den Hörsaal, wurde abgestimmt, ob man den jeweiligen Vortrag hören wollte. Das Ergebnis war durchweg negativ und die Aktivisten trollten sich wieder.

Metathema war der Feminismus. Selbst bei den spröden Juristen wurde heftig gerungen, ob das chauvinistische »man« in den Gesetzestexten nicht durch ein gleichberechtigtes »man/frau« ersetzt werden solle. Es war die Zeit, als das große »I« mitten im Wort erfunden wurde und kurzfristig auch bei den JuristInnen in Mode war. Es waren die Jahre der strickenden Männer. Überall klapperten die Nadeln, in den Parlamenten, den Schulen, den Unis, immer da, wo man Zuschauer hatte. Stricken war Statement, Fachsimpeln über Luftmaschen Pflicht. Wer strickte, war Softie und hatte Chancen bei den Frauen, leider bei den falschen. Die guten standen auf Kerle und die hießen Chauvis. Die Sätze begannen mit »Ey, du …«, und ihre Botschaft war, dass man/frau den/die andere/n »total gut versteht«. Es war die Hölle.

Koch strickte nicht, er wollte auch niemanden total gut verstehen. Er wollte schnell fertig werden. Deswegen stieg er 1979 erst im zweiten Semester ein. Der Stoff des ersten Halbjahres erschien ihm nicht weiter wichtig. Die verkommene Frankfurter Uni war ohnehin nicht der Ort, an dem man länger als nötig bleiben musste. Mal mittags in die Mensa mit Anke, das war seine Freizeit.

Seine schönsten Erlebnisse an der Uni? »Mit wenigen Kommilitonen viel lernen.« Wohnen im Hotel Mama? »Kein Problem, ausgesprochen praktisch, da musste ich mich nicht um die ganze Logistik kümmern.« Auslandssemester? Zeitverschwendung. »Seine Auslandserfahrungen hat der Eschborner an der Frankfurter Uni gesammelt«, spotten die Kumpel von der Jungen Union. Doch Koch wollte einfach nur Anwalt werden. Da war er bei Professor Rudolf Steinberg genau an den Richtigen geraten. Der Hochschullehrer schätzte eine kritische Debatte durchaus, aber nicht in seinen Veranstaltungen: »Ich bin Wissenschaftler, in meinen Seminaren wird keine Politik gemacht.« Koch hatte bei Steinberg das umweltrechtliche Seminar »Neue Probleme des Atomrechts« belegt, ein spannendes Thema, das durch die Kämpfe um AKWs und Wiederaufbereitungsanlagen gewaltig an Popularität gewonnen hatte. Koch war klar, dass er mit diesem Thema gar nicht falsch liegen konnte. Wer von den etablierten Politikern hatte schon Zeit, sich in diese juristischen Feinheiten hineinzuwühlen. Als entscheidender Vorteil kam hinzu, dass das Gebiet so neu war, dass es nur von relativ wenig Literatur belastet war.

Steinberg fiel dieser Junge bald auf, der immer eine Spur korrekter angezogen war als die anderen und von der Leistung immer zum oberen Zehntel der Studenten gehörte. Insbesondere sein Arbeitsstil beeindruckte den Professor. »Koch verfolgte immer eine Minimax-Strategie: Mit minimalem Aufwand, zum Beispiel bei den Hausarbeiten, erzielte er maximalen Erfolg.« Das zeugte nicht unbedingt von wissenschaftlicher Neugier, von Forscher- und Pioniergeist, den sich Hochschullehrer wünschen. Aber der Student Koch wies nach, dass er gut beurteilen konnte, welches Thema welchen Aufwand erforderte. Schließlich musste er den Gesamtstoff nach Nützlichkeitserwägungen gescannt haben. Auch den Wert von Vorlesungen erfasste Koch schnell. Während sich Michel Friedman in den vorderen Reihen um die blonden Kommilitoninnen kümmerte, hielt Koch weiter hinten gern mal ein Nickerchen.

»Mir war völlig klar, dass er kein Interesse an Wissenschaft hatte. Er hätte promovieren können, einer wie er in einem Jahr. Aber das war ihm offenbar nicht wichtig. Er war zwar ungemein zielstrebig, aber nur im Bezug auf sein Vorankommen in der Politik«, sagt Steinberg, der keinen Hehl aus seiner Sympathie macht. Eines Tages bat er den ungewöhnlichen jungen Herrn zu einem Gespräch zu sich. »Ich war neugierig auf diesen Sonderstudenten, von dem ich gehört hatte, dass er Politik machte – aber nicht in der Studentenschaft. Den wollte ich mir mal genauer angucken.«

Selbstbewusst schilderte Koch dem Professor seine Aktivitäten in der CDU, als Stadtverordneter in Eschborn und als Mitglied des Kreistags.

Nächstes Jahr wollte er in den Bundesvorstand der Jungen Union. Besonders stolz war der Student darauf, dass er es mit Studienbeginn zum jüngsten Kreisvorsitzenden der Republik gebracht hatte, wenige Tage vor dem 21. Geburtstag.

Da war Roland Koch wieder mal ein Coup geglückt, hinter dem sicher sein Vater steckte, wie man raunte. Doch Lothar Manker, der den Kreisvorsitz damals inne hatte, schwört, es sei seine Idee gewesen, den Youngster zu seinem Nachfolger zu bestimmen. Koch junior sei eben einer, der sich durchsetzen könne, der Zeit hatte und der vor allem »nicht nach CDU aussieht«. Wonach denn dann, hätte man fragen mögen. Vater Koch, sagt Manker, habe, ausnahmsweise, keine Rolle gespielt. Manker war ein moderner CDUler, den christlichen Arbeitnehmern näher als Dregger. Er war perfekter Repräsentant der als liberal berüchtigten CDU im Main-Taunus-Kreis, wo man schon mal ohne Pyjama schlief und Frauen Hosen tragen durften. Manker hatte sich auf den zweiten Bildungsweg gemacht, mit einem Stipendium von der IG Metall. Er leitete die Volkshochschule, wo Rolands Freundin Anke Englisch unterrichtete, für 15 Mark die Stunde.

»Der Roland hat selbst nicht geglaubt, dass er das schafft. Aber ich wusste das. Denn es machte ihm Spaß und er wollte Karriere machen«, sagt Manker, »und Politik schien seine Berufung zu sein.« Mankers Optimismus und die aufgeklärte Haltung zur CDU imponierten Karl-Heinz Koch. Dennoch war der zurückhaltende Vater von dem Plan gar nicht angetan, als Manker ihn einweihte. »So'n Quatsch. Lass das. Das macht den Jungen kaputt«, fand er: »Aber letztendlich muss er das selbst entscheiden.« Als Manker Roland schließlich fragte, lachte der erst einmal ungläubig, fand den Vorschlag dann diskussionswürdig und sagte schließlich cool: »Na gut, ich mach's. Aber ich glaube nicht, dass Sie das schaffen, mich durchzudrücken.«

Manker schaffte es. Auf einer improvisierten Pressekonferenz bei sich zu Hause verkündete er, dass er den CDU-Kreisvorsitz abgeben wolle, und schlug zugleich den jungen Koch als seinen Nachfolger vor. Er überfuhr die Partei in voller Absicht, weil er ahnte, das sich keiner trauen würde, gegen den Sohn des prominenten Vaters anzutreten. Selbst der empörte Brief von Heinz Riesenhuber (»Wie können Sie so was tun?«) ließ ihn kalt. Manker: »Ich wusste, das geht.«

Das Presseecho war erstaunlich wohlwollend. Der »Wiesbadener Kurier« entdeckte einen »aufstrebenden Stern am Himmel des Main-Taunus-Kreises«, einen »Jüngling, der einen gestandenen Chor dirigiert«. In einer staatsmännischen Vorstellungsrede verwies Koch junior auf seine Erfahrungen, die er als Leiter eines Arbeitskreises der Kreistagsfraktion gemacht habe. Er wolle die CDU öffnen für »jeden, der Zeit und Ideen hat« und die Brücken zu anderen Parteien »nie abbrechen lassen«. Eine Gegenkandidatur erwogen: ein Angestellter der Höchst-AG, ein Bürgermeister und ein Banker. Kein Problem für den Jurastudenten. Er wurde in der Sport- und Kulturhalle von Hochheim-Massenheim ohne Gegenkandidaten gewählt, mit 114 zu 26 Stimmen, bei 5 Enthaltungen.

Stolz berichtete Roland Koch seinem Professor in Frankfurt, dass er als Kreisvorsitzender praktisch »Chef eines mittelständischen Unternehmens« sei, Herr über 2407 Mitglieder, mit eigenem Haushalt und Personalverantwortung. Er versicherte aber zugleich, dass das Studium nicht zu kurz kommen werde. Fassungslos fragte Steinberg, der eher eine lethargische Studentenschaft gewöhnt war: »Wann machen Sie das denn alles?« Darauf antwortete Koch sehr ernst: »Ich studiere jeden Tag bis 18 Uhr. Außer Donnerstag. Da mache ich Politik.«

»Am liebsten mit der Kettensäge« – Koch übernimmt die CDU

Als frisch gewählter Kreisvorsitzender verfügte Roland Koch 1979 erstmals über ein Amt, ohne dass Vater oder Mutter ihm über die Schulter guckten, im Gegenteil: Er war ihr Chef, ihr Parteivorsitzender, mit 21 Jahren. Und das war sein Problem: Kaum einer nahm ihn ernst, schon gar nicht die Funktionäre, ein Haufen älterer, phlegmatischer Herren, die sich in ihr Schicksal gefügt hatten, ihr Leben in der Opposition zu verbringen.

Die junge Bande, die mit Roland in die Kreisgeschäftsstelle einzog, fand eine kümmerliche Etage in einem ehemaligen Motel in Hofheim vor. Davor gammelte eine verlassene Tankstelle vor sich hin. Die Kasse war leer und wurde verwaltet von Geschäftsführer Willy Baumann, Lebensmittelhändler aus Eschborn, der auch die Kochs belieferte. »Am liebsten hätte Roland mit der Kettensäge losgelegt«, erinnert sich einer, der dabei war, doch das ging nicht, schon wegen der Eltern Koch.

Unter einem Schrank fand der junge Vorsitzende die verstaubte Mitgliederkartei. Es entspannen sich endlose Debatten über Sinn und Unsinn von Neuerungen, und Roland war der Einzige, der die Altvorderen gelegentlich überzeugen konnte. Alles ging quälend langsam, dabei musste so vieles professionalisiert werden, und zwar schleunigst. Es war kein Zustand, aus

Kartons und Kästen zu leben. Tagte der Kreisvorstand, waren sie auf den Bürgermeister von Kriftel angewiesen, der ein Herz hatte für die herumvagabundierenden Politiker und sein Rathaus zur Verfügung stellte. Nachher wurde beim Jugoslawen gegenüber bei Cevapcici das weitere Vorgehen besprochen.

Eins war klar: In diesem Zustand würde die CDU auch in den nächsten 100 Jahren keinen Blumentopf gewinnen. Es war höchste Zeit für eine Sanierung, schließlich war Main-Taunus nicht irgendein Kreis, sondern von hohem Symbolwert und eines der ungewöhnlichsten Soziotope in Deutschland, eingeklemmt zwischen Frankfurt und Wiesbaden, zwischen Flughafen und Taunus, durchschnitten von Autobahnen, überflogen von hunderten Jets und dennoch zum großen Teil Landschaftsschutzgebiet. Es gibt Äcker und Fabriken, Bürotürme und Weinberge und alle zwei Kilometer ein neues Dorf.

Der Kreis mit dem Furcht erregenden Autokennzeichen »MTK« ist der kleinste, einer der reichsten und modernsten des Landes mit einer der höchsten Pkw-Dichten, kurz: Zentrum einer der dynamischsten Regionen Europas. Kreisvertreter überall aus Deutschland kommen heute nach Hofheim, um sich kundig zu machen, wie Anfang der neunziger Jahre öffentliche Betriebe privatisiert wurden, als Koch seine große Zeit hier hatte.

Wie die Gemeinde Eschborn hatte auch der Main-Taunus-Kreis ständige Versuche einer unfreundlichen Übernahme abwehren müssen. Frankfurt und Wiesbaden hatten immer mal wieder überlegt, wie sie sich diese kleine Schweiz, die prächtig von ihrer neutralen Mittellage lebte, einverleiben könnten. Die Stärke des Kreises, so formuliert es der Architekt Albert Speer, mache die »polyzentrische Struktur« aus, Gegenmodell zum Superzentralismus anderer europäischer Ballungsräume, mit denen Rhein-Main im Konkurrenzkampf steht.

Die in vielerlei Rathäusern, Körperschaften und Gremien tätigen Politiker des Main-Taunus-Kreises haben aus der ständigen Bedrohung eines gelernt: Sie streiten sich wie in allen anderen Kreisen der Republik auch, aber sie wissen, dass sie Einheit demonstrieren müssen. Die Angst vorm Verschwinden erzeugt hier permanenten politischen Lösungsdruck. »Ihr werdet alle satt«, sagte der alte Koch immer, wenn es wieder Streit gab, »aber dafür müssen wir zusammenhalten.« Wer dauerhaft opponieren wollte, der war schnell wieder verschwunden.

Hier machte der Jungpolitiker Koch seine ersten Experimente als Volksvertreter, wie auch Joschka Fischer, der den Arbeiter am Band bei Opel in Rüsselsheim politisieren wollte, wenn er nicht gerade Fahrscheinautomaten mit einem beherzten Tritt leerte, um mit dem Erbeuteten einen Kurzurlaub im Süden zu finanzieren. Auch Koch machte anfangs Jagd auf Malocher. Zusammen mit seinem Pressemann Axel Wintermeyer textete er Flugblätter, die bis spät in die Nacht per Matrizendruckmaschine und Handkurbel vervielfältigt und morgens um fünf bei Höchst den »Rotfabrikern« in die Hand gedrückt wurde, die so hießen, weil hier auch Farben hergestellt wurden. Kanzler Helmut Schmidt stand kurz vor dem Ende, die CDU war im Begriff, Bundesregierung und Landesregierung in Hessen zu übernehmen. Das beflügelte.

Doch die jungen Aktivisten mussten bald feststellen, dass der Arbeiter nicht bekehrt werden wollte, schon gar nicht um fünf Uhr morgens, und erst recht nicht von bebrillten Jurastudenten, die so aussahen, als hätten sie in ihrem ganzen Leben noch nie anständig gearbeitet. CDU-Flugblätter bei Höchst, das war wie »Penthouse« im Vatikan, das ging einfach nicht. So lauteten die Erkenntnisse dieser ersten praktischen Wählerforschung: Die eigenen Leute mobilisieren, die anderen entmutigen, das schien weit einfacher, als Stammwähler umzudrehen.

Mit der Chefrolle hatte Roland Koch anfangs seine Probleme. Als er eines Morgens in die Geschäftsstelle kam und leere Sektflaschen und andere Überreste einer langen Arbeitsnacht vorfand, da zog er die Verantwortlichen in aller Deutlichkeit zur Rechenschaft. Die Jungen, bis vor kurzem noch den JU-Kumpel Koch gewohnt, wunderten sich sehr über den plötzlichen Kommandoton. Schließlich hatten sie die ganze Nacht durchgeschuftet.

Doch Koch ließ sich nicht beirren: ER war der Chef, ER war verantwortlich, ER entschied. Und entweder teilte man seine Haltung oder man verschwand besser. Nach und nach installierte Roland seine Leute in den Schlüsselpositionen, er zog aus dem Motel in repräsentativere Büroräume in die Hattersheimer Straße, wo die Kreisgeschäftsstelle heute noch liegt. Eine Ausgangsbasis war geschaffen.

»Dann hat es peng gemacht« – Kraftpolitik im Kreistag

Auch im Kreistag wirbelte Koch die lieb gewonnene Trägheit durcheinander. Als eine seiner ersten Amtshandlungen machte er, der jugendpolitische Sprecher, sich daran, die Auflösung des Jugendbildungswerks zu betreiben, das seiner Meinung nach kein ordentliches Programm für den jungen Menschen lieferte. Nebenbei mag eine Rolle gespielt haben, dass einige Mitarbeiter dort ihm das politische Leben mehrfach schwer gemacht hatten.

Nach einer Weile Schonfrist stand sein Urteil fest: In der Organisation hatten »sich ein paar Linke eingegraben«, denen Jugend und Bildung, wie Koch sie verstand, eher gleichgültig waren. »Da hat es dann peng gemacht«, sagt er voller Stolz, »und dann waren sie weg.« Dem Volkshochschulprogramm seines Förderers Lothar Manker sollte es nicht besser ergehen: »Meine Kreativkurse hielt er immer für Pipifax«, sagt der ehemalige Schulleiter mit leichtem Tadel.

Den jungen Koch zog es zu gewagteren Aktionen. Dass er ein Hasardeur sein kann, bewies er mit einem halsbrecherischen Projekt, das heute wohl kaum ein Politiker noch überleben würde. Koch verbrannte Geld, viel Geld, weil er ein anderes, höheres Ziel erreichen wollte. Anfang der achtziger Jahren hatte die Debatte um die Zerschlagung des Main-Taunus-Kreises einen weiteren Höhepunkt erreicht. Ein paar Jahre zuvor waren erst wieder Teile des Kreises abgeschnitten worden, MTK schien einem kaum zu bremsenden Schrumpfungsprozess anheim gegeben. Koch und seine CDU-Kombattanten suchten nach einem Weg, die Existenz des Kreises auch nach außen hin zu betonieren.

Eine der entscheidenden, vor allem symbolischen Schwächen war es, dass der Kreis kein Kreishaus und damit kein Zentrum, keine Mitte hatte. Das Parlament tingelte, Teile der Verwaltung saßen in Höchst, auf feindlichem Frankfurter Gebiet. Ein Kreishaus musste her, aber wie bezahlen? Die Kasse war leer wie immer, eine Kreditaufnahme wäre vom Regierungspräsidium niemals genehmigt worden.

In seiner Not verfiel der Kreistag, angetrieben von Koch, auf ein windiges Finanzierungsmodell, das seither manche Kommune in ewige Verschuldung getrieben hat. Das Zauberwort hieß »Leasing« und hätte den Kreis, wäre er nicht so reich, garantiert in den Ruin getrieben. Ein Investor baute in Hofheim das Kreishaus für 85 Millionen Mark, der Kreis zahlte Miete, über 11 Millionen Mark, um dem Investor das Anwesen am Ende für 150 Millionen Mark abzukaufen, zu einer Zeit, als bereits erste Altersschwächen auftauchten. Letztendlich hatte der Kreis einem maßlos überteuerten Kredit zugestimmt, einer gigantische Vernichtung öffentlichen Geldes.

Zähneknirschend sah der Jurist Koch, wie die schlechtesten Passagen eines Miet- und eines Leasingvertrags dem Kreis aufgebürdet wurden, der Investor dagegen eine Goldmine serviert bekam. Aber es war die einzige Chance, schnell zu einem Kreishaus zu kommen. Hier zeigte sich ein wesentlicher Charakterzug des Volksvertreters Koch: An einem Punkt, wo der

Durchschnittspolitiker gar nicht entschieden und einfach mal abgewartet hätte, da schuf Koch Fakten, teure Fakten zwar, aber immerhin war das Ziel, die Existenz des Main-Taunus-Kreises zu sichern, erreicht. Dafür nahm Koch heftige Kollateralschäden in Kauf. Mit guten Gründen kann man diesen Umgang mit Steuergeldern skandalisieren; ebenso gut kann man mutige, unkonventionelle Politik entdecken, die dem Erfolgsmodell Main-Taunus seine Zukunft sicherte, was am Ende womöglich wertvoller ist als ein paar Millionen.

So kalt Koch schon in jungen Jahren Politik kalkulierte, so rührend kümmerte er sich gelegentlich um Freunde, auch wenn er es immer rational zu begründen wusste. 1980 sorgte er dafür, dass die Mitglieder der Kreistagsfraktion privates Geld zusammenlegten, um einen von ihnen, der in Los Angeles Medizin studierte, zu ihren Sitzungen einzufliegen. Koch kannte Ralf Paschke aus der Jungen Union. Er war vier Jahre älter als Koch, ein ruhiger, überlegter, prinzipienfester junger Mann, der leise sprach, aber zwingend argumentierte. Er war ähnlich gestrickt wie Roland. Im Gegensatz zu den anderen Jungen, die am liebsten politisch rauften, hatte er mehr Spaß an trockener Grundsatzarbeit. Er las Karl Popper. »Wir waren uns einig, dass wir was verändern wollten«, sagt Paschke.

Sein Kreistagsmandat hätte er für das Auslandssemester aufgeben müssen, weil die Geschäftsordnung zumindest gelegentliche Anwesenheit vorschrieb. Zu allem Überfluss wurde auch noch ein neuer Kreistag gewählt, als Paschke gerade in den USA war. Koch hatte die rettende Idee: Der US-Student wurde in Abwesenheit auf die Wahlliste gesetzt, zur konstituierenden Sitzung flog er aus Los Angeles ein, für 48 Stunden. Als er zurückkehrte, hatte ihm Koch den Posten als jugendpolitischer Sprecher besorgt. »Wir hielten uns gegenseitig für wertvoll, sonst macht man so was nicht«, sagt Paschke.

Wie Koch betrachtete er die CDU nicht nur als Kampfverband, sondern als Zuhause. »Da habe ich mich aufgehoben gefühlt«, sagt er. Der rotgrüne Zeitgeist, der Ende der siebziger Jahre durch Hessen wehte, war für ihn eine intellektuelle Zumutung. Als die SPD-Fraktion in seinem Heimatort Hofheim eines Tages den Antrag stellte, den Ort zur »Atomwaffenfreien Zone« zu erklären, da platzte ihm der Kragen. In einem flammenden Plädoyer wetterte er »gegen die Schaufensterveranstaltung, die die Leute nur für dumm verkauft«. Die SPD zog ihren Antrag stillschweigend zurück.

Heute ist Paschke Professor an der Leipziger Uni-Klinik, seit fast neun Jahren im Osten. Er ist kein Angeber wie viele wichtige Ärzte, eher zu bescheiden. In seinem Wohnzimmer fliegen die Noten fürs Klavier herum,

das Cello steht auf dem Boden. Der Professor trägt ausgelatschte Haus-
schuhe und fadenscheinige Socken. Die Zeit mit Koch hat er schon ein
bisschen weiter hinten im Gedächtnis abgelegt; er muss erst seinen Lebenslauf holen, immerhin drei eng beschriebene Seiten, um die Jahreszahlen
zusammenzukriegen.

Wenn er sich jetzt so erinnert, dann packt ihn die Wehmut. In der Gesundheitspolitik, da würde er zu gern mal mitmachen, bei all dem absurden
Verwaltungskram, der ihn über die Jahre erdrückt, mit all den Erfahrungen,
die er über die Jahre als Fachmann für Diabetes so gesammelt hat. Überhaupt, die ganze Politik, der fehle die Linie. »Der Roland«, sagt Paschke,
»der hat eine Linie.«

Er spricht andächtig von seinem alten Freund Roland, wie von einem
Heiligen. Das ist einer, wie ihn Deutschland braucht, sagt Paschke leise.
Roland war immer der Chef und das zu Recht. Bewundernswert seine
Ausdauer. Es gab nie den Moment, wo er keine Lust hatte. »Bei ihm habe
ich gefunden, was ich in der Politik immer gesucht habe in diesen ganzen
Tagesstimmungen und Opportunismen – die grundsätzlichen Koordina-
ten.«

Startbahn 18 West – Koch lernt von den Grünen

Das Kreisparlament war das entscheidende Trainingslager für den jungen
Politiker Koch. Dort ging es um Weichenstellungen für viele Jahre, dort
mussten Bilanzen und Pläne gelesen und verstanden werden, juristische
Schlachten geschlagen und schließlich Mehrheiten organisiert werden.
Dort ging es um Millionenprojekte wie den Frankfurter Flughafen. Schon
seit Mitte der sechziger Jahre drängte die Flughafengesellschaft auf Expansion. Für die Startbahn 18 West sollten einige Dutzend Hektar Wald
fallen, die überwiegend im Besitz der Gemeinde Flörsheim lagen. Die
Maschinen sollten über den Ort hinwegfliegen, die Kaffeetassen würden
nicht mehr klappern, sondern gleich aus dem Schrank fallen.

Wie Brokdorf, Gorleben oder Wackersdorf wird der Flörsheimer Wald
für die ergrünende Republik zum Symbol für das Spannungsfeld von
Mensch und Maschine, von Natur und ökonomischer Expansion. SPD-
Ministerpräsident Börner steht hinter der Flughafenerweiterung, dagegen
steht Kochs früher Förderer, Dieter Wolf aus Eschborn. Er ist inzwischen
Bürgermeister in Flörsheim und lebt 1980 in einem Zustand permanent

drohenden Bürgerkriegs. Wolf gibt eine Maxime aus: Widerstand ja, aber nur bis alle legalen Mittel ausgeschöpft sind.

Während die Gerichte auf Hochtouren arbeiten, entsteht im Flörsheimer Wald ein Hüttendorf,»illegal, aber legitim«, wie die Bewohner dialektisch erklären. Es wird über einen Geländetausch verhandelt, Sitzungen werden abgebrochen, Aktivisten aus ganz Deutschland rücken an. Ende Oktober 1980 ist es so weit, die ersten Rodungen beginnen. In der Stadtverordnetenversammlung, die endgültig den Verkauf des Flörsheimer Waldes beschließt, kommt es zu Tumulten.

Roland Koch erlebt zum ersten Mal die Wucht der neuen Ökobewegung. Zwar steht er auf Seiten der Flughafenbefürworter, doch ist er zugleich beeindruckt vom Engagement junger Naturschützer, die nicht auf Randale aus sind, sondern friedlich, zum Teil mit Kirchengruppen, protestieren.

Die kraftvolle Umweltbewegung ist auch für Juristen hochspannend. In Wirklichkeit waren es ja die Gerichte und weniger die Politik, die über ökologische Fragen entschieden. Ein neues Feld des Rechts tat sich auf. Professor Steinberg und sein Student Koch diskutierten immer wieder über juristische Aspekte der Umweltbewegung, die Startbahn, Atomanlagen, Chemiefabriken – Hessen hatte genug strittige Projekte. Still bewunderte Steinberg Kochs gerade Argumentation. Er hatte die Fähigkeit, sich nicht mit nebensächlichen Aspekten aufzuhalten, sondern zügig auf die Kernpunkte zu stoßen. Dem verblüfften Professor war bald klar: Dieser junge Mann ist ein Phänomen. Wenn er sich für die Politik entschied, würde er ihn eines Tages im Fernsehen wieder sehen.

Da sollte er Recht behalten. Was den Professor noch mehr überraschte: Der einstige Student ließ den Kontakt zu seinem alten Professor niemals abreißen. Als Steinbergs alter Fachbereich Jura unlängst ehemalige Studenten anschrieb, um einen Förderkreis zu gründen, war Koch einer der Ersten, die freudig ihre Mithilfe zusagten.»Wenn ich ein Problem habe, kann ich jederzeit bei ihm anrufen«, sagt Steinberg stolz,»wir können über jedes Thema reden.« Und das passiert häufig. Denn Kochs ehemaliger Seminarleiter ist inzwischen Präsident der Frankfurter Johann-Wolfgang-Goethe-Universität und insofern von Berufs wegen mit seinem ehemaligen Studenten in Kontakt.

Steinberg ist ein gewitzter Mann mit Seehundschnauzer, der sich zu »Exzellenz und internationaler Wettbewerbsfähigkeit« bekennt. Mitten im Statement schnappt er manchmal eigentümlich nach Luft, vor allem, wenn es ein sehr langes wird wie seine Eloge auf seinen einstigen Musterstudenten:»Roland Koch ist jemand, der in außerordentlich klarer Weise die

Bedeutung von Wissenschaft und Forschung versteht. Und das entscheidet über das Schicksal eines Landes. Bei Koch hat die Bildungspolitik Priorität. Relativ gesehen, stehen die Hochschulen finanziell noch sehr gut da. Das ist ein gewaltiger Unterschied zu Rotgrün: Da habe ich nie den Eindruck gehabt, dass Forschung und Wissenschaft irgendeine Bedeutung hätten.«

Inzwischen, sagt Steinberg, könne er bei Professoren-Treffen den Fortschritt der hessischen Bildungspolitik am eigenen Leib spüren: Mit dem neuen BioTech-Campus in Riedberg oder dem bankennahen House of Finance auf dem Westend-Campus, der eine wachsende Nachfrage von Wirtschaftswissenschaftlern aus der ganzen Republik verzeichnet,»sind wir Hessen inzwischen wieder angesehen«. Das Ziel ist klar: »Wir wollen in Sachen Bildung und Forschung ein süddeutsches Land werden.«

Über die Zusammenarbeit in Bildungsfragen hinaus ließ Koch den Rechtsgelehrten immer wieder Gutachten und Expertisen erstellen, oft informell und schnell am Telefon, Munition fürs Tagesgeschäft eben, andere offiziell bestellt und hochbrisant, wenn es etwa um umweltrechtliche Belange geht oder den Ausbau des Flughafens – »mit spürbaren Konsequenzen«, wie der Professor nicht ohne Genugtuung erwähnt.

Dass er seinen Studenten mal beraten würde, hätte Steinberg sich nicht träumen lassen 1982, als er Koch im Examen prüfte, in Öffentlichem Recht sowie in Verwaltungsrecht.»Er war vorzüglich«, sagt der Professor. Koch holte ein »sehr gut« und ein »schwach gut«, die Gesamtnote 2 also, für Juristen ein exzellenter Abschluss. Edmund Stoiber hatte nur eine 3.

Koch ist erleichtert: Das hätte auch schief gehen können. Er hatte sich nur sieben Semester gegönnt, die kürzeste Studienzeit, die die Prüfungsordnung erlaubte. Endlich war nun der für sein Empfinden entwürdigende Zustand beendet, dass Anke Geld verdiente und er nicht. Anke war ein Jahr eher fertig und hatte eine der raren Assistentenstellen am Romanistischen Institut ergattert. Und Nachhilfestunden brachten auch gutes Geld. Das Paar lebte zeitweise von ihren Einkünften, was dem Traditionalisten Roland gar nicht behagte. Er fand auch, dass man nicht heiraten sollte, wenn der Mann kein Geld verdiente.

Sie waren sich in ihrer Zukunftsgestaltung ziemlich einig. Wie Roland hatte auch Anke keine Probleme, dass ihr Horizont von den Frankfurter Bankentürmen bis zum Taunus reichte. Nichts zog sie zum Auslandssemester, lieber sparten sie ihr Geld, um gleich nach dem Studium ein Eigenheim erwerben zu können. Sie wussten, dass sie zusammenbleiben würden, hatten ihre Verlobung bekannt gegeben und ihre Eltern zusammengeführt, die sich schon beim Abiturball mal gesehen hatten.

Zum erfolgreichen ersten Staatsexamen 1982 gab Roland Koch daheim eine Party, oder besser, eine kleine Feierstunde. Vater Karl-Heinz war da, Anke natürlich, die wenig später gleichfalls Koch heißen sollte, und der alte Bekannte Jochen Riebel, im Rang eines Onkels. »Es war keine dieser ausgelassenen Studentenfeiern«, erinnert sich Steinberg mit Schmunzeln. Immerhin gab es Wein. Der Professor schätzte die Geradlinigkeit seines Muster-Absolventen ja, andererseits hätten ihm »ein bisschen Allotria, die klassischen Lehr- und Wanderjahre, auch nicht geschadet«.

»Das Land erobern« – Die Tankstellen-Connection

Die Jungunionisten waren wieder mal beeindruckt. Jura studierten viele von ihnen, aber keiner in sieben Semestern. Anwalt wollten sie alle werden, denn keiner war übermütig genug, zu glauben, er könne jemals als Berufs-politiker sein Geld verdienen. Und der öffentliche Dienst war ohnehin in der Hand der SPD.

Der CDU-Nachwuchs hatte eine seltsame Rolle in Hessen, die Nerven erforderte. Bei den Alten in der sturzkonservativen Partei galten sie mit ihren Reformgedanken und ihrem lockereren Auftreten als Vorhut des So-zialismus. Nach draußen, in Schule, Uni, Sportverein, standen sie dagegen unter permanentem Faschismusverdacht. Es gehörte einige Stärke dazu, sich einzureden, dass man ziemlich genau in der Mitte steht, wenn einen Rechte wie Linke als Agenten der jeweils anderen Seite betrachten.

Mal waren sie stolz als kleine verschworene Truppe und fühlten sich wie Robin Hood, dann wieder verzweifelten sie an dem Nationalkatholiken Dregger und seinen Mannen, über die immer wieder lustig-tragische Ge-schichten kursierten: »Bringt mir mein Pferd«, soll der Wehrmachtsoffizier eines Nachts mal durch den Hotelflur geschrien haben, woraufhin der treue Kanther genervt zurückbrüllte: »Gehen Sie doch bitte endlich schlafen, Herr Dregger.«

Dregger ist der tragische Held der Hessen-CDU. Insgesamt viermal ist er angetreten als Kandidat für das Amt des Ministerpräsidenten. Er ist bei 26 Prozent gestartet, hat dann zweimal die SPD überflügelt, aber die FDP hat immer zu den Genossen gehalten. Dregger hat die in Hessen bis Ende der sechziger Jahre mächtige NPD überflüssig gemacht, indem er sie aufsog, er hat die CDU gestärkt, aber nie zur Macht geführt. Warum er dennoch der Beste sei, hat er mal seinem Rivalen Schwarz-Schilling erklärt: »Ich habe

Charisma, und das ist es, was die hessische Union braucht.« Es war die Abwesenheit jeglichen Selbstzweifels, die die hessische CDU ausmachte. Männer wie der Bataillonskommandeur Dregger, im Zweiten Weltkrieg viermal verwundet, motivierten die Achtundsechziger allerdings auch, etwas verändern zu wollen in Deutschland.

Natürlich war Dregger zu schlau, um Altnazi zu sein, aber seine Welt der Rituale, der Männerschwüre, das Geheimbündlerische, Bedingungslose, Autoritäre irritierte die Jungen. Diskussionen galten als Zeitverschwendung, wer nicht ins Weltbild passte, der hatte keinen leichten Stand wie Walter Leisler Kiep, Schwarz-Schilling oder Heinz Riesenhuber erfuhren. Sie verabschiedeten sich in den Bundestag oder wie Kiep nach Niedersachsen. Und in noch einem Punkt waren die alten Herren einig: Nachwuchs sollte sich gefälligst anstellen und ansonsten die Klappe halten.

Letztendlich mussten die Jungen eine ähnliche Haudegenmentalität entwickeln, wie die Anführer sie zelebrierten. Für zarte Seelen war die Hessen-CDU nicht gemacht. Geduld war gefragt, Zähigkeit. Wenn man mit dem klapprigen R4 spät nachts durch Eis und Schnee rutschte und die Parteifreunde verfluchte, die sich wieder einmal keinen Millimeter hatten bewegen wollen, und eigentlich noch froh sein durfte, dass diesmal wenigstens keine überreifen Tomaten geflogen waren, das alles natürlich ohne Bezahlung und ohne Zuspruch, dann »musste man ganz schön verrückt sein. Da brauchte man dieses Gefühl von ›Denen zeigen wir's eines Tages‹«, sagt Bouffier.

Mochte Dregger, der die Truppe auf Befehl und Gehorsam gedrillt hatte, für den Nachwuchs auch ein schwieriger Vorsitzender sein, er hatte doch alle überzeugt, dass es für den Erfolg eine Vorbedingung gab: Geschlossenheit. Dieser Wert hat bis heute Priorität. Mochte es hinter den Türen rumpeln, nach außen hin herrschte eiserne Disziplin. Kein Landesverband der CDU gab seine Führung je so kontinuierlich so lautlos in neue Hände – von Dregger auf Wallmann auf Kanther auf Koch.

Nur die Junge Union widersetzte sich dem Einheitsdogma und zog eifrig tiefe Gräben zwischen den Vertretern der Landesteile. West- und Südhessen waren traditionell immer linker und kleiner als Nord- und Mittelhessen. Auf die Idee, strategische Bündnisse zu schmieden, war jahrelang niemand gekommen. So machten sie es den Altvorderen einfach, Zwist zu säen in der Jugendorganisation, die sie ohnehin nicht ernst nahmen.

Anfang der achtziger Jahre kam es zu zwei historischen Treffen. Kochs Appelle, den Laden endlich zu einen, hatten verfangen. Auf der Autobahnraststätte Wetterau, wenn man die A 5 von Frankfurt nach Norden fährt, standesgemäß auf der rechten Seite, fand ein historischer Friedensschluss statt, in einem eigens gemieteten Separee. Die Raststätte lag logistisch günstig für Karlheinz Weimar, der aus Westhessen anreiste, und den Mittelhessen Bouffier, der mit Reif, Siebert und Hoff bereits ein paar Bündnispartner mitgebracht hatte. Dabei waren noch Franz Josef Jung, die Darmstädterin Karin Wolff und Jürgen Banzer.

In diesem wenig heimeligen Ambiente wurde eine Bande geboren, die einzigartig war in Deutschland. Sie wurde später die »Tankstelle« genannt. Den Begriff hatte der junge Konservative Christean Wagner geprägt, und es war als despektierliche Chiffre für den linken Klüngelkub gemeint. Doch »Tankstelle« wurde nicht zum Schimpfwort, sondern zum Markenzeichen.

Beim zweiten Treffen wenig später im Keller der Familie Koch in Eschborn wurde der Bund mit Bier und Cola besiegelt. Rüdiger Moog und Michael Brand kamen hinzu. Keiner von ihnen wäre damals auf die Idee gekommen, dass die Runde neben dem sagenumwobenen Pacto Andino einer der stabilsten und erfolgreichsten Freundeskreise der deutschen Politik werden würde.

Die anfängliche Skepsis der Kontrahenten wich schnell. Denn sie verfolgten gemeinsame Interessen, die über Sympathiefragen weit hinaus gingen. Sie hatten eine Mission: »Wir wollten das Land erobern. Das hielt uns zusammen und trieb uns an«, sagt Bouffier: »Entweder man wird behandelt oder man handelt, das war so ein Spruch von uns. Wir waren die moderne Partei, wir hatten die Ideen, die Energie, die Leidenschaft, an einem großen Werk mitzuarbeiten. Das klingt pathetisch, war aber so.« Vorbild war Helmut Kohl, der im benachbarten Rheinland-Pfalz vorgemacht hatte, wie man mit einer kleinen jungen starken Truppe erst die Alten wegmobbt und dann Bonn erobert. Was aber nur funktionierte, wenn man zusammenhielt.

Volker Bouffier, genannt »Buffi«, war Anführer der Gang, bis heute unumstritten. Er achtete genau darauf, wer zu den geheimen Sitzungen des »Revolutionsrats« eingeladen wurde. Spione oder Stänkerer mussten draußen bleiben. Neuaufnahmen waren eher selten. »Alles was gemacht wurde, hat Bouffier gemacht«, sagt Koch, »wir haben uns gar nicht so oft getroffen, manchmal nur einmal im Jahr. Aber es ging auch weniger um Inhalte, sondern mehr darum, dass wir uns nicht vereinzelten. Da entstand einfach eine langfristige Verlässlichkeit.« Die Zeit der Flügelkämpfe in der JU war vorbei.

Die Tankstellen-Connection begann sehr bald zu planen, wie sie Stück für Stück in die Hierarchie eindringen wollte. Jeder bekam einen Job, erst kleine, aber schneeballartig wuchs ihr Einfluss. Bei Wahlen platzierten sie immer ihre Kandidaten und besorgten die Mehrheiten. Sie betrachteten die Tankstelle als einen Akt der Notwehr gegen die alten Männer, die die Partei als ihren Privatbesitz verstanden.

Mit allen Tricks und Bandagen wurde ein Generationenkonflikt ausgetragen. Dafür hatten die Mitglieder der Tankstelle ein paar einfache Regeln verinnerlicht, zum Beispiel jene, dass jeder von ihnen irgendwo einen Kreisvorsitz übernehmen sollte, sofern er nicht ohnehin schon so weit war. Die Heimatbasis war Voraussetzung für stabile Macht. Eine weitere Regel lautete, dass Öffentlichkeit etwas Hinderliches ist, wenn man seine Ziele durchboxen will.

Sie legten stets Wert darauf, im kleinen Kreis und ohne Beachtung der Lokalpresse auszukungeln, was sie auf den Landesparteitagen bewegen wollten. Auf den Vorbesprechungen ging es zuweilen hart zur Sache, aber auf dem Parteitag selbst standen sie da wie ein monolithischer Block. Journalisten wurden nur dann gezielt mit Informationen gefüttert, wenn es strategischen Zielen diente.

Anders als der Kohl'sche Freundeskreis, der extrem auf seinen Anführer zugeschnitten war, der wiederum mit Abhängigkeiten arbeitete, war die Tankstelle eine Art Kollektiv gleichberechtigter junger Profis, die sich beileibe nicht alle mochten, aber zumindest respektierten. Kohl'sche Kategorien wie Gefolgschaft, Verachtung, Verbannung hielten sie für überholte Muster. Die Tankstelle wurde weniger geführt, mehr moderiert. Angst spielte keine Rolle, eher Überzeugung. Die Clique war die Erweiterung der Familie, man klebte zusammen, auch wenn es anderswo mehr zu verdienen gab.

Natürlich waren sie Egotaktiker, die Bündnisse nicht aus Nächstenliebe schlossen, sondern allein aus der Einsicht, dass manche Ziele gemeinsam schneller zu erreichen waren. Es war eine interessante Mischung aus Emotion und Pragmatik, aus Wir-Gefühl und Egomanie. Alle wussten: Nur zusammen schaffen wir es, jeder wusste, dass er seinen Ehrgeiz zurückstellen musste, ebenso wie etwaige Antipathien. Das Was-werden-Wollen hielt sie zusammen.

»Meine Blutsbrüder« – Gotteskrieger auf Äppelwoi

Die Flegeljahre, die Rebellenzeit, das Aufbegehren gegen Vater und Mutter, das Abgrenzen, die Lust, Stärken und Grenzen auszuprobieren, sich selbst zu definieren, das alles findet für Roland Koch in der Kommunalpolitik und in der Jungen Union statt. Zuweilen hat es den Eindruck, als halte die Halbstarkenphase bis heute an: Provozieren, Risiko gehen, Zocken, Kräftemessen, Härte zeigen – alles, was Jungs Spaß macht, betreibt Koch heute immer noch. Er nennt sie »meine Blutsbrüder«, mit denen er seit 30 Jahren zusammenklebt und mit manchen bis heute in Urlaub fährt: Franz Josef Jung, Volker Bouffier, Karlheinz Weimar, Volker Hoff, Karin Wolff. Noch heute sieht Koch aus wie damals, spitzbübisch, pubertierend manchmal, ein weiches, knabiges Gesicht, das oft gar nicht zu seinem schrecklich erwachsenen Gehabe passt.

Sozialisiert im scheinbar ewigen Oppositionsghetto, angefeindet in der Schule von Gleichaltrigen und in der CDU von den Alten, gestählt durch Untersuchungsausschüsse im härtesten Landtag der Republik, nimmt er Politik nur als geringfügig zivilisiertere Form des Häuserkampfes wahr. Er kennt von klein auf nichts anderes als gesellschaftliche Zwänge, Minderheitendasein, Intrigen, das Umbiegen von Menschen, das Streben nach oben, das Duell: Brandt gegen Wehner, Kohl gegen Strauß, Washington gegen Moskau, Coke gegen Pepsi, Koch gegen SPD.

Seine Burg ist die Tankstelle, hier gibt es Schutz und Verständnis von denen, die ebenfalls in Schule und Uni veräppelt und angefeindet werden, weil sie einfach neben der Zeit stehen. Die Jungunionisten entwickeln bald einen schwarzen Guerillageist. Der passt perfekt in die herrschende hessische Politparanoia. Für Alfred Dregger ist Politik die Fortsetzung des Zweiten Weltkriegs, und die Hessen-CDU seine Wolfschanze, nur dass die Russen jetzt Sozialdemokraten hießen. Die Partei war eine Kampfgruppe, Gotteskrieger auf Äppelwoi. Für die Generation Koch hieß der logische Feind 68.

In dieser Tradition entwickeln Roland Koch und seine Kämpfer ein Bewusstsein als Gang, verstrickt im ewigen Bandenkrieg mit der SPD: Die Schwarzen gegen die Rotgrünen, wir oder die, Sieg oder Tod. Es geht um Hessen, um Deutschland, um alles. Da ist jedes Mittel recht. »Wir müssen uns den Arsch aufreißen, die anderen nur die Klappe«, lautet ein Spruch, mit dem sie sich motivieren. Und Koch ist ihr Boss, über sich nur Helmut Kohl, der Pate.

Schon bald wird die geheimnisvolle Truppe, über die man wenig weiß, als »gefährlicher Clan wahrgenommen«, sagt Karin Wolff, die einzige Frau in der Runde. Geht es in Parteirunden mal um echte Tankstellen, fangen alle an zu kichern. Pech haben die, die nicht Skat spielen können. Beim Ausflug zur österreichischen Schwesterpartei in die Steiermark beginnt die Runde um sieben Uhr morgens pünktlich zur Abfahrt mit dem Kartenspiel und hört erst auf, als der Bus gegen elf Uhr abends sein Ziel erreicht. Bis heute ist die Tankstelle Kochs Erdungsinstanz. Die Freunde können ihn ungeniert kritisieren, zuweilen holen sie ihn rabiat zurück auf den Boden. Sie berichten ihm aus dem richtigen Leben, hier holt er sich Rat und Ermunterung.

Die frühen Achtziger waren eine romantische Zeit, die Mitglieder der Tankstelle spürten, dass Aufbruch und Revolution in der Luft lag. Eines war klar: Wenn sie dabei blieben, würden sie irgendwann die CDU in Hessen übernehmen. Vielleicht sogar schon bald, denn es galt als ausgemacht, dass bei der Landtagswahl 1982 die sozialliberale Koalition unter Holger Börner abgewählt werden würde. Ein braun gebrannter und zackig gescheitelter Dregger stürmte durch das traditionell rote Hessen und erschien den Wählern tatsächlich als Alternative.

Doch das Ende der Bundesregierung unter SPD-Kanzler Helmut Schmidt in Bonn machte alle Träume zunichte. Dregger gewann zwar die Hessen-Wahl, doch die von der SPD als Verräterpartei geschmähte FDP büßte gewaltig ein. Es geschah mal wieder etwas Hessen-typisches: Hier wählten die Bürger das Gegenteil dessen, was im Bund regierte. Helmut Kohl übernahm das Ruder in Bonn, und in Wiesbaden hielt sich Holger Börner mit einer Minderheitsregierung im Amt, toleriert von den jungen Grünen, die erstmals in der großen Politik mitmachten, ohne sich schon zum Regieren durchringen zu können. Immerhin hatten Jung, Bouffier und Weimar, er zum zweiten Mal, einen Platz im Landtag ergattert.

Die anderen Jungunionisten waren verzweifelt. Nochmal vier Jahre Opposition, mindestens, sich nochmal aufraffen, motivieren, Abende und Wochenenden drangeben. Opposition war eben ein unerbittlicher Ausleseprozess; nur wer die nötige Zähigkeit hatte, immer neue Papiere und Anträge für den Papierkorb zu schreiben, blieb dabei. Einige zogen sich zurück, andere stiegen ganz aus. Doch die, die blieben, wurden noch fester zusammengeschweißt. Die Kampfgruppe marschierte trotzig weiter, während der Hass auf Rote und Grüne, denen sie das alles zu verdanken haben, noch ein wenig weiter wuchs.

»Mehr Ambiente in der Politik« –
Der mysteriöse Andenpakt

1982, Koch hatte gerade sein erstes Staatsexamen hinter sich, suchten die hessischen Jungunionisten einen der ihren, der in den Bundesvorstand der JU einziehen wollte. Franz Josef Jung hatte den Posten des Stellvertreters von JU-Chef Matthias Wissmann bekleidet. Unter ihrer Führung war drei Jahre zuvor, im Sommer 1979, ein Männerbund geschmiedet worden, der erst ein Vierteljahrhundert später publik werden sollte, durch eine Geschichte im »Spiegel«: der pacto andino.

Wie so oft waren die jungen Herren zu einem Auslandstrip aufgebrochen, denn in Wirklichkeit war die Junge Union ein gewaltiges Reiseunternehmen. Konservative Parteien auf der ganzen Welt luden den christdemokratischen Nachwuchs ein. Die Konrad-Adenauer-Stiftung besorgte noch einige schöne Termine dazu, und ein paar Sponsoren aus der Wirtschaft fanden sich auch. Meistens wurden die jungen Herren unangemessen prunkvoll hofiert: Auf flauschigen roten Teppichen, vor feinem Porzellan und erlesenen Leckereien, da durften sie schon mal vorfühlen, wie es sein würde, wenn sie es von dieser eher belächelten Jugendorganisation endlich zu den Großen gebracht haben würden. Das Kalkül der Gastgeber war ebenso klar. Vielleicht verbarg sich in dieser Horde nassforscher trunk- und vergnügungssüchtiger Teutonen ja der künftige Bundeskanzler.

Diesmal hatten sich die Mannen auf eine Südamerikareise einladen lassen. Chef Wissmann, den sie den »Kanzler von Legoland« nannten, weil ihm seine Karrierepläne aus jedem Knopfloch quollen, hatte die Interessen der Reisegruppe allerdings missverstanden. Von früh bis spät hetzten sie von Termin zu Termin, ohne jeden Blick für die Schönheiten des Landes. Auf dem Nachtflug VA 930 von Caracas nach Santiago de Chile, hoch über den Anden, entlud sich der Zorn bei einer Flasche Chivas Regal. Aus Hessen waren Jung und Bouffier dabei. Koch war zu klein, er kam erst später dazu. Die Gruppe kritzelte auf ein Papier der Fluglinie Viasa eine Resolution mit der Kernforderung: »Mehr Ambiente in der Politik«. Name der Spaßfraktion: »Pacto Andino Segundo«, der Andenpakt.

Den Stift und das Pakt-Konto führte damals Bernd Huck, der auch zum Generalsekretär des eigentümlichen Klubs bestimmt wird. Die Gründungsurkunde hütet er heute noch. Jahrzehntelang hat er es geschafft, den Verein geheim zu halten, die Jahrestreffen im Ausland so zu organisieren, das sie nirgendwo auffielen. In den ersten Jahren wurde noch auf eigens gedrucktem Pacto-Andino-Papier eingeladen, aber das ist lange verbraucht.

Hilfreich war der weltweit operierende Torfmogul Helmut Aurenz, den Wissmann aus seinem Heimatwahlkreis Ludwigsburg kannte. Der reiche Unternehmer spendierte schon mal ein Wochenende in Isny in den Alpen, vor allem »dem Wulff, der hatte ja am wenigsten Geld von allen«. So bekamen die Jungen auch gleich einen Einblick in die Welt von Großfinanz und schicken Hotels. Bis heute sind sie knapp 20, fast alle haben Karriere gemacht und ihr ausgeprägtes Elitebewusstsein noch ein wenig ausgebaut.

Der Korpsgeist und die strenge Vertraulichkeit der Runde ist für das zur Geschwätzigkeit neigende politische Geschäft bemerkenswert. Nur so viel ist bekannt, dass sich die Männer auf einen Nichtangriffspakt verständigt haben, öffentliches Beschießen also strengstens verboten ist. In der CDU des 21. Jahrhunderts geht definitiv nichts ohne die Andenpaktierer. Angela Merkel sollte das auch noch spüren.

Bis Jungspunt Koch einer Aufnahme in den Pacto Andino überhaupt nahe kommt, muss er sich erst einmal im Bundesvorstand der Jungen Union beweisen. Franz Josef Jung schlägt Koch als seinen Nachfolger vor, denn 1983 sollte ein neuer Vorstand gewählt werden. Der fröhliche Jung und der spröde Koch haben sich schätzen gelernt. Der Ältere kann networken, der Jüngere Papiere schreiben. Noch so eine Freundschaft, die einiges würde aushalten müssen.

JU-Vize war ein undankbarer Job. Während der Vorsitzende sich bei jeder Gelegenheit für das Vereinsheft »Die Entscheidung« fotografieren ließ und mit staatsmännischer Miene wichtige Hände schüttelte, fielen die Stellvertreter kaum auf. JU, das war immer eine Mischung aus ernsthafter Politik, weil der Vorsitzende in den wichtigen Gremien saß, aber es war oft auch eine Bühne für jugendliche Politkasper, die immer so aussahen, als übten sie – Hand in der Hosentasche, Hand am Kinn – schon mal für das erste »Spiegel«-Gespräch. Hessen musste, Ehrensache, im Führungstrio vertreten sein. Dieter Weirich war in der JU-Spitze gewesen, dann Jung, jetzt sollte Koch kommen. Die Arbeitsteilung war klar: Bouffier managte den Landesverband, Koch war für die Bundesebene zuständig. Die Strategen sicherten ihre Position konsequent ab.

Roland Koch läuft sich warm für die Bundes-JU. Sein erstes Staatsexamen hat er, jetzt kann er seiner geheimen Leidenschaft frönen, dem Abfassen logisch gebauter, aber sperrig formulierter Denkaufsätze. Seine Produktion von Beiträgen für »Die Entscheidung« steigt immens. Leidenschaft für die Sache der Jungen Union entwickelt er aber nicht. »Alles, was Roland tat, hatte einen strategischen Kern«, sagt einer, der dabei war: »Die JU war ihm egal, da fiel er nicht auf, weil er da einer von vielen Jungen war. Aber in der Hessen-CDU, da war er der einzig ganz junge. Da konnte er was werden, darauf richtet er sich aus.«

Koch verfasst eine Reihe von kühnen Aufsätzen, die für eine konservative Partei einige Zumutungen bergen. Seitenlang macht er sich Gedanken über die überall aufkommenden Bürgerinitiativen. Was den Altvorderen wie linkes Teufelszeug erscheint, ist für den jungen Koch eine Belebung gerade der kommunalen Demokratie. Verwegen richtet der 23-Jährige einen flammenden Appell an seine Partei: Die CDU, mahnt er im Ton eines Laienpredigers, aber außerordentlich kritisch, müsse sich schleunigst mit den Argumenten der Friedensbewegung auseinander setzen, sonst verpasse sie eine große gesellschaftliche Debatte. »Solange die CDU jede Diskussion, die unter dem Motto ›Frieden schaffen ohne Waffen‹ geführt wird, mit der Zahl sowjetischer SS-20 beantwortet, wird sie Kontakt zu den Anhängern der Friedensbewegung nicht finden können. Die CDU ist die einzige Partei in der Bundesrepublik, die aus ihrer ideengeschichtlichen Situation heraus legitimiert ist, diese tief in die Bereiche der Theologie hineingehende Debatte aufzunehmen. Wenn sie diese Chance verspielt, wird sie zu weiten Teilen der jungen Generation auf Dauer den Kontakt verlieren.«

In einem Beitrag über die Grünen vertritt er die Auffassung, dass die Ökopartei »langfristige Existenzchancen« habe, wenn sie sich die Strukturen einer Partei gäben und wagten, Regierungsverantwortung zu übernehmen. Mit dieser weisen Voraussicht war er in der Minderheit. Die Grünen galten parteiübergreifend als Mode, die sich verflüchtigen würde.

Koch ist bis heute angetan von der ehemals frischen jungen Partei: »Es gibt sehr viele intellektuell interessante Menschen bei den Grünen, mit denen es Spaß machen würde, über die Zukunft der Gesellschaft zu diskutieren.« Die Sympathie ist wechselseitig – ob Antje Vollmer, Rupert von Plottnitz, Hubert Kleinert oder Evelyn Schönhut-Keil, führende hessische Grüne verachten Koch zwar für rechte Positionen, schätzen sein Hirn, Zuverlässigkeit und Analysekraft jedoch durchaus.

Anders als seine meisten Parteifreunde hat der junge Koch in der Schule, auf der Uni und in der Kommunalpolitik erfahren, dass gerade die Ökopartei und ihre sympathisierenden Bewegungen großen Zulauf von jungen Leuten genießen. Die Union dagegen, zeitweise auch noch mit einem Spitzenkandidaten Strauß geschlagen, gilt bei Jungwählern als hoffnungslos verknöchert. Für Pragmatiker Koch ist die Sache klar: Die Union muss bei den Themen, die die Jugend bewegen, ihre eigene Position finden. Sie kann die Themen nicht einfach ignorieren.

In der CDU findet Roland Koch mit seinen Denkansätzen wenig Zustimmung. Hier zählt die gute alte Ideologie. Protestierende Studenten waren für Alfred Dregger »vor beschmierten Wänden tanzende Derwische, die zur Argumentation nichts taugen«, er forderte das »Bündnis der Fleißigen und Anständigen gegen die Spinner und Nichtstuer«. Der junge Koch gilt nicht nur in der hessischen CDU, sondern sogar in der dortigen Jungen Union als »knallharter Linker«, sagt sein Mitstreiter Volker Hoff. Selbsthilfe, Grüne, Friedensbewegung – immer wieder packt Koch Themen an, die im Unions-Kosmos nichts verloren haben.

Für den Sprung in den Bundesvorstand der JU macht Koch erstmals bundesweiten Wahlkampf für sich. Im Kursaal von Travemünde tritt er mit Gerhard Stoltenberg vor dem norddeutschen Nachwuchs auf, er wird Mitherausgeber des Bandes »Pluralismus im Widerstreit. Wertwandel und Orientierungsprobleme in der politischen Kultur der Bundesrepublik Deutschland«. In einem philosophisch angehauchten Essay mit dem Titel »Zwischen Pluralismus und Konsens« beleuchtet er Politik und Gesellschaft im Spannungsfeld von wachsendem Individualismus und der Notwendigkeit von Mehrheiten. Die Buchreihe heißt im Untertitel »Mitverantwortung von jungen Bürgern für die freiheitliche Demokratie«. Sie wird kein großer Erfolg.

Es waren bewegte Zeiten. Punks und Neue Deutsche Welle eroberten die Straßen, die Bundesregierung richtet eine Enquetekommission zum Thema »Jugendprotest« ein. Nur die Junge Union klebte immer noch im Gestern. Dort trafen sich vor allem junge nassforsche Staatsmänner, die sich älter aufführten als ihre Väter. Allenthalben äußerten die politisch Aktiveren die Sorge, die JU verliere den Anschluss an die Zeit. Anstrengend war auch Wissmanns Nachfolger, der selbstverliebte Feingeist Böhr, den sie »Lämmerschwanz« nannten. Immer wenn der JU-Chef ans Podium schritt, grinsten alle: Jetzt wackeln wieder Positionen.

Die Auftritte auf der großen Bonner Bühne berührten das Ego von Roland Koch nicht übermäßig, ihm war viel wichtiger, dass er von nun an regelmäßig Zugang zu Kanzler Kohl hatte. Der Dicke ließ sich immer wieder unauffällig Bericht erstatten. Roland Koch war eine wichtige Informationsquelle für alle Belange der JU und der Hessen-CDU. Außerdem stritt Kohl sich gern mit Koch. Der Junge gab nicht gleich klein bei, wenn man ihn anpfiff, und das gefiel dem Kanzler. Bald hatte es sich eingebürgert, dass Koch, sobald er einen Besuch in Bonn absehen konnte, bei Juliane Weber anrief. Und sie unternahm alles, um einen Termin beim Kanzler für ihn zu ergattern.

Für Koch ist es eine kurze Zeit der Sinnsuche. Er beschäftigt sich mit Re-

ligion, auch mit ostasiatischen Glaubensrichtungen, er trifft sich mit Geist-
lichen, er will wissen, was eine Gesellschaft zusammenhält. Beeindruckt
vom Evangelischen Kirchentag in Hamburg schreibt er für »Die Entscheidung« einen Aufsatz, der über vier Seiten ernsthaft und unaufgeregt die
Motive der Friedensbewegung analysiert und beruhigt feststellt, dass nur
eine Minderheit mit Farbbeuteln werfe.

Auf dem Christenfest gibt Koch auch eine kleine Kostprobe seines
Machtstrebens. Dem damaligen Bundesvorstandsmitglied Christian Wulff
teilt er deutlich mit, dass er zügig eine Entscheidung brauche, ob Wulffs
niedersächsische JU seine Kandidatur für den stellvertretenden Bundesvor-
sitz unterstütze. Andernfalls werde er die Chance auf einen Bezirksvorsitz
in Hessen wahrnehmen.

Kollege Wulff ist ob des knallharten Tons bei seinem ersten Treffen mit
Koch verblüfft. Als er die Geschichte unter JU-Kollegen erzählt, herrscht
helle Empörung. »Er hatte bei uns von Anfang an verschissen, als wir das
hörten«, sagt einer aus dem früheren JU-Bundesvorstand, »das grenzte ja
an räuberische Erpressung.« Aber es funktioniert. Im Beisein von Helmut
Kohl und Franz Josef Strauß wird Koch 1983 zum Stellvertreter des Bun-
desvorsitzenden Christoph Böhr gewählt, und zwar mit den Stimmen der
Niedersachsen.

Von Anfang an beeindruckt er seinen Co-Vize Joachim Herrmann von der
CSU. »Ein absoluter Politprofi«, staunt der Bayer, »wie der Strippen zieht
und Leute in Stellung bringt, das war beeindruckend.« Noch zehn Jahre
später soll Herrmann seinem Chef Edmund Stoiber berichten, dass er den
Koch aus Hessen für den bemerkenswertesten Jungen bei der CDU hält.

Nebenbei marschierte Roland Koch durch die Referendarzeit, mit so
aufregenden Stationen wie dem Landgericht Frankfurt, der Staatsanwaltschaft Frankfurt, der Stadt Hochheim und dem hessischen Städtetag. Koch
ist stolz auf eine »sehr konsequente verwaltungsrechtliche Ausbildung«.

»Brauchbarer Tierpfleger« –
Roland Koch baut sein Nest

1983 heiratet er endlich seine Anke. Er schenkt ihr einen Perlenring, sie
ihm ein Lederset für den Schreibtisch. Gunther Dahlem ist Trauzeuge. Das
Paar zieht zwei Tage vor der Eheschließung in ein neu errichtetes Eigenheim, das günstig zu haben war, weil der Bauträger Pleite gemacht hatte.

Roland mauert den neuen Briefkasten mit einem Schlitz, der breit genug ist für Unterschriftenmappen. Kinderzimmer gibt es genug. Anke Koch freut sich auf das angenehme Leben an der Seite eines erfolgreichen Rechtsanwaltes, der das Hobby Politik hat.

Nur bei den Möbeln kommt es zur Auseinandersetzung. Anke findet die Sachen, die sie auf den Dachböden der Eltern zusammengeklaubt hat, noch ganz brauchbar, doch Roland spricht abfällig von »Apfelsinenkisten«. Er möchte neue, repräsentative Möbel. Ihre Flitterwochen verbringen sie am Neusiedlersee in Österreich, im eigenen Auto. Es ist ein mückenreicher Sommer und das Hotel kein Palast. Sie sind nicht traurig, als sie nach zwei Wochen wieder in Eschborn sind.

Obwohl Roland Koch immer klar macht, dass er seine politische Zukunft in Hessen sieht, absolviert der Pflichtmensch stoisch seinen Dienst an der Spitze der Jungen Union und schreckt auch vor ungewöhnlichen Werbeaktionen nicht zurück. 1984 besucht er ein Ausbildungszentrum der Friseurinnung Siegen. Eigentlich will er über fehlende Lehrstellen reden. Doch die Kosmetikschülerinnen pressen ihn in einen Behandlungsstuhl und schmieren ihm eine Pflegepackung ins Gesicht. Amüsiert beobachtet ein junger Mann die Szenerie, er hatte den Termin arrangiert. Sein Name: Dirk Metz. Der stellvertretende Chefredakteur der »Entscheidung« ist berüchtigt für extrem gerade Kommentare, die sich nie mit komplexer Argumentation aufhalten. Wer hätte geahnt, dass Koch 15 Jahre später mehr Zeit mit Metz verbringen würde als mit seiner Frau.

Im Sommer 1984 organisiert Koch ein Jugendcamp für Jungunionisten, das es so noch nicht gegeben hat. In Arbeitsgruppen erforschen die urlaubenden Jungkonservativen ihren Ferienort Altensteig. Sie sprechen mit Lokalpolitikern und besuchen das nahe Daimler-Benz-Werk in Sindelfingen. Einen Skandal löst die Truppe aus, als sie versucht, ein nicht näher deklariertes Fass auf der örtlichen Müllkippe loszuwerden. Es wird anstandslos akzeptiert. Ein Unding, finden die ökobewegten Jugendlichen, zumal in Zeiten von Dioxin. Lagerleiter Koch sorgt für die tägliche Zeitung »Camp-News« und lässt abends »JU-TV« senden. »Theorie, Praxis und Dokumentation – Politik muss sich aus dieser Zusammenschau ergeben«, erklärt er mit wichtiger Miene das pädagogische Konzept.

Im Jahr darauf entdeckt Roland Koch eine neues Trendthema, das wieder nicht in die CDU-Kultur passt: Selbsthilfe. Er gibt in der Reihe »Mitverantwortung« ein mutiges Buch heraus, in dem er begründet, warum selbstorganisierte Krabbelgruppen und Drogenberatungen sowohl dem Subsidiaritätsgedanken der CDU entsprechen und obendrein ein Beweis für aktive Bürger

sind, die es schaffen, ihre Belange selbständig in die Hand zu nehmen.
»Warum ist die CDU nicht Bannerträger der Förderung von Selbsthilfegruppen?«, fragt Koch. Er gewinnt den Berliner Sozialsenator Ulf Fink als Autor,
den CDU-Denker Warnfried Dettling und den späteren CDU-Generalsekretär Ruprecht Polenz, der von Selbsthilfeerfahrungen in seiner Heimatstadt
Münster berichtet. Mustersatzungen werden gleich mitgeliefert.
1985 hat Roland Koch eine wundersame Begegnung. Beim Rückflug aus
Sylt muss er einen Seehund bemuttern. Das kranke Tier brauchte dringend
einen Arzt, und es gibt keine andere Transportmöglichkeit als im letzten
Flieger auf dem Sitz neben Koch. Also wird der Seehund mit einer Beruhigungsspritze flugtauglich gemacht, in nasse Tücher gewickelt und neben
Koch gesetzt. »Ich erwies mich als brauchbarer Tierpfleger«, sagt er hinterher stolz.

Hauptberuflich jobbt der Rechtsreferendar Roland längst in der Kanzlei
seines Vaters in Frankfurt, was einen doppelten Vorteil mit sich bringt. Er
lernt die Gepflogenheiten des Berufsstandes kennen, und er macht Kontakte mit ersten potentiellen Kunden für seine eigene Kanzlei, die er zu
eröffnen gedenkt.

1985 ist es so weit. Roland mietet ein paar schmucklose Büroräume in
einem der vielen schmucklosen Bürohäuser von Eschborn. Die Kanzlei
heißt Koch, Rauberger & Koch, Spezialgebiet Wirtschafts- und Wettbewerbsrecht. Rauberger ist ein alter Vertrauter seines Vaters, Syndikus von
Hertie, mit allen Wassern gewaschen und passt zu Rolands Sammlung älterer Herren, an die er sich sein Leben lang hängt. Karl-Heinz Koch ist mit
von der Partie, mit 60 plant er langsam seinen Rückzug.

Nie muss Roland Koch das Telefon anstarren und warten, bis der erste
Klient anruft. Er hat gleich zwei Beratungsjobs von seines Vaters Kanzlei
mitgenommen, mittelständische Unternehmer, die in finanziellen Nöten
stecken. Zum Glück hat er bei seinem Vater gelernt, Bilanzen zu lesen, die
richtigen Fragen zu stellen, Verantwortung für Firmen und Arbeitsplätze zu
tragen. »Ein sehr diskretes Geschäft«, sagt Koch, »neue Kunden gewinnt
man nur über Mund-zu-Mund-Propaganda.« Es kommen neue Kunden.

Für Freunde und Bekannte übernimmt Koch auch lästige Kleinigkeiten. Einen Lehrer seines ehemaligen Gymnasiums berät er. Der Pädagoge
hat ein unangenehmes Verfahren wegen fahrlässiger Körperverletzung am
Hals. Zwei Schüler hatten im Winter unter seiner Aufsicht einen Unfall mit
dem Schlitten. Er besorgt Jobs für den alten Freund Gunther, der sich als
Student, Referendar und anfangs arbeitsloser Lehrer durchschlagen muss.

Obgleich den Umgang mit Zahlen gewohnt, lässt der junge Anwalt seine

Steuererklärung von einem Fachmann erledigen. Zwar habe er keine Probleme, den Papierkram fürs Finanzamt selbst zu erledigen, erklärt er einem Freund. Doch soll sich tatsächlich mal ein Fehler einschleichen, der politisches Skandalisierungspotential bergen könnte, dann ließe sich die Verantwortung immer delegieren an den Steuerberater. So denkt nur jemand, der noch etwas vorhat in seinem politischen Leben.

Auch wenn die Arbeit im JU-Bundesvorstand zunehmend lästig wird und nicht karrierefördernd zu sein scheint, kommt Roland Koch nicht gegen seine Natur an. Jeder hätte sein letztes JU-Jahr geruhsam ausklingen lassen. Doch nicht Koch. Als 1986 gefragt wird, wer denn Lust habe, ein neues Grundsatzprogramm zu verfassen, da senken sich die Köpfe, werden Schuhspitzen angestarrt oder die Decke. Nur der Besser-Hesse Koch meldet sich freudig:»Das würde ich gern machen.«

Obgleich bereits verheiratet, Vater, junger Anwalt und kurz vor dem Einzug in den Landtag, lädt er sich auch noch den Titel »Leiter der Grundsatzprogrammkommission der Jungen Union Deutschlands« auf. Mit ein paar Kombattanten entwickelt er in vielen Nachtsitzungen ein Modell aus konzentrischen Kreisen, die den Menschen, seine Familie und so weiter bis zum Staat umfassen, Motto:»Überleben für alle, Versöhnen von Mensch und Natur, Chancen zum Glück schaffen«.

1987, auf seinem letzten Deutschlandtag der Jungen Union mit dem süßlichen Motto»Träumen, Denken, Handeln« präsentiert er das neue Programm, großspurig»Bad Sodener Entwurf« genannt, bevor er sich noch rasch zum Präsidenten des JU Schiedsgerichts wählen lässt. Wichtig ist Koch vor allem, dass er den Begriff von der»ökologischen und sozialen Marktwirtschaft« im Programmentwurf unterbringt. Wieder so linkes Zeug in den Augen der Partei, aber Koch ist fest davon überzeugt, dass Unternehmen, die die Umwelt verschmutzen, davon keinen wirtschaftlichen Vorteil haben dürfen.

Daheim in Eschborn bereitet Karl-Heinz Koch, 61, die Zukunft für seinen Sohn vor. Er hatte sich genau überlegt, wie alles ablaufen würde, als er seine CDU zusammenrief, um»einen wichtigen persönlichen Entschluss mitzuteilen: Ich werde zur nächsten Landtagswahl nicht mehr antreten.« Er wolle ein Amt»abstreifen« und Platz machen für einen Jüngeren.

Jeder wusste, wer das sein würde: Roland Koch, 29. Dass der laut Lokalpresse»quirlige, schlaue ausgekochte« Junior den Posten des Vaters übernehmen würde, beschloss der Kreisvorstand noch am selben Abend. Gegenkandidaten hatten sich gar nicht erst gemeldet.

Koch kommt

»Es war unmöglich, nicht von Fischer zu lernen.«
(Der Landtagsabgeordnete Roland Koch
über seinen grünen Gegenspieler)

Kochs Landtagswahlkampf zielt auf Jungwähler. Die Alten glaubt er durch die Vorarbeit seines Vaters sicher. 1987 propagiert er Kernenergie statt Waldsterben, CDU statt Einheitsschule, und posiert mit einem lebendigen Löwenbaby namens Wöhr, benannt nach Lia Wöhr, der Co-Moderatorin von Heinz Schenk, dem Bembelonkel vom »Blauen Bock«. Koch trägt den Scheitel etwas flotter und hat sich ein auf Kommando festfrierendes Grinsen für die Kameras angewöhnt. Er sieht jünger aus als mit 20. In seinem VW Sirocco lässt er gegen Ankes Willen ein Autotelefon installieren, C-Netz. Sie findet das überflüssig, teuer und angeberisch. Er findet es adäquat.

Die Mitglieder der Tankstelle sind elektrisiert. Endlich ist die Macht zum Greifen nah. Das erste rotgrüne Bündnis ist nach einem Jahr geplatzt. Spitzenkandidat Wallmann ist ein erklärter Freund der jungen Leute und diszipliniert sie sogleich mit perfiden Fleißaufgaben: Er setzt sie in Gremien und lässt sie Papiere schreiben. Dann meutern sie nicht herum, denkt er sich.

Wallmann genießt den Ruf eines Erfolgspolitikers, denn er hatte 1977 völlig überraschend die Oberbürgermeister-Wahl in Frankfurt gewonnen und 1981 gleich noch einmal. Als Oberbürgermeister hat er sich die als unregierbar geltende Stadt Frankfurt untertan gemacht. Er hat die schwere Amtskette entstaubt und um den Bauch gewunden, er hat die Alte Oper für 200 Millionen Mark instand gesetzt, alternative Kitas aufgelöst, Fußgängerzonen und eine Eissporthalle gebaut, er verdreifacht den Repräsentationsetat, hält den Kulturdezernenten Hilmar Hoffmann von der SPD im Amt, um die Kunstszene international wettbewerbsfähig zu machen, und verbietet Demonstrationen am Shopping-Samstag. Er reißt das Haushaltsloch auf nie gekannte Weiten auf, und er beerbt Dregger als Landesvorsitzender, der sich 1982 nach vier verlorenen Wahlen enttäuscht nur noch dem Bundestag widmete, als Fraktionschef bei Helmut Kohl.

Bis vor kurzem wohnte Wallmann am Mainufer, hoch oben in einem Apartmenthaus, sodass er aus seinem Wohnzimmer mit den braunen Möbeln, den braunen Gardinen, den graubraunen Sesseln, dem hellbraunen Fußboden, dem dunkelbraunen Servierwagen und der silbernen Zange für den Süßstoff den Messeturm sehen konnte, sein Wahrzeichen, das er in seiner Regierungszeit von Helmut Jahn erbauen ließ.

Unmittelbar nach der Reaktorkatastrophe von Tschernobyl im April 1986 hatte Helmut Kohl Wallmann zum ersten Bundesumweltminister in der deutschen Geschichte gemacht, zuständig auch für Reaktorsicherheit. Der Kanzler kannte den Hessen gut, der vor seiner Frankfurter Karriere lange Jahre im Bundestag gesessen, den Guillaume-Ausschuss geleitet, sich mit Kohl gut gestellt hatte. Sein eilig zusammengestopseltes Ministerium begann kaum drei Monate nach Tschernobyl mit der Arbeit. Die ökologischen Totalverweigerer von der Union mussten einsehen, dass Umweltschutz kein linkes oder rechtes, sondern ein großes Thema war. Nun waren alle auf Koch-Kurs.

Wallmann machte seine Sache anfangs gut und schlau: Er war zwar ein lupenreiner Befürworter der Atomkraft, aber er nahm die Sorgen der Menschen ernst. In den Kneipen und Familien und Schulen wurde besorgt diskutiert, wie eine Evakuierung verlaufen würde, wenn das nächstgelegene Kernkraftwerk in die Luft fliegt. Man lernte Begriffe wie »Gau« und »Rem« und »Dosimeter«. Als Frankfurter OB ließ Wallmann für 300 000 Mark den Sand auf allen Spielplätzen austauschen, was er in Wirklichkeit für Unsinn hielt, aber zugleich für unbedingt notwendig, weil es die Menschen beruhigte. Als Bundesminister verschärfte er die Sicherheitsmaßnahmen ein wenig. Auf eine Serie von Chemieunfällen am Rhein, die dann folgte, war er allerdings nicht gefasst. Dankbar ging er nach Hessen, wo er gute Chancen hatte, Ministerpräsident zu werden mit seinem Image als Ökokonservativer.

Der Wahlkampf hatte begonnen, Minister Wallmann weilte die letzten Tage in seinem Büro in Bonn, als sich eines Tages Besuch anmeldete. Roland Koch und Franz Josef Jung waren gekommen, um über ein paar Personalien und Strategien zu reden. Am Ende des Gesprächs rückte Koch heraus mit der Sprache: Volker Bouffier, der habe Pech gehabt bei der Kandidatenaufstellung für den neuen Landtag und sei leider durchgefallen. Es könne doch nicht sein, dass ein solches Talent nicht dabei sei, sollte die Wahl gewonnen werden, sagte Koch. Bouffier hatte bereits klar gemacht, dass er sich ins Anwaltsleben zurückbegeben wollte. Wallmann überlegte nicht lange. Derzeit könne er nichts machen, aber sobald er Ministerpräsident sei, werde er sich für Bouffier einsetzen. Versprochen. Ihn beeindruckte, wie kameradschaftlich Koch mit seinem Rivalen Bouffier umging. In der Tat hätte Koch auch anders handeln können. Er hätte Bouffier mit großem Bedauern auf die Schulter klapsen und sich innerlich herzlich darüber freuen können, das sich sein gefährlichster Gegenspieler auf dem Weg nach oben plötzlich einfach in Luft auflöste. Doch er entschied anders. Insgeheim hatte er sich sogar schon eine konkrete Lösung ausgedacht. Sein Vater, so hatten Kanther und Wallmann entschieden, sollte nun doch nicht in den Aufsichtsrat des Frankfurter Flughafens einziehen, wie ursprünglich beschlossen, sondern Justizminister werden. Wallmann schätzte Karl-Heinz Koch, den er aus Frankfurt kannte und dem er mal einen Marburger Kaufhausdirektor als Klienten zugeführt hatte.

Ein Justizminister brauchte natürlich einen Staatssekretär. Roland brauchte nicht lange, um seinen Vater zu überzeugen, zumal Bouffier Jurist war. Am Karfreitag rief Koch den Tankstellen-Chef an und verkündete, dass alles klargehen würde. Der Job würde nicht leicht, denn nach Jahrzehnten SPD-Regierung hatte das Ministerium auf einen Jungstar von der CDU nicht gewartet. Aber Vater Koch stand hinter dem Freund seines Sohnes. Ein weiterer Tankwart war mit im Spiel. Man musste seine Eltern nur richtig erzogen haben. »Unser beider Schicksal hängt zusammen«, sagt Koch rückblickend, »ich habe ihm das Leben in der Politik gesichert.« Zum Dank sollte Bouffier später Kochs Karriere entscheidend befördern.

»Herr Ministerpräsident, bitte!« –
Am Hofe von Majestät Wallmann

Der Wahltag, 5. April 1987. Endlich geschafft, SPD und Grüne von der Regierungsbank verjagt. Mit 49,3 Prozent hat Roland Koch sich achtbar geschlagen im Familienwahlkreis. CDU und FDP hatten die in Hessen übliche hauchdünne Mehrheit von einem Sitz ergattert. Endlich an den Hebeln, an den Mikrophonen. Hessen gehörte ihnen. Die Tankstelle hatte sich ordentlich breit gemacht in den neuen Verhältnissen: Reif, Müller, Jung, Weimar, Koch waren im Landtag, Bouffier Staatssekretär, Weimar gar Umweltminister. Nicht schlecht für den Anfang.

Jetzt musste die Truppe zusammenhalten, durfte sich nicht wegen Eitelkeiten zerstreiten. Dann waren die Optionen für die Zukunft grenzenlos. Immerhin wurde Walter Wallmann von einigen schon als Kanzlerkandidat gehandelt, zumal Kohl in Bonn schwächelte. Einige von ihnen legten sich umgehend Waffenschein und Pistole zu, weil sie sich für potentielle Entführungsopfer von Terroristen hielten.

Auch sonst waren die jungen Herren überraschend gut vorbereitet auf das Leben in der plötzlichen Wichtigkeit. Aus JU-Tagen waren sie gewohnt, Programme zu schreiben, die keinen interessierten. Auf einmal bestand nun die Aussicht, dass diese Papiere Grundlage für echtes Regierungshandeln würden. Die Oppositionszeit, die ganzen Runden und Kongresse und Streitereien hatten tatsächlich Sinn gehabt: Ohne es zu merken, hatten sie einen prallvollen Themenspeicher angelegt, aus dem sich zügig Anträge für Parlament oder Fraktion machen ließen. Koch schlenderte durch das Plenum, als sei er hier geboren worden, die Hand in der Hosentasche, den Spott im Blick.

Die meisten von ihnen drängelten sich in den hinteren Reihen des Landtags, wie im Schulbus. Koch machte sogleich Kontakte mit den Jungen in der FDP, Jörg-Uwe Hahn und Hans-Jürgen Hielscher. Koch und Hahn kannten sich vom Hörensagen, sie waren beide als junge Kreistagsabgeordnete seit 1977 aktiv, beide waren noch als Schüler in eine Partei eingetreten, beide hatten in Frankfurt Jura studiert, beide betrieben erfolgreich Kanzleien in oder bei Frankfurt, auf heißem Pflaster jedenfalls.

Die jungen Juristen, die gelernt hatten, Probleme systematisch anzugehen und deren Kern freizulegen, merkten bald, dass der Stil der alten Männer ein anderer war. Den Routiniers ging es um Etikette, um Hierarchie, um das strikte Einhalten des Senioritätsprinzips und weniger um erfolgreiche, zielorientierte Politik. Ihr erstes Erlebnis mit der großen Politik war der Vortrag eines Ministerialdirektors, der den Plan »Hessen 80« präsentierte. »Wir dachten: So muss es in der KPdSU zugehen«, erinnert sich Hahn, »das war pure Planwirtschaft.«

Doch Politbüro-Mentalität herrschte nicht nur bei den anderen: Auch Ministerpräsident Walter Wallmann hatte einen Zirkel erfahrener Herren um sich herum aufgestellt, die wichtige Dinge unter Ausschluss der Jungen entschieden. Dass Karlheinz Weimar Umweltminister sein durfte, war dem Zeitgeist geschuldet: junges Thema, also junger Minister. Doch in Wirklichkeit nahm Wallmann den Nachwuchs als Horde wimmelig-lästiger Frechdachse wahr, die viel zu links waren.

Zentrale Figur war Wallmanns Büroleiter Alexander Gauland, ein brillanter Kopf und schlauer Leitartikler, der allerdings in eine Behörde passte wie ein begabter Maler an den Tisch eines technischen Zeichners. Dass Wallmann die Staatskanzlei nicht für eine Macht-, sondern für eine Denkzentrale hielt, war eines der grundsätzlichen Probleme seiner Regierungszeit.

Den Stil der Alten lernten die Parlamentsneulinge sehr bald kennen. Eines Tages setzte sich Hahn ganz hinten auf die Regierungsbank neben Volker Bouffier, den Staatssekretär. Abgeordnete haben dort nichts verloren, andererseits bieten sich die langatmigen Landtagsdebatten an, schnell ein paar Dinge zu besprechen. Aber nicht bei Wallmann. Der drehte sich eiskalten Blickes um und fragte Hahn schneidend:»Herr Kollege, muss ich Sie zum Staatssekretär ernennen?« Hahn ärgert sich bis heute, dass er eine kleinlaute Entschuldigung murmelte anstatt laut zu antworten:»Ich bitte darum, Herr Ministerpräsident.«

Die Jungen suchten sich ihre Spielplätze möglichst abseits der Hierarchien. Von der Uni noch im Atomrecht gestählt, besorgte sich Koch das Ressort Umwelt, das ohnehin frei war. Grüne Themen hatten nach wie vor keine Konjunktur in der Partei. Koch ahnte, dass er eine Marktlücke besetzte und damit ein Image, das ihm nicht hundertprozentig entsprach, aber auffiel. Er war der christliche Ökologe, Gegengewicht zum rechten Flügel von Manfred Kanther, wo sich der Rivale Christean Wagner als Hoffnungsträger festgesetzt hatte.

Chronisch unterfordert übernahm Koch auch noch den Vorsitz im Untersuchungsausschuss zu den Nuklearbetrieben in Hanau, um den sich sonst niemand gerissen hatte. Seinen Freund Hielscher lotste er gleich mit. Gemeinsam schlossen sie Bekanntschaft mit parlamentarischen Aktenbergen, lernten erste Tricks und Manöver, stellten und umgingen Fallen, die so ein U-Ausschuss bereit hielt, und plumpsten manchmal hinein. Was für altgediente Parlamentarier lästig war, fand Koch aufregend.

Koch, Hahn und Hielscher freundeten sich an. Gemeinsam ahnten sie, dass die alten Männer an der Spitze diese Regierung nicht besonders erfolgreich durch die hessischen Untiefen steuern würden. Ebenso klar war, dass sie in dieser Legislaturperiode noch nichts werden würden. Man musste auf sich aufmerksam machen, ohne sich frühzeitig zu verschleißen.

Die drei Ehepaare genossen die Freizeit, zum Beispiel mit einem Ausflug nach Bochum zum Musical»Starlight Express«. Als das Sextett, noch trunken von Bildern und Tönen, die Bochumer Halle verließ, wartete unten an den Stufen eine weiße Stretch-Limousine der Michael-Jackson-Klasse. »Herr Koch, das wird mal Ihr Dienstwagen«, sagte Hahn. Koch grinste, aber nicht viel. Das war schließlich nicht nur ein Scherz, sondern die halbwegs realistische Beschreibung einer Zukunft, wie Koch sie erwartete.

Mit einigem Missvergnügen sahen die jungen Abgeordneten, dass ihr Ministerpräsident sich vom Start weg Ausrutscher leistete, die man sich sogleich im Landtag erzählte. So sei er gleich nach seiner Vereidigung in sein Büro zurückgekehrt, wo ihn die Sekretärin empfing mit den Worten: »Herzlichen Glückwunsch, Herr Wallmann.« Er soll nur entgegnet haben: »Herr Ministerpräsident, bitte!«

Und so sollte der Stil bleiben: Der neue Regierungschef erwies sich nicht als Freund des Aktenstudiums, er entwarf mit seinem Küchenkabinett lieber hochfliegende Pläne und legte Wert auf Etikette. »Fehlten nur noch Hermelin und Schleppe«, sagt einer, der dicht dran war. Erfolgsgeschichten fangen anders an.

»Um eine Herzenslänge voraus« – Koch trifft den Dalai Lama

Der junge Abgeordnete Koch hatte wieder mal viel um die Ohren. Sein zweiter Sohn wird geboren, die Kanzlei in Eschborn brummt, doch Partner Rauberger ist schwer erkrankt. Und Vaters Klienten müssen auch betreut werden, solange der Senior Minister ist. Koch sitzt tagsüber im Landtag und morgens früh wie abends spät im Anwaltsbüro. Er muss sich allein mit dem Bürokram abmühen, Urkunden und Grundschulddokumente ausfertigen. »Ich kann alles, was ein Bürovorsteher kann«, sagt Koch stolz. Kein Wunder. Er kann ja immer alles.

Eines hektischen Tages im Sommer rief Friedhelm Brückner an. Koch hatte ihn ein paar Jahre zuvor kennen gelernt. Brückner wohnte ein paar Dörfer weiter, war Dokumentarfilmer, handelte mit Nippes, den er in Asien produzieren ließ, und trug sichtbar immer etwas Goldenes, damit keine Zweifel an seinem Erfolg aufkamen. Fasziniert vom Dalai Lama unterhielt der weit gereiste Brückner enge Kontakte zur Exilregierung der Tibeter im indischen Dharamsalah. Er gilt bis heute als Botschafter Tibets in Deutschland. Brückner durfte den Dalai Lama zum Weltfriedensgebet mit dem Papst nach Assisi begleiten, Brückner war der Erste, der anlässlich eines Besuchs des obersten Tibeters 1982 dessen Nationalflagge auf der Stadthalle zu Hofheim hissen ließ. Das beeindruckte den Dalai Lama: Da bekannte sich einer zu seinem vergessenen Volk, lange bevor Tibet bei Hollywood-Stars und deutschen Hausfrauen schick wurde und der Mönch in seiner orangefarbenen Dienstkleidung zum Prototyp des besonders edlen Exoten.

Vom Genozid im Himalaja war in Deutschland damals wenig bekannt. 1959 hatten die Chinesen Tibet besetzt. Der 14. Dalai Lama, als Teenager gerade zum weltlichen und geistigen Oberhaupt Tibets erkoren, musste fliehen. Systematisch rottete Peking alles Tibetische aus. Von ehemals 7000 Klöstern sind nur ein paar hundert übrig geblieben. Menschen wurden verschleppt, Mönche gefoltert, es gab mehr als eine Million Tote. Gezielt siedelte das Regime Chinesen auf dem Hochplateau an, alles Tibetische sollte sich über zwei, drei Generationen auswachsen. Der Dalai Lama, der bei Mahatma Gandhi gelernt hatte, setzte gegen allerlei Bedenken den Kurs des passiven Widerstands durch, seit über 40 Jahren nun. »Wir haben Zeit«, sagt er mit der Ruhe des Wiedergeborenen.

Das beispiellos brutale Vorgehen der Chinesen am Ende der Welt ließ sich im Westen gut übersehen, wo es um verlockende Milliardengeschäfte mit Peking ging. Die Ur-Grünen Petra Kelly und Gerd Bastian gehörten zu den wenigen, die in Bonn beharrlich auf den Völkermord am Fuße des Mount Everest aufmerksam machten. Anfang der achtziger Jahre wurde der Hesse Brückner gebeten, weitere deutsche Politiker anzusprechen. Die Tibeter suchten nach Ideen, wie man im Westen auf sich aufmerksam machen könne. Doch Brückner fing sich nur Absagen ein.

Nun versuchte er es in der dritten Reihe, bei den Jüngeren, auch bei Roland Koch. Der war zwar nur stellvertretender Bundesvorsitzender der Jungen Union, alles andere als eine große Nummer im Politbusiness. Aber immerhin sagte er ja. »Mich hatte der Dalai Lama schon vorher fasziniert. Ich habe mich auch länger mit Buddhismus beschäftigt«, erinnert sich Koch.

Koch freut sich für seine Verhältnisse überschwänglich über Brückners Anruf. Es ist so weit: Er würde zum ersten Mal den Dalai Lama treffen. Zwischen den Vereinten Nationen in Genf und einem Besuch bei Jimmy Carter machte der charismatische Mann kurz Station im Hessischen. 1300 Menschen drängelten sich im September 1987 in der Stadthalle von Hofheim, darunter 150 Exiltibeter, die aus der Schweiz gekommen waren.

Aus einem Wohnzimmer wurde ein wuchtiger Ohrensessel herbeigeschafft, damit der hohe Gast eine Art Thron habe. Ergriffen sah der kopfgesteuerte Wirtschaftsanwalt, welche Begeisterung der kleine Tibeter auslöste, der von der deutschen Politik ignoriert wurde. Der Dalai Lama sei »den Politikern eben um eine Herzenslänge voraus«, dichtete die sonst eher kühle »FAZ«. Das Oberhaupt der Tibeter ist erfreut, als es hört, dass dieser junge Abgeordnete sich für die Sache seines Volkes einsetzen will. Als eine Art PR-Manager des Dalai Lama versuchte Koch fortan, »etwas Rat zu geben, was man machen muss, um in Deutschland und Europa gehört zu werden«.

Tibet begann Koch zu interessieren, diese faszinierende Art des Befreiungskampfes, den der Dalai Lama anführte. Kurden, Palästinenser, Basken, Iren, überall glaubten unterdrückte Völker, ein Recht zu haben, zu den Waffen zu greifen. Je größer die Bombe, desto größer das internationale Echo, so funktioniert der Medienmechanismus. Koch begeisterte sich für das Bergvolk, das »wir besonders ernst nehmen müssen, weil sie es ohne Bomben versuchen. Die Tibeter vertrauen auf diese Chance. Und dieses unglaubliche Vertrauen macht auch das Charismatische des Dalai Lama aus. Er strahlt in einer kaum beschreibbaren Weise Vertrauen und Selbstgewissheit aus.« Eine tiefe Freundschaft nahm ihren Anfang.

»Das Babykrokodil« – Duelle mit Joschka Fischer

Wie man in der Politik schnell berühmt wird, hat der einstige CDU-Stratege Heiner Geißler übersichtlich zusammengefasst: »Streite mit einem Gegner um ein wichtiges Thema. Wenn das nicht da ist, streite um ein unwichtiges Thema mit einem Gegner. Wenn der nicht da ist, streite über ein wichtiges Thema mit einem Freund. Und wenn das auch nicht funktioniert, dann streite mit all deinen Freunden über ein unwichtiges Thema.«

Roland Koch fand schon immer, dass Politiker »in dieser Hierarchie denken sollten«. Er hatte Glück. Gleich am Anfang seiner Parlamentarierlaufbahn lieferte ihm das Schicksal Gegner und Thema: Sein Gegenspieler, Trainer, Herausforderer und Duett-Partner, erfolgloser Turnschuhminister a. D., aber als Einziger im hessischen Landtag aus der gleichen Spielkasse wie Koch: Joschka Fischer. Ihr Thema: Atomkraft.

Wenn der junge Koch anfangs im Parlament redete, stießen sich die Grünen auf den Oppositionsbänken immer an: »Guck mal, der da.« Sie merkten allerdings bald, »dass seine Reden immer auf den Punkt waren und nebenher noch verletzend. Der kommt, das merkte man sofort.« Das sagt Hans-Joachim Suchan, damals mit Joschka Fischer befreundet und heute Verwaltungsdirektor beim ZDF.

Die lümmeligen Grünen machten sich einen Spaß daraus, den kleinen Koch mit immer neuen Kosenamen zu belegen. Mal hieß er »Babykrokodil«, weil er in seinen Reden immer so viele Krokodilstränen vergoss. Koch regte ihre Häme und Phantasie an. Vom »Jungen im Matrosenanzug« war die Rede und vom »Beitrag zum Jahr des Kindes«. Jeder Spottname belegte aufs Neue, dass sie ihn ernst nahmen, als einen der wenigen aus der CDU. Und wieder bahnte sich für Koch ein Showdown mit 68 an. Wie im Stadt-jugendring, wie im Jugendbildungswerk. Nur, dass der Kampf diesmal här-ter geführt werden würde, zäher, perfider, brillanter. Koch hatte, kaum zum umweltpolitischen Sprecher ernannt, den Sommer über die Physikbücher, die er in der Schule eher überflogen hatte, akribisch durchgesehen, um die Funktionsweise eines Atomkraftwerkes zu verstehen. Er war der einzige Redner, auf den Fischer sich vorbereitete.

Wie Koch definierte sich auch Fischer über den Auftritt am Rednerpult. Beide konzipieren ihren Vortrag oft erst während des Sprechens, was klare Gedanken voraussetzt. »Ich denke über den Sachverhalt auch während der Rede nach«, beschreibt Koch die Minuten am Pult, »der Druck, geordnete Sätze produzieren zu müssen, eröffnet auch die Chance, eine Sache sehr in-tensiv zu bedenken. Da entwickeln sich Gedanken, die man beim Abfassen eines Manuskripts vielleicht nicht bekommen hätte.«

Das ist die technische Seite. Aber es gibt auch eine andere, eher emotio-nale. Einem Vertrauten verriet Koch mal, wie großartig er sich fühle am Rednerpult: »Wenn ich da oben stehe, dann stört mich keiner in meinen Gedanken, da bin ich allein, da habe ich Ruhe, keine Akten, die Pflicht und die Chance zur Konzentration. Da kann ich die Gedanken frei rauslassen.«

Fischer tickte ähnlich. Obgleich aus ganz anderen Welten, respektierten sich die beiden sofort. Koch schwärmt noch heute: »Fischer ist ein Meister der politischen Darstellung, ein Meister des auf die Situation Eingehens und Reagierens, nicht nur in der Rhetorik, da haben wir sicher auch viel voneinander gelernt, sondern auch bei den taktischen Entscheidungen. Da ist er sicher ganz unbestreitbar in der obersten Klasse der Professionalität dieses Landes. Es ist gar nicht möglich, davon nichts zu lernen.«

Sie haben sich trainiert, sie haben voneinander abgeguckt, sie haben ihre Grenzverletzungen kalkuliert, Resonanz abgewartet, nachgestoßen, sind zurückgewichen. Das Niveau ihrer Reden, meist zum Atom, lag weit über dem Landtagsgefloskel. Jedenfalls erzählt das jeder in Hessen, vor allem Leute, die nicht dabei waren. Ihre Duelle sind Mythen geworden. Und bei-de wuchsen an sich. Es war knallharter rethorischer Wettbewerb, wie im alten Athen: Reden machten Männer.

Koch und Fischer hatten das Glück, zur richtigen Zeit den richtigen Counterpart zu haben. Ohne Fischer wäre Koch kaum aufgefallen in der Herde der Abgeordneten. Erst ihr Duell verschaffte ihm Beachtung, lifte-te den »kleinen Koch« in die Beletage der Plenums. »Der kann ja was«, staunten selbst die Alten. Fischer hat die Karriere Kochs beschleunigt, nie wäre er so früh Fraktionschef geworden ohne die Duelle. »Wir haben uns aneinander gerieben und waren sehr aufeinander fixiert«, sagt Koch mit Respekt. »Er ist ein höchst beachtenswerter Autodidakt.« Sie saßen auch öfter mal in der Landtagskantine. »Aber für eine Freundschaft ergab sich nie eine Gelegenheit«, sagt Koch und versucht, diesen Umstand nicht schade zu finden.

Vermutlich hätten sich die beiden Alphatiere bestens verstanden, obwohl oder gerade weil sich zwei Generationen, zwei Lebensentwürfe, zwei deutsche Realitäten begegneten: Freibeuter und Kadettenschüler. Hier der gezüchtete, dort der wild gewachsene Politiker, Talente alle beide. Hier Studium, Eigenheim, Frau und zwei Kinder, da erste Ehe in Gretna Green, keine Uni, linker Buchladen, Mädels, Randale. Und jeder beneidete den anderen ein bisschen um sein Leben.

Koch borgte sich von Fischer ein wenig Leichtigkeit, der sich wiederum etwas mehr Ernst. Denn Fischers erste Amtszeit als Turnschuh-Minister war zur Katastrophe geraten. Er hatte sein Ministerium nicht im Griff, war hilflos durchs politische Wiesbaden gestolpert und hatte alle Vorurteile bestätigt, die konservative Kreise seit jeher gegen Grüne hegen. Eine Lederjacke als Programm war wohl doch nicht genug.

Abgesehen von der spannenden Frage, wer bis heute glücklicher gewesen ist, belegt der parallele Aufstieg von Koch und Fischer eines: dass politische Talente in Deutschland ihren Weg nach oben finden, automatisch und egal, ob er übers Musterexamen führt oder über die Putztruppe, egal, ob maximaler Staatsfeind oder -freund. Und er beweist, dass zwei völlig unterschiedliche Ansätze von Politik nebeneinander bestehen können: hier das permanente Chamäleon Fischer, der sich alle paar Jahre neu erfindet, dort die Stringenz Koch, der am liebsten die Hemden von Adenauer, Erhard und Kohl auftragen würde. Koch und Fischer sind lebende Beweise, dass das Rekrutierungssystem der deutschen Demokratie funktioniert.

Koch entwickelte zunehmend Gefallen an der anderen Seite. Mit dem Nachwuchs des politischen Gegners ließ sich besser reden als mit den eigenen Senioren. Auch junge Abgeordnete von der SPD ging er offensiv an. »Wir sind gleich alt, wir können doch miteinander reden. Wir müssen zusammenhalten«, sagte er etwa zu Manfred Schaub, eine knuffige SPD-Seele, wie es nicht viele gibt. Koch hatte von seinem Vater gelernt, unauffällig belastbare Bande zur anderen Seite zu knüpfen. »Die großen Parteien müssen zusammenhalten«, predigte der alte Herr immer.

Häufig ging Koch mit Richard Meng, dem Korrespondenten der »Frankfurter Rundschau«, mittags zum Italiener in Wiesbaden und ließ sich aus dem anderen Lager berichten. »Entzaubern Sie doch mal den Fischer«, riet Koch dem Journalisten. Der lachte nur und wusste nicht genau, was er von diesem CDU-Mann halten sollte, der einen unvermutet vernünftigen Eindruck machte und sich als umweltpolitischer Sprecher um exotische Dinge wie Elektroautos, Wassersparen, Kompostverordnung und Hühnerqualen in Legebatterien kümmerte. »Auf jeden Fall profitierte er vom eher harmlosen Image seines Vaters«, so Meng: »Roland erschien ungefährlich, er war kein Udai.« An den Fragen, die Koch ihm für ein geplantes Fischer-Interview diktierte, merkte Meng, dass der Junge ziemlich ausgeschlafen war. Fischer wusste die Vorwürfe jedoch allesamt zu parieren.

Und noch eine historische Zusammenkunft fällt in diese Zeit. Eines Tages kommt Franz Josef Jung, Haudegen aus JU-Zeiten, auf Koch zu und erzählt ihm eine unglaubliche Geschichte über einen Geheimbund mit dem witzigen Namen »Pacto Andino«. Jung hatte bei den Kameraden vorgefühlt, ob etwas gegen seine Aufnahme spreche. Keiner hatte etwa einzuwenden. Ab sofort stand Koch bei Generalsekretär Huck auf der Liste und wurde zu den geheimen jährlichen »Auslandsmaßnahmen« geladen.

Kochs Kreise wurden größer, wichtiger, geheimer, mächtiger. Denn der Pakt hatte sich inzwischen zum Kern eines ganzen Systems von Geheimbünden entwickelt: Die nächstgrößere Runde war der Isny-Kreis, eher wirtschaftsorientiert, den wiederum umgab die Kommende-Runde, die in Bonn im gleichnamigen burgähnlichen Restaurant tagte. Initiator war stets Matthias Wissmann, in unermüdlicher Vorbereitung seiner Kanzlerschaft. Auch Vater Koch hatte seine Meinung zu der neuen Runde seines Sohnes: »Da spielen die Kleinen mal wieder große Welt.«

Die Opposition hatte sich auf Tankstellen-Bruder Weimar eingeschossen. Wie es in Hessen schon immer Tradition war, wurde ein Minister zur Zielscheibe erklärt und fortan massiv unter Druck gesetzt, am liebsten mit einem parlamentarischen Untersuchungsausschuss. So ließ sich ein Thema über Monate, wenn nicht Jahre, am Kochen halten. Alle paar Wochen konnte man neue Vorwürfe erheben oder die alten bestätigen.

Für den jungen Abgeordneten Koch, der sich freiwillig für den Job des CDU-Obmanns im Untersuchungsausschuss zu den Atomfabriken in Hanau gemeldet hatte, bedeutete die Aufgabe einen Schnellkurs in praktischem Parlamentarismus und das auch noch in einem Thema, das neu war, juristisch extrem kompliziert und hoch emotional. Akten lesen, Verteidigung organisieren, falsche Fährten legen, tricksen, täuschen, tarnen, und alles im Dienste der Tankstelle. Für Koch hieß das: Spaß.

SPD und Grüne halsten dem Umweltminister eine Strafanzeige auf, weil er der umstrittenen Hanauer Nuklearanlage angeblich eine Vorabgenehmigung erteilt hatte, bevor das atomrechtliche Genehmigungsverfahren entschieden war. Im Ausschuss kam ein ganzer Sumpf rund um die Atomfabriken ans Licht. Die SPD drängte auf einen zweiten Untersuchungsausschuss, woraufhin CDU-Ausschuss-Obmann Koch von »plumpen parteitaktischen Manövern« sprach. Das Spiel zog sich. Regelmäßig forderte die SPD die Ablösung des »Sicherheitsrisikos« Weimar, Koch bemühte sich nach Kräften, den Ausschuss zu bagatellisieren.

Wallmanns Umweltminister eignete sich vorzüglich, die konservative Regierung als Gehilfe des Atomstaats hinzustellen. Weimar war jung und schwach im Kabinett. Für die Tankstelle dagegen war er Symbolfigur, einer der ihren, der auf keinen Fall stürzen durfte. Er war Speerspitze eines Generationenprojekts. Und er machte seine Sache gut. Er war nicht nur der mit Abstand beste junge Abgeordnete am Flipperautomaten, er war auch so schlau, in der Folgezeit härter gegen die Hanauer Fabriken durchzugreifen, als es die Opposition erwartet hatte.

Am Ende standen zwei widersprüchliche Erklärungen: Während die Regierungskoalition sich in ihrer Einschätzung bestätigt sah, die hessischen Atomanlagen seien supersicher, hatten SPD und Grüne gravierende Sicherheitslücken festgestellt. Koch hatte das Maximum erreicht: Weimar hatte den Ausschuss überstanden.

»Hält der Junge das durch?«
Roland Koch, das Arbeitstier

Aus dem Justizministerium heraus beobachtete Minister Karl-Heinz Koch seinen Sohn mit einer Mischung aus Wohlwollen und Sorge. »Hält der Junge das durch?«, fragte er seine Vertrauten immer mal wieder. »Aber selbstverständlich, Herr Minister«, sangen die Schranzen. Kopfmensch Roland hatte seine Tage straff organisiert. »Morgens um sieben bin ich in der Kanzlei für zwei Stunden, dann geht es in den Landtag, am Nachmittag zurück in die Kanzlei, zwischen 18 und 20 Uhr bei der Familie, dann wieder Kanzlei«, erklärte er den Tagesablauf.

Karl-Heinz Koch ließ es sehr viel ruhiger angehen. Er genoss einen ausgezeichneten Ruf als Justizminister, außerhalb der CDU womöglich mehr als unter konservativen Parteifreunden. Im Ministerium wurde der alte Herr alsbald »Papa Koch« genannt. Schon bei seiner Amtseinführung lobte ihn Vorgänger Herbert Günther von der SPD. Es sei zwar bedauerlich, dass der Wähler die beste Besetzung für das Amt, nämlich ihn, vertrieben habe. Aber immerhin folge nun der Beste der Gegenseite. Als eine der ersten Amtshandlungen hob Koch den Ausbaustopp für Haftanstalten auf, die Gefängnisse sollen modernisiert werden.

Koch erwies sich als Liberaler im besten Sinne, das Gehetze um mehr Sicherheit und schärfere Maßnahmen gegen alles und jeden war ihm zuwider. Der Justizminister sorgte für mehr Ausbildungschancen im Knast, er plädierte für offenen Vollzug als Weg zur Wiedereingliederung von Straftätern, machte sich stark für Konfliktbereinigung außerhalb der Gerichte, mehr Bürgernähe der Justiz, eine verständliche Sprache. Selbst zwei Bilder des umstrittenen österreichischen Künstlers Alfred Hrdlicka, die im Landessozialgericht Darmstadt für großes Aufsehen gesorgt hatten, ließ er hängen, da »der Gerichtsbetrieb durch die Bilder keinen Schaden genommen« habe.

Koch kümmerte sich um verbesserte Juristenausbildung, Datenschutz, Bekämpfung der Drogenkriminalität, er schuf das Rechtsanwaltsversorgungswerk zur Alterssicherung und begann einen Feldzug gegen die Vorverurteilung Beschuldigter in den Medien. Konträr zum CDU-Programm plädierte er dafür, dass auch unverheiratete Paare Kinder aus künstlicher Befruchtung haben sollten. Zwar regierte Karl-Heinz Koch zehn Jahre vor seinem Sohn in Hessen, doch sein Programm klang allemal moderner als die spätere Haudrauf-Politik seines Sohnes.

Das öffentliche Zurschaustellen seiner Maßnahmen lag dem alten Koch überhaupt nicht. Immer wieder drängte ihn sein Staatssekretär Herbert Landau, sich zu vermarkten. »Ach, was soll der Quatsch mit denen«, antwortete Koch dann. »Denen«, das waren Journalisten, und die hielt Vater Koch für überflüssig. Selbst den Umstand, dass er in Abwesenheit Wallmanns für ein paar Tage formal Ministerpräsident Hessens war, wollte er nicht ausschlachten. Einen Pressesprecher hatte er ohnehin nicht.

Landau ist bis heute begeistert von seinem einstigen Chef, den er »wie einen zweiten Vater« empfunden hat. Er bewunderte die Fähigkeit, »sich völlig unabhängig von jeder emotionalen Befindlichkeit ganz neben sich zu stellen und logisch zu denken. Das kann Roland übrigens auch.« Beide Kochs legten zudem großen Wert auf Unabhängigkeit, finanziell wie mental. Auf Erpressungen reagierten beide höchst allergisch.

»Kohl kann es nicht« – Verschwörer in Hessen

Im Frühjahr 1989 bekam der Ministerpräsident gleich zweimal konspirativen Besuch in der Wiesbadener Staatskanzlei. Heiner Geißler war aus dem nahen Bonn gekommen, um mit Wallmann über ein höchst heikles Thema zu sprechen: einen Putsch gegen Kanzler und Parteichef Kohl. Wallmann, so lockte Geißler, käme natürlich für beide Ämter infrage.

Der Unmut über Kohl war ein Jahr vor der Bundestagswahl beträchtlich. Seine Auftritte im Fernsehen waren eine Katastrophe, er war schlecht vorbereitet und blaffte Interviewer an, bevor diese ausreden konnten. »Kohl kann es nicht, Kohl schafft es nicht«, klagte der Verschwörer Geißler, Lothar Späth sei der kommende Mann der Union. Doch Wallmann war skeptisch. Er informierte die hessischen Parteitagsdelegierten und gab die Parole »Hessen für Kohl« aus. Am 13. September wendete Helmut Kohl auf dem Parteitag in Hamburg den Putsch mit knapper Not ab.

Während die CDU-Spitzen um die Zukunft von Partei und Regierung intrigierten, kümmerte sich der Abgeordnete Koch um bürgernähere Themen: Er forderte die Berufung eines Tierschutzbeauftragten. Nach dem Beschluss der Bundesregierung, Tiere auch im Zivilrecht als Lebewesen und Mitgeschöpfe anzuerkennen, müsse die hessische Regierung die Interessenvertretung von Tieren organisieren. Dabei gehe es vor allem um den Abbau von Tierversuchen, tiergerechte Haltung und Transport, erklärte der einstige Hundehalter Koch. Probleme sah der Abgeordnete vor allem in Schlachthöfen, im Tierhandel, auf Pelztierfarmen, Zoos und Zirkussen.

Der kühle Koch und sein Einsatz für Fellträger, das passte in den Augen der Tankstellen-Mitglieder nicht. Sie amüsierten sich köstlich über das Engagement ihres Mitstreiters. Der aber hatte schon weiter gedacht: Wieder wollte er den anderen Parteien, insbesondere den Grünen, ein bürgernahes Thema entwinden. Problematisch daran: Er richtete sich gegen Landwirte, Jäger, Züchter, Fischer, allesamt Kernklientel seiner Partei.

Koffer für Thüringen – Koch und der Mauerfall

In Osteuropa rumorte es. Michail Gorbatschow hatte Moskaus Truppen aus Afghanistan zurückgezogen, was nicht nur als Kapitulation interpretiert wurde, sondern als Abkehr vom Großmachtanspruch der Sowjetunion.

Auch in der DDR wurde es unruhig. Immer mehr ostdeutsche Bürger versuchten, ihr Land über Ungarn oder die Tschechoslowakei zu verlassen. Die Anführer von SPD und Grünen hatten sich in einer historischen Fehleinschätzung vergaloppiert. Hessens sozialdemokratischer Spitzenmann Hans Eichel verkündete noch im Herbst 1989:»Die, die von Wiedervereinigung daherreden, haben aus der Geschichte nichts gelernt und daher auch keine realitätsnahe Perspektive.«

Joschka Fischer ließ die»Bunte« wissen:»Die Forderung nach der Wiedervereinigung halte ich für eine gefährliche Illusion. Das Wiedervereinigungsgebot im Grundgesetz wäre in seiner Konsequenz ein Unglück für das deutsche Volk.« Die Ministerpräsidenten Lafontaine und Schröder stimmten wenig später im Bundesrat gegen die Wirtschafts- und Währungsunion. Sehr zum Unmut ihres alten Vormannes Willy Brandt hatten sich die Enkel ins Abseits manövriert und damit dem politischen Gegner ein glanzvolles Comeback ermöglicht, allen voran Helmut Kohl, Kanzler der Einheit.

Am 9. November 1989 war Kohl mit einer Delegation, der auch Wallmann angehörte, nach Warschau gereist. Abends beim festlichen Dinner kam die unglaubliche Nachricht: In Berlin sei die deutsche Grenze geöffnet worden, zahlreiche Ostberliner stünden bereits in Westberlin. Kohl trat noch am Abend vor die Kameras, neben ihm Wallmann. Der Kanzler war gerührt.

Roland Koch saß an diesem Abend in der Eschborner Stadtverordnetenversammlung. Für Einheit war gerade keine Zeit, es sollte ein neuer Bürgermeister gewählt werden. Als eine Kollegin in den Sitzungsraum stürmte und von der geöffneten Mauer berichtete, sagte Koch nur:»Jetzt wählen wir erst mal den Bürgermeister.« Abends im Fernsehen sah er dann Kohl und Wallmann in Polen und Ossis auf dem Ku'damm. Obwohl er keine familiären Bande in die DDR hatte, war Koch ergriffen.

Am selben Tag war CDU-Generalsekretär Franz Josef Jung bereits in Ostberlin. Er traf sich mit Kirchenleuten und mit Lothar de Maizière. Ein Einheitsparteitag der Hessen-CDU mit Besuchern aus dem Nachbarland Thüringen sollte organisiert werden. Doch Jung hatte auch Besorgniserregendes zu berichten: De Maizière habe erklärt, man müsse den Sozialismus neu buchstabieren.

Die Thüringer kamen in Scharen und in Trabis. Pragmatiker Wallmann erlaubte Händlern, ihre Geschäfte rund um die Uhr zu öffnen. Das 500 Millionen Mark schwere Programm»Hessen hilft Thüringen« wurde aufgelegt. Franz Josef Jung hatte wie Helmut Kohl Tränen in den Augen und machte sich als Ost-Beauftragter der hessischen CDU sofort daran, die

Brüder und Schwestern von drüben auf den rechten Weg zu führen. Koffer-weise brachte er Wahlkampfhilfe für die CDU nach Thüringen. Die Inves-tition lohnt sich. Mit 53 Prozent für die CDU holte der von Jung gecoachte Verband bei der Volkskammerwahl das beste Ergebnis aller neuen Länder. Noch geisterte die Idee umher, es könnte im »Herzens Deutschlands« ein gemeinsames Bundesland Hessen-Thüringen geben, mit Kassel oder Erfurt als Hauptstadt. Jeder der CDU-Leute bekam einen Job im Osten. Koch war für den Bezirk Suhl zuständig und schob Städtepartnerschaften an. Eine Gemeinde bei Suhl machte Möbel, Kelkheim macht auch Möbel – passt. Woanders gab es eine Burg, Eppstein hat auch eine Burg – fertig.

Für Koch war die Einheit vor allem eines: ein Planungsproblem. Er hatte sich seinen und den Weg Deutschlands anders vorgestellt. Die vaterländi-sche Saite kam bei ihm 1989 und den Jahren danach nicht richtig zum Klin-gen. Der Osten war für ihn ein Kostenposten und emotional nur insofern besetzt, als er seine Lebensplanung vorübergehend durcheinander gebracht hatte. Koch war häufig bei Kohl und hatte sich in stillen Momenten schon mal ausgemalt, wie seine Zukunft in der Partei aussehen würde. Gelänge es ihm eines Tages, Ministerpräsident in Hessen zu werden, dann stünden ihm alle politischen Posten offen. Zu dieser Zeit sollte in Ostberlin ein junge Physikerin Mitglied der CDU werden: Angela Merkel.

Die Blumenzwiebel-Affäre – Wallmann gerät unter Druck

Als Walter Wallmann am Morgen des 15. Januar 1990 aus der Haustür trat, fand er die »Bild« vor. Dort war eine kleine hässliche Geschichte zu lesen, eine Petitesse zwar und doch bezeichnend für Wallmanns leichtfertigen wie herrschaftlichen Stil. Es ging um die »Blumenzwiebel-Affäre«. Der Minis-terpräsident hatte die Pflege seines privaten Gartens aus der Staatskasse be-zahlen lassen. Der Gipfel der Peinlichkeit war erreicht, als er eine Rabatte mit Veilchen als Sicherheitsmaßnahme deklarierte.

Auch seine Haushälterin wurde mit Steuergeld entlohnt. Das stehe ihm zu, fand Wallmann und verkündete: »Ich zahle nichts zurück.« Der Volkszorn bebte. Zwei Tage später erklärte er kleinlaut, er werde das Geld zurücküberweisen, da andernfalls »das Staatsamt unter den fortgesetzten Diffamierungen leidet«. Wallmann litt an einer bei Politikern durchaus ver-breiteten Krankheit: Morbus Sonnenkönig.

Die Angriffe der Opposition zeigten Wirkung, es wurde nachgelegt. SPD und Grüne hatten die Kanonenrohre gedreht, von Weimar auf den Chef selbst. Insbesondere die Grünen um Fischer entwickelten Blutdurst. »Wir haben Wallmann gehetzt, wir haben ihm zugesetzt, mit fairen, vor allem aber mit unfairem Mitteln«, gibt einer von ihnen zu. Ausgerechnet in dem Jahr, an dessen Ende gewählt werden sollte, häuften sich in der Regierung Fehler und Pannen, vor allem in der Kommunikation.

Wallmann zeigte Schwächen: Auf einer Pressekonferenz sagte er ungefragt: »Ich bin nie in meinem Leben in einer Entziehungskur gewesen, ich bin nie Alkoholiker gewesen.« Vorangegangen war eine Schmuddelkampagne von SPD und Grünen, die im Wiesbadener Pressekorps gestreut hatten, Wallmann habe ein Alkoholproblem. Von »Lallmann« war die Rede, Beleg war ein angebliches Besäufnis mit Journalisten in den USA. Wallmann schämte sich derart, dass er beim Zahnarzt seiner Frau angerufen haben soll, ob man denn bitte den »Stern«, der die Geschichte genüsslich ausgebreitet hatte, aus dem Wartezimmer entfernen könne, seine Gattin käme gleich.

Es wurde immer noch schlimmer. Der Ministerpräsident musste über seine Bankverbindungen Auskunft geben und bestätigen lassen, dass sich die Verwaltung seiner Vermögenswerte bei der Deutschen Bank in »Art und Umfang nicht von der mit anderen Bankkunden üblicherweise vereinbarten Aufträgen« unterschieden. Die Jungen in der CDU-Fraktion hegten düstere Vorahnungen. Wenn das so weiterginge mit dem Regierungschef, dann könnten sie die Wahl vergessen.

Mit den Skandalen wuchsen die Spannungen zwischen Wallmann und seinem Finanzminister Kanther, die sich aus ganzem Herzen verabscheuten. Hier der großzügige Weltmann, dort der superkorrekte Sparmensch, Vater von sechs Kindern. An Kanthers Sparwahn scheiterte die Einstellung von 1000 Lehrern, einer der Gründe, warum die Wahl 1991 verloren ging.

Im Kabinett war die Spannung zwischen den beiden bisweilen körperlich zu spüren. Kanther saß schräg gegenüber von Wallmann, die beiden konnten im engen Kabinettssaal gar nicht anders, als sich anzuschauen. Kanther pflegte die Augen geschlossen zu halten, wenn er zuhörte. Das war seine Art von Konzentration. Wallmann hielt es für eine grobe Unhöflichkeit.

Kanther machte sich einen Spaß, den Wissenschaftsminister und stellvertretenden Ministerpräsidenten Wolfgang Gerhardt zu foppen. Wenn der stets überschätzte Liberale anhob, mehr Geld für sein Haus zu fordern, antwortete Finanzminister Kanther, der jede Zahl in Hessen kannte, nur knapp: »Das steht längst in Ihrem Haushalt, Herr Kollege.« Gerhardt schwieg betreten, Kanther lächelte, und der alte Koch musste schlichtende

Worte sprechen. Nach so einem Morgen war der Tag für Wallmann schon gelaufen. Mit diesen Kontrahenten an der Spitze war die hessische CDU alles, aber kein geschlossener Kampfverband. Es fehlte der Anführer, der Säbelrassler und Stiefelknaller. Die Partei wollte einen wie Dregger, dem sie bedingungslos gehorchen durften. Wallmann dagegen ließ sich demontieren.

Journalisten hatten auch noch herausgefunden, dass sich die Frankfurter CDU zu Wallmanns OB-Zeit auf haarsträubende Verträge mit Bordellkönigen eingelassen hatte, um diese aus dem Bahnhofsviertel hinauszubefördern. Als Macht im Milieu galten die Brüder Beker, angeblich 200 Millionen Mark schwer, die nach Ansicht der Fahnder auch im Geschäft mit Spielhöllen und Rauschgift aktiv gewesen sein sollen. Zu allem Überfluss gelingt Beker im April 1990 auch noch die Flucht aus der Haft.

Nicht ohne Schrecken erleben die Parlaments-Frischlinge von der Tankstelle, dass hier im Landtag doch knüppelhart und mit aller Heimtücke gekämpft wird. Den Gipfel der Krise bildet das Ende von Innenminister Gottfried Milde, dem Vater des späteren Landtagsabgeordneten Gottfried Milde jun. Der Innenminister hatte im Landtag rechtswidrig aus einem abgehörten Telefonat eines Frankfurter Anwalts mit der Illustrierten»Stern« zitiert. Das Magazin bot in diesem Gespräch 150 000 Mark, falls ein Foto auftauchte, das Wallmann mit Bordellkönig Beker zeigte. Es waren Fischer und Suchan, die bei der betreffenden Rede Mildes im Plenum sofort begriffen, dass der Minister einen kapitalen Fehler gemacht hatte. Was den gelernten Juristen Milde zu diesem groben Schnitzer trieb, wurde nie geklärt. Mildes Fehler erforderte drei Monate vor der Wahl eine größere Personalverschiebung. Gegen Wallmanns ausdrücklichen Wunsch trat Milde zurück, dafür stieg CDU-Fraktionschef Hartmut Nassauer, ein zackiger Reservemajor, ins Innenministerium auf. Wer aber sollte nun die Fraktion leiten?

Bouffier hätte den Job machen können, aber der hatte kein Mandat. Wallmann wünschte sich den 2004 verstorbenen Georg Badeck, einen engen Freund von Karl-Heinz Koch und Betriebsrat bei Höchst. Koch und der kürzlich verstorbene Badeck hielten die beiden Landtagsmandate des Main-Taunus-Kreises. Nachdem Karl-Heinz Koch aus dem Landtag ausgeschieden war, hieß Badecks Partner nun Roland Koch.

Koch, der Jurist, und Badeck, der Malochervertreter, das war ein kongeniales Duo. Frau Badeck hatte für den Wahlkampf Streichholzheftchen mit seinem Bild beklebt, 30 000 Stück, und Bembel mit dem hessischen Löwen versehen, alles für die Partei. Und sie wunderte sich immer, warum die

Junge Union für die Kochs Plakate klebte, für sie aber nicht. Es waren halt feine Herrschaften, die Kochs, fanden die Badecks ohne Neid. »Wir sind ja nur kleine Leute«, sagte der nette Abgeordnete Georg Badeck also zum Ministerpräsidenten, der sich zwei Stunden mühte, ihn zum Fraktionsvorsitz zu überreden. Aber Badeck wollte den Job nicht. Vielleicht hat er auch die nette Familie Koch im Hinterkopf gehabt und den Roland, der so gut reden konnte und dessen »Weg ja immer vorbestimmt war«.

Wallmann hatte seine Bedenken, ob der junge Koch schon so weit sei. Beim Kaffee mit Journalisten hatte er zwar fallen lassen, »dass mal was wird aus dem kleinen Koch«. Auch schätzte er Karl-Heinz Koch als Berater, weil der alte Herr keine Karrierepläne hegte und ungefährlich war für ihn. Wallmann mochte den unkonventionellen Weimar, den kräftigen Bouffier, sah beim Roland Koch aber »das größte Potential«. Nur jetzt noch nicht und auch nicht auf dem Posten des Fraktionschefs. Schließlich sei der kleine Koch nicht gut fürs Fernsehen zu gebrauchen. Andererseits hatte er Fleiß, Geschick und Talent in den Rededuellen gegen Fischer und den Untersuchungsausschüssen bewiesen.

Als sich auch noch Franz Josef Jung im Namen der anderen Jungen für den jüngsten Abgeordneten aussprach, rang sich Wallmann durch: Roland Koch, 32, sollte Fraktionschef werden. Mit 36 von 46 Stimmen wird der Benjamin zum Chef gewählt. »Im Grunde hat mir Joschka Fischer zu diesem Karrieresprung verholfen«, sagt Koch später. Das öffentliche Training mit dem Grünen hatte sich gelohnt, es hatte ihn bekannt gemacht.

Dass er allerdings nicht der jüngste Fraktionschef aller Zeiten und Länder sei, musste Koch auf einer Wahlkampfveranstaltung in Frankfurt erfahren. Bundeskanzler Kohl wies ihn persönlich darauf hin, dass er in Rheinland-Pfalz mit 31 Jahren der CDU-Fraktion vorgesessen habe. Koch auf dem Posten hielt er dennoch für »eine gute Sache«. Von einem Anwalt, der Politik macht, war Koch zu einem Politiker geworden, der nebenbei Anwalt ist. Den CDU-Kreisvorsitz gab er immerhin ab.

Viel Zeit für Politik blieb Koch allerdings nicht auf dem neuen Posten, den er höflich als »Experiment« und »Herausforderung« bezeichnete. »Ich habe eine Moderatorenrolle zwischen Regierungstätigkeit und Fraktionsarbeit«, erklärte er staatstragend. In Wirklichkeit war der Fraktionsvorsitz in Zeiten zwischen Weihnachten und Ferien ausgesprochen unwichtig. Denn es herrschte hauptsächlich Wahlkampf, parlamentarische Arbeit fand schlicht nicht statt. Immerhin: Ein paarmal durfte Koch dem Küchenkabinett von Wallmann beiwohnen. Dass er fortan noch stärker unter Beschuss stehen würde, wurde ihm umgehend klar. Gnadenlos boxten ihn die Grünen aus dem unvermeidlichen Untersuchungsausschuss zum Fall Milde, weil sich herausstellte, dass Koch sich eine Rede vom väterlichen Justizministerium hatte schreiben lassen.

Der Golfkrieg war im Anzug, die SPD machte gnadenlosen Friedenswahlkampf. Wallmann weigerte sich, die Arbeitszeit für Beamte von 40 auf 38,5 Stunden zu verkürzen, wie andere Bundesländer es getan hatten. Obgleich die Niederlage knapp ausfiel, hatten die Jungen sie lange vorher kommen sehen.

Zwar versuchten sie eine jugendgemäße Ansprache, mit einem Wahlkampfbus, einer damals als modern betrachteten »Talkshow« und dem Wahlkampfsong »Touch the future«. Aber abwenden konnten die Jungen die Schlappe auch nicht. 60 Prozent der Wähler unter 35 entschieden sich für Rot oder Grün; die Hessen-CDU wurde mehr denn je als Altmännerhaufen wahrgenommen.

Also wieder Opposition, wieder Fischer, diesmal in Kombination mit dem drögen ehemaligen Kasseler Oberbürgermeister Hans Eichel. Zugleich schöpfte der Nachwuchs Selbstbewusstsein aus dem Versagen der Alten: Was die können, das können wir auch, sagten sie sich, und das womöglich sogar besser. Und sie hatten gelernt, was harte Oppositionsarbeit bedeutet: »Wenn du einen zur Strecke bringen willst, dann hetze ihn, um jeden Preis, hör nicht auf, leg nach, treib ihn in eigene Fehler, so lange bis er weg ist – das hatten wir kapiert«, sagt ein Weggefährte Kochs. Sie würden »die härteste Opposition Deutschlands« sein, gab Koch als Parole aus. Ihr Tag würde kommen. Doch jetzt kam erst mal Hans Eichel, der Gymnasiallehrer aus Kassel, der früher bei der CDU war und zeitgemäß viele Frauen in seinem Schattenkabinett platziert hatte.

»Tapfer durchgebissen« – Niederlage gegen Kanther

Mit dem Verlust der Macht war der Politiker Wallmann erledigt. Unbarmherzig ließen ihn viele Parteifreunde spüren, dass sie ihn nur akzeptiert hatten, solange er Siege brachte. Die Tankstellen-Mitglieder hatten einen Fürsprecher verloren: Nun mussten sie sich selbständig organisieren. Die Debatten gingen hoch her. Manche wollten aussteigen aus der Politik. Vier Jahre an der Macht waren schön gewesen, aber nun wieder auf unabsehbare Zeit in der Opposition schmoren, Beruf, Familie, Freunde vernachlässigen, das erschien ihnen wenig attraktiv. Doch am Ende siegte das Jetzt-erstrecht-Gefühl. Sie einigten sich, mit aller Macht den Fraktionsvorsitz gegen den stählernen Parteiflügel zu verteidigen. Und Koch war ihre Lanze. Damit geriet eine Tradition der Hessen-CDU in Gefahr. Die Partei hatte sich immer viel darauf eingebildet, dass Führungswechsel geräuscharm über die Bühne gingen. Wallmann hatte fairerweise früh signalisiert, dass er keinerlei Ansprüche mehr erheben würde. Doch beim Kampf um den Fraktionsvorsitz, einer der wenigen attraktiven Jobs, die in der Opposition zu vergeben waren, würde es zum offenen Kampf kommen. Zumal Kanther mit seinem Entschluss, den Posten des Generalsekretärs abzuschaffen, der Tankstelle den Krieg erklärt hatte. Das Amt hatte einer der ihren bekleidet, Franz Josef Jung.

Es war wie im Western, wenn sich die beiden Helden kurz vor Schluss auf der staubigen Dorfstrasse gegenüberstehen, die Hand am Colt, die Augen zusammengekniffen, im Wissen, dass nur einer überleben würde. Auf der einen Seite: Roland Koch, der nicht mal fünf Monate im Amt des Fraktionschefs gedient hatte, vom Wahlverlierer Wallmann noch dort hingehievt, und der zum quasisozialistischen Flügel gehörte. Auf der anderen Seite der Dregger-Vertraute Kanther, ein schneidiger Rhetoriker und Organisator aus dem Musterkatalog der Hessen-CDU.

Mit den Kontrahenten trafen sich zwei Konzepte: Kanther vertrat die Ein-Schaufenster-Theorie, derzufolge Partei- und Fraktionsvorsitz von einem Gesicht repräsentiert werden sollten. Das wenige an Macht sollte gebündelt sein. Koch bevorzugte, schon aus eigenem Interesse, ein Junior-Senior-Modell für den Zangenangriff: der erfahrene Häuptling Kanther für die Partei, der junge Held Koch für den Angriff im Parlament. Kanthers Modell hatte die Besonderheit, dass über die Spitzenkandidatur für 1995 nicht lange geredet werden musste – die gehörte automatisch ihm. Dass Kanther darauf aus war, hatte Koch schon aus einem gemeinsamen Gespräch im Herbst herausgehört, als es um die Nassauer-Nachfolge ging.

Dennoch warf sich die Tankstelle ins Zeug, warb und telefonierte für Koch als Fraktionschef. Der Kandidat war bis zum Schluss zuversichtlich, dass er zumindest ein hauchdünnes Ergebnis hinlegen würde. Doch bei der Wahl am 5. Februar kam alles anders: Mit 30 zu 16 Stimmen wurde Kanther gewählt, ein desaströses Ergebnis für Koch. Zum ersten Mal in seiner Laufbahn hatte er eine gravierende Niederlage hinnehmen müssen.

Er hatte sich schlichtweg verkalkuliert. Er war sträflich naiv in dieses Rennen gegangen, er hatte gleich mehrere Faktoren unterschätzt. Erstens hatten ihn bei weitem nicht alle, die ihm in den letzten Wochen auf die Schulter geklopft hatten, auch gewählt. Zweitens galt er als Wallmann-

Mann und damit als mitschuldig an einer vermeidbaren Niederlage. Drittens hatte er in den wenigen Wochen im Amt des Fraktionsvorsitzenden keinerlei Spuren hinterlassen, weder inhaltlich noch emotional, die eine Wiederwahl hätten zwingend erscheinen lassen.

Viertens und entscheidend: Als Umweltexperte und Tierschützer erschien Koch nicht wie der ideale Anwärter auf den zentralen Posten einer oppositionellen CDU. Er war nicht konservativ genug, kaum einer konnte sich ihn als Spitzenmann vorstellen. So hatte der rechte »Petersberger Kreis« Kanther durchgesetzt. Und die Tankstelle war da, wo sie immer gestanden hatte: inner- und außerhalb der Partei in der Opposition.

Die Niederlage traf Roland Koch empfindlich. Es war nicht allein der Punkt, dass er verloren hatte, es war auch die Tatsache, dass er die Stimmung falsch eingeschätzt hatte. Sein Gespür hatte versagt. Wie viel geschickter wäre gewesen, mit großer Geste zugunsten Kanthers zu verzichten? Egal. Zu spät.

Koch überlegte, ob er sich jetzt nur noch der Kanzlei widmen sollte. Doch er kam zu einem sehr viel schlaueren Entschluss: Er flüchtete sich nicht in selbstgerechtes Beleidigtsein, sondern erwies sich als loyaler, uneitler und fleißiger Mistreiter Kanthers. Er nahm die Schlappe britisch-sportlich, was beim gelegentlichen Ehrenmann Kanther höchsten Respekt hinterließ.

Nur einmal wagte Koch vorsichtig Kritik, in einem Aufsatz ein gutes halbes Jahr nach verlorener Wahl, dem man bei genauem Lesen einen leicht beleidigten Unterton attestieren könnte. Da heißt es: »Hessens Union hat sich nach der Wahl entschieden, alles auf eine Karte zu setzen, auf Manfred Kanther. Dass er ein Mann für die Stammwähler ist, hat er oft genug bewiesen. Ob er Stammwähler und Wechselwähler zugleich überzeugen wird, ist die Kernfrage, die die Ausgangslage für die kommende Landtagswahl bestimmen wird.«

Es war keine einfache Zeit. Erstmals war er gestürzt in einem Metier, das er von Kindheit an als permanente Reise nach oben wahrgenommen hatte. Schneller Aufstieg, schneller Fall, das mochte anderen passieren. Aber sich selbst hatte er da immer ausgenommen. Jetzt plötzlich die Erkenntnis: Nein, er gewann nicht immer und überall, wo er antrat. Ja, er war verwundbar. Sein Weltbild war verrutscht, aber näher an die Realität gerückt.

Nicht wenige seiner Landtagskollegen, denen der Ministersohn Koch ohnehin zu viel gewesen war, zeigten mehr oder weniger unverhohlen ihre Freude, dass der Höhenflieger aus Eschborn einen Dämpfer bekommen hatte. Aber Koch ließ sich nicht entmutigen. »Er zeigte Steherqualitäten«, sagt Freund Volker Bouffier, »er hat sich tapfer durch diese schwere Zeit gebissen.« Und Zähigkeit galt als Wert in Hessens CDU. Zudem war Koch als stellvertretender Fraktionsvorsitzender in keiner schlechten Startposition. Kanther erwies sich zwar als spröder, gleichwohl fairer und meist angenehmer Chef. Regelmäßig organisierte er Brainstormings mit der Begründung:»Wenn ihr schon ständig streitet, lasst mich wenigstens teilhaben an den Argumenten.« Tagelang saß er mit seinen Vertrauten gesprächstherapeutisch beisammen, um Themen und Strategien auszuhecken.

Hessen ist ein bemerkenswertes Reservoir für politische Spitzenkräfte: Alfred Dregger, Walter Wallmann, Manfred Kanther, Friedrich Bohl, Heinz Riesenhuber, Christian Schwarz-Schilling, Joschka Fischer, Hubert Kleinert, Antje Vollmer, Wolfgang Gerhardt, Rupert von Plottnitz, Hans Eichel, Brigitte Zypries, Heidemarie Wieczorek-Zeul und jetzt eben Roland Koch. Ob Minister, Ministerpräsidenten, Fraktionschefs, Köpfe – aus diesem Landstrich mitten in Deutschland drängte immer personeller Nachschub in die Bundesregierung. Im Kabinett Schröder dienten zeitweilig vier gebürtige Hessen, darunter mit Vizekanzler Fischer, Finanzminister Eichel und Justizministerin Zypries drei zentrale Figuren, die nicht zu den schlechtesten der rotgrünen Regierungsmannschaft gehören.

Seit Wallmann 40 Jahre SPD-Hegemonie unterbrochen hatte, wird Hessen als Labor, als deutsche Versuchsküche betrachtet, wo Trends getestet werden, die später im Bund funktionieren. In Hessen hat der Umweltprotest gegen den Flughafen und die Atomkraft begonnen, an der Uni Frankfurt tumultierten die Achtundsechziger, in Hessen übte Rotgrün für Bonn, hier wurde die Liaison aus SPD und Ökopartei auch zuerst von einem Neokonservativen namens Koch beendet.

Frankfurt ist Geldautomat der Republik, Rhein-Main die dynamischste Wirtschaftsregion des Landes und Nordhessen ein ewiger ökonomischer Sanierungsfall. Im Wiesbadener Parlament gibt es die knappsten Mehrheiten, die bizarrsten Untersuchungsausschüsse der Republik und oftmals die härteste Opposition. Hessen ist Deutschland konzentriert. Wer hier politischen Erfolg hat, ist gestählt für Größeres.

Hier gilt unverändert die Lagertheorie, die über Jahrzehnte erlittenen Verletzungen sitzen so tief, dass eine große Koalition undenkbar ist. Die Parteien sind unversöhnlich wie nirgends und die CDU besonders konservativ. Die Partei begreift sich als autonome Einheit, als Hessen-CSU, weitgehend unabhängig von der Gesamtpartei. Der Schöngeist Wallmann passte kulturell gar nicht so richtig dazu, er war eher ein Zeitgeist-Phänomen.

Als Kanther nach der Niederlage 1991 Fraktion und Parteivorsitz übernimmt, macht sich bei vielen ein Gefühl von Nostalgie breit: Jetzt ist es wieder die gute alte CDU. Der Schlesier Kanther fand zwar nicht den Weg in die Herzen der Mitglieder, aber er war akzeptiert, schon deswegen, weil Dregger ihn groß gemacht hatte. Kanther war fleißig, preußisch, ein Politoffizier, Kopf einer Großfamilie, formvollendet und zuverlässig. Er duzte maximal ein halbes Dutzend Parteifreunde. Er war eine Autorität.

Einer seiner engsten Freunde und Mitstreiter war Prinz Casimir zu Sayn-Wittgenstein-Berleburg, ein wunderlicher Adeliger, der seit Ewigkeiten die Kasse der Hessen-CDU verwaltete und wie Kanther größten Wert auf Sparsamkeit legte. Wer nicht seiner Meinung war, galt als Kommunist. Dem Prinzen wurden beste Kontakte zu Frankfurter Geldkreisen nachgesagt, uneitel diente er Kanther als unauffälliger Berater. Dass das knausrige Duo mit seinen Finanztransaktionen, die um diese Zeit in vollem Gang waren, den Hoffnungsträger Koch fast um sein Amt und wohl um die ganz große Karriere bringen würde, ahnte niemand.

»Er war ein Paradiesvogel« –
Koch modernisiert seine Heimat

Kaum war Ministerpräsident Eichel inthronisiert, geschah umgekehrt das, was vier Jahre zuvor auch passiert war. Man machte Jagd aufeinander. Unvorsichtigerweise hatte sich Fischer wiederum auf den gefährlichen Posten des Umweltministers begeben. Angeführt vom Nuklearexperten Koch begann nun umgehend eine konzertierte Aktion gegen den Obergrünen. Hier war eine große Rechnung offen: Das Mobben der Fischer-Clique gegen Wallmann und den damit einhergegangenen Verlust der Macht nahmen die Konservativen den Grünen übel. »Da war echter Hass im Spiel«, erinnert sich ein Vertrauter Fischers, »die wollten uns kaltmachen, um jeden Preis.«

Leider bot der gereifte Fischer wenig Angriffsfläche, Koch musste sich auf Routineempörung beschränken. Kaum hatte der Ökominister eine Sanktion gegen einen Nuklearbetrieb verfügt, krakeelte der Konservative »Ohrfeigen«, »Nadelstiche«, »Canossagang« oder »Politagitation«. Koch übte sich unablässig im Starkdeutschen, jener Form seiner Muttersprache, die sich vorwiegend aus Militärischem, Mannhaftem, Historischem speist und nur ein Ziel hat: so laut zu dröhnen, dass es bis in die Zeitung, besser noch ins Fernsehen reicht, um allerdings schon am nächsten Tag wieder vergessen zu sein.

In Wirklichkeit langweilte Koch die Oppositionspauke. Der Job in Wiesbaden füllte ihn beim besten Willen nicht aus. Er orientierte sich wieder mehr in den Main-Taunus-Kreis. Hier warteten große Entscheidungen, hier wollte etwas ans Laufen gebracht werden, hier konnte der Hyperaktive wirbeln. Bereits Ende der achtziger Jahre hatte sich im Kreis eine große Koalition der Modernisierer zusammengefunden. Treibende Kräfte waren Koch für die CDU und der schlaue SPD-Mann Gerd Mehler. Die beiden waren sich geradezu beängstigend einig, wie der Kreis zukunftssicher zu machen sei.

Die beiden hatten sich im Geburtsvorbereitungskurs kennen gelernt, jener grausamen Veranstaltung, in der maskuline Leidensgemeinschaften entstehen, oft Grundlage für stabile Männerfreundschaften. Als erstes Gemeinschaftswerk betrieben die beiden ökologisch angehauchten Familienväter die Rekultivierung der Weilbacher Kiesgrube. Mit dem Ertrag aus dem Kiesaushub finanzierten sie ein Naturschutzhaus für Kinder. Sie tauschten sich auch über Privates aus, etwa, dass ihre Frauen darunter litten, oft allein mit den Kindern zu Hause zu hocken. Immerhin fand Koch noch Zeit, mit seinen Knaben auf dem Fußboden zu lümmeln und Legoautos zu bauen.

Mehler und Koch verstanden sich prächtig, eigentlich viel zu gut, um Parteifeinde zu sein. Oftmals mussten sie sich unerkannt treffen, morgens um 7 Uhr zum Frühstück in einem Höchster Einkaufszentrum zum Beispiel, um der rufschädigenden Vermutung der gemeinsamen Sache zu entgehen. Was in weiten Teilen der Republik noch als Teufelszeug galt, wollten Mehler und Koch im Main-Taunus-Kreis prototypisch vorantreiben: die Privatisierung kommunaler Betriebe.

Von Ende der achtziger bis Mitte der neunziger Jahre gelang es dem Kreistag, angetrieben durch Koch und Mehler, die Müllentsorgung, den Verkehrsverbund, die Altenheime und die Kliniken des Kreises in die Rechtsform einer GmbH und damit in die Selbständigkeit zu entlassen. Koch saß in den Aufsichtsräten, kannte Zahlen, entschied bei Geschäften und Personalfragen mit. Der Kreis bürgte schließlich für Kredite. Koch sorgte persönlich dafür, dass die Berichte für alle Parlamentarier verständlich zusammengefasst wurden.

Die Kunst bestand darin, die Betriebe dem politischen Klüngel zu entziehen. Die parlamentarische Kontrolle der Firmen lief über den »Ausschuss für wirtschaftliche Beteiligungen und Eigenbetriebe«, dessen Kontrolle Koch und Mehler nicht aus der Hand gaben. Hier wurden Bilanzen geprüft, Geschäftsführer hatten sich zu erklären und mussten sich von Koch Dinge über ihr Unternehmen sagen lassen, die sie gar nicht wussten.

Bis heute hat sich die radikale Modernisierung bewährt; Main-Taunus dient Kreisen aus ganz Deutschland als Vorbild. Privatisierung, damals noch verpönt, ist heute Zielvorgabe nahezu aller Kreisparlamente. Und was Koch damals mit Mehler übte, sollte er zehn Jahre später mit NRW-Ministerpräsident Peer Steinbrück wiederholen: die informelle große Koalition, die vor allem ein Ziel hat – einfach mal schnell bessere Politik machen.

Tapfer mühte sich der Wiesbadener Großpolitiker Koch, die Sitzungen montags um 16 Uhr im Kreishaus nicht zu verpassen. Immer traf sich die SPD-Fraktion zur Vorbereitung im Raum »Hofheim« und die CDU im Raum »Höchst«. Allein die Einladung auf schmuddelig-grauem Papier war für normale Menschen schon abschreckend. Da hieß es: »Unter Berufung auf § 32 der hessischen Landkreisordnung (HKO) in der Fassung vom 1. April 1993 (GVBl. I Seiten 569 ff.) in Verbindung mit §§ 58 und 59 der Hessischen Gemeindeordnung (HGO) in der Fassung vom 1. April 1993 (GVBl. I Seiten 534 ff.) lade ich die Damen und Herren Abgeordneten des Kreistages und Mitglieder des Kreisausschusses freundlich ein. Mit freundlichen Grüßen, Karl-Heinz Koch, Kreistagsvorsitzender.«

In 30 und mehr Tagesordnungspunkten ging es um wirkliche Basispolitik: Änderung der Satzung der Volkshochschule, die Vereidigung des neuen Kreisbeigeordneten, die Fortschreibung des regionalen Raumordnungsplanes für die Planungsregion Südhessen, die Neuordnung der Tierkörperbeseitigung, die Wahl eines Patientenfürsprechers, Änderung der Grünabfall-Kompostierungssatzung oder den Antrag der Republikaner, die Veranstaltung der Gleichstellungsstelle zum Thema »Das Frauenbild rechtsextremer Parteien« zu missbilligen. Da waren Gelassenheit, Geduld, Konzentration und Beharrlichkeit gefragt.

Die Koalition Koch/Mehler schuf ein einvernehmliches Klima im Kreistag, im Gegensatz zum kleinkarierten Gekeile in den Nachbarkreisen. Damals, findet Mehler, seien sie zu großer Form aufgelaufen. Einen Verkehrsverbund oder Krankenhäuser zu privatisieren, das muss ihnen erst mal einer nachmachen. Die Kliniken schreiben schwarze Zahlen, der Gesundheitskonzern ist mit 1000 Jobs größter Arbeitgeber. »Hier hat der Roland alles gelernt, was er später gut gebrauchen konnte«, sagt Mehler, »der ist ja kein Hardliner: Roland kann mit Strukturen umgehen, Dinge anschieben und vor allem umsetzen, und das geht nur über Parteigrenzen hinweg. Der war ein Außenseiter, ein Paradiesvogel, aber hier im Kreis, da hat er seine Qualitäten ausgespielt, da unterlag er nicht so vielen Zwängen wie jetzt.«

Heute sitzt Mehler als Geschäftsführer des Abfallverbandes auf einem sanften Hügel und erinnert sich wehmütig an die alten Zeiten.

Kreispolitik ist für echte Volksvertreter die attraktivste Disziplin: Hier lassen sich große Dinge bewegen, meist im Halbschatten der Medien, weshalb die auf großer Bühne nötigen Abgrenzungsrituale wegfallen. Im Idealfall kann Vernunft regieren, erst recht, wenn der Vater Kreistagsvorsitzender ist und der Sohn Fraktionschef. Wenn sie sich heute treffen, sagt Mehler, dann blicke der Ministerpräsident etwas nostalgisch drein und sagte Sätze, die immer mit »Damals ...« beginnen. 2004 verlieh Roland Koch seinem Freund »für seine Verdienste um das Gemeinwohl« das Bundesverdienstkreuz.

»Matrosenanzug statt Stahlhelm« – Koch beerbt Kanther

Im Sommer 1993 kommt das Schicksal Koch mal wieder zu Hilfe. Wegen der Schießerei von Bad Kleinen verliert Bundesinnenminister Rudolf Seiters seinen Job. Kohl braucht ein Jahr vor der Bundestagswahl schleunigst einen harten Mann im Schlüsselressort. Seine Wahl fällt auf Kanther. »Der schwarze Sheriff« titelt hilfreich der »Spiegel«. Der Neue ist vom Start weg ideal positioniert. Im Landtag ist Bewegung. Der CDU ist ihr Fraktionschef abhanden gekommen, Ersatz muss her. Koch ist der natürliche Kandidat, doch sind die Erzkonservativen noch immer nicht begeistert.

Koch sitzt der Schock von der Niederlage 1991 noch in den Knochen. Jetzt nur keinen Fehler machen. Vorsichtig verkündet er, dass ihm »die Fraktionsarbeit Spaß machen würde«. Als weitere Kandidaten sind Bouffier und Nassauer im Gespräch. Letzterer bereitet allerdings schon seinen Abmarsch ins Europaparlament vor. Und Bouffier würde seinen Tankstellen-Freund nicht herausfordern. Dafür überlegt Christean Wagner, Kultusminister bei Wallmann und Vorzeigejugendlicher der Konservativen, ob er eine Kampfkandidatur wagen soll.

Ausgerechnet Kanther signalisiert, dass er Koch den Vorzug geben wolle, und drängt den Gegenkandidaten beim Hessentag in Lich, wo die Wahl stattfinden soll, zur Aufgabe. Artig gibt Wagner zu Protokoll, dass ihn eine Kandidatur gereizt hätte, er aber »die Geschlossenheit der Fraktion nach außen hin« nicht gefährden wolle. Dennoch fällt das Wahlergebnis für hessische Verhältnisse sehr bescheiden aus: 27 Ja-Stimmen bei 10 Nein und 6 Enthaltungen. Niemand außer Manfred Kanther sieht in dem Resultat ein »eindeutiges Vertrauensvotum«.

Mit seiner Antrittsrede im hessischen Landtag scheint Koch die Bedenken seiner Gegner zu bekräftigen. Ausgerechnet er, der sich viel darauf einbildet, einer der besten Rhetoriker im Plenum zu sein, kontert die Regierungserklärung von Ministerpräsident Eichel mit kleinlichem Vorrechnen von Versäumnissen. Sein Vortrag verfängt bei der amüsierbedürftigen CDU-Fraktion überhaupt nicht, zumal der tiefschwarze Block, Kochs Gegner, auch noch demonstrativ zum Kaffeetrinken geht, als Koch ans Rednerpult schreitet. Den Bedarf seiner Truppe an Lachen, Brüllen, Schenkelklopfen bediente Koch nicht im mindesten. »Vom Stahlhelm zum Matrosenanzug« kommentierte Joschka Fischer den Wechsel von Kanther auf Koch.

In diesem Jahr schien der Koch-Nimbus zu schwinden. Denn auch Vater Karl-Heinz wurde nicht mehr automatisch als Eminenz behandelt. Nach der Kommunalwahl 1993 geschah das Undenkbare: SPD, Grüne und Freie Wähler hatten die Mehrheit im Eschborner Stadtparlament erobert und einigten sich darauf, den Stadtverordnetenvorsteher Karl-Heinz Koch, inzwischen 69 Jahre alt, abzulösen. »Mehr Mitspracherecht und mehr Leistungen für den Bürger«, lauteten die Parolen, und vor allem: Lokalpolitik solle nicht mehr »zelebriert« werden. In seiner Abschiedsrede ist der sonst so sachliche Koch sichtlich bewegt: »Ich kenne ihre menschlichen Eigenheiten, ihre Gesichter, ihr Verhalten, und so gehe ich nicht ohne eine gewisse innere Berührung von hier fort.« Im Jahr darauf verabschiedet sich auch Roland aus dem Stadtparlament. Er hat Größeres vor.

Im dritten Akt der »Fledermaus«, wenn der betrunkene Gefängniswärter Frosch die Insassen seiner Zellen meldet, johlt das Frankfurter Opernpublikum im Januar 1994 deutlich mehr als sonst. In Zelle 1, da sitze der Lotto-Geschäftsführer, in Zelle 2 sein Vorgesetzter, der Staatssekretär, in Zelle 3, da hocke dessen Vorgesetzte, die Finanzministerin, und in Zelle 4 schließlich, da sitze Hans Eichel, Ministerpräsident und Chef von allen. Der Darsteller war mit seiner improvisierten Darbietung hessischen Genossen-Filzes nah an der Wirklichkeit. Bis auf Eichel waren alle Genannten ihren Job los geworden.

Eichels rotgrüne Regierung hat keinen guten Stand. Denn Kochs CDU treibt mit ihm jenes Spiel, dass die SPD vier Jahre zuvor mit Wallmann gespielt hatte: Skandal an Skandal reihen, Glaubwürdigkeit untergraben, Opfer weich kochen. Der Ministerpräsident kommt der Opposition noch entgegen. Anstatt sich offensiv zu verteidigen oder aus eigenem Antrieb schwache Leute vor die Tür zu setzen, lässt sich Eichel immer nur treiben.

Erst stellt sich heraus, dass er die Wiesbadener Dienstvilla für 1,5 Millionen Mark hatte renovieren lassen. Katastrophale Zustände bei der Unterbringung von Asylbewerbern offenbaren, wie schwach die grüne Familienministerin Iris Blaul regiert. Frauenministerin Heide Pfarr hat sich ihre Privatwohnung für 53 000 Mark aus Steuermitteln renovieren lassen, der Innenminister lässt in Fulda Heerscharen von Neonazis paradieren. Den Gipfel bildet die Lotto-Affäre. Gescheiterte Genossen waren bei der hessischen Lotto-Gesellschaft fürstlich untergebracht worden. Eichel musste die Verantwortliche feuern, Finanzministerin Annette Fugmann-Heesing. Offen debattieren Rote und Grüne darüber, ob der Ministerpräsident selbst nicht untragbar geworden sei. Für einen Moment wackelt Eichel, aber er fällt nicht. Eine Revolte wird vermieden, weil sich kein präsentabler Ersatz findet in Reihen der SPD. Der Traum vom schnellen Regierungswechsel ist für die CDU dahin.

Der von Fischer als »Oppositionsführerlein« geschmähte Koch gewinnt zunehmend an Profil. Beim Landesparteitag Anfang 1994 holt Koch das beste Ergebnis aller Präsidiumsmitglieder.»Nach und nach hat er alle in der Fraktion umgedreht«, sagt der langjährige Gegenspieler Wagner voller Respekt. Denn Koch hatte getan, was er immer tat: Er war fleißig gewesen, hielt Minister Kanther loyal den Posten des Spitzenkandidaten frei und arbeitete zäh an seinem Image.

Koch setzte auf unstrittige Themen wie Wirtschaft und innere Sicherheit, hatte sich artig für Steffen Heitmann ausgesprochen, Kohls skurrilen Kandidaten für das Amt des Bundespräsidenten. In der »FAZ« publizierte er einen schlauen Vorschlag zum Ladenschluss: Geschäfte sollten ein Zeitkontingent bekommen und die Öffnungszeiten dann selbst bestimmen. Er hatte Fischer ausgesessen, der rund und selbstverliebt in den Bundestag nach Bonn strebte, um Rotgrün vorzubereiten. Zum Abschied hatte Koch ihm eine große Flasche Wein mit Schleife überreicht.

Die dicksten Schlagzeilen machte er allerdings mit einem politischen Thema, das immer alle anderen verdrängt: Streit. Koch war einer von sieben jungen Unionisten, die angeblich aufmuckten gegen Chef Kohl. Mit dem Stuttgarter Fraktionschef Günther Oettinger an der Spitze (»Kohl führt zu wenig«) traten Wulff, Böhr, Koch, Ronald Pofalla, Herrmann Gröhe und CDU-Generalsekretär Peter Hintze an für eine »modernere, diskussionsfreudigere CDU«. Als von der Zusammenrottung im »Stern« zu lesen war, hatte Koch der Mut schlagartig verlassen. Grund war die Überschrift:»Sieben gegen Kohl«.

Der zuständige Redakteur Georg Streiter erinnert sich,»wie Koch mich eine halbe Stunde lang am Telefon angebrüllt hat, sodass man seinen hochroten Kopf ahnen konnte. Selbst als ich ihn später traf, ist er nochmal purpur angelaufen.« Dennoch blieb Koch den Aufständischen mit dem eher spöttischen Kampfnamen »Junge Wilde« treu, nicht ohne allerdings seinen Freund Kohl in Bonn wissen zu lassen, dass etwaige Spitzen nur taktischer Natur und mithin nicht ernst zu nehmen seien.

»Der Roland steht in meiner Nachfolge« – Kohls Enkel Koch

Es war im Januar 1995, als Kanzler Kohl beim Flug über sein Deutschland eine kleine, wegweisende Bemerkung machte. Der Helikopter brachte ihn von Bonn nach Korbach in Hessen, wo gerade der Landtagswahlkampf in die heiße Phase trat. Im Herbst zuvor hatte Kohl einen von vielen bereits verloren geglaubten Bundestagswahlkampf gegen einen gewissen Rudolf Scharping im letzten Moment herumgedreht. Für Hessen, das traditionell kaum ein halbes Jahr nach dem Bund wählte, hieß das nichts Gutes. Reflexartig votierten die Bürger dort meist in die entgegengesetzte Richtung.

Wahlkämpfer Kohl machte sich auf dem Hinflug so seine Gedanken, wie es in der hessischen CDU weitergehen würde, falls Kanther scheiterte. Beim Blick über sein Land, fernab von aufgestellten Journalistenohren, erging sich ein milde gestimmter Kanzler auch in grundsätzlichere Überlegungen über die Zukunft, zum Beispiel darüber, wer eines fernen Tages mal Partei und Land führen könnte. Für Kohl war die Sache klar: »Der Roland steht in meiner Nachfolge als Parteivorsitzender und Kanzlerkandidat.« Die Mitfliegenden schwiegen andächtig. So deutlich hatte sich der Kohl selten geäußert.

Das Vertrauen des mächtigen Mannes hatte sich Roland Koch systematisch über Jahre erarbeitet, wobei nicht nur Berechnung im Spiel war, sondern auch schlicht Verehrung. Es ist wie mit Opa und Enkel, die häufig ein entspannteres Verhältnis pflegen als Vater und Sohn. Eine »ausgesprochen freundschaftliche Beziehung« nennt Kohl ein Verhältnis, für das Koch immerhin die Formel wagt: »Wir vertrauen uns sehr.«

An dem in der CDU tobenden Wettbewerb, wer Kohls eigenwillige Aussprache am besten imitieren könne, hat sich Koch nicht beteiligt, er hat sich auch nie vom Alten distanziert wie so viele andere. Dafür zahlt der Senior aus seinem Erfahrungsschatz zurück. Koch ist voller Respekt, betont die »große Motivation« und die »beachtliche Rolle«, die Kohl für ihn bedeutete. Der Altkanzler entdeckt in Koch ein Stück seiner eigenen Geschichte wieder. So wie Kohl damals an dem rheinland-pfälzischen Ministerpräsidenten Altmaier vorbei musste, hatte Koch auf Kanther zu warten. Kohl pries immer »Leistungsbereitschaft« und »Familie«, so wie Koch. Und Hannelore Kohl wollte so gern, dass ihr Mann in der Heimat bleibt so wie Anke Koch, die erzählt, wie einst die Söhne reagierten, als der Vater unerwartet nachmittags mal im Haus stand: »Papa, bist du krank?« Zugleich musste Kohl nie Angst haben, dass ihm der Junge gefährlich werden könnte. Dafür waren sie altersmäßig zu weit auseinander. Und klar ist bis heute, dass Kohl natürlich der Bessere ist. Die Abwesenheit von Rivalität ist eines der Geheimnisse, warum sie hingebungsvoll ihre Beziehung pflegen mit regelmäßigen Telefonaten und gelegentlichen Treffen.

Koch erwies sich im Umgang mit Kohl stets als instinktsicher. Er erlag nicht wie viele andere der Versuchung, sich dem Boss freudig vor die Füße zu werfen. Im Gegenteil: Koch gab contra. 1982 überbrachte er Kohl in einer Nachtsitzung die Nachricht, dass die Junge Union die Amnestiepläne in Sachen Flick nicht mittragen werde und kritisierte das »geheimbündlerische« Verhalten der Regierung zu diesem Thema.

Es spricht für das Verhältnis der beiden, dass sie sich über strittige Themen nie entzweiten, was schnell geschehen wäre, wenn Kohl gewollt hätte. Nein, sie konnten einen Dissens stehen lassen, ohne persönlich zu werden, weil sie ihre Meinungen respektierten. Kohl nahm Koch ernst, er war für ihn der angenehmste und spannendste unter den jungen Leuten. Kein Karrierist wie Wissmann, der immer nur Kanzler werden wollte, oder ein intellektuell entschwebter Loser wie Böhr. Koch war nicht so anbiedernd wie Rüttgers, nicht so langweilig wie Wulff.

Der Hesse besaß die richtige Mischung aus Schläue und Fleiß, aus Detailversessenheit und dem Blick fürs große Ganze. Außerdem hatte er Umgangsformen. Er sagte freundlich »Grüß Gott« zu Frau Weber, wenn er mal wieder im Kanzleramt vorbeischaute, was nicht für alle dieser jungen Flegel selbstverständlich war. Außerdem nannte Koch den Patriarchen ausdauernd »Herr Doktor Kohl«, was dem immer gut gefiel.

Und, besonders wichtig: Koch kam aus Hessen, so wie viele der treueren Wegbegleiter Kohls: Dregger, Wallmann und Kanther, der Steuerberater Weyrauch, die CDU-Werbeagentur Zoffel, Hoff und Partner, der Finanzjongleur Prinz Wittgenstein und natürlich Friedrich Bohl, Kohls treuer Kanzleramtsminister, alle verschwiegen vereint in der Loge Hessen-CDU. So kameradschaftlich und kraftstrotzend hätte er sich die Partei überall gewünscht und nicht chaotisch wie sein Heimatverband.

Koch dagegen bewunderte Kohl, weil der etwas hatte, was es im Main-Taunus-Kreis nicht gab: Visionen fürs große Ganze, epochal klingende

Gedanken über die langen Linien der Weltpolitik, strategische Weitsicht und bei Bedarf auch brutale Machttechnik. Kohl hatte Erfolg, man konnte sich was von ihm abgucken und außerdem hatte er den Beweis erbracht, dass Karriere eine demokratische Angelegenheit war in der CDU. Jeder, egal welcher Herkunft, konnte es bis nach oben bringen, wenn er Schläue, Härte, Machtwillen und Geduld mitbrachte. Zudem hatte Kohl dieses Geheimbündlerische, Verschworene. So einer war Koch bei seiner Suche nach Vaterfiguren vorher nie begegnet. Welch ein Unterschied zum formalen Karl-Heinz Koch, dem Kohl nie geheuer gewesen sein dürfte.

Kohl und Koch betrachten Politik als Sport, als argumentatives Kräftemessen, als Provozieren, als Grenzentesten, einfach so, aus Lust am Balgen, wie zwei Halbstarke, die sich vor lauter Kraft die seltsamsten Dinge antun. Es gab für sie nichts Langweiligeres als Menschen, die Vorschriften referierten, die sofort umfielen, jedem Quatsch zustimmten oder gehorchten.

Politik ist für sie Raufen, und wenn der Pfälzer wieder unwirsch alle Einwände zu einem Thema vom Tisch fegte, ließ sich Koch nicht einschüchtern. Er wusste: Wer kuscht, hat verloren. Er widersprach schon aus Prinzip, und baute am besten noch eine kleine böse Spitze ein. Mochte Kohl auch ein Weilchen toben, so war doch klar: Der andere hatte sich als Steher ausgewiesen, nun konnte eine spannende Debatte beginnen. Diese Psychospielchen trieb Koch zur Perfektion. Mehrfach, berichtet er, sei es ihm bei Telefonaten gelungen, Kohl bis zum Aufknallen des Hörers zu bringen. »Darauf bin ich genauso stolz wie auf die vielen friedlichen Gespräche«, sagt er grinsend.

Die Nähe zur Macht am Rhein bereitete dem Nachwuchspolitiker allerdings nicht nur Freude. Eifersüchtig registrierten die anderen Talente, dass der Chef vor allem Interesse an Koch zeigte. Mit 35 durfte dieser das Einleitungskapitel zum neuen Grundsatzprogramm dichten, was kaum jemand liest, aber große symbolische Wirkung hat. Helmut Kohl hatte ihn ausgesucht, mit Reinhard Göhner und Thomas Gauly, damit sie dem offiziellen Textchef Lothar de Maizière ein bisschen assistieren würden.

Der Respekt der Kollegen für Koch war aus der Angst gespeist, dass Koch dem Kanzler irgendetwas hinterbringen könnte. Umso verächtlicher redeten die Jungen hinter seinem Rücken über ihn, der aus den Armen von Papa Justizminister nahtlos wechselte unter den Schutzschirm des Kanzlers. Was nicht ganz fair war, denn im Gegensatz zu anderen, die Kohl ergeben gegenübertraten, aber hinterrücks intrigierten, kritisierte Koch offen und ehrlich. Und er tratschte vergleichsweise wenig.

Kohl, sein Leben, seine Muster, sogar seine provinzielle Garderobe, das sind für Koch stets Quellen der Inspiration, der Kraft. Seit jeher spricht der Eschborner Kohlisch, als habe er vom Patriarchen zur Kommunion einen Satzbaukasten geschenkt bekommen. Kritik der SPD automatisch »empörend« oder »diffamierend«, alles was er tut, mindestens »historisch« und überhaupt fasziniere Politik, nein, keinesfalls wegen der Macht, sondern allein durch »die Chance des Gestaltens«. Kohl sah, dass er mal wieder das richtige Gespür gehabt hatte für ein Talent. Der Roland aus Wiesbaden, schwärmt Kohl, der tickt eben wie er, dem der Prälat damals, gleich nach dem Krieg, mit auf den Weg gab: »Intelligenz, mein Junge, die kann man sich kaufen. Das Wichtigste im Leben ist Charakter. Den hat man oder man hat ihn nicht«, predigte der Geistliche. Charakter, das ist eine urkohlische Formel, die mehr verschweigt als sie aussagt, so wie: »Der hat ein Koordinatensystem.«

Letztendlich geht es bei Charakter, wie Kohl ihn meint, ja nicht um Werte, sondern um das Gegenteil: die Kaltschnäuzigkeit, Werte zu ignorieren und den Regeln des Clans zu gehorchen; Spender nicht preiszugeben, zum Beispiel. Wer sich unverbrüchlich zu Kohl bekennt, wer seine Autorität nie infrage stellt, gelegentlich nützliche Hinweise liefert, wer Treue und Gefolgschaft als höchste Güter begreift in der Schlacht gegen das Reich des Roten, wer dem Feldzug gar Heldenhaft-romantisch-Missionarisches abzugewinnen vermag, ja, der hat Charakter, Werteordnung, Koordinatensystem. Der gehört dazu.

Wenn es darum geht, die Partei in seinem Sinne weiterzuführen und eines Tages vielleicht Deutschland, dann gibt es für Kohl nur einen, »die größte politische Begabung, die ich herumlaufen sehe«. Natürlich Koch. Kohls lobende Worte sind nicht nur fachlich begründet, sondern mindestens ebenso stark emotional. Die Treue des Wiesbadeners, der Umstand, dass er den Titel »Kohlianer« wie einen Verdienstorden trägt, das rührt den alten Elefanten zutiefst. Schicksalsgläubig wie er ist, kann er nicht umhin, eine Spur von Fügung zu sehen, Kontinuität, eine historische Linie. Koch ist »Kohlianer«, Kohl ist »Erhardianer« – vielleicht ist es das: Adenauer – Erhard – Kohl – Koch, das Erbe, Tradition und Zukunft, die große ganze ewige CDU.

»Der Roland ist einfach der Bessere« –
Showdown an der Tankstelle

Als Koch von Manfred Kanther gefragt wurde, ob er im Falle eines Wahlsieges ein Ministeramt übernehmen wolle, winkte er ab. Die Kalkulation war klar: Ob Sieg oder nicht, Fraktionschef war der wichtigste Posten. Dort war man ein mächtiger Mann, im Kabinett einer von vielen. Auch so eine Lehre aus dem Leben von Helmut Kohl.

Abgesehen davon: Als Fraktionsvorsitzender konnte Koch seine florierende Kanzlei weiterbetreiben. Mit dem Terminkalender eines Ministers, der jeden Tag irgendwo im großen Flächenland repräsentieren musste, hätte er seinen Nebenjob als Anwalt vergessen können. Er hatte den Laden zwar gut organisiert, aber trotzdem musste er mehrmals die Woche zugegen sein.

Morgens früh fuhr er mit dem eigenen Wagen in die Kanzlei, ließ sich dann vom Fahrer abholen und nach Wiesbaden bringen, abends im Büro wieder absetzen, arbeitete noch ein paar Stunden, um schließlich mit dem eigenen Auto wieder nach Hause zu fahren. Für Gespräche mit Klienten in den USA waren die Nachtschichten wegen der Zeitverschiebung praktisch. »Die Amis dachten: Toll, das ist ja ein besonders engagierter Anwalt, dass der im Büro wartet, bis er uns erreicht«, erzählt er.

Die Honorare aus der Kanzlei kamen Koch sehr recht. Seine Villa in Eschborn hätte er sich von Einkünften als Politiker kaum leisten können. Das Anwesen ist etwas groß für den knappen Bauplatz geraten, heißt in Eschborn nur das »Weiße Häuschen«. Ortsunkundige suchen reflexartig die Auffahrt und das Mikrophon. Vom Stil her könnte man das Haus mit einem auf Landhaus gemachten Drive-in von McDonald's verwechseln.

Seinen Wahlkampf hatte Koch inzwischen weiter verfeinert. Eine Gruppe Jungunionisten aus Eschborn war sich nicht zu dumm, in Kochuniformen und mit meterlangen Kochlöffeln eine Art Vorhut zu bilden, wenn der Landtagskandidat auftrat. Koch kämpfte, bis Mitternacht im Gemeindesaal und morgens um sechs Uhr schon wieder am S-Bahnhof.

Auch Kanzler Kohl ließ sich blicken, war aber schlecht gelaunt. Die Kochmützen-Truppe, der Koch ein Treffen mit Kohl nach einem Wahlkampfauftritt im Restaurant zugesagt hatte, musste lange vor der Tür im Bus warten, bis sich der Kanzler erweichen ließ, die jungen Leute wenigstens mucksmäuschenstill an einem weit entlegenen Tisch zu dulden. Das Hinübergucken wurde untersagt. Nur unter Aufbietung aller Überredungskunst gelang es Koch, sein Idol zu einem Foto mit dem Parteinachwuchs zu bewegen. Kohl guckt griesgrämig auf den Bildern.

Doch die Mühe war umsonst: In seinem Wahlkreis schaffte Koch zwar mit knapp 50 Prozent ein ordentliches Ergebnis, hessenweit reichte es für die CDU wieder nicht. Die SPD verlor stark, aber die Gewinne der Grünen glichen die Verluste mehr als aus. Es war wie immer: Die Wiederwahl Helmut Kohls in Bonn, der einen schwachen Scharping bezwungen hatte, löste in Hessen oppositionelle Reflexe aus. Kanthers Strategie, mit der Prominenz aus Bonn in Hessen zu siegen, so wie es Dregger und Wallmann auch schon gemacht hatten, war gescheitert.

Diesmal war die Aussicht auf Opposition für Koch und die anderen Jungen weitaus angenehmer als vier Jahre zuvor. Es war klar, dass Kanther Platz machen würde für einen Jüngeren. Zudem würde der unspektakuläre Eichel nicht nochmal gewinnen. Wer aber sollte Spitzenkandidat 1999 werden? Welches Mitglied der Tankstelle sollte als Erstes nach dem Job des Ministerpräsidenten greifen dürfen?

Im Bewusstsein, dass ihnen die Zukunft gehören würde, wenn sie hier und jetzt keinen Fehler machten, kamen die Freunde zu ihrem dramatischsten Treffen zusammen. Allen war klar, dass es einem Showdown geben würde. Auf der einen Seite Tankstellen-Chef Bouffier, der telegener und charmanter wirkte, auf der anderen Kopfmensch Koch, der bereits Fraktionschef war und bislang eine ordentliche Figur gemacht hatte.

Die Argumente flogen schon vor dem Treffen hin und her: Wer würde bei einer Direktwahl gewinnen, wer mehr Stimmen bei den Frauen holen, wer die Stammwähler binden, wer weiter in der Mitte Stimmen abgreifen? Es war eines der wenigen Male, dass die Gruppe ereignisoffen in eine Runde ging. Beide Kontrahenten schienen entschlossen. Der alte Grundsatz, dass es nur Entscheidungen ohne Verlierer geben sollte, war in Gefahr.

Wieder bewies die Tankstelle ihre Gruppendisziplin, die über die Jahre eine unterschätzte politische Tugend darstellte. Sie hatten sich immer offen gesagt, was sie voneinander hielten, welcher Karriereweg für wen der angemessene sei. Sie hatten niemanden fallen lassen, sich umeinander gekümmert. »Eine ziemlich einmalige Truppe«, findet Karlheinz Weimar, »die mit ihrem Verhalten die hessische CDU am Leben erhalten hat.« Die Tankstelle hat Konflikte nie befördert, sondern meist bereinigt.

So kam es auch dieses Mal: Überraschenderweise war es Bouffier, der vor dem Treffen schweren Herzens zur Erkenntnis gelangte, dass »der Roland der Bessere ist. Ein Schaulaufen von zwei Jungen, die inhaltlich deckungsgleich sind, aber zeigen wollen, wer der Schlauere und Schönere ist, wäre für die Truppe verheerend gewesen.« Die Tankstelle traf sich geheim bei Wiesbaden. Während alle den Zoff fürchteten, ergriff Bouffier das Wort: »Ich habe ihn vorgeschlagen, ohne dass er es wusste.«

Das war altruistisch gesagt, vielleicht schwang auch Dank mit für den Staatssekretärsposten, den Koch ihm besorgt hatte, aber am Ende war die Entscheidung Resultat kalter Analyse. Was wäre passiert, wenn Bouffier die Kandidatur 1999 für sich reklamiert hätte? Hätte der Fraktionschef Koch sich gefügt? Oder hätte für den Wahlkampf eine Entscheidung hergemusst, die nur Verlierer produziert und die Tankstelle gesprengt hätte?

Es war Pragmatismus und nicht Sympathie, der die Gruppe zustimmen ließ. Die meisten sagten offen: Roland ist nicht schön, nicht charmant, aber er hat die meisten Chancen, was zu werden. Und damit hatten auch sie Chancen, was zu werden. Nur Weimar sah den Kult um Koch etwas entspannter. In Wirklichkeit hätten drei, vier von ihnen das Zeug gehabt, Ministerpräsident zu werden. Wobei er sich, klar, dazu zählt.

Mit der Entscheidung war der Fortbestand der Tankstellen-Connection gesichert. »Wäre es zum Krach gekommen«, sagt Karin Wolff, »dann hätte das auch das Aus bedeuten können für unseren Klub.« So war gewährleistet, dass die Mitglieder und ihre Familien weiterhin einmal im Jahr im Sommer zusammenkamen und einen Tag bei Picknick und Grillen im Grünen oder an jedem Weihnachtsfest zusammenhocken sowie die Kochs, die Reifs, die Müllers, die Weimars und die Jungs.

»Die historische Dimension« –
Koch lotst den Dalai Lama nach Bonn

Der neue geheime Spitzenkandidat der CDU, dessen neue Rolle kaum jemand kannte, hatte in den letzten Monaten an einem Geheimprojekt gearbeitet, dessen Sprengkraft niemand ahnte. Seitdem er den Dalai Lama 1987 getroffen hatte, wuchs in Koch der Wille, das Oberhaupt der tibetischen Gemeinde in Deutschland hoffähig zu machen. Tibet passte perfekt in die Glaubenswelt der CDU: Barbarische Kommunisten unterdrücken kleines tapferes religiöses Volk. Da waren Gut und Böse ordentlich sortiert.

Dumm nur, dass in der Tibet-Frage das Radar von Helmut Kohl ganz anders justiert war. Die tibetische Kultur war für Kohl eher esoterischer Erweckungshokuspokus, mit dem Dalai Lama konnte und wollte er nichts anfangen. Nicht ganz zu Unrecht merkte Kohl an, dass Tibets Buddhisten über Jahrhunderte alles andere als ein mitfühlendes Staatswesen führten.

Dcr Kanzler wollte gute Beziehungen zu Peking. Und so stampfte er 1995 ohne viel Sensibilität durch China, machte der Armee seine Aufwartung, ließ sich einen »Herzenswunsch erfüllen« und in Tibets Hauptstadt Lhasa fliegen, just, als die chinesischen Repressionen wieder besonders brutal waren. »Naivität« warf der Dalai Lama damals Kohl in seltener Schärfe vor, er habe »die Konsequenzen seines Besuchs nicht kapiert«. Die Visite symbolisiere, dass der Kanzler »die Besatzung billige«.

In der Tibet-Frage hat Koch einen der wenigen handfesten Kräche mit seinem politischen Ziehvater heraufbeschworen. Als Kohl die chinesische Armee besuchte, da gab es »eine wirklich heftige Auseinandersetzung. Ich hielt es für das falsche Signal, vor allem angesichts der Distanz, die Kohl zu den Exiltibetern hielt. Kohl dachte an die große politische Linie. Da waren die Tibeter nur ein kleines Rädchen im Getriebe. Ich aber hatte mich entschlossen, genau auf dieses Rad zu achten.«

Gleichwohl geschickt schaffte es Koch zu vermeiden, dass aus der Meinungsverschiedenheit eine dauerhafte Verstimmung wurde. Seine Kritik an Kohl rollte der Hesse in eine seiner Wortgirlanden, die Missbilligung verriet, aber medial nicht auszuschlachten war: »Mir wäre es lieber gewesen, der Zeitpunkt des persönlichen Kontakts zum chinesischen Militär wäre später gewesen in der Geschichte der Beziehungen, wenn sich die Verhältnisse in China etwas mehr verändert haben.«

Die Kohl'sche Ignoranz schien den jungen Koch zu beflügeln. Beharrlich tüftelte er an einem Weg, den parteiübergreifenden Boykott des Religionsführers auszuhebeln. Nahezu überall auf der Welt war der Dalai Lama, Friedensnobelpreisträger von 1989, ein respektierter und willkommener Gast. Nur die Deutschen sperrten sich trotzig. Kochs Idee: Die Anerkennung des Dalai Lama in Deutschland musste über Hessen führen.

Wie zäh der Widerstand war, erfuhr Koch Anfang 1994 bei den Vorbereitungen zur 1200-Jahr-Feier der Stadt Frankfurt. Der Dalai Lama war eingeladen, man sei »glücklich und dankbar«, dass »Seine Heiligkeit« zum Festakt mit Bundespräsident von Weizsäcker und Frankreichs Präsident Mitterrand reise, jubelten die Gastgeber. Neben dem Eintrag ins Goldene Buch war ein Vortrag geplant, umrahmt von »musikalischen Darbietungen, wegen der herausgehobenen Stellung« des Gastes, wie das Festkomitee an den Schweizer Vertreter Tibets schrieb.

Wenige Wochen später war alles anders. Die Weltstädter, regiert vom Sozialdemokraten Andreas von Schoeler, ließen den Stab des Dalai Lama wissen, dass er doch nicht kommen dürfe. Auf Druck von Bonner Politik und französischer Seite hatten die Veranstalter die Peinlichkeit in Kauf genommen, den hohen Gast auszuladen. Freundlich ersparte der Dalai Lama den Frankfurtern eine weitere Eskalation und sagte von sich aus ab.

Die politische Einordnung übernahm nur Stunden später der Abgeordnete Roland Koch mit erfrischend undiplomatischen Worten.»Beschämend« nannte er die Ausladung, die»einem Kniefall vor denen gleichkommt, die dieses Volk seit vielen Jahren unterdrücken. Es ist ersichtlich, dass einigen aus wirtschaftliche Erwägungen heraus der Auftritt des Dalai Lama nicht passt.« Ihm sei gleichgültig, ob diese Kritik auf einzelne oder alle Ehrengäste abziele. Ein Ausweis von»Mut und Charakterfestigkeit ist dieses wahrlich nicht«. So klar hatte sich nie zuvor ein deutscher Politiker für Tibet ausgesprochen.

Koch ließ sich von den Feigheiten der Frankfurter nicht entmutigen. Dann würde er den Dalai Lama eben anders in die deutsche Öffentlichkeit bugsieren. Sein nächster Plan schien besonders elegant und vor allem schwer zu durchkreuzen: Ein Besuch des Dalai Lama in der Landtagsfraktion der CDU. Im Mai 1994 kam es zum Probelauf. Prominenz der Exilregierung wie der Parlamentsvorsitzende Professor Samdhong Rinpoche und Kabinettschef Kalon Tripa Tenzin Namgyal Tethong besuchten auf Einladung der CDU-Fraktion den Landtag.

Die Visite fiel nicht weiter auf im alltäglichen Gewusel. Steif vermeldete das Protokoll einen»Begrüßungstrunk im gelben Salon«, gefolgt von einem»lunch on discussion im roten Salon« des Landtags. Ein Besuch wie viele. Fraktionschef Koch hatte in einem Brief an die Kollegen Abgeordneten rege Teilnahme angemahnt. Die Delegation, die als Vorhut für Seine Heiligkeit fungierte, goutierte den Empfang. Erstmals wurde über einen Besuch des Dalai Lama in einem deutschen Parlament geredet.

Als wollte er seine Einladung lautstark bekräftigen, hielt Koch Ende 1994 zur Uraufführung des Brückner'schen Tibet-Films»Ein Volk will leben« in der Frankfurter Paulskirche eine flammende Rede zur Lage des geschundenen Volkes, wie es nie zuvor ein führender deutscher Volksvertreter gewagt hatte. Er kritisierte, dass es»das Völkerrecht zur Gewohnheit gemacht hat, die Besetzung eines ehemals unabhängigen Staates für eine Selbstverständlichkeit zu halten«. Entschieden verurteilte er den Beschluss der chinesischen Regierung, die»alle Eltern in Tibet, die ihre Kinder auf Schulen der tibetischen Exilregierung außerhalb Tibets schicken – es sind mehr als 6000 – aufgefordert hat, ihre Kinder unverzüglich die Ausbildung abbrechen und ins Land zurückkehren zu lassen, der unmissverständliche Hinweis, dass bei Nichtbefolgung erhebliche persönliche Nachteile, wie der Verlust des Arbeitsplatzes der Eltern, zu erwarten seien. In Tibet können Kinder seit Jahrzehnten nicht mehr nach den kulturellen Regeln und Gebräuchen des Landes und seines Volkes erzogen werden. Das tibetische Volk ist auf dem Weg, durch planmäßiges Handeln nach dem Verlust der nationalen auch die kulturelle Identität zu verlieren. Ein Volk aber, dem man die nationale und kulturelle Identität nimmt, hört auf zu leben.«

Einmal in Fahrt, griff Koch Peking direkt an:»In unserem Land war der chinesische Staatspräsident, dessen diktatorische Grundeinstellung auf dem Platz des Himmlischen Friedens sein Symbol gefunden hat, eine Woche lang Staatsgast. Den Dalai Lama hat in offizieller Mission bis heute kein Bundespräsident und kein Parteivorsitzender von CDU, CSU, SPD oder FDP empfangen. Wenn der Dalai Lama mit seinem Weg der friedlichen Sicherung der Existenz Erfolg hat, ist nicht sicher, dass der Erfolg an jedem Ort der Welt wiederholt werden kann. Wenn er jedoch scheitert, ist ganz sicher, dass der Versuch an keinem Ort der Welt in unserer Generation wiederholt werden wird. Darin liegt die historische Dimension.«

Helmut Kohl muss außer sich gewesen sein. Diplomatische Verwicklungen mit Peking waren aus geringeren Anlässen zu haben. Der Dalai Lama seinerseits wusste jetzt, dass er sich auf den Hessen verlassen konnte. Um die Wirkung seiner Rede wissend, lud Koch nur zwei Wochen später, drei Tage vor Weihnachten,»Your Holiness« offiziell per Brief ein,»um mit den Mitgliedern der CDU-Fraktion und allen Parlamentariern« zu reden. Eine gewaltige Resonanz sei dem Auftritt sicher.

Der Brief war hochriskant, denn das Parlament, in dem die SPD das Sagen hatte, wusste noch gar nichts von Kochs Plänen. Erst als er die Zusage der Tibeter für den 3. Mai 1995 hatte, wandte er sich per Brief an Landtagspräsident Karl Starzacher von der SPD, mit der Bitte, einen Empfang für den Dalai Lama auszurichten und ihm die Chance für eine Grußadresse im Landtag zu geben. Es handele sich nicht um eine»vordergründig parteipolitische Präsentation«, sondern vielmehr um ein»wichtiges Signal für die Anerkennung des tibetischen Volkes«, schrieb Koch, zumal in Deutschland,»wo das Selbstbestimmungsrecht eines ganzen Volkes durchgesetzt werden konnte«. Eine Ausladung, so Kochs Kalkül, würde die hessische SPD nicht wagen. So war es auch.

Der angepeilte Besuchstermin barg jedoch ein protokollarisches Problem. Ausgerechnet für den Vormittag des 3. Mai hatte sich Bundespräsident Roman Herzog zum Besuch im Wiesbadener Landtag angesagt. Morgens um 7 Uhr 30 sollte aber auch der Dalai Lama mit dem Lufthansa-Flug 761 aus Delhi ankommen. Ein Zusammentreffen galt es auf jeden Fall zu vermeiden. So musste Koch seinen Gast in der VIP-Lounge des Frankfurter

Flughafens unterhalten, bis die Meldung kam, der Helikopter mit Herzog und Eichel habe gen Kassel abgehoben. Um 12 Uhr 15 war die Luft rein, der Dalai Lama durfte vorfahren. Der Auftritt des Tibeters verfehlte seine Wirkung nicht. Noch heute berichten altgediente Parlamentarier ergriffen von der Aura des kleinen Mannes. Geschlossen erhoben sich die Abgeordneten zu Standing Ovations. So viel Einhelligkeit hatte das für seine Garstigkeiten bekannte Parlament nie erlebt. Triumphierend lobte Koch den »Meilenstein im Engagement der Deutschen für die Menschenrechte in Tibet«. Endlich sei »das Eis der offiziellen Kontaktverbote gebrochen«. Hessen habe auf »eigene Weise Einfluss auf die deutsche Politik genommen«.

Wie bedeutend dieser Tag für Koch war, wie blank seine Nerven lagen, erfuhr sein damaliger Büroleiter Helmut Georg Müller. Nie zuvor hatte er erlebt, dass sein Chef laut geworden war. Am Tag, als der Dalai Lama kam, war alles anders. Begeistert von dem Coup hatte Müller die Presse alarmiert. Und die kam nicht allein. Über 500 Anhänger des Tibeters warteten am Ausgang – ein Gewimmel, das die Sicherheitsbeamten in Schreckstarre versetzte. Da tobte Koch, das erste und einzige Mal. »Hast du noch alle Tassen im Schrank«, fauchte er seinen Büroleiter an, »stell dir vor, was hier alles passieren kann.«

Die Aufregung war grundlos, die Sympathiekundgebung verlief friedlich. Koch entspannte sich zusehends. Denn die deutsche Öffentlichkeit teilte seine Euphorie. Von »taz« bis »Welt« lobten die Kommentatoren einen »längst überfälligen Schritt«. Erstmals hatte die deutsche Politik nicht vor Peking gekuscht. Koch hatte den Mut gehabt und nebenbei die eigentlich für Menschenrechte zuständige rotgrüne Landesregierung vorgeführt.

Der Coup ließ umgehend auch Bonn erbeben. Außenminister Klaus Kinkel, der Koch zunächst drohend wissen ließ, dass derjenige, der der deutschen und hessischen Wirtschaft im China-Geschäft schaden wolle, den Dalai Lama nur einladen solle, änderte nach dem Coup von Wiesbaden schlagartig seine Meinung. Vergessen die »massiven Berührungsängste«, die die Tibeter registriert hatten, vergessen der Plan, den Dalai Lama auf neutralem Boden, in einem Schlosshotel zu treffen. Jetzt durfte der religiöse Führer offiziell zum Vizekanzler nach Bonn.

Nur Kohl war nicht zu bewegen. »Ich habe es versucht«, erinnert sich Koch. Doch Kohl blieb stur. Immerhin sagte er zu, seine »beste Garde« zu schicken. Neben Bundestagsvizepräsidentin Antje Vollmer, Joschka Fischer und Günther Verheugen traf der oberste Tibeter nun auch Fraktionschef Wolfgang Schäuble, Kanzleramtsminister Friedrich Bohl und Rita

Süssmuth. Ohne Eklat ging der Besuch dennoch nicht ab, dafür sorgte Kinkel. Als der Dalai Lama dem Außenminister vor laufenden Kameras den Khatak umhängen wollte, einen harmlosen weißen Schal als Symbol für Frieden und Freundschaft, sträubte sich Kinkel, griff den Seidenlappen und knüllte ihn wie ein Geschirrhandtuch. Hinter verschlossenen Türen fand Kinkel den Mut wieder und versprach, sich künftig für Tibet zu engagieren. Zwei Monate später erfuhr Koch, welche Bedeutung die Tibeter seinem Engagement zumaßen. Der Hesse wurde auserkoren, zum 60. Geburtstag des Dalai Lama, der in Neu-Delhi gefeiert wurde, die vierzigköpfige deutsche Delegation der Gratulanten anzuführen. Mit Frau Anke nahm er auf der Ehrentribüne Platz, die Regierungschefs vorbehalten war. Grußbotschaften waren eingetroffen von Al Gore, UN-Chef Butros-Ghali, Nelson Mandela, Václav Havel, Jimmy Carter, Michail Gorbatschow.

Doch selbst die an sich harmlose Geburtstagsfeier entwickelte sich zur hochbrisanten Angelegenheit. Natürlich war es Koch, der die Stimmung anheizte. Während der Dalai Lama in seiner Rede vorsichtig für den mittleren Weg warb – Anerkennung der Staatshoheit Chinas bei gleichzeitiger Autonomie Tibets –, fand Koch weitaus deutlichere Worte. Unumwunden erinnerte er an die jahrzehntelange Unterdrückung des tibetischen Volkes durch die Chinesen und würdigte den strikt gewaltfreien Kampf. Den nächsten runden Geburtstag, so Koch, wünsche er im Potala-Palast zu feiern, der seit 1959 verwaisten Residenz des Dalai Lama in der tibetischen Hauptstadt. Unter Vernachlässigung aller asiatischen Höflichkeitsregeln empörte sich Chinas Chefdiplomat in Neu-Delhi, Pei Yuan Ying:»Wir wehren uns gegen die politischen Aktivitäten, die hier unter dem Deckmantel einer Geburtstagsfeier abgehalten werden.«

Die Zuhörer waren beeindruckt.»Er hat als Einziger gewagt, die Chinesen zu kritisieren«, erinnert sich Dr. Georg Kottmann, Vorstandssprecher der Westfälischen Hypothekenbank, der sich im Tross befand. Kottmann war sich sicher, dass»aus so einem mutigen Politiker eines Tages mal was wird«. Überschwänglich klang auch der Dankesbrief des Festkomitees, weniger wegen der 1000-Mark-Spende von Koch, sondern ob des Besuchs »einer Person mit Ihrer Bedeutung, der uns tief berührt hat«.

Im Sturm zur Macht

»Ich verspreche keine bequeme Zeit, aber eine Politik, bei der man weiß,
wofür man arbeitet und kämpft.«   (Der Wahlkämpfer Roland Koch)

Roland Koch, der zwei Jahre zuvor mit miesem Ergebnis und peinlicher
Jungfernrede gepatzt hatte, stand 1995 plötzlich überraschend strahlend
und unangefochten an der Spitze, mit 43 Stimmen bei nur einer Enthaltung
wurde er zum Fraktionschef gewählt. Seine Strategie, auf Kanther zuzugehen und die Gräben in Fraktion und Partei nach und nach zuzuschütten,
hatte überraschend schnell Erfolg gezeigt. »Es ist dieses Geschick im Umgang mit den Alten in der eigenen Fraktion, die Koch nun den Durchbruch
bringt«, analysiert sein journalistischer Wegbegleiter Richard Meng in der
»Frankfurter Rundschau«.

Koch setzt die erfolgreiche Strategie fort. Kanther wird gelobt, wo es
nur geht, die Rechten eingebunden bis es schmerzt, Harmonie ist Trumpf,
ganz im Sinne des Einigkeitsdogmas von Parteilegende Dregger, der noch
auf jeder Zusammenkunft mit stürmischem Applaus empfangen wird. Der
hessische Parteichef Kanther fühlt sich sicher im Bonner Getümmel, das
Vertrauensverhältnis ist stabil, er weiß sein Bundesland bei Koch in guten
Händen.

Staunend nehmen die Landtagsabgeordneten Kochs Wandlungsfähigkeit
zur Kenntnis: Bei seiner Antwort auf Eichels Regierungserklärung hatten
sie den Stil Kanthers erwartet, eine wohlklingende Niedermache von Rotgrün. Doch der Oppositionschef begann mit überraschend versöhnlichen
Tönen. Er machte den Grünen Avancen und reklamierte für die CDU die
Rolle als Partei für die »aktive Bürgergesellschaft«. Diesen Begriff, der
sich noch durch viele Reden und Bücher ziehen sollte, hatte sich Koch von
den Sozialdemokraten entliehen, er passte aber durchaus in das Kontinuum
vom selbstverantwortlichen Bürger, das Koch schon in der Jungen Union
mit seinem Bekenntnis zur Selbsthilfegruppe pflegte.

Dann kommt Koch doch noch in Fahrt. Er wirft Eichels Regierung eine
Politik der Lüge, des Betrugs und der Haushaltsfälschung vor. Der knappe

Sieg sei nur »einem wohl durchdachten und skrupellosen Wahlbetrug« zu verdanken. Der Vorwurf: Absichtsvoll habe Rotgrün Löcher im Haushalt verschwiegen, den Bürger »unverfroren belogen und betrogen«. Déjà-vu? Genau die gleiche Kampagne inszenierte Koch 2002 nach dem Wahlsieg von Rotgrün in Berlin, die zum ergebnislosen Lügenausschuss führte. Einziger politischer Nutzen für die Opposition: Sie hatten die Regierenden vom Start weg diffamiert.

Solch kleine Krawalle auf der Wiesbadener Bühne reichen allerdings nicht, um Kochs größtes Problem zu lösen: Niemand kennt ihn. Er hat nicht mal ein schlechtes Image, er hat gar keines. Was nützt es ihm, dass sich Edmund Stoiber bei Parteifreunden hinter vorgehaltener Hand nach diesem dynamischen jungen Mann da in Hessen erkundigt; Kochs Begeisterung über sich selbst findet draußen im Volk keine Entsprechung.

Der geschniegelte junge Mann, der, Hand in der Hosentasche, wie ein Juniorpate durch den Landtag schreitet, war den Hessen ziemlich egal, und dem Rest der Deutschen erst recht. Alle reden von Schröder und Lafontaine und dem in die Jahre gekommenen Kohl, aber keiner spricht von ihm, dem Hoffnungsträger der Union. Er muss bekannt werden, berühmt, und zwar schnell und deutschlandweit.

Da gibt es nur zwei zuverlässige Wege: Kritik an der eigenen Regierung in Bonn und die Forderung nach einer Steuerreform; zwei Themen, die Journalisten garantiert immer transportieren, egal wie gehaltlos sie auch sein mochten. Damit ist der Fahrplan für die nächsten Monate entworfen.

Die Kunst bestand nun darin, die Regierung zu kritisieren, ohne seinen väterlichen Freund Helmut Kohl zu treffen. Geradezu virtuos gelang ihm dieser Balanceakt über Jahre. Ob er das »Trauerspiel um die Ladenschlussdebatte« anprangerte oder die Lohnpolitik oder die allgemeine Bleiernis, die in jenen Jahren über der kleinen Stadt am Rhein lag, immer empörte er sich kunstvoll über diesen und jenen, ohne den Chef, den für all das Verantwortlichen, nämlich den Kanzler selbst, anzugreifen.

Sicherheitshalber rief er ihn oft auch an, um ihn zu warnen, das da wieder ein Interview unterwegs sei, das ein wenig Krach verursachen würde. Kohl war Profi genug, das Spiel mitzuspielen. Schließlich war er früher auch einer gewesen, der den Mund nicht halten konnte, schon gar nicht, wenn es der eigenen Profilierung diente. Kohl durfte nur nicht das Gefühl haben, hintergangen zu werden, darauf achtete Koch penibel.

Im Frühjahr 1996 legt Koch gemeinsam mit Kanther ein ehrgeiziges Programm vor mit dem großspurigen Titel »Arbeit für Deutschland«, das nichts war als ein Medley seit Jahren gespielter Melodien: Runter mit den

Staatsschulden, runter mit den Steuern auf maximal ein Drittel des Einkommens, runter mit den Sozialabgaben, runter mit den Subventionen, Arbeitspflicht für Sozialhilfeempfänger.

Das Programm, unter Kochs Regie entstanden, hat jedoch einen entscheidenden strategischen Vorteil:»Arbeit für Deutschland« ist Kochs Vorschlag, ein Maßnahmenkatalog, der ihn nicht nur als Meckerpolitiker, sondern als Lösungspolitiker positioniert. Mit diesem Papier kann er sich in den kommenden Jahren jederzeit in die alles überwölbende Dauerdebatte zum Umbau des Sozialstaats einschalten. Natürlich sichert er sich auch einen Platz in der Steuerkommission der Bundesregierung, die Vorschläge für eine grundlegende Reform ausarbeiten soll.

»Neid auf die Spontis« – Kochs Hassliebe mit den Grünen

Rupert von Plottnitz, der grüne Anwalt aus Frankfurt, verströmt jene angenehme Gelassenheit, die ein adeliges Geschlecht über viele Generationen entwickelt. Was ist schon eine kurze Legislaturperiode als Justizminister in Hessen gegen Jahrhunderte voller Kriege, Morde, Kabale, die die Seinen mitgemacht haben? Ein bisschen Regieren kann einen von Plottnitz nicht erschüttern, nicht mal, wenn der Oppositionsführer Roland Koch heißt.

Der groß gewachsene Politiker aus hohem Hause ist der perfekte Gegenentwurf zum Kleinbürger Koch. Von Plottnitz hat Zeit, er gönnt sich einen Zigarillo, ein Glas Wein, er hetzt sich nicht, er muss nicht jeden Moment irgendwem irgendwas beweisen. Er ruht in sich. Dennoch schätzt»Plotte«, wie er in Hessen genannt wird, Roland Koch gewaltig.»Der Streit mit ihm hat immer viel Spaß gemacht, weil er für einen Politiker ziemlich helle ist«, sagt von Plottnitz grinsend.

Die Gefechte im hessischen Landtag waren schon deswegen so unterhaltsam, weil sie mehr waren als das übliche Gekeile zwischen Regierung und Opposition: Es ging um Weltbilder.»Koch hat die Überlegenheit der Frankfurter Spontiszene nie ertragen«, glaubt von Plottnitz,»wir hatten richtig was erlebt und er nicht. Da war immer Neid im Spiel, vielleicht auch die unterbewusste Bewunderung desjenigen, der immer nur brav war und gehorchte. Deswegen musste er auch immer allen beweisen, dass er der Härteste war und der Intelligenteste sowieso.«

Das bekam der Justizminister selbst zu spüren. Die CDU hatte den adeligen Anwalt zum Lieblingsfeind erkoren, schon deswegen, weil sie es um jeden Preis verhindern wollte, dass sich ein Grüner in einem klassischen Ressort behauptet und damit die Normalisierung der Ökopartei einen entscheidenden Schritt vorantreibt. Und wegen seines provozierenden Gleichmuts sowieso. Gipfel der schwarzen Kampagne war ein Entlassungsantrag im Sommer 1996. Während von Plottnitz auf der Regierungsbank pausenlos grinst und die Arme hebt, als wolle er sagen: »Nun macht mal halblang«, müht sich Koch am Rednerpult, die Untragbarkeit des Ministers nachzuweisen. Die Grünen hätten immer noch nicht kapiert, dass »Freiheit und Kraft denen gegenüber erfordert, die unsere Gesellschaft bedrohen«. Die CDU hat in den letzten Wochen alles hervorgezogen, was die konservative Waffenkammer zu bieten hat. Von Plottnitz sei ein »Sicherheitsrisiko«, so wurde es hessenweit plakatiert, demnächst gäbe es Drogen in Apotheken, frei umherlaufende Schwerstkriminelle und Ausländer als Schöffen.

Was war geschehen: Neun Untersuchungshäftlinge, die beschuldigt wurden, Drogen verkauft oder Geld gewaschen zu haben, waren nach Gerichtsbeschlüssen wieder auf freien Fuß gesetzt worden. Den Gerichten hatten die Ermittlungen zu lange gedauert oder es konnten keine Verhandlungstermine genannt werden. Das genügte, um alle konservativen Reflexe auf einmal auszulösen. Plotte konterte elegant: Genüsslich rechnete er dem zeternden Koch vor, dass in der Amtszeit seines Vaters, von 1987 bis 1991, mehr Untersuchungshäftlinge vor Prozessbeginn freikamen als bei ihm. Das Entlassungsspektakel endete erwartungsgemäß als Farce.

Dass Koch derartige Shownummern ähnlich gelassen sah wie sein Opfer, und hinterher auf dem Parlamentsflur launig mit den Worten grüßte: »Na Herr Minister, da mussten Sie aber wieder mal ran«, das gefiel von Plottnitz und ließ ihn sogar darüber hinwegsehen, dass Koch »oft die Grenze zum verbalen Extremismus überschritten hat«. Zu den Ritualen, die beide insgeheim schätzten, gehörte auch ihr Spielchen in einem Sitzungssaal, wo Koch das Kreuz jedes Mal wieder aufhängen ließ, das von Plottnitz bei der Sitzung zuvor abgehängt hatte.

Was den grünen Juristen irritierte, war ein zuweilen überraschend nachdenklicher Koch, der sich »im Gespräch unter vier Augen große Sorgen darüber machte, wie man eine auseinander driftende Gesellschaft zusammenhält«. Auf einer USA-Reise mit Abgeordneten, da »haben wir uns richtig gut verstanden«, sagt von Plottnitz. Es war die Reise, auf der der SPD-Abgeordnete Jürgen Walter den legendären Ausspruch prägte: »Wir müssen dringend nach Hause. Einen Tag länger, und dieser Koch fängt an, mir sympathisch zu werden.«

»Junge Wilde, junge Milde« –
Koch wird bundesweit bekannt

Nur die feinsinnigsten Beobachter der hessischen Politik wie der »FAZ«-Korrespondent Heptner nehmen die Veränderung wahr, die Roland Koch in den Sommerferien 1996 durchgemacht hat: Er hat seine Frisur verändert, millimeterweise nur, aber doch sichtbar. Statt des angeklebten Scheitels trägt er nun die kühne Tolle, die erwachsener wirkt, staatsmännischer, und vor allem ein Geheimnis birgt. Sie muss fixiert werden, mit Hilfsmitteln, morgens vor dem Spiegel, mit Fön und Bürste und Geduld. Derlei umfängliche Arbeiten am eigenen Leib sind für Koch eine neue Erfahrung. Früher, »da hat er ja überhaupt keine Chemie auf seinen Kopf gelassen«, weiß Rainer.

Es war Rainer, der diese bemerkenswerte Stilkorrektur zu verantworten hatte und auch chemisch begleitete, Rainer Chelik, 60, der Friseur, dessen Herrensalon in der Hauptstraße von Eschborn kleiner ist als Kochs Büro in Wiesbaden, ganz in tiefem Braun gehalten, mit Balken, die wie Fachwerk aussehen. Der ehemalige Fußballprofi Rainer, der schon Erich Ribbeck die grauen Locken gestutzt hat, trägt Goldkettchen, Jean-Pütz-Schnäuzer und Albert-Einstein-Mähne und schneidet »dem Roland« schon seit Ewigkeiten die Haare, trocken für 10 Euro, und er sagt immer noch »Roland«, weil er es albern fände, ihn mit »Herr Koch« anzusprechen, nur weil er jetzt auf dem Weg ist, ein großer Politiker zu werden. »Das ist mein Roland und wird immer mein Roland bleiben.« Am Anfang hat der Roland versucht, ihm Trinkgeld zu geben, aber der Rainer nimmt nichts an, nicht als Chef und nicht von Koch.

Aber der Roland, der ist eine treue Seele. Den Termin macht immer Irmgard Koch. Roland ist nicht einfach zu schneiden, wegen der vielen Wirbel, die er hat, da muss man das Haar etwas länger lassen. Andererseits darf er natürlich auch nicht zu lange warten, bis er wieder kommt, sonst fallen die Haare zu schwer und dann hält ja gar nichts mehr. Im Fernsehen, da hat ja der Münchner Prominentenfriseur, dieser Meir, mal gesagt, dass der Koch ganz fürchterlich geschnitten sei, das hat den Rainer sehr getroffen. Wenig später hat dann aber der andere Promifriseur, der dicke Walz, im »Stern« gesagt, dass der Koch von allen am besten frisiert sei. Vielleicht war es auch umgekehrt, auf jeden Fall war der Rainer da wieder versöhnt mit den Spitzenfriseuren und der Medienwelt.

Rainer ist ein guter Seismograph für Kochs Befindlichkeiten. Er merkt in dieser Zeit, dass der Roland nicht nur Anwalt sein will, sondern auch in der Politik was bewegen möchte. Aber da muss man schon Gespür für haben, denn darüber spricht der Roland ja wenig, wenn er unter dem Umhang sitzt. Da ist er auch mal froh, dass er ein paar Minuten frei hat von der Welt da draußen. Sie reden meist über Fußball und die beiden Buben vom Roland, die sich prächtig entwickeln. Damit die Tolle auch einen langen Tag alle Stürme der Politik aushält, da empfiehlt Rainer übrigens Schaumfestiger, »der hält bombenfest«.

Derart gefestigt treibt Koch sein Projekt Popularität weiter voran. Anfang 1997 hat Kanzler Kohl seine liebe Not mit einer mäßig populären Mannschaft in Bonn. Arbeitsminister Blüm droht immer mal wieder mit Rücktritt, Wolfgang Schäuble lässt mehrfach verlauten, dass er sich das Kanzleramt auch zutraue. Theo Waigel von der CSU scheint als Finanzminister heillos überfordert, ein Vorwurf, der übrigens alle vor und nach ihm auf diesem Posten traf. Nervosität allenthalben, der ideale Zeitpunkt also, ein bisschen mitzumischen.

Angeführt von Koch und Wulff, den Brüdern des Andenpaktes, mischen sich nun auch die hoffnungsvollen Nachwuchskräfte aus der Provinz in die Bonner Debatte ein. Ihre Parole: Eine echte Steuerreform statt des von Kassenwart Waigel vorgelegten Flickwerks. Immobilien- und Aktiengewinne sollen außerdem höher besteuert werden. Zusammen mit Hamburgs Ole von Beust und dem Saarländer Peter Müller mobben sie als »Junge Wilde« gegen den Finanzminister aus Bayern, tapfer fordert Wulff sogar dessen Rücktritt.

Eine schlaue Taktik, denn so bleibt Kanzler Kohl unbeschädigt. Und ein bisschen Druck auf die CSU hat einem CDU-Kanzler noch nie missfallen. Zudem gelangen die »Provinz-Zwerge«, wie der »Spiegel« sie nennt, erstmals zu bundesweiter Popularität. Plötzlich analysieren schlaue Leitartikler, was wohl alles dahinter stecken möge, ob Koch den treuen Wulff mit seiner massiven Kritik an Waigel nur vorgeschickt habe, ob Koch nicht ein verkappter Linker sei, wenn er die Besteuerung auf Aktiengewinne verlange und ob die Jungen Wilden nicht ohnehin nur »Junge Milde« seien.

Koch wurde als einer der Anführer wahrgenommen. Das war er auch, denn alle wussten, dass da in Hessen eine starke Truppe herangewachsen war, mit kraftvollen Charakteren und erschreckend monolithisch im Auftreten. Von Flügelkämpfen keine Spur. Und Koch war ihr Boss. Er redete zwar immer um ein Drittel zu lang, aber er hatte Zug im Laden, die Fähigkeit zur Selbstkritik und, am wichtigsten: »Er war ein Aufrechter. Er hat Abmachungen eingehalten, nichts durchgestochen. Auf Roland kann man sich bis heute verlassen«, sagt Ole von Beust, der politisch nicht unbedingt auf Koch-Kurs liegt.

Dass die Anführerfrage im Quintett keine große Rolle spielte, machte auch den Erfolg der Jungen Wilden aus. Weder Koch noch Wulff beanspruchten eine Sonderrolle, ihre Stärke lag in der Gemeinsamkeit, womit sie sich stilistisch deutlich vom Patriarchen Helmut Kohl distanzierten. Schnell merkten sie, dass genug Mikrophone und Kameras für alle da waren und ihre Namen und Telefonnummern in den Redaktionen die Runde machten. Man redete über sie. Das und nichts anderes war wichtig.

Der neue Ruf fängt an zu wirken. Im April wird Koch an die Spitze der Unions-Fraktionsvorsitzenden gewählt. Hilfreich war auch der Andenpakt. Man kannte sich, man vertraute sich, man lag in etwa auf einer Linie. Bis auf von Beust waren alle Jungen Wilden auch Ordensbrüder des pacto andino, und wie dieser waren auch die Wilden halb Mythos, halb Zweckgemeinschaft. Es waren weniger der Inhalt, sondern vielmehr die generellen Botschaften, die den plötzlichen Ruhm der »Jungen Wilden« ausmachten.

Botschaft eins: Es gab Menschen unter 60 in der CDU. Botschaft zwei: Sie waren ganz vernünftig. Botschaft drei: Sie waren offenbar nicht so Kohl-fixiert wie die Restpartei (egal, ob es stimmte, es wirkte jedenfalls so). Botschaft vier: Diese Jungen besaßen Zukunftskompetenz. Und so schafften es die furchtlosen fünf, sich flugs im politischen Betrieb zu etablieren – ein Musterbeispiel für professionelles Politmarketing.

Ihre Wirkung kam auch bei Kohl an. Der lachte zwar höhnisch über die Buben. Aber im Sommer berief er eine Zukunftskommission ein, die den letzten Parteitag vor der Wahl vorbereiten sollte. Parteitage waren in den Jahren zuvor immer wieder als Hochämter für Kohl kritisiert worden; Debatten oder Kritik waren nicht erwünscht, aber es traute sich ja ohnehin kaum einer. Nun umarmte der Kanzler die Stänkerer tückisch, indem er sie zwang, konkrete Vorschläge für eine verbesserte Regie zu unterbreiten. Von Kohl in das Strafbataillon abgeordnet wurden Koch und Wulff.

»Arbeiten und kämpfen« – Koch sucht ein Thema

Die Landtagswahl in Hessen rückt unerbittlich näher. Koch weiß, dass er immer noch nicht genug Dampf gemacht hat, um den Wählern als Alternative attraktiv zu erscheinen. Eichels Regierung funkelt zwar kaum, aber die Hessen-CDU noch weniger. Manfred Kanther ist so fair, im Sommer

1997, eine gute Weile vor der Wahl, auch den Parteivorsitz an seinen loya-len Statthalter zu übergeben. Beim kleinen Parteitag in Grünberg, wo der Spitzenkandidat nominiert werden soll, hält Koch eine Blut-, Schweiß- und Tränenrede:»Ich verspreche keine bequeme Zeit, aber eine Politik, bei der man weiß, wofür man arbeitet und kämpft.« Das ist der Ton, den die Dele-gierten hören wollen. Koch bekommt 126 von 126 Stimmen.»Das macht Ihnen in Deutschland keiner nach«, lobt der scheidende Kanther.

Die CDU ist endgültig auf seiner Seite, was auch kein Wunder ist, denn der Haufen ist gewöhnt zu gehorchen. Jetzt dackeln sie eben ihm hinter-her. Roland Koch nimmt seinen Abschied aus dem Kreistag. Er will seine Kraft jetzt bündeln. Er will nicht starten wie Christian Wulff, der in Nieder-sachsen im Begriff ist, ein drittes Mal gegen den Fast-Kanzlerkandidaten Schröder zu verlieren.

Auf dem Landesparteitag im Januar 1998 wird Koch auch offiziell als Kanthers Nachfolger inthronisiert. Das Chamäleon Koch präsentiert sich an diesem Tag wie ein Zwillingsbruder von Manfred Kanther. Kriminali-tät, Ausländerpolitik, Leistungsgesellschaft, Bildung, Werte – Politik für die Massen. 43 Jahre nach Kriegsende dankt Koch den Älteren nochmal ausgiebig für den Wiederaufbau. Die Masche zieht: Er kassiert 98 Prozent der Stimmen.

Umgehend macht sich Koch daran, die Partei in- und auswendig kennen zu lernen. Kanthers Geschäftsführer Siegbert Seitz ist ihm bei den Erkun-dungen der Parteizentrale behilflich. Wie laufen Veranstaltungen, wie wird der Wahlkampf vorbereitet, wie sind Aufgaben verteilt, und ganz wichtig: Wie steht es um die Finanzen? Schwer vorstellbar, dass der zur Akribie nei-gende Finanzexperte und Wirtschaftsanwalt Roland Koch, der sich zugute hält, alles gelesen und noch mehr begriffen zu haben, dass dieses Hirn von einem Politiker in diesen Tagen nicht schon eine Ahnung davon bekam, dass die Buchhaltung hier und da Ungereimtheiten aufwies.

Koch beginnt umgehend, den Wahlkampf vorzubereiten. Welche Städte müssen besonders beackert werden? Konnte man sich für direkte Wähler-werbung teure Adressenregister leisten? Koch lässt die Spezialisten der Partei neue amerikanische Methoden für ihren Einsatz in Hessen prüfen: Wenn man Adressenlisten von Einwohnermeldeämtern kaufte und diese mit Daten früherer Wahlen abglich, lohnte sich womöglich der Einsatz von Telefon und Hausbesuchen.

Auch die Regressionsanalyse kam zum Einsatz: Dabei werden aus sozio-demographischen Daten wie Einkommen oder Schulbildung Rückschlüsse auf das Wahlverhalten gezogen. Eine Partei, die viel Geld hat, kann auch feinere Informationen der Bürger erwerben, Kreditkartenumsätze, Telefonrechnungen oder Versandhausbestellungen, um daraus zu ermitteln, ob eine intensive Bearbeitung am Telefon erfolgversprechend sein könnte. 150 Parteimitglieder werden zu Telefonmarketingkräften umgeschult. Mit strenger Textvorgabe vor Augen wählen und reden sie den ganzen Tag, nur nicht um 19 oder 20 Uhr, weil da die Nachrichten im Fernsehen kommen. Und natürlich nicht am Mittwochabend, wenn die Champions League übertragen wird.

Am 24. März 1998, Kochs 40. Geburtstag, necken ihn die alten Freunde im Landtag. SPD-Fraktionschef Armin Clauss überreicht ihm eine knallrote Kochmütze, andere lästern, nun sei er wenigstens halb so alt, wie er immer schon ausgesehen habe, was aber egal sei, wenn man das Leben eines Frühvollendeten führe. Koch lacht und weiß: Wenn er die Wahl im nächsten Februar gewinnt, ist er immer noch 40. Das wäre eine Sensation.

Zuvor droht allerdings noch eine empfindliche Schlappe – die Bundestagswahl. Die CDU ist alles andere als motiviert, noch einmal in den Wahlkampf für Helmut Kohl zu ziehen. So richtig glaubt keiner mehr an den alten Elefanten, zumal die SPD-Doppelspitze mit Schröder und Lafontaine (»Innovation und Gerechtigkeit«) einen brillanten Wahlkampf hinlegt. Zugleich ist der Niedersachse der beste Kandidat, den die SPD in 16 Jahren hatte.

Koch sitzt in einem der vertraulichsten Gremien des Paten, der Wahlkampfkommission. Traditionell beruft Kohl einen kleinen Kreis Ergebener ein, die alle vierzehn Tage in Bonn zusammenkommen, um Kampagnen zu planen. Koch war erst im letzten Moment dazugestoßen, auf Kohls besonderen Wunsch, weil der Kanzler offenbar von der Sorge geplagt wurde, dass die Runde nicht wirklich stringent planen würde.

Dabei sind der kluge Werbefachmann Coordt von Mannstein, der alle Kohl-Wahlkämpfe gemacht hat, Kohls gewiefter Medienmann Andreas Fritzenkötter, Allensbach-Demoskopin Renate Köcher, Redenschreiber Michael Mertes, Telekom-Manager Helmut Sihler, Geheimdienstkoordinator »008« Schmidbauer sowie der unvermeidliche Generalsekretär Peter »Rote Socke« Hintze, der allen auf die Nerven geht.

Selten geht es im Gremium allerdings um große Entwürfe. Meistens streitet man über Plakatmotive und Werbesprüche. Der debattenfeste Koch erweist sich dabei als Gewinn. Nicht nur, weil er sich mit seinem geschulten Instinkt für Machtverhältnisse sofort daranmacht, den schwatzhaften wie zur Unfehlbarkeitsannahme neigenden Hintze elegant, aber beharrlich vorzuführen, sehr zum Gaudium der Runde. Sondern auch, weil Koch ein paar feine Analysen zur Stimmung im Volk gelingen, die Kohl so beeindruckend findet wie seine Vorschläge für Slogans.

Alle Anstrengungen helfen jedoch nichts: Kohl verliert mit einem katastrophalen Ergebnis. Erschüttert murmelt Koch nach der Wahl Sinnfreies in die Kameras wie:»Die Zäsur, die diese Bundestagswahl mit sich bringt, ist ein brutaler Einschnitt.« Nach seinem Vater hat Koch jetzt auch Helmut Kohl als Stütze im Tagesgeschäft verloren. Er muss sich alleine durch die Politik weitertasten.

Der große Rausch – Koch erfindet eine Kampagne

Warum die Droge Politik so süchtig macht wie Heroin, wie ein einziger Schuss davon einen vernunftbegabten Menschen in ewige Abhängigkeit treibt, was so unglaublich erotisch ist an diesem Geschäft, das durfte Roland Koch in einem sechs Wochen währenden Rausch erfahren, der ständig an Fahrt gewann, alle und alles mitriss, um in einem orgiastischen Finale zu enden. Alles passte, alles stimmte, alles war richtig, denn am Ende stand der Erfolg. Es gab allerdings auch zahlreiche Menschen, die die Doppelpass-Kampagne ziemlich eklig fanden.

Wie viele Drogengeschichten beginnt auch diese mit tiefer Niedergeschlagenheit. Es ist der Herbst 1998. Gerhard Schröder und Joschka Fischer haben sich nach ihrem Wahlsieg in Bonn behaglich eingerichtet. Regieren macht Spaß. Wolfgang Schäuble ist nun Chef einer hochgradig deprimierten CDU und Helmut Kohl fast Geschichte. Er geistert als einfacher Abgeordneter durch Bonn und spielt immer noch ein bisschen Kanzler und Parteichef in den Gremien.

Ganz langsam wird einer regierungsverwöhnten CDU klar, was eigentlich passiert ist. Und in Hessen wird Anfang Februar gewählt. Verzweifelt fahndet Roland Koch bei seinen Kollegen nach einem zündenden Wahlkampfthema. Die Allensbach-Demoskopin Renate Köcher hatte der hessischen CDU eingeschärft: Selbst gegen einen weder strahlenden noch erfolgreichen Ministerpräsidenten Eichel, den auch enge Vertraute einen »gnadenlosen Langeweiler« hießen, selbst gegen ihn gibt es nur eine Chance: Ein Thema muss her, das mobilisiert, profiliert, polarisiert. Die schwache Schulpolitik von Rotgrün, das klassische Unions-Thema innere Sicherheit, die Wirtschaft – das alles reiche ebenso wenig zum Wutentfachen wie die Ökosteuer. Einzig das Verlangen der Bürger,»die da in Bonn« zu kontrollieren, versprach einen leichten Mobilisierungseffekt.

Nur Coordt von Mannstein ist überzeugt vom Kandidaten Koch. Der Werbefachmann hatte sich 16 Jahre lang um alle Wahlkämpfe von Helmut Kohl gekümmert und das Kunststück fertig gebracht, den dicken Kanzler immer wieder überraschend ästhetisch und machtvoll zu inszenieren. Nur 1998 nicht. Mannsteins Karriere schien mit Kohls zu enden.

Roland Koch hatte den Werbeprofessor schon vor der Bundestagswahl zur Präsentation gebeten, obwohl allen klar war, dass Kohl verlieren würde. »Er gab mir in aller Öffentlichkeit die Hand«, sagt von Mannstein. Das fand er mutig. Nach seinem ersten Treffen mit Koch war der Wahlwerber von seinem neuen Kunden begeistert, deutlich mehr, als es in der Branche ohnehin üblich ist. »Ein Naturereignis«, schwärmte er,»mutig, ungewöhnlich, überraschend, unverbiegbar. Er ist authentisch, immer. Er stellt Politik nicht dar, er ist Politik. Höchstleistung ist der Normalfall.« Mit seiner Euphorie für den jungen Koch ist von Mannstein allerdings ziemlich einsam.

Gleich nach der verlorenen Bundestagswahl trifft sich Wolfgang Schäuble zum Gespräch mit Koch. Der neue CDU-Chef will wissen, wie die Chancen für einen Machtwechsel in Hessen stehen. Ein überraschender Triumph, keine sechs Monate nach der Bundestagswahl und gleich am Anfang eines neuen Jahres, würde seinen mutlosen Haufen schlagartig aufrichten. Schließlich ist alles in SPD-Hand dieser Tage: Bundesregierung, Bundesrat, bald auch der Bundespräsident. Der talentierte Koch, just ins Präsidium der CDU gewählt, könnte für die Partei eine zentrale Rolle spielen.

Doch der Spitzenkandidat hat nicht viel Ermutigendes zu bieten:»Die neue CDU« lautet seine Kampagne in Hessen,»Neustart« ihr Schlagwort, und auch das Logo ist ein frisches. Doch wirklich neu ist nicht viel: Professor von Mannstein hat Koch ein paar neue Anzüge empfohlen, als Berater wird erwogen, den ehemaligen Kohl-Einflüsterer und»Bild«-Chef Hans-Hermann Tiedje zu engagieren, dessen Berliner Beratungsfirma WMP später unter anderem mit ihren umstrittenen Aufträgen für die Bundesanstalt für Arbeit ins Gerede kommen sollte. Auch der Stargast im Wahlkampf ist ein alter Bekannter: Helmut Kohl.

Beim Wähler kommen die biederen Bemühungen der Hessen-CDU nicht an: Sie regen ihn nicht mal auf, sie sind schlichtweg egal. So sagen es jedenfalls die Zahlen, die Koch im Gepäck hat. In einer Direktwahl würde Eichel knapp 50 Prozent holen, Koch die Hälfte. 59 Prozent wollen weiter Rotgrün, nur 35 Prozent dagegen die CDU. Es ist zum Verzweifeln: Seit Kanthers Abschied ist er in jeder freien Minute durchs Land gerast, mit

S-Bahn und Geländewagen, hat Krabbelgruppen besucht, in Bauernstuben den Anschein von Wohlgefühl zu vermitteln versucht. 1,3 Millionen Mal wurde ein Faltblatt mit Kochs Porträt den fünf großen Programmzeitschriften beigelegt, er hat sich als Liebhaber von »Big Mac« und »Hamburger Royal TS« präsentiert.

Aber geholfen hat es nicht viel. Kaum die Hälfte der Hessen kennt Koch überhaupt. Die aparte Frankfurter Oberbürgermeisterin Petra Roth erreicht bei Umfragen in Sachen »Vertrauenswürdigkeit«, »Gespür für Probleme« und sogar bei der »Wirtschaftskompetenz« bessere Werte als Koch. Manfred Kanther hatte vier Jahre zuvor 39 Prozent geholt. Wenn er deutlich unter dieser Marke bliebe, dann dürfte er sich am Montag nach der Wahl in seine Anwaltskanzlei trollen, und Bouffier wäre neuer CDU-Chef in Hessen.

Schäuble entnimmt Kochs Ausführungen, dass sich die »Jungen Wilden« auch schon kurzgeschlossen haben. Für Koch und Wulff war die Sache klar: Wer als Erster ein ernst zu nehmendes Bundesland erobern würde, hatte prima Aussichten auf eine Kanzlerkandidatur. Ganz fair sei die Sache aber nicht, merkt Sportsmann Koch an. Er bestritt zwei Wahlen, bis Wulff überhaupt in die erste ging. Denn Niedersachsen hatte erst 1998 gewählt und dann auf eine Fünf-Jahres-Legislatur umgestellt. Schäuble hört sich die Rechenspielchen an und gewinnt den Eindruck, dass der sonst so ungeduldige Hesse die Wahl im Februar schon abgehakt hat. Er setzte ganz auf 2003.

Ausgerechnet Schäuble war es, der Koch die rettende Idee bescherte. Mit größter Aufmerksamkeit hatte der alte Fuchs beobachtet, wie sorglos die neue Bundesregierung in ihren Koalitionsverhandlungen mit dem Thema Einwanderung hantierte. Um keinen Krach mit dem kleinen Partner zu riskieren, übernahmen die SPD-Unterhändler unverändert die grünen Formulierungen, obwohl klar war, dass die Passagen weder bei der Union noch der FDP, ja nicht mal in weiten Teilen der SPD mehrheitsfähig waren. Doch Schröder und Lafontaine, an Details nie sonderlich interessiert, ließen die Sache laufen – ein schwerer strategischer Fehler, wie sich herausstellen sollte.

Am 10. November macht Bundeskanzler Gerhard Schröder in seiner Regierungserklärung die doppelte Staatsbürgerschaft zum Thema. Die darauf folgende Debatte hätte ein Warnsignal sein können. Doch zwei Tage später äußert sich auch Innenminister Otto Schily dazu. Er relativiert zwar, bekennt sich aber ebenfalls. Ohne dass Handlungsdruck besteht, bringt Rotgrün mit dem Elan der Weltverbesserer auch gleich einen Gesetzentwurf zur doppelten Staatsbürgerschaft ein, den sich, mehr pflichtschuldig als überzeugt, Schily zu Eigen macht. Das Kalkül dahinter ist klar: So wie Helmut Kohl einst die Russlanddeutschen als Wähler importiert hatte, so will sich jetzt die neue Regierung ihrerseits viele Einwanderer-Stimmen dazu besorgen. Die Ungeduld der Koalition ist unverständlich, die fehlende Rücksicht auf die Wahlkämpfer in Hessen erst recht. Justizministerin Hertha Däubler-Gmelin fragt bei ihrem Wiesbadener Kollegen von Plottnitz wenigstens nach, ob es die Hessen-Wahl stören würde, wenn man im Bund die Homo-Ehe beschließt.

Edmund Stoiber hegte erste populistische Überlegungen: Wenn Rotgrün Volksentscheide ins Grundgesetz schreiben wollte, warum ließ man das Volk dann nicht gleich zum Auftakt über die doppelte Staatsbürgerschaft entscheiden? Der Ansatz erschien Schäuble richtig, aber als eine reine Widerstandshaltung zu plump. Es musste eine verlässliche Tarnung her, die den Vorwurf von Rechtspopulismus ersticken würde. Ansonsten würde man die zwischen Lethargie und Selbstzerfleischungslaune schwankende Union womöglich einer gewaltigen Zerreißprobe aussetzen.

Nach einigem Grübeln kam Schäuble kurz vor Weihnachten schließlich auf die Idee: eine Unterschriftenkampagne für Integration, aber gegen den Doppelpass. Damit ließ sich die Partei mobilisieren, die Medien würden aufspringen, politisch korrekt war sie auch einigermaßen, vor allem aber würde Schröder unter heftigen Meinungsdruck geraten. Am 18. Dezember eröffnete Schäuble erstmals Stoiber seinen Plan. Der war begeistert und wollte sofort loslegen. Aber Schäuble mahnte zur Geduld: Um jedweden Verdacht von Ausländerfeindlichkeit zu entkräften, sollten zuerst noch ein paar Prominente für ihre Unterschrift gewonnen werden, im Namen von Toleranz und Integration. Schäuble rief umgehend Koch an. »Der war Feuer und Flamme, weil er darin für seinen Wahlkampf endlich die Chance einer mobilisierenden Kampagne sah«, erinnert er sich.

Koch war heilfroh, weil er gerade erst eine Panne in seinem Wahlkampf hatte verkraften müssen. Der alerte Frankfurter PR-Mann Moritz Hunzinger hatte für seinen »Freund Roland« ein Buch mit dem Titel »Vision 21 – ein Gegenmodell zur grünen Republik« verlegt, einen gar nicht so üblen Wahlkampfschinken, der den Kandidaten als intellektuellen Herkules positionieren sollte. Obwohl das Werk mit einer Auflage von 5000 Stück einen Gewinn von maximal 15 000 Mark abwerfen konnte, wollte Hunzinger für 150 000 Mark Radiowerbung für das »mutige Buch für den begründeten Optimismus« (Eigenwerbung) schalten. Angesichts der fehlenden Gewinnaussichten mutmaßten sowohl SPD als auch Radiostationen, dass hier eine

verdeckte Wahlkampfhilfe vorliege. Letztendlich untersagte die »Landes-
anstalt für privaten Rundfunk« den Sendern die Hörfunkspots.

Koch war erleichtert, dass sich bei all dem Ungemach nun endlich ein
knalliges Thema herausschälte: der Doppelpass. Er verabredete den Start
für Anfang Januar, nach den traditionellen Klausurtagungen. Bis dahin
wollte Schäuble die Granden der CDU für die Kampagne gewinnen, was
nicht einfach werden würde. Der gemäßigte Jürgen Rüttgers wurde beauftragt, gemeinsam mit dem bayerischen Innenminister Günther Beckstein
einen unangreifbaren, aber demagogisch hinreichend vergifteten Text zu
entwerfen. Es war, wenig überraschend, Stoiber, der sich nicht an das Stillhalteab-
kommen hielt. Bei nächster Gelegenheit posaunte er den Plan per Interview
in die Welt und erwischte Koch wie Schäuble unvorbereitet. Auf der CDU-
Klausurtagung hagelte es bitterböse Kritik am CDU-Chef. Wegen Stoibers
Vorpreschen hatte er die Parteispitze nicht informiert können, die Fürsten
fühlten sich hintergangen und überfahren. Zu allem Überfluss erklärte ein
Marketingmensch auch noch, warum eine solche Aktion ein Musterbeispiel dafür sei, wie sich eine Partei nachhaltig schädigen könnte. Es war vor
allem der Wille der CDU-Spitzen, den neuen Chef Schäuble nicht gleich zu
Beginn seiner Amtszeit zu desavouieren, warum sie der Aktion, wenn auch
maulend, zustimmten.

»Ich bin bereit« – Koch gegen alle

Endlich konnte Koch mit der Kampagne loslegen. Er war sich aller Konsequenzen eines solchen Wahlkampfes bewusst: Im Kreise engster Vertrauter
erklärte der Herausforderer kühl und klar, was in den nächsten Wochen
passieren würde: Empörung, Entgeisterung, Beschimpfungen würden über
die Partei hereinbrechen, Adrenalin in Strömen fließen. »Das kann fürchterlich in die Hose gehen. Die Medien werden über uns herfallen, die Kirchen, die Gewerkschaften, die Ausländerbeiräte«, prophezeite er: »Aber
die Bürger werden auf unserer Seite sein.«

Die Runde debattierte. Klar war, dass Manfred Kanther eine solche Kampagne nicht gewagt hätte. Für Dirk Metz war klar: »Wenn wir das machen,
kriegen wir entweder 32 oder 45 Prozent. Wenn wir es nicht machen, holen
wir 37 und bleiben in der Opposition.« Sensiblere Zeitgenossen schilderten
ihre moralischen Bedenken. Am Schluss jedoch ging es nur noch um die

eine Frage: Sollten sie die einzig realistische Chance nutzen, das schmutzige Ding gnadenlos durchziehen und Eichel womöglich doch noch aus dem Amt fegen – bei gleichzeitigem Risiko, sich im Falle einer Niederlage auf ewig zum Gespött zu machen? Oder sollten sie die Schlacht hier und jetzt verloren geben angesichts der 14 Prozentpunkte Rückstand und sich schon mal auf vier weitere Jahre in der Opposition einrichten? Roland Koch fällte die Entscheidung:»Ich bin bereit, das Risiko einzugehen«, erklärte er. Alle nickten, wenn auch manche mit mulmigem Gefühl. Ab sofort gab es kein Zurück mehr.

Koch sollte Recht behalten mit seiner Voraussage: In wenigen Tagen schlugen zwei gewaltige Wogen über Wiesbaden zusammen. Von der einen Seite rollte die Welle des gesunden Volksempfindens heran. 35 000 Unterschriften am ersten Tag, 200 000 in der ersten Woche – nie hatte Hessen eine Bürgerbewegung erlebt, die so schnell, so mächtig wuchs, nie hatte die CDU so viel spontane Zustimmung erfahren, die die schreckensstarre Partei schlagartig wachrüttelte. Von der anderen Seite drückte zugleich eine ebenso rapide wachsende Welle der Empörung dagegen. Selten waren sich die Medien ideologieübergreifend so einig in ihrer Ablehnung, besorgte, mahnende und anprangernde Kommentare übertrafen sich in ihrer Schärfe.

Anfangs herrschte in der Koch-Truppe tiefe Skepsis, ob das wirklich so eine gute Idee gewesen war mit der Unterschriftenaktion. Unsicher, ob die Begeisterung der Bürger anhalten würde, horteten die Wahlhelfer in der CDU-Geschäftsstelle sicherheitshalber ein paar Wäschekörbe mit Briefen, die sie Koch nur nach und nach zu geben gedachten, für den Fall, dass der Zustrom plötzlich wieder versiegen würde. Doch die Vorratshaltung war unbegründet. Es kamen immer mehr Zuschriften, so viele, dass schließlich ein LKW von Wiesbaden nach Bonn fuhr, um den geballten Bürgerzorn vor der CDU-Zentrale abzukippen. Bis zur Wahl sollten in Hessen 480 000 Million Unterschriften zusammenkommen, bundesweit an die vier Millionen.

Plötzlich lief alles wie von selbst, auf einmal machte alles Sinn, was vorher irgendwie unbeholfen, schwachsinnig oder daneben ausgesehen hatte. Vergessen die Peinlichkeiten mit den Papiertaschentüchern gegen »Rote Nasen«, vergessen die albernen Plätzchenrezepte, die Koch hunderttausendfach zu Advent verteilen ließ, übersehen die Schlappe mit der Personalberaterin Mechthild Löhr, die Kulturministerin hätte werden sollen, aber leider nicht ministrabel war.

Auf einmal war ein lahmer Wahlkampf zur Schlacht geworden. »Gegen Koch wirkt Edelstahl kuschelweich«, erschauerte wohlig die »Welt«.

Schlagartig war der Kandidat bekannt, plötzlich stürmten die Bürger die Info-Stände, nun wurde das »Roland-Koch-Team« mit seinen Kochmützen freudig begrüßt, das Hamburger-Essen mit dem Kandidaten bei McDonald's verlost. Auf einmal war der Unbekannte jeden Abend im Fernsehen, er überlegte Personenschutz anzufordern, für jeden Politiker der Nachweis gehobener Bedeutsamkeit.

Endlich schien es sinnvoll, dass die Hessen-CDU sich ihren Kreditrahmen bei der Commerzbank auf 2,5 Millionen Mark hatte erweitern lassen, um den über 4 Millionen Mark teuren Wahlkampf zu finanzieren. Allein 250 000 Mark kostete die »Doppelpass-Kampagne«. Vorsorglich hatte Schatzmeister Prinz Wittgenstein 1998 und 1999 jeweils eine Million Mark aus der Liechtensteiner Stiftung »Zaunkönig« zur Hessen-CDU geschleust, die Koch bald noch eine Menge Ärger bereiten würde.

»Mit Hilfe der Medien« – Gutmenschen als Kochs Wahlhelfer

Was aus dem Zufall geboren worden war, sah nun nach großartiger Strategie aus, nach einem Masterplan, ausgebrütet von einem kaltschnäuzigen Kerl namens Koch. Ein farbloser Kandidat hatte sich aus der hinteren Reihe der deutschen Politik in die erste Garde katapultiert. A star was born – das war der Moment, wo sich die Droge Politik im Blut so richtig breit machte.

Hilflos sah die SPD, wie der Vorsprung täglich schmolz. Die kühleren unter den Sozialdemokraten kamen nicht umhin, dem ungeliebten Gegner Respekt zu zollen. Natürlich waren sie empört über das miese Spiel mit den Vorurteilen. Aber die Inszenierung der Kampagne, das demagogische Handwerk, das beherrschte dieser Koch mit seiner Truppe mustergültig. Sie hatten es geschafft, das gelangweilte Hessen in wenigen Tagen zu polarisieren. Auf einmal ging es nicht mehr nur um Ausländer, sondern um Weltbilder: Bildung, Innere Sicherheit, Kochs klassisch-konservative Themen, die eben noch uninteressant schienen, wurden im Sog der Unterschriften-Aktion plötzlich emotional aufgeladen. Nun ging es um die Frage, die schon der Wahlkämpfer Helmut Kohl meisterhaft zu stellen und zu beantworten schaffte: Die oder wir?

Hier die lotterhafte rotgrüne Gesellschaft, nicht mehr nur in Wiesbaden, sondern auch noch in Bonn, die die Kinder mit fünf Fünfen noch versetzen wollen, die die Gefängnisse in Luxushotels verwandeln und zulassen, dass bald 10, 12, 15 Millionen Mullahs, Schnauzbärte und Krummsäbel das Land überfluten, wie Koch unermüdlich drohte. Und dort die märchenhaft heile Welt der CDU, wo grundanständige deutsche Menschen sich zu Leistung und Familie bekennen, so wie bei den Kochs, wo die Ehefrau abends wartet, bis er nach Hause kommt, und fragt: »Wie war dein Tag in Wiesbaden?« So berichtete jedenfalls eine Wahlkampfzeitung der CDU von der Musterehe der Kochs.

Beflügelt von der deutschlandweiten Resonanz riskierte der Kandidat zum Ende hin Kopf und Kragen. Amtsinhaber Eichel war angeschlagen, seine Empörungsreden fanden kaum Begeisterung beim Volk. Auch eine eilends von der Bundesregierung lancierte Kampagne mit Boris Becker und Thomas Gottschalk verfing nicht. Rotgrün hatte die Stimmung im Volk schlicht falsch eingeschätzt.

Koch hechtet nun so waghalsig auf die Bühnen, dass seine Begleiter sich ernsthaft Sorgen um seine Knochen machten. Die Zustimmung weit über die CDU hinaus treibt ihn an, die letzten Wochen Wahlkampf steht er nur mit größeren Mengen Medikamenten durch, weil seine Erkältung einfach nicht verschwinden will. Noch immer liegt Rotgrün knapp vor Schwarzgelb, wobei unklar ist, ob die FDP überhaupt den Einzug in den Landtag schafft.

Koch will von den Daten nichts wissen. Er spricht von »Irrtumsquote« und »Anonymitätsbedürfnis«, was nichts anderes heißen soll, als dass Bürger in Umfragen nicht zugeben mögen, dass sie mit der Kampagne und ihrem Kandidaten sympathisieren. Koch treibt seine Mannen unermüdlich an, jede Stunde, jede Stimme kann entscheiden.

»Auschlaggebend werden die letzten zehn Tage«, predigt er seinen Leuten, wenn kaum noch Fakten zählen, sondern eher Befindlichkeiten, Stimmungen, wenn sich der Entscheidungsprozess vom Kopf in den Bauch verlagert, wenn Menschen mehr erfühlen als durchdenken, warum oder ob sie überhaupt wählen sollen. Zur Motivation seiner Parteifreunde hat Koch an alle Kreisvorsitzenden Zettel mit Zahlen verteilt: So viele Stimmen müssen sie in ihrem Revier dazugewinnen, wenn es diesmal klappen soll. 68 sind es in Bad Karlshafen, 6657 in Frankfurt. Die verschlafene Hessen-CDU wacht plötzlich auf. Info-Stände werden geordert, Kochs privater Wahlkampftruppe von der Jungen Union Eschborn ist es plötzlich gar nicht mehr peinlich, vor dem Kandidaten herzutraben und zum Geschrammel einer Dixielandband Reime aufsagen wie »Die CDU in Hessen hat ihren Roland Koch, und wenn auch manche zweifeln, gewinnen werden wir doch«. Nach jeder Veranstaltung fragt der Chef: »War ich gut?«

Zocken für den Swing

In der letzten Woche registrierten die Meinungsforscher den Effekt, den man »Swing« nennt, den großen Umschwung. Noch am Wochenende zuvor wäre die rotgrüne Landsregierung im Amt bestätigt worden, in den sieben Tagen vor der Wahl indes kippte die Stimmung. Auf einmal war Koch vorn. Und der Kandidat verstand es, den rapiden Rollenwechsel vom unbekannten Jungspunt zum deutschlandweit umstrittenen Shootingstar hinzubekommen.

»Und unverschämtes Glück hatten wir auch noch«, sagte einer, der damals dabei war. Es wurde nicht laut darüber geredet, aber Fakt war, dass im inneren Kreis der CDU-Wahlkämpfer, Koch vorneweg, panische Angst herrschte, kurz vor der Wahl könnte eine Schreckensmeldung durch die Nachrichten jagen: Hessische Skins massakrieren einen Ausländer. Dann hätten sie zu Recht als gewissenlose Aufwiegler dagestanden, die Kampagne hätte sich brutalstmöglich gegen ihren Erfinder gerichtet.

Oft und gern wirft Roland Koch dem Bundeskanzler Gerhard Schröder voller Abscheu vor, »ein Spieler« zu sein. In diesem Fall war Koch nichts anderes: ein Zocker mit höchstem Einsatz und zweifelhaftesten Mitteln. Die wichtigste Erkenntnis war dabei für ihn, dass es möglich war, einen Wahlkampf gegen die gesamte öffentliche Meinung zu führen, ja, dass man die Empörung der Medien sogar nutzen konnte für die eigenen Zwecke. Veröffentlichte Empörung meinte nicht automatisch öffentliche Empörung. Anfangs verblüfft, schließlich erfreut stellten Kochs Wahlkämpfer fest, dass jeder Anprangerungsaufsatz scheinbar automatisch neues Wohlwollen bei den Bürgern verschaffte. Ein Berufs-Empörer wie Heribert Prantl von der »Süddeutschen Zeitung« als Wahlhelfer für eine rechte Kampagne – schöner ging es nicht. Wohlmeinende Selbstgerechtigkeit besorgte Kochs Geschäft.

Mit jeder Anklage wurde der kleine Koch größer, jeder ablehnende Kommentar illustrierte die Hilflosigkeit der SPD und den in diesem Fall gewaltigen Graben zwischen den Medien und ihren Nutzern. »Die Medienkampagne, die die Unterschriftenaktion geißelte, war wichtiger als die Aktion selbst«, sagt Koch rückblickend zufrieden, »vor allem die kritischen Beiträge in den elektronischen Medien haben meinen Wahlsieg jeden Tag ein Stück wahrscheinlicher gemacht.« Damit hatte Koch in Zeiten einer vermeintlich allmächtigen Mediendemokratie in einem gewaltigen Experiment bewiesen: Stimmten Thema und Inszenierung, konnte ein Politiker gegen die Medien die Meinungshoheit erstreiten. So hatte es auch Helmut

Kohl immer wieder vorgemacht. Dieses Konzept stand im krassen Gegensatz zur Weltsicht des Medienhörigen Schröder, der sein Regierungshandeln wie kein anderer Kanzler an Schlagzeilen orientierte.

Als Koch am Donnerstag, drei Tage vor der Wahl, überraschend schon um 17 Uhr nach Hause kommt, wagt er erstmals, seiner Frau gegenüber das bislang Undenkbare auszusprechen:»Es ist nicht mehr ausgeschlossen, dass wir gewinnen.« Die Begeisterung von Ankc Koch hält sich in Grenzen. Sie hatte einen politisch engagierten Anwalt geheiratet, von einem Berufspolitiker, einem Ministerpräsidenten gar, war nie die Rede gewesen. Hessens First Lady, das war nicht ihr Traumjob.

Am Samstag, 24 Stunden vor der Wahl, verdichteten sich die Indizien, dass es die CDU schaffen könnte. Beim Ball des Sports, dem wichtigsten gesellschaftlichen Ereignis in Frankfurt, begegneten sich Ministerpräsident Eichel und sein Herausforderer auf der Toilette. Koch ist verblüfft, dass der ansonsten eher dröge Eichel plötzlich auffallend freundlich ist.»Der ahnte, was am Sonntag passieren würde«, sagt Koch.

Am Wahlnachmittag liefern die Forschungsinstitute die allerersten Rohdaten ab 13 Uhr und dann stündlich feinere Zahlen. Bürger werden unmittelbar nach dem Verlassen der Wahllokale befragt, wo sie denn ihr Kreuz gemacht haben. Mit einer Reihe schwer kalkulierbarer Fehlerquellen behaftet, entstehen so die allerersten sehr unsicheren Trends. Die sahen viel versprechend aus für Koch. Gegen 14 Uhr, nach der zweiten Erhebung, ahnt er, dass er eine Chance hat. Koch ruft am frühen Nachmittag seine engsten Freunde an:»Pack deine Sachen, komm sofort nach Wiesbaden. Wenn die ersten Daten stimmen, dann kann es für eine Mehrheit reichen.« Überglücklich eilen alle, die sich einen Posten in der neuen Regierung versprechen, nach Wiesbaden. Sie sehen sich am Ziel ihrer Träume. Allein die besonnene Karin Wolff will die Trunkenheit der Kerle über den großartigen, beispiellosen, sensationellen Sieg nicht teilen.»Das war doch nur ein kleines Konditionstraining«, sagt sie:»Jetzt fängt es erst richtig an.« Sie sollte Recht behalten.

»Ein Stück Stolz« – Ministerpräsident Koch

Koch verharrt mit Ehefrau Anke, Manfred Kanther und Dirk Metz lange in seinem Abgeordnetenbüro im Wiesbadener Landtag. Er will ganz sicher sein, so sicher wie nur irgend möglich, dass nicht ein kleiner dummer Rechenfehler den sicher geglaubten Triumph noch zunichte macht. Der Kontrollfreak Koch will Gewissheit, dass er auch wirklich als neuer hessischer Ministerpräsident in die Hitze der Scheinwerfer tritt.

Kurz nach 19 Uhr melden die Experten, dass die Hochrechnungen keinen Zweifel mehr zulassen. Der Jubel draußen ist unbeschreiblich, die hessischen Unionisten grölen und stampfen und klatschen und johlen. Nur einer ist ganz ruhig. Kein Schrei, kein Sprung, kein Wedeln mit zum »V« gespreizten Fingern. Im Büro eine knappe Umarmung, ein Kuss für Anke, dann lehnt sich Roland Koch nur behaglich im Stuhl seines Büros zurück. Geschafft.

Die Droge Politik wechselt schlagartig ihre Wirkung, sie putscht nicht länger auf, sondern macht ganz ruhig und tief glücklich. Roland Koch empfindet nichts außer Triumph, außer Großartigkeit. Keine kritischen Worte mehr über die Moral von Doppelpässen, nur Sieger sein, sonst nichts. Langsam sickert in sein Bewusstsein, was das hier bedeutet. Er hatte es allen gezeigt, allen Zweiflern, allen Journalisten, allen Bonnern, allen Demoskopen, all denen, die in den nächsten Stunden und Tagen angewieselt kommen würden, um ihm zu sagen, sie hätten es schon immer gewusst und stets an ihn geglaubt.

Er hatte die Mutter aller rotgrünen Regierungen aus der Staatskanzlei gefegt. Er hatte der eben noch vor Selbstbegeisterung strotzenden Schröder/Fischer-Koalition kein halbes Jahr nach Amtsantritt den ersten heftigen Dämpfer verpasst. Er hatte Rotgrün die Bundesratsmehrheit genommen. Er hatte der chronisch mit Minderwertigkeitskomplex beladenen Hessen-CDU bewiesen, dass sie doch noch gewinnen konnte. Er hatte eine am Boden zerstörte Bundes-CDU zu neuem Leben erweckt. »Als wenn Weihnachten und Ostern auf einen Tag fallen«, jubilierte in Bonn CDU-Chef Schäuble überglücklich und spendiert Champagner im 10. Stock des Konrad-Adenauer-Hauses. In solchen Momenten muss es schwer sein, sich nicht für den Messias zu halten.

Die Kommentatoren überschlagen sich. »Bild« präsentiert den »Helden von Hessen«, der »Welt«-Chef und spätere Springer-Vorstand Matthias Döpfner schreibt ergriffen: »Koch kommt«. Die »Bunte« nimmt »Roland, den Meister-Koch« auf in die Welt von Walz und Balz und Schmalz. Die Konservativen überhöhen den Sieg ins Historische: Da hat einer über den Zeitgeist triumphiert, hat Kante gezeigt, Härte, Selbstvertrauen. Die »Ära nach Kohl hat einen neuen Helden« (»Spiegel«), einen »Superstar« (»Welt«), einen »potenziellen Kanzlerkandidaten« (»Die Woche«).

Schäuble und seine Generalsekretärin Angela Merkel, die arge Probleme hatte, die Unterschriftenkampagne mitzutragen, sind noch immer sichtlich aufgewühlt, als sie am Montagmittag mit einem etwas zerknautschten Roland Koch vor die Bonner Presse treten. Auf der Präsidumssitzung zuvor war der hessische Held mit Blumen überhäuft und einem Trommelfeuer von Schulterklopfern malträtiert worden. Er durfte sogar auf dem Platz sitzen, der sonst Helmut Kohl vorbehalten ist.

Äußerlich wirkte Koch cool und gefasst, als entreiße er jeden Tag der SPD ein Bundesland. Emotionen? Keine Spur. Überschwängliche Statements? Null. Nur mit provozierendem Bescheidenheitsgestus vorgetragene Sätze wie:»Ich weiß nicht, ob es ohne mich gegangen wäre, aber mit mir alleine wäre es sicher nicht gegangen.« Eigentlich habe er ja nur »glaubwürdig das repräsentiert, wofür die CDU steht«. Sein größter Gefühlsausbruch an diesem Tag lautete:»Ich bin doch ein Stück stolz auf diesen Sieg.«

Innerlich arbeitet es schon wieder derart heftig in Roland Koch, dass er sich den Luxus längerer Triumphräusche gar nicht erst gönnen mag. Schließlich bedeutet der Sieg das Ende der bequemen Rolle als Besserwisser in der Opposition. Dieser Sieg heißt vor allem Anfang, Aufbruch in die neue Welt des verantwortlichen Regierens, die Chance, die Pflicht zum Bessermachen. Das Spiel hat er hundertfach theoretisch gespielt. Nun wird es ernst.

Thema für Thema checkt Koch seine Wahlversprechen auf ihre Umsetzbarkeit durch. Hat er die richtigen Minister an Bord? Was kann man mit der FDP machen? Wie kann er die momentane Hochstimmung, die erfahrungsgemäß nie lange anhält, noch rasch nutzen für eigene Zwecke, in Hessen und in der Bundes-CDU? Natürlich spielt er die kühne Idee der Kanzlerkandidatur für 2002 durch. Der Erste, der ein rotes Land erobern würde, wäre ein natürlicher Kandidat, da war er sich mit Wulff doch einig gewesen. Widerwillig verscheucht er die Gedanken wieder. Ein allemal verlockendes Thema, aber nun wirklich nicht prioritär. Das nächste große Projekt hieß anders: Wiederwahl 2003. Er will ja nicht enden wie Wallmann, politisch begraben nach einer Amtszeit.

Zurück in Hessen, schärft er seinen auf krawallige Opposition eingestellten Leuten ein:»Aufgabe der Opposition ist die scharfe Profilierung. In der Regierung bringt der Ausgleich den Erfolg.« Der Bürger, das hat er bei seinem Vorbild Kohl gelernt, müsse »persönlichen Nutzen« von seiner Regierung empfinden. Daher seine »nachdrückliche Bitte« an die Runde der künftigen Minister:»Versprechen Sie nichts, was Sie nicht halten können.« Ehrlichkeit, Berechenbarkeit, Nutzen, das müssen die Signale sein, Großmäuligkeit und Windmacherei seien dagegen tabu.

»Nach Süden« – Koch dreht Hessen um

Nicht jedes deutsche Bundesland hat seine begrifflichen Markenzeichen. Wenn man »beste Bildung« hört, »härtester Strafvollzug als Sühne und Abschreckung« oder »Miteinander von Staat und Kirche« und natürlich »wirtschaftlich an der Spitze«, dann kommt nur eine Gegend infrage: Bayern. Es war vollste Absicht, als Roland Koch diese Parolen schon wenige Tage nach dem Wahlsieg für Hessen ausgab. Bayern und die CSU, von Politologen als Prototyp der modernen Volkspartei gepriesen, das sollen Vorbilder sein für das neue Hessen und seine CDU. Traditionell führen den Ministerpräsidenten Hessens seine Antrittsbesuche zu den Kollegen nach Düsseldorf und ins nahe gelegene Mainz. Nicht so bei Koch.

Noch vor seiner Vereidigung macht er sich auf den Weg in die Münchner Staatskanzlei, um dem Kollegen Edmund Stoiber die Ehre zu erweisen. Gnädig empfängt der Ober-Bayer den Youngster und sagt ihm »Partnerschaft und enge Konsultationen« zu. Koch erkundigt sich artig nach der bayerischen Sicherheitswacht, nach deren Vorbild er den »Freiwilligen Polizeidienst« in Hessen gestalten will. Bürger sollen Wach- und Schutzaufgaben übernehmen. Befürworter weisen auf die Entlastung der gestressten Polizisten hin, Kritiker fühlen sich an Blockwarte erinnert. Auf seiner Suche nach Verbündeten stattet Koch auch dem baden-württembergischen Ministerpräsidenten Erwin Teufel einen Antrittsbesuch ab. Hier lässt er sich über Technologietransfer, Oberstufenreform und Kriminalitätsbekämpfung informieren – alles Modelle für Hessen.

Damit auch der Rest in Deutschland erfährt, wer in Hessen das Sagen hat, bemüht Koch umgehend zwei Reizthemen, auf die die Medien immer gern springen. Wie Stoiber lehnte er einfach rundweg ab, Kriegsflüchtlinge aus dem Kosovo in Hessen aufzunehmen. Dann tritt er die von Ministerpräsidenten reicher Bundesländer immer wieder gern geführte Debatte los, ob denn die Milliardentransfers an Länder wie Mecklenburg-Vorpommern oder Sachsen-Anhalt sein müssen, obwohl doch da die PDS regiert oder toleriert. Aufschrei von links, Applaus von rechts und das Ziel erreicht, ein bisschen bekannter zu werden im Lande.

Kaum sechs Wochen nach der Wahl waren die Kanonenrohre komplett neu ausgerichtet. Koch hatte getan, was er immer in neuen Lagen zu tun pflegt: Er grenzte ab, er führte zusammen, was seiner Meinung nach zusammengehört, und hegte dabei stets strategische Überlegungen: Hessen und Bayern und Baden-Württemberg als Südschiene, geschmiedet aus Stahlhelmen, daran käme künftig keiner vorbei – der Kanzler nicht im

Bundesrat, die CDU-Chefin nicht in Parteiangelegenheiten. Und er, Koch, immer mittendrin, als Jüngster, der Teufel und Stoiber allemal überleben würde.

»Eine Freude, unsere Heimat« – Koch legt los

Die Blechbläser der Jungen Philharmonie intonieren Herzschweres aus der hessischen Geschichte. So wünschte es der neue Chef. Heute ist sein großer Tag, die Krönungsmesse. Er liebt formale Rituale. Die Quote dunkler Anzüge liegt deutlich über dem Schnitt im ansonsten eher legeren Wiesbadener Landtag. Im grellroten Kostüm leuchtet First Lady Anke von der Tribüne. Um sie herum sitzen die Söhne Dirk und Peter und jede Menge hessischer Polit-Bellheims: Opa Karl-Heinz Koch, Justizminister a. D. Träger des hessischen Verdienstordens, des Bundesverdienstkreuzes Erster Klasse, Ehrenbürger Eschborns und Ehrenstadtverordnetenvorsteher, Walter Wallmann, Ministerpräsident a. D., Manfred Kanther, Bundesinnenminister a. D. und natürlich Alfred Dregger, Hauptmann der Wehrmacht a. D. Dazu ein Repräsentant des Dalai Lama, eine palästinensische Delegation und der Mainzer Bischof Karl Lehmann. Sie alle wollen ein bisschen von dem Glanz da unten erhaschen, an dem sie, so glaubt es jeder für sich, auch ihren kleinen Anteil haben.

22. April 1999, kurz vor der Mittagspause: Der hessische Landtag ist zur konstituierenden Sitzung zusammengetreten. Die Abgeordneten werden unter dem steinernen Löwen im Plenarsaal ihre Stimme für oder gegen den neuen Ministerpräsidenten abgeben. Einziger Kandidat: Roland Koch. Dass seine schwarzgelbe Koalition nur über die denkbar knappste Mehrheit verfügt, 56 von insgesamt 110 Stimmen, das macht ihn nicht unruhig. Das hat in Hessen Tradition und war bei Eichel und Wallmann auch nicht anders. Außerdem hat sich ein Sozialdemokrat auch noch krankgemeldet.

Die alten Herren da oben auf dem Balkon könnten den Eindruck haben, der Junge da unten vollende nun ihr Werk, ihre Mission. Aber das ist nur zum Teil richtig. Koch hat nicht bei den Rentnern gepunktet, sondern bei Wählern unter 30 die höchsten Zugewinne verbucht. Die vermeintliche Jugendpartei der Grünen dagegen verlor in derselben Altersgruppe empfindlich.

Mit dem Projekt Restauration allein wird Koch nicht überleben, das steht fest. Mit Ideologien bindet man Stammwähler, die eh brav ihr Kreuzchen machen, aber man gewinnt in der Mitte nicht hinzu. Diese Erfahrung, wenn auch auf der anderen Seite, hatte gerade erst die SPD gemacht. Ihr Finanzminister Oskar Lafontaine hatte sich wenige Wochen zuvor aus dem Bonner Staub gemacht, allein und verlacht. Sein klassenkämpferischer Ansatz drang nicht durch, weder bei Kanzler Schröder, seiner Regierung noch beim Volk. Oskar war der Schrecken der Mitte.

Die Hessen-CDU war natürlich geneigt, die Flucht des Saarländers als Angstreaktion auf ihren großartigen Sieg zu interpretieren. Vor Anflügen von Allmachtsphantasien war selbst der neue Regierungschef nicht gefeit: Fröhlich erzählt er, was er über die Ostertage auf Sylt gelesen habe, und genießt alle Mutmaßungen über Doppeldeutigkeiten, als er den Titel nennt: »Kampf ums Kanzleramt«. In dem Werk von Daniel Koerfer wird detailgenau beschrieben, wie Konrad Adenauer das Kanzleramt gegen Ludwig Erhard verteidigte.

Schlag 13 Uhr ist die Auszählung beendet. Parlamentspräsident Klaus Peter Möller verliest das Resultat: 56:53, wie erwartet. Jubel brandet los, Gattin Anke kommt herbeigesprintet und gewährt ihm eines der wenigen keuschen Küsschen in der Öffentlichkeit. Dann erhebt Roland Koch die Hand zum Amtseid, selbstverständlich »So wahr mir Gott helfe«, jene Formel, auf die der gottlose Schröder und viele seiner Minister verzichtet hatten. Die Bläser intonieren geistliche Chormusik von Heinrich Schütz aus dem Jahre 1648: »Verleih uns Friede gnädiglich, Herr Gott zu unseren Zeiten.« Ein Aufbruchssignal?

Koch schreitet zu seiner ersten Regierungserklärung. Freudig, neugierig oder verängstigt haben die Hessen auf diesen Moment gewartet. In Wirklichkeit wissen sie ja noch kaum etwas von dem Neuen. Was will er, wo steht er, was hat er noch zu bieten außer Unterschriften gegen den Doppelpass? Was mag jetzt kommen, nach acht Jahren gemütlichen, schmerzfreien, harmlosen und uninspirierten Rumregierens von Hans Eichel?

Koch trägt so sicher vor, als stehe er im Eschborner Stadtparlament. Schlau verspricht er nicht allzu viel Konkretes, gibt aber klar den neuen Kurs vor. Das mittelste aller deutschen Bundesländer, das im Norden an Niedersachsen grenzt und im Süden an Bayern, wird den Blick unter seiner Führung sofort Richtung Alpen richten. »Wir sind ein Südstaat«, verkündet Amerika-Fan Koch, und die Analogie zum großen Bruder ist nicht unbeabsichtigt. Fortan werde man sich in Sachen Bildung, Innerer Sicherheit und Jobs an Bayern und Baden-Württemberg messen und nicht länger an den Verlierern aus NRW.

Kochs Regierungsprogramm ist nicht modern, nicht spektakulär und doch überraschend in seiner hausbackenen Konsequenz: Felder, die die Vorgängerregierung sträflich vernachlässigt hatte, will die CDU nun bestellen: Eine Unterrichtsgarantie für die verwahrlosten hessische Bildungsanstalten, das Ziel, Uni und Schulen an die deutsche Spitze heranzuführen, Gesetze auf Zeit, eine Entrümpelung der Verwaltung, mehr Geld für die Polizei, mehr Härte gegen Strafgefangene und ein Wirtschaftsklima, das »keiner, der in Deutschland investieren will, außer Acht lassen kann«. Ein ambitioniertes Paket.

Paradoxerweise steht Kochs Regierungsgprogramm beim Thema Ausländer im kompletten Gegensatz zu seinem geifernden Wahlkampf. Weil er als Ministerpräsident, der auch für den globalisierten Finanzplatz Frankfurt zuständig ist, beim besten Willen kein ausländerfeindliches Image gebrauchen kann, verordnet er Hessen die aufwändigste und teuerste Integrationspolitik aller Bundesländer. Eines der größten Hemmnisse, nämlich mangelnde Deutschkenntnisse bei der Einschulung, will er mit Früh- und Förderunterricht beseitigen. Seine Unterschriftenkampagne zwingt ihn im Nachhinein zu vorbildlicher Politik.

Geradezu lyrisch mutet das Bild an, mit dem Koch sein Ziel »mehr Eigenverantwortung statt Umverteilung« in seinem küstenfreien Bundesland beschreibt: Hessen solle »ein sicherer Hafen werden, in dem die Politik dazu beiträgt, dass die Menschen in ihren Booten genügend Wasser unter dem Kiel haben, und voranzukommen und ihr Ziel zu erreichen; wir wollen, dass möglichst viele ein eigenes Boot haben, dass dort aber auch Platz ist für andere und dass es schließlich auch Rettungsboote gibt, damit keiner verloren geht.« Die versöhnlich gehaltene Ansprache gipfelt im Bekenntnis zu »Kooperation statt Konfrontation« und dem Angebot an die Opposition, sie durch regelmäßige Information und Konsultation an der Entwicklung des Landes zu beteiligen. Zum Finale legt der neue Ministerpräsident eine Art Glaubensbekenntnis ab: »Wir wollen fleißig, dialogfreudig, aber auch mit festem Willen an unsere Arbeit gehen«, verspricht Koch, und dass es ihm »eine Freude ist, für unsere gemeinsame Heimat zu arbeiten«.

Fleiß, Wille, Heimat, das klingt, wie Deutschland immer geklungen hat – vertraut und befremdlich unoriginell zugleich. Aber vielleicht hat Koch damit tatsächlich den Kern getroffen, die Mitte. Seine Mundwinkel zucken im Schlussapplaus unentwegt nach oben, so wie immer, wenn er sich unbändig freut, und er hat Mühe, nicht stolzer zu gucken, als es die Würde des Moments erlaubt. Koch ist ungeduldig: Endlich ist es so weit. Endlich kann es losgehen. Endlich kann er zeigen, was in ihm steckt. Er fiebert vor Elan.

Hundert Tage später rieben sich viele Hessen die Augen. Dieser neue Ministerpräsident war in einem derartigen Schweinsgalopp durchs Land gefegt, als wolle er überall jede Erinnerung an die rotgrüne Ära persönlich verscheuchen. Kaum war die Tinte unter seine Ernennungsurkunde trocken, peitschte er auch schon maßgebliche Gesetzesvorhaben durch den Landtag: Eine neues Schulgesetz, ein neues Hochschulgesetz und ein »Verwaltungsbeschleunigungsgesetz«. Das Mitspracherecht von Personalräten wurde beschnitten, die Kommunalverfassung grundlegend umgekrempelt. »Hessen gleicht einer gigantischen Baustelle«, befand andächtig staunend die »FAZ«.

Sein Kabinett mutete an wie ein Friends-and-family-Programm: Vier seiner neun Minister – Bouffier, Weimar, Wolff, Jung – waren Mitglieder der Tankstellen-Connection, im Finanzministerium wurde Familienfreund Riebel installiert, und im Sekretariat von Koch saß die CDU-erfahrene Frau Böhr, Gattin des rheinland-pfälzischen Schöngeistes, die Jahre zuvor schon Kochs Reisekosten bei der Jungen Union bearbeitet hatte.

Andächtig verfolgte sein Büroleiter Helmut Georg Müller, wie zielstrebig der Chef den Laden umkrempelte. Müller hatte bereits einiges mitgemacht: Er war persönlicher Referent bei Wallmann und in Bonn Büroleiter bei Rita Süssmuth, womit er bei den Dreggers unter Kommunismusverdacht stand. Einen so klaren Führungsstil wie bei Koch hatte er noch nie erlebt. »Normale Vorgesetzte sagen: Das muss erledigt werden«, so Müller, »aber Koch sagt: Das muss erledigt werden, sofern in vertretbarer Zeit vertretbare Ergebnisse herauskommen.«

Effizienz war Kochs oberste Maxime. Für Auslandsreisen ließ er eine Runde Experten antanzen, die ihm einen Vormittag lang alles über Politik, Wirtschaft und Kultur des Gastlandes erzählen. »Und er saugt es einfach auf, in jeder beliebigen Menge« staunt Müller: »Das ist wie eine Druckbetankung beim Boxenstopp in der Formel 1.«

Erstmals kamen die Bediensteten der Staatskanzlei in Kontakt mit Kochs Koffersystem. Oberstes Gebot für jeden Mitarbeiter auf der Chefetage des netten kleinen Häuschens nahe an der Innenstadt: Immer einen Pilotenkoffer mit Akten bereithalten, die der MP auf einer Autofahrt erledigt. Ob es der Rechnungshof nun hören will oder nicht: Zuweilen fahren schwere Dienstwagen bis auf einen schwarzen Koffer leer durch Hessen, nur um dem Ministerpräsidenten frische Akten in ein Örtchen am Ende der Welt zu liefern und erledigte wieder mit in die Zentrale nach Wiesbaden zu nehmen.

Auch die trottverliebten Beamten mussten sich plötzlich umgewöhnen.

Koch bereitete es Freude, den Dienstweg zu durchbrechen. Wann immer es ihm beliebte, zitierte er einen Fachbeamten heran, gleichgültig, welcher Hierachiestufe oder ob derjenige womöglich gar in der SPD war. Dann ließ er sich vortragen. Das Kalkül ging auf. Rasend schnell sprach sich der neue Stil herum. Plötzlich lief der Laden deutlich flotter als zu Eichels gemächlichen Zeiten.

Zum neuen Ton gehörte auch eine unerwartete Toleranz, die vor allem Sozialdemokraten überraschte, die unter Eichel Dienst taten und nun fürchteten, vom Hardliner umgehend strafversetzt zu werden. Natürlich sortierte Koch, wie bei Regierungswechseln üblich, einige Herrschaften aus. Doch arbeiten noch heute einige von Eichels damaligen Leuten an Schlüsselstellen der Staatskanzlei, weil Koch sie für fähig hält.

So brachial Koch sein Land in seine Richtung drehte, so überraschend einfühlsam ging er zuweilen mit Mitarbeitern um. Eine kluge wie eigenwillige Dame aus dem Kulturbereich, die keinen Hehl aus ihrer Abneigung gegen die Doppelpass-Kampagne, das Konservative an sich und überhaupt den ganzen Altmännerstil machte und deswegen schleunigst wegstrebte, wollte Koch persönlich in stundenlangen Gesprächen zum Bleiben bewegen. Die Frau ging trotzdem, Kochs anständiges Benehmen blieb. Als er wenig später erfuhr, dass die Dame im Krankenhaus lag, ließ er ihr umgehend ein eindrucksvolles Blumenbukett mit persönlichem Brief zukommen.

Besonders gefürchtet beim Personal war Kochs phänomenales Gedächtnis, das er zum Leidwesen seiner Leute bei jeder Gelegenheit demonstrierte. So suchte einst Büroleiter Müller verzweifelt für eine Rede nach einem Zitat des Verfassungsrechtlers Professor Ernst-Wolfgang Böckenförde, das etwa lautete:»Der Staat baut auf Voraussetzungen auf, die er nicht kontrollieren kann.« Müller suchte und suchte, bis Koch hereinkam und ihm riet:»Guck doch mal in der Festschrift für Kardinal Lehmann, vierte Seite, dritter Absatz.« Tatsächlich, da stand der Spruch.

Koch führt durch Vor-, eher noch durch Bessermachen. Lobende Worte hat kaum je ein Mitarbeiter von ihm gehört.»Koch lobt nicht, Koch brüllt nicht, manchmal frotzelt er, aber am wichtigsten ist immer, das es läuft«, beschreibt Müller den Stil. Dazu gehört auch eine Straffung der Arbeitsabläufe nach bayerischem Vorbild. Zentralistisch wie im Freistaat wird die Staatskanzlei zur Machtzentrale ausgebaut, jedes Ministerium bekommt von hier klare Anweisungen, welche drei, vier Großprojekte im Zentrum dieser Legislaturperiode zu stehen haben.

Das jeweilige Wochenprogramm wird Montagabend von den wichtigsten Ministern, also der Tankstellen-Runde mit FDP-Begleitung, durchaus kontrovers diskutiert. Treten die Kabinettsmitglieder allerdings an die Öffentlichkeit, gilt es als erste Pflicht, die gemeinsam hergestellte Meinung auch konsequent zu vertreten. Den jeweiligen Tagesplan wiederum entwirft jeden Morgen eine kleine Runde aus Kochs Büro. »So entstand ein fortlaufender Teppich, den man nur abschreiten musste«, lobt Verwaltungsexperte Müller. Allein in seinen Reden im Landtag gibt es Probleme: Koch hält sie gern frei, nur der SPD zuliebe wird nachher ein Manuskript angefertigt.

Das ganz und gar unhessische Tempo überforderte anfangs sogar die eigene Truppe. Ausgerechnet beim Schulgesetz, dem Kernstück von Kochs konservativer Revolution, bekam die neue Koalition ihre Mehrheit nicht rechtzeitig zusammen: Ein Abgeordneter gab ein Interview, ein anderer besuchte gerade eine Ausstellung. Dass die peinliche Panne ausgerechnet dem Besser-Hessen unterlief, gefiel der Opposition prächtig.

Langsam zogen erste dunkle Wolken auf. Innenminister Bouffier, wie Koch Anwalt, hatte mit dem Vorwurf des Parteienverrats und angeblich unerlaubt besorgter Prozesskostenbeihilfe zu kämpfen. Eines Tages lag eine tote Katze vor seiner Tür, die allerdings nicht die Mafia dort abgelegt hatte, wie der Minister erst glauben machen wollte, sondern wohl ein Autofahrer, der das Tier zuvor auf der Straße vor dem Haus überrollt hatte. Dann war da der Fall des Sudanesen, der sich gegen seine Abschiebung wehrte und von den Beamten am Frankfurter Flughafen so fachmännisch mit Klebeband und Motorradhelm ruhig gestellt worden war, dass er erstickte. Ungerührt kommentierte Bouffier, dass man »ausländische Intensivtäter, die gegen ihre Abschiebung körperlichen Widerstand leisten, nicht noch belohnen« dürfe.

Und dann war zu allem Überfluss auch noch bekannt geworden, dass Kochs Kanzlei in Eschborn, ein Familienunternehmen von Vater und Sohn, den größten Grundstücksverkauf in der an Immobiliendeals reichen Stadtgeschichte zur notariellen Beurkundung bekam, obwohl eine andere Sozietät an der Reihe gewesen wäre. 90 000 Mark brachte das Ausfertigen der Urkunde, was Koch nicht bestritt. Allerdings hatte er seine Anwaltstätigkeit eingestellt, nachdem er Ministerpräsident geworden war. Und das nicht ganz leichten Herzens, wie er später verriet: Die vergleichsweise magere Bezahlung als Ministerpräsident habe das ganze Finanzierungskonzept für sein Haus durcheinander gebracht, klagte er unter Freunden.

Obgleich Bouffier schon als erster Rücktrittskandidat gehandelt wurde, versandeten die Skandale schon deswegen, weil der schneidige Innenminister selbst noch bessere Schlagzeilen lieferte. Er forderte Videoüber-

wachung für öffentliche Plätze und Schulhöfe, feuerte drei Regierungsprä-
sidenten, drei Polizeipräsidenten und den Verfassungsschutzchef, die ihm
allesamt nicht als linientreu erschienen. Da mochte Justizminister Christean
Wagner nicht zurückstehen und mahnte »deutsches Liedgut« statt Computer für hessische Schulen an. Die Last mit alledem hatte letztendlich
Finanzminister Karlheinz Weimar: Er durfte zusehen, wie die rekordver-
dächtige Neuverschuldung von fast 1,5 Milliarden Mark im Haushalt zu
verbuchen war. Immerhin: Im Etat waren tatsächlich 1400 neue Lehrerstel-
len vorgesehen.

Wie jeder gute Regierungschef überließ Koch den täglichen Ärger und
Kleinkram großzügig seinen Ministern. Er selbst probte die Rolle des
Staatsmannes. Genussvoll übernahm er gleich nach Dienstantritt den Vorsitz im Bundesrat, hielt in dieser Funktion eine bedeutungsschwere Rede
zur Amtseinführung des neuen Bundespräsidenten Johannes Rau und ging
auf große Reisen, erst nach Washington, dann nach Rom, wo er den künftigen EU-Kommissionschef Romano Prodi traf. Das war seine Welt.

Unterricht von Schröder – Kochs Nebenrolle bei Holzmann

So wohl sich der junge Ministerpräsident auf dem Parkett der großen Politik auch fühlt, er ist erst am Anfang einer Karriere, er muss noch viel
lernen. Das bekommt er im November zu spüren, als Nachrichten über eine
anstehende Insolvenz des in Frankfurt beheimateten Baukonzerns Philipp
Holzmann immer bedrohlicher werden. Hunderte Mitarbeiter, obschon zu
gewaltigen Zugeständnissen und Mehrarbeit bereit, fürchten um ihren Job,
Zulieferer um ihre Rechnungen, Bauherren um ihre Termine.

Für einen Anhänger der Ordnungspolitik, als den Koch sich zuweilen
bezeichnet, gibt es keinen Grund, den Konzern zu retten. Holzmann gilt
als schlecht geführt, zu viel haben Banken in dem Unternehmen gefuhr-
werkt, und die sehen nun in naher Zukunft keinerlei Chance auf Gewinne
oder wenigstens stabiles Geschäft. Die Geldhäuser wollen raus aus dem
Risikogeschäft Holzmann, sie wollen ein Ende mit Schrecken. Hart, aber
wahr: Der Baukonzern ist nicht gut genug für den Markt. Eingehen lassen,
fordert die reine Lehre, auf dem Kompost der Gescheiterten blühen später
die Erfolgreichen.

In wenigen Tagen wächst der Fall Holzmann zu einem Symbol von
nationaler Größe, der alle Grundkonflikte moderner Marktwirtschaften

fernsehgerecht ausbreitet. Hier kalte Banker und ungerührte Analysten in Nadelstreifen, die ihre Zahlen wie Schutzschilde vor sich her tragen, dort grundgute Malocher in gelben Regenjacken, die für lausige Bezahlung ihr Leben der Firma Holzmann geopfert haben, die jetzt sogar auf Lohn verzichten, um ihren Laden zu retten, die im Fall der Pleite ins Elend fallen würden und ihre Familien mit – und das vier Wochen vor Weihnachten. So ziemlich jeder deutsche Arbeitnehmer wird angesichts der Fernsehbilder von Urängsten befallen: Bin ich der Nächste, dem Spiel des großen Geldes hilflos ausgeliefert?

Als ihn Wirtschaftsexperten auf die Risiken einer staatlichen Intervention hinweisen, winkt Koch ab:»Ich muss da hin, die Leute erwarten das.« Er kämpft in nächtlichen Krisensitzungen in der Landesbankzentrale, wo sich die Gläubiger versammelt haben. Am ersten Abend kommt er noch zu spät, die Manager sind bereits genervt vom Warten. Auf über 2,4 Milliarden Mark belaufen sich die Forderungen gegen Holzmann, die Banken sind allenfalls bereit, 1,8 Milliarden aufzubringen. Koch moderiert, charmiert, droht, verhandelt. Doch die Banker sind zerstritten, schieben die Schuldfrage hin und her. Wenn jeder der Großen 50, 60 Millionen auf den Tisch lege, regt Koch an, dann würden sich alle anderen auch bewegen lassen. Er versucht es mit Zinsverbilligungen, Bürgschaften, dem gesamten kleinen Programm, das eine Landesregierung zu bieten hat.

Was ihm fehlt, ist der große Plan, die große Linie, die große Haltung. Geradezu niedlich mutet Oberbürgermeisterin Roth an, die ein Grundstück der Stadt anbietet. Die Politiker stoßen auf eisiges Schweigen. Die harte Hand des Insolvenzverwalters streckt sich bereits nach dem ersten Baukran aus. Drastisch bekommt der junge Landesvater seine Ohnmacht vorgeführt. Und er hat nicht den Mut, nicht die Kraft, die Banker zu einer Lösung zu zwingen. Er hat den Anfang für die Rettung gemacht, sie aber nicht zu Ende gedacht.

Am nächsten Tag, als alles schon gelaufen scheint, da plötzlich kommt ein edler Ritter aus dem Pulverdampf angetrabt. Ehrfürchtig verneigen sich alle: der Bundeskanzler. Durch seinen besonnenen Kanzleramtsminister Hans Martin Bury hat er sich stündlich vom Stand der Verhandlungen aus Frankfurt berichten lassen. Schröder steckt in einer seiner vielen Krisen, nur ein Jahr nach Amtsübernahme liegt seine Regierung in einem dramatischen Umfrageloch.

Der Instinktpolitiker Schröder hat rasch begriffen, welches populistische Potential in der drohenden Holzmann-Pleite steckt. Erst zwei Jahre zuvor hatte er eine ähnliche Rettungsaktion für den niedersächsischen Salzgitter-Konzern angeführt. Gegen die Warnungen aller Finanzexperten weist er seine Männer an, eine Konstruktion aus Bundesbürgschaften zu finden, die einen derartigen Druck auf die beteiligten Banken erzeugt, dass diese gar nicht anders können, als in eine Lösung einzuwilligen. Mit 250 Millionen Mark kommt Schröder nach Frankfurt und der Drohung, die deutschen Banken als verantwortungslose Monster hinzustellen, falls sie nicht mitzögen.

Die Banker geben klein bei und ziehen sich in kleine Runden zurück, um Geld zu sammeln. Der Insolvenzantrag wird zurückgezogen – und Koch bleibt nur noch Staunen, wie eine Welle der Begeisterung das Land erfasst. Schröder als Anwalt des kleinen Mannes, Dompteur der Kapitalistenraubtiere, Held aller Titelseiten. Egal, was die reine Lehre sagt, egal, wie kaputt der Konzern war, egal, wie viele Mittelständler in Deutschland die Faust ballen, weil sie wegen geplatzter Kleinkredite in die Pleite fielen und kein Kanzler kam. Schröder hat die Chance gesehen und gepackt. Koch hätte den Triumph ebenfalls haben können, aber er hat nicht kühn genug gedacht. Er ist Statist, Nachhilfeschüler.

Es macht ihn innerlich rasend, dass er neben Schröder auf dem Podium grinsen muss, als Staffage für eine sozialdemokratische Inszenierung, Dekor für einen Volkshelden, der von den Arbeitern bejubelt wird. Er muss winken, dabei hätte er vor Wut heulen können. Dies wäre sein Applaus gewesen. Aber er, der smarte Wirtschaftsjurist, hatte es nicht geschafft, eine hessische Lösung hinzukriegen. Er war zu zaudernd gewesen. Er hatte es vermasselt.

Der Perfektionist Koch schwört sich, dass er eines Tages auch so eine Rettungsaktion hinlegen wird. Denn eines hat er in diesen Tagen von Schröder gelernt: Als Retter ist jeder Politiker unschlagbar. Mit keiner anderen Maßnahme kann sich ein Politiker schneller und nachhaltiger in die Köpfe und Herzen der Menschen katapultieren, als Kümmerer, als Fürsorger, als Garant jener Sicherheit, nach denen die Menschen in unsicheren Tagen so dringend verlangen.

Für sehr kurze Zeit kehrt wieder Ruhe ein in Wiesbaden. Nun sind es wieder die kleinen Dinge, die eine Rolle spielen, Stilfragen zum Beispiel. Zwar hatte ihm Wahlwerber von Mannstein schon mal einen Grundkurs in Kleiderkunde angedeihen lassen so wie auch Traudl Herrhausen, die Witwe des ermordeten Deutsche-Bank-Chefs. Doch wirklich durchgedrungen waren beide nicht.

Als der Ministerpräsident eines Tages mit neuen formlosen Schuhen durch den Landtag stolziert, trifft er seinen Freund Clemens Reif, der übrigens den Urlaub mit Kochs seit Jahren verweigert,»weil mir das zu spartanisch ist«. Reif blickt hinab und fragt:»Roland, was sind denn das für Schuhe?«Koch guckt irritiert:»Wieso, die sind neu. Super, oder? Die waren billig.«Daraufhin Reif:»Das sieht man. Die Preisschilder kleben nämlich noch drunter.«Sagt Koch:»Ist doch egal. Die gehen von alleine weg.«

Ansonsten sind die Noten für die ersten Monate ordentlich. Selbst die grüne Fraktionschefin Priska Hinz lobte die Auftritte Kochs als »bravourös«. Das mag der Hesse Joschka Fischer anders gesehen haben. Er ahnte, dass die neuen Machthaber in seinem Heimatland nichts unversucht lassen würden, Belege für seine Umtriebe aus den wilden Siebzigern zu finden, als Fischer die Revolution plante.»Die Rechnung war halt offen«, sagt einer, der damals dabei war.

Der kleine Koch und die große Welt – ein Traum war wahr geworden. Und der Plan dahinter schien immer realistischer zu werden: First we take Mainhattan, than we take Berlin.

Karrierebremse Spendenaffäre

»Es gab Morgen, da war vom Machtwillen nicht mehr viel übrig, da wusste ich nicht, ob ich diesen Tag politisch überlebe.«

(Roland Koch während der Spendenaffäre)

Karin Wolff, die zur Tankstellen-Connection gehört und über mehr Sensibilität verfügt als die ganze Männerbande, hat an Roland Koch im Jahr 2000 eine dramatische Veränderung festgestellt. Nach dem Wahlsieg, sagt die Ministerin, da war er zum ersten Mal im Begriff, sich zu öffnen, die Verkrampfungen abzulegen, entspannter zu schauen, gerade so, als ob mit diesem Sieg sein Zwang, sich dauernd beweisen zu müssen, für einen Moment abgestellt wäre. »Es war wie bei einer Auster, die gerade ihre Schale öffnen wollte«, sagt Karin Wolff, »aber mit dieser Geschichte, da war sie, peng, gleich wieder zu. Er war noch verschlossener als vorher. Es war furchtbar.«

»Diese Geschichte«, das war die Spendenaffäre, jene unseligen Monate um den Jahrtausendwechsel, die seine Karriere, sein Image, seinen Freundeskreis, ja, sein ganzes Leben veränderten. Nach dem Doppelpass-Wahlkampf war diese Spendenaffäre Kochs zweiter bundesweiter Aufreger mit begrenztem Charmefaktor. Es war die Dualität der Ereignisse, die ihn so brutal traf. Die Doppelpass-Unterschriften allein wären nach einer Weile aus dem Bewusstsein der Öffentlichkeit verschwunden, die Spendenaffäre nach einer etwas längeren Phase womöglich auch – aber zwei Vorgänge dieser Güte innerhalb eines Jahres waren zu viel. Damit war der pfeilgerade Aufstieg abrupt gebremst und das öffentliche Bild zementiert als eiskalter machtversessener Trickser. Das Wunderkind war zum Prügelknaben geworden, der zynisch mit »jüdischen Vermächtnissen« hantierte, obgleich er die Legende weder erfunden noch ernsthaft vertreten hatte.

Plötzlich war Koch ein Vogelfreier, der keinen Schritt ohne TV-Team machen konnte. Bald grüßte er die Kameraleute, man kannte sich. Sie entschuldigten sich für ihre Aufdringlichkeit, sie wüssten auch nicht, was spannend daran sei, jeden Tag einen Politiker aufzunehmen, der aus dem

Auto steigt oder zu einer Sitzung geht. Aber die Sender hatten es befohlen. Was sie da filmten, war völlig gleich, es ging nur darum, Koch zu sehen, sein immer fahler werdendes Gesicht. Es war die Lust am öffentlichen Leid eines Volksvertreters, der da versuchte, auf einer Angelschnur über ein Becken mit Alligatoren zu balancieren. Es war ein Doku-Drama in Echtzeit, nur seine Tränen vor der Fraktion hatte keine Kamera erwischt. Die ganze Republik lauerte auf den Moment, in dem er fallen würde. Manche gönnten es ihm, viele wollten einfach nur Blut sehen.

Man muss Roland Koch nicht mögen, aber der Hype in diesen Tagen überstieg das Maß dessen, was einem Menschen, selbst einem Politiker zuzumuten ist. Der Ministerpräsident ergraute in diesen Monaten komplett. »Es gab einige Morgen, da war vom Machtwillen nicht mehr viel übrig, da wusste ich nicht, ob ich diesen Tag politisch überlebe«, sagt Koch ohne larmoyant zu klingen. Er will kein Mitleid, dafür kennt er das Spiel gut genug. Er weiß: Wenn die Geschichte andersherum gegangen wäre und er die Jagd auf einen SPD-Spendentrickser angeführt hätte, dann wären die Umgangsformen bestimmt nicht gepflegter gewesen.

Mit Wut, Irritation und stiller Bewunderung musste die Opposition mit ansehen, wie Koch sich hielt, wie er einen fortwährenden Rollenwechsel hinlegte, vom Opfer zum Aufklärer, vom zerknirschten Flunkerer und Flegel im Untersuchungsausschuss zum gerissenen Juristen und politischen Profi, vom gefühligen Freund zum eiskalten Kalkulator. Voller Neid sah die SPD, wie eine Partei monolithisch zu ihrem Spitzenmann stand.

Koch schaffte die Balance aus Reue und Mut, aus Aufklärergestus und dem Appell ans Wir-Gefühl. Kanther hatte die Partei enttäuscht, Kohl auch, jetzt wollten sie sich ihren Koch nicht auch noch nehmen lassen. Zumal es der Ministerpräsident immer wieder fertig brachte, die Debatte von konkreten Vorwürfen auf allgemeines Polarisieren umzuleiten. Nach Kohl'schem Vorbild deutete er die Spendenaffäre zu einer Waffe der Sozialdemokraten um, »um mich und meine Generation aus der Schlacht zu nehmen. Ich beabsichtige nicht, ihnen das zu erlauben.« Gesetze, Vorschriften, Lügen, egal. Hier ging es um mehr, um eine politische Mission, die ihn geradezu zwang, im Amt zu bleiben. Kein SPD-Ministerpräsident hätte diese Affäre durchgestanden, schon deswegen, weil seine Genossen nicht mitgehalten hätten. Für die Hessen-CDU war es Ehrensache.

Hätte Roland Koch zurücktreten müssen?

»Ich übernehme die politische Verantwortung für Fahrlässigkeiten im Zusammenhang mit der Agentenaffäre Guillaume und erkläre meinen Rücktritt vom Amt des Bundeskanzlers.« So stilvoll-dramatisch klang die Erklärung von Willy Brandt, die als natürliche Konsequenz auf seinen Skandal folgte. Im Rücktritt vollziehe sich symbolisch die Selbstreinigung eines im Ganzen als funktionsfähig erachteten Systems, schreibt der Berliner Publizist Jost Kaiser. Koch trat nicht zurück. Weil er keine Verantwortung akzeptierte. Man kann ihm vorwerfen, dass er es zu leicht machte.

Andererseits: Was wäre passiert, wenn Manfred Kanther und Prinz Casimir zu Sayn-Wittgenstein-Berleburg Anfang der achtziger Jahre nicht einen Haufen Geld in die Schweiz geschafft und über Jahre zurück in die hessische CDU gespeist hätten? Dann wäre der Spendenskandal bei der Partei in Berlin geblieben, bei Kohl, Schäuble und Angela Merkel, die eine immer heftigere Debatte erlebt hätten, ob die CDU den Weg des Zerfalls geht wie die italienische Democrazia Christiana.

Es wäre nicht unwahrscheinlich gewesen, dass die verstörte Partei sich nach einem Retter gesehnt hätte, nach einem jungen unbelasteten kraftstrotzenden Sieger von außen, der gerade erst fulminant eine Wahl gewonnen hatte. Gut möglich, dass Koch zum Parteichef gewählt worden wäre, nach Schäubles Rücktritt, dass er Kanzlerkandidat 2002 geworden wäre und sicher ist, dass er den Wahlkampf schlauer geführt hätte als Krampfbayer Stoiber. Das alles hätte Koch haben können, wenn Kanther und Wittgenstein nicht ihrer Paranoia gefolgt wären.

Diese Karriereoptionen hat Koch sich nicht nur durch eigenes Fehlverhalten verbaut, sie zerbrachen, weil er ein gewaltiges Fangeisen geerbt hatte. Dafür, dass er im Nachhinein bis an mehrere Schmerzgrenzen und darüber hinaus trickste, täuschte und tarnte, um eine immer unheimlicher werdende Geschichte abzuräumen, die er wie alle unterschätzt hatte, dafür hat Koch reichlich gebüßt, findet er. Er ist stigmatisiert, jede Opposition muss einfach nur »Spende« sagen, und er ist in der Defensive.

Roland Koch kann die Kampagne gegen sich nachvollziehen: So oder besser hätte er es auch gemacht. Aber Schuldbewusstsein, juristisch oder moralisch, quält ihn nicht. Es war ein politischer Vorgang für ihn: Die Opposition hat eine Chance gesehen, ihn zu vernichten, so wie es zeitgleich seinem Idol Kohl widerfuhr. Sie haben öfter telefoniert und sich versichert, dass sie sich nicht unterkriegen lassen würden. Das ist formell gelungen: Mit der Wiederwahl 2003 sieht Koch sich neu legitimiert.

Kochs Spendenaffäre ist ein Lehrstück über Krisenmanagement und Medienhysterie, über Schuld und Sühne, über Lügen und Freundschaft, über die blinde Kraft einer Partei und einen überaus belastbaren Menschen. Ja, er hat gelogen, sich verstrickt und verdribbelt. Aber dann hat er sich aus einem Schraubstock gewunden, der unentrinnbar angezogen schien. Die Chronologie eines Beinahe-Untergangs und einer Wiederauferstehung.

»Out of the blue« – Protokoll einer Affäre

22. 12. 1983 Es war die Zeit, als Helmut Kohl die Macht in Bonn übernommen hatte. In Folge der ersten Spendenaffäre wurde heftig über ein neues Parteiengesetz gestritten. JU-Vize Roland Koch sprach sich vehement gegen eine Amnestie für Spendensünder aus. Im Grunde hatten alle Parteien dasselbe Problem: kein Geld. Alle Parteischatzmeister standen mit einem Bein im Gefängnis, da sie Bares nicht nur legal akquirierten. Es war ein Wettbewerb der Trickser. Für die CDU in Bund und Hessen war der Finanzberater Weyrauch zuständig, der das Vertrauen Kohls genoss. Bei einem Betriebsausflug des Büros Weyrauch nach Bonn durfte jeder Mitarbeiter auf dem Bürostuhl des Kanzlers sitzen, Kohl fotografierte. Die CDU Hessen begründet per Vertrag eine Treuhandschaft. Treuhänder ist Weyrauch, Treugeber ist die CDU, vertreten durch Generalsekretär Kanther und Schatzmeister Wittgenstein, die beide Unterschriftsvollmacht erhalten. In die Treuhandschaft werden 20,8 Millionen Mark eingebracht, die auf Konten bei der Metallbank liegen. In den folgenden Tagen wird die Summe über Umwege an die Schweizer Bankengesellschaft (SBG) transferiert. Unklar ist die Herkunft. Version eins: Spenden, die damals sprudelten, weil konservative Kreise die Chance sahen, dass Alfred Dregger die Sozialdemokraten besiegen würde. Version zwei: Reste aus schwarzen Geldern von Tarnvereinen wie der »Staatsbürgerlichen Vereinigung Köln/Koblenz 1954« (SV), die der CDU seit Jahrzehnten als Geldwaschanlage gedient hatte. Version drei: beides plus 8,2 Millionen Mark Wahlkampfkostenerstattung, die die CDU Hessen kassiert hatte. Der frühere Kassenwart Kiep hält es für unwahrscheinlich, dass so viel Geld legal zusammengekommen war. Uwe Lütje, einst Generalbevollmächtigter der CDU-Schatzmeisterei, bezeichnete die Hessen als »schamlos«, da sie mit Kanther über die SV weiter Spenden geworben habe, als die Bundes-CDU davon längst die Finger gelassen hatte. Angeblich erfährt niemand aus dem Vorstand vom Transfer, wundersamerweise vermisst auch niemand die 20 Millionen. In dieser Zeit öffnet sich eine zweite illegale Quelle. Das in Hessen ansässige Süßwarenunternehmen Ferrero zahlte jährlich zwischen 50 000 und 100 000 Mark in bar. Die Firma legte Wert darauf, dass die beim Mittagessen im Umschlag übergebene Spende geheim bleibt.

1. 1. 1984 Das verschärfte Gesetz zur Änderung des Parteiengesetzes tritt in Kraft.

6. 1.–9. 1. 1984 Auf drei Konten bei der SBG gehen 20,8 Millionen Mark ein. Die Hessen-CDU verfügt nun über ein Vermögen, an das aber legal nicht heranzukommen ist. Die Rechenschaftsberichte der CDU Hessen seit 1983 sind damit vorsätzlich falsch abgegeben worden. Der Bevollmächtigte Weyrauch betätigt sich in den kommenden Jahren als Geldkurier, er holt persönlich Bargeld aus der Schweiz und speist es in den offiziellen Kreislauf.

1985 200 000 Mark aus dem Schweizer Schatz fließen an die Bürgeraktion »Freie Schulwahl«.

1986 845 000 Mark für die Landtagswahl, 200 000 Mark für die CDU.

1987 278 000 Mark für den Landesverband.

1988 137 000 Mark für den Landesverband.

1989 Erstmals findet sich ein Betrag von fast 4 Millionen Mark unter der Rubrik »Sonstige Einnahmen« im Rechenschaftsbericht: das erste so genannte Vermächtnis. Davon wird eine Immobilie bezahlt, die als neue Geschäftsstelle dient, zudem könnte »Entwicklungshilfe« für die CDU in den neuen Ländern bestritten worden sein. Weitere 100 000 Mark bekommt der RCDS, 10 000 Mark die Kurt-Schumacher-Stiftung.

1990 240 000 Mark fließen an den Landesverband, 15 000 Mark für den Kreisverband Wetterau, 45 000 Mark für die Bayerische Staatsbürgerliche Vereinigung.

1991 Das zweite »Vermächtnis« in Höhe von 5,5 Millionen Mark wird auf Landesverband (2 Millionen) und Kreisverband Frankfurt (3,5 Millionen) verteilt. Die Frankfurter haben zufällig in genau dieser Höhe Schulden aus dem Kommunalwahlkampf 1989. Von 1987 bis 1991, in der Amtszeit des Koch-Freundes Franz Josef Jung als Generalsekretär, fließen über 10 Millionen Mark aus der Schweiz. Koch ist Anfang 1991 Fraktionschef.

1992 150 000 Mark fließen an den Landesverband. Buchhalter Franz-Josef Reischmann hat bei Partei und Fraktion insgesamt 2,2 Millionen Mark unterschlagen, vorwiegend in der Amtszeit von Generalsekretär Jung. Reischmanns fortgesetzte Geldentnahme blieb unentdeckt, weil kontinuierlich frisches Bargeld floss. Es kommt zu keiner Strafanzeige, denn Reischmann weiß vom Geld in der Schweiz. Er unterschreibt ein Schuldanerkenntnis über eine Million Mark und einen Auflösungsvertrag, die beide über den Tisch Jungs gehen, der jetzt Parlamentarischer Geschäftsführer ist. Dass Jung davon nichts mitbekam und seinem Andenpakt-Bruder Koch davon nicht erzählte, ist höchst unwahrscheinlich. Im Dezember werden 407 000 Mark vom regulären Parteikonto der CDU bei der Commerzbank an die Fraktion überwiesen, um das Reischmann-Loch zu stopfen. Auf genau diesem Konto waren kurz zuvor insgesamt 700 000 Mark eingegangen von einem Treuhandkonto Weyrauchs. Der hatte das Geld im November aus der Schweiz geholt. Merkwürdig: Fast eine Dreiviertelmillion auf einem Parteikonto, aber der Vorstand wird nicht aufmerksam. Weder Geschäftsführer Siegbert Seitz, sein Vorgänger Jung noch Vizefraktionschef Koch wollen etwas erfahren haben.

Tatsächlich wird im CDU-Vorstand nie viel über Finanzen geredet. Das ist Sache des Prinzen, eines hochrespektablen, etwas verschrobenen alten Herrn von konservativem Schlag, der tief im Wald wohnt und als passionierter Jäger einen Keilerkopf auf seine Mercedes-Kühlerhaube montiert hat. Wittgenstein ist im Frankfurter Geldadel zu Hause, sein Stiefvater war Richard Merton, Gründer der Metallgesellschaft. Der Prinz verfügt über erstklassige Kontakte, er ist zum Beispiel Kanzler der Bohnenrunde, einem exquisiten Frankfurter Klub, der seit 1898 existiert. Beim jährlichen Festessen am Dreikönigstag wird ein Kuchen gereicht, in dem eine silberne Bohne eingebacken ist. Wer sie findet, zahlt das nächste Essen. Die Sayn-Wittgensteins sind es seit Jahrhunderten gewohnt, Recht zu setzen und nicht, Recht zu befolgen. Die ihn kennen, bezeichnen den Prinzen als »charmanten Schurken«. Auf der Autobahn fährt er aus Prinzip links, angesichts seiner bewegten Familienhistorie kann er sich über Kinkerlitzchen wie eine Parteispendenaffäre allenfalls amüsieren. Die beeindruckende Figur regelt die Finanzen, die provinziellen Unionisten wagen keinen Widerspruch. Der Prinz ist eine Autorität, der auf die Frage »Können wir uns das leisten?«, vielsagend schweigt, die Augen schließt, als rechne er den Kassenstand durch, und dann antwortet: »Ja. Das können wir.« Mehr habe man nicht wissen wollen, sagt einer, der dabei war, der Prinz habe einfach immer irgendwoher Geld besorgt. Ungewöhnlich ist, dass sich auch Roland Koch, der alles immer genau wissen will und als Wirtschaftsanwalt für Finanzen sensibilisiert ist, sich ab Anfang der neunziger Jahre gleichfalls so abspeisen lässt. Kann aber auch sein, dass ihn einer von den Alten beiseite genommen hat, vielleicht Jung, vielleicht sogar sein Vater, und ihm einschärft, dass es besser sei, wenn er keine neumalklugen Fragen stelle. Einmal erkundigt sich Heinz Riesenhuber. Wittgenstein hebt zu einer Antwort an, Kanther ist schneller:»Erbschaft.« Alle nicken und schweigen dankbar.

13. 5. 1993 Das Versteck wird optimiert. Die verbliebenen 18 Millionen Schweizer Franken von den SBG-Konten werden in die Liechtensteiner Stiftung»Zaunkönig« übertragen. Diese Konstruktion ist noch diskreter. Einzige Begünstige ist die CDU Hessen. Bis zum 17. 1. 2000 fließen 9 848 750 Mark nach Wiesbaden. Als Koch von Kanther, der in Bonn Innenminister geworden ist, den Fraktionsvorsitz übernimmt, weist ihn dieser auf den Fall Reischmann hin. Der Vorgang sei erledigt, nur der Rechnungshof könne sich dafür interessieren, sagt Kanther. 1,15 Millionen Mark fließen in den Kommunalwahlkampf.

1995 874 000 Mark gehen in Kanthers Landtagswahlkampf, 345 000 Mark in den Frankfurter Oberbürgermeisterwahlkampf, den Petra Roth gewinnt.

1996 Ein drittes»Vermächtnis« von 3,5 Millionen Mark geht ein, wiederum wird der notorisch klamme Kreisverband Frankfurt saniert.

1997 317 000 Mark gehen für die Kommunalwahlen ein, 367 000 Mark für EDV, 99 000 Mark für das Beseitigen von Bauschäden in der Geschäftstelle, 51 000 Mark für einen Dienstwagen, 12 000 Mark für den hessischen Elternverein. Im September liegt den TV-Zeitschriften ein Prospekt bei, der den Kandidaten Koch bekannt machen soll, in einer Auflage von 1,3 Millionen Stück. Bezahlt wird die Aktion mit 158 000 Mark aus der Schweiz.

24. 1. 1998 Koch wird zum Vorsitzenden der Hessen-CDU gewählt. Er lässt sich von Geschäftsführer Seitz die Finanzlage erklären und entscheidet, dass zur Deckung der laufenden Kosten die Beiträge erhöht werden müssen, erstmals seit 20 Jahren. Trifft man solch eine unpopuläre Entscheidung, wenn man von einem geheimen Vermögen weiß? Koch und der Frankfurter CDU-Chef Udo Corts beschließen, die Schatzmeisterei für Landes-CDU und Frankfurt zu trennen. Wittgenstein Spendenakquise erscheint nicht mehr zeitgemäß. Koch lässt den Prinzen brieflich wissen, dass er einen neuen Schatzmeister suche, seine Kontakte aber weiterhin nutzen möchte. Dies kann man als Floskel verstehen oder Bitte, den Bartransfer aus den Alpen fortzusetzen. Schreibt ein gewiefter Jurist so etwas nieder? Für die EDV fließen weitere 557 000 Mark. Neben Schweiz und Ferrero bohrt die Partei ein dritte Quelle. Unternehmer, die Koch im Wahlkampf unterstützen wollen, bekommen den Hinweis, das Geld an eine CDU-eigene Akademie zu überweisen, die im Hause der Landesgeschäftsstelle angesiedelt ist. Diese Spenden müssen nicht im Rechenschaftsbericht auftauchen, sind steuerlich uneingeschränkt absetzbar und innerhalb der Partei leicht zu verschieben. Der Verband der hessischen Metall- und Elektrounternehmen spendet auf diesem Weg in den neunziger Jahren fast zwei Millionen Mark, der Haftpflichtverband der deutschen Industrie (HDI) ist mit 450 000 Mark dabei. Unumwunden gibt HDI-Vorstandsmitglied Möller zu, man erwarte, dass Koch im Bundesrat eine Blockade gegen rotgrüne Reformen aufbaue. So diskret der Alpenschatz auch behandelt wurde, vom Ferrero-Geld und der Akademie wussten einige CDU-Mitarbeiter. In der Zentrale wurden »wahre Bargeld-Orgien« gefeiert, berichtet der »Spiegel«. Neben der Ferrero-Kasse gab es noch die von Weyrauch mit Schweizer Geld gespeiste Sonderkasse (»SK«), aus der Fahrtkosten, Hotels, Aushilfen, Reinigung, Benzin bezahlt wurde, alles bar.

Juli 1998   Weyrauch holt eine Million Mark aus Zürich. Eine Tranche von 20 000 Mark überweist er an die Frankfurter CDU, den Rest der Million in kleinen Summen in eine geheime Wahlkampfkasse. Hier entsteht eins der Probleme für Kochs spätere Verteidigung: Die von ihm geführte CDU hat 1998 Wahlkampfrechnungen mit schwarzem Geld beglichen, das im Rechenschaftsbericht nicht auftaucht.

18. 12. 1998   Die heiße Phase des Wahlkampfs steht an. Koch lässt im Parteivorstand einen offiziellen Kredit über 2,5 Millionen Mark beschließen, für die »Vorfinanzierung von Wahlkampfkosten«. Dies kann als Beleg interpretiert werden, dass er vom Schatz im Süden nichts wusste.

Februar 1999   Während die Unterschriftenkampagne läuft, holt Weyrauch eine weitere Million Mark aus der Schweiz. Insgesamt hat er 1998 und 1999 1 386 000 Mark und 80 Pfennig auf das Konto des CDU-Landesverbandes eingezahlt. Wer den Auftrag gab, ist unklar. Es seien Wittgenstein und Kanther gewesen, die das Geld unaufgefordert fließen ließen, sagt Koch.

Mai 1999   Wittgenstein und Weyrauch drängen Koch, die Schatzmeisterei von Landes-CDU und Frankfurter CDU zusammenzulegen, wie es bis 1998 unter dem Prinzen gewesen war. Koch weigert sich. Dies sei eine seiner wenigen Begegnungen mit Wittgenstein gewesen.

4. 11. 1999   Gegen den ehemaligen CDU-Schatzmeister Kiep wird Haftbefehl erlassen. Kiep gibt zu, vom Lobbyisten Schreiber 1991 eine Million Mark in bar für die Bundes-CDU erhalten zu haben.

22. 11. 1999   SPD und Grüne beantragen im Bundestag einen Untersuchungsausschuss.

26. 11. 1999   »Die Süddeutsche Zeitung« berichtet, Weyrauch sei häufig in die Schweiz gereist und habe »CDU Bonn« oder »CDU Hessen« auf seinen Abrechnungen notiert. Solche Reisen seien in seiner Partei nicht bekannt, lässt Koch verlauten. Er bittet seinen Generalsekretär Herbert Müller, den er im Sommer 1999 aus dem Büro von Helmut Kohl geholt hatte, Nachforschungen anzustellen.

29. 11. 1999   Die Spendenaffäre rund um Altkanzler Kohl gewinnt an Fahrt. Der »Spiegel« entdeckt in CDU-Rechenschaftsberichten verdächtige Geldströme aus den Jahren 1989 und 1991. »Zwei Vermächtnisse«, erklärt Generalsekretär Müller, nachdem ihm der Finanzbeauftragte Lehmann davon erzählt hatte. Ministerpräsident Koch fügt hinzu, dass er aus Gründen der Transparenz die Konten der Hessen-CDU nicht länger von Weyrauch führen lasse und dieser auch von seiner Aufgabe als Wirtschaftsprüfer entbunden werde. Jung erklärt intern, er könne sich an ein Vermächtnis von 1989 erinnern, mit dem der Prinz die neue Geschäftsstelle nach erstem Zögern finanziert habe.

30. 11. 1999   Auf einer Sondersitzung des CDU-Präsidiums gibt der frühere Parteivorsitzende Kohl zu, dass es verdeckte Konten gegeben habe. Koch erweitert den Untersuchungsauftrag: In allen verfügbaren Unterlagen soll nach Hinweisen auf schwarzes Geld gefahndet werden.

1. 12. 1999   Auf der Suche nach Kohls Konten stoßen die Wirtschaftsprüfer auf Weyrauchs Anderkonten-System, über das auch die Hessen-CDU versorgt wurde. General Müller erklärt, es gebe keine irregulären Finanzströme zwischen Hessen- und Bundes-CDU.

An diesem Tag erklärte Weyrauch dem Generalsekretär Müller, dass Prinz Wittgenstein sehr viele Emigranten kenne, darunter auch jüdische, die die Arbeit der Hessen-CDU sehr bewunderten und sie via Schweiz und Liechtenstein mit Vermächtnissen bedacht hätten. Zu deren Abwicklung habe er so häufig nach Zürich reisen müssen. Strikte Anonymität sei die Voraussetzung gewesen. Müller informiert Koch, der in Kloster Eberbach weilt.

Am Rande des Gesprächs in der Wiesbadener Geschäftsstelle soll Weyrauch den ehemaligen CDU-Geschäftsführer Seitz unter vier Augen über ein geheimes Konto informiert haben, das aus einem »Honigtopf im Süden« gespeist würde. In den Tagen darauf will Seitz bei Weyrauch um mehr Informationen nachgesucht und auch Wittgenstein getroffen, aber weder Koch noch Müller in Kenntnis gesetzt haben.

2. 12. 1999   Aufklärer Müller erklärt, Weyrauch arbeite seit 1997 nicht mehr als Wirtschaftsprüfer für die Hessen-CDU. Damals habe es Hinweise von der Bundes-CDU gegeben, es sei besser, wenn nicht alle Fäden in einer Hand zusammenliefen. Wittgenstein bestätigt Müller am Telefon die Vermächtnis-Story.

6. 12. 1999   Müller sucht nach den Testamentsvollstreckern. Wittgenstein und Weyrauch nennen einen Herrn Dr. Egli aus Zürich, der aber inzwischen verstorben ist, und einen Herrn Bühler aus Liechtenstein. Der Kasseler SPD-Mann Manfred Schaub quält Koch und seine Leute mit immer neuen Fragen.

7. 12. 1999   Kochs CDU beantwortet einen Fragenkatalog der rotgrünen Opposition: Weder Exgeschäftsführer Seitz (1991–1999) noch Exgeneralsekretär Jung (1987–1991) hätten Hinweise auf Zahlungsvorgänge außerhalb der Buchführung. Die Vermächtnisse von 1989 und 1991, insgesamt etwa 6 Millionen Mark, stammten aus dem Ausland, Schatzmeister Wittgenstein vermutet die Spender »in Kreisen deutschstämmiger jüdischer Emigranten«. Die Grünen entdecken in den Rechenschaftsberichten zwei weitere »Vermächtnisse«. Selbst altgediente Unionisten können sich beim besten Willen nicht an wundersame Erbschaften erinnern, in anderen Parteien ist derlei Geldsegen die große Ausnahme. Dass Vermächtnisse immer dann ankommen, wenn die Kasse gerade leer ist, nährt den Verdacht, dass etwas faul sei. »Mich machte es unruhig, dass ich an diesem Tag in der Zeitung las, Weyrauch sei nach eigener Aussage vor der Staatsanwaltschaft fast wöchentlich für die CDU in die Schweiz gereist«, erklärt Koch. Abends spricht Müller mit Kanther, der bestätigt, dass immer auf ordnungsgemäße Buchführung geachtet worden sei.

9. 12. 1999   Der Frankfurter CDU-Geschäftsführer Heinz Daum erklärt, sein Verband habe die neu aufgetauchten Vermächtnisse erhalten, Wittgenstein, der 20 Jahre lang auch CDU-Schatzmeister in Frankfurt war, habe sie abgewickelt. Daum bekräftigt das Märchen von den jüdischen Nachlässen und gibt die Namen der Testamentsvollstrecker bekannt, die Liechtensteiner Gassner und Bühler. Sicher scheint: von 1989 bis 1996 flossen 12,7 Millionen Mark als Vermächtnisse an die hessische CDU.

10. 12. 1999   Treuhänder Gassner sagt, er habe mit der Hessen-CDU nichts zu tun, Kollege Bühler verweist auf seine Schweigepflicht. Koch und Müller beschließen, den Wirtschaftsprüfer Hollweg, der die Bundes-CDU prüft, auch an die hessischen Bilanzen zu lassen. Koch: »Wir hatten Zweifel, ob dieses alles so sein könnte.«

13. 12. 1999   Auf dem CDU-Parteitag erstattet Müller Bundesgeschäftsführer Willi Hausmann Bericht. Koch ruft Kanther wegen der Vermächtnisse an, der erklärt, er habe nach 1987 nicht mehr mit den Finanzen zu tun gehabt, die er aber bei Prinz Wittgenstein in besten Händen gewusst habe.

14. 12. 1999   Prinz Wittgenstein bezeichnet die Geschichte von den jüdischen Nachlässen als »reine Spekulation«, das Geld sei »out of the blue« gekommen. Er habe als Schatzmeister drei Vermächtnisse entgegengenommen und selbst entschieden, ob er diese der Frankfurter CDU oder der Landes-CDU zuweise. Es kommt zu einem Geheimtreffen mit Koch und Honoratioren der Partei. Alle ahnen, dass eine Bombe tickt. Kanther und Wittgenstein sind nicht dabei. Die Veteranen versuchen, sich an Sitzungen mit Wittgenstein zu erinnern, müssen aber gestehen, dass man ihm blind vertraut habe. Kanther habe immer gesagt: »Der Wittgenstein, der macht das schon.«

15. 12. 1999 Die CDU korrigiert sich. Es gab nicht vier, sondern nur drei Vermächtnisse, eines war geteilt worden. Wirtschaftsprüfer Hollweg erklärt sich bereit, auch die hessischen Bücher zu sichten.

16. 12. 1999 Erstmals muss Koch im Wiesbadener Landtag Stellung nehmen. Er behauptet, dass alle Finanzangelegenheiten einwandfrei abgewickelt worden seien, gesteht aber ein: »Was in diesen Tagen geschieht, kostet uns alle eine Menge Vertrauen, und die CDU trägt dafür eine nicht unerhebliche Verantwortung.« Er behauptet fälschlicherweise, dass die Abschlüsse der letzten Jahre nicht vom Büro Weyrauch geprüft worden seien und eine unabhängige Prüfung stattgefunden habe, verweist aber auf die derzeitige »Recherchesituation«. Reischmann, der 2,2 Millionen Mark unterschlagen hat, versucht Jung zu erreichen, weil der »Spiegel« hinter ihm her sei. Jung informiert Müller, der von der Unterschlagung bisher nichts wusste. Beide fragen sich, was Reischmann mit dem Anruf bezwecken will. Helmut Kohl gibt in Berlin zu, zwischen 1992 und 1998 etwa 2 Millionen Mark nicht ausgewiesener Spenden kassiert zu haben.

17. 12. 1999 Der Liechtensteiner Treuhänder Gassner bestreitet schriftlich, dass er »1991 aufgrund eines Vermächtnisses einen größeren Betrag überwiesen haben soll.« Weyrauch soll von seiner Verschwiegenheitspflicht gegenüber dem Wirtschaftsprüfer Hollweg entbunden werden und die Vollmacht über das Treuhandkonto »Zaunkönig« rückübertragen auf die CDU.

21. 12. 1999 Koch erhält Gassners Brief, reagiert angeblich empört und drängt Müller, die Sache aufzuklären. Weyrauch erklärt, er sage nichts mehr ohne Anwalt. Koch will erstmals erfahren haben, dass 1,5 Millionen Mark seines Wahlkampfetats aus schwarzen Kassen stammten, nachdem am Nachmittag Müller Besuch bekommen hat von seinem Vorgänger Seitz, der ihm von einem geheimen Konto erzählt. Weyrauch habe ihm davon am 1. 12. berichtet. Um Schaden von der Partei abzuwenden, seien Seitz, Wittgenstein und Weyrauch auf die Idee gekommen, die 1998 für Kochs Wahlkampf verausgabten 796 000 Mark als Darlehen von Wittgenstein zu deklarieren. Der Prinz hat mit Kochs Wissen mit einem auf den 6. 2. 1998 rückdatierten Schreiben den Privatkredit bestätigt. In der CDU ist allerdings bekannt, dass der Adelige über eine reiche Familientradition verfügt, nicht aber über nennenswertes Barvermögen. Dennoch billigt Koch »schweren Herzens« das erfundene Darlehen. Später soll er diesen Kredit als »Initialzündung« der Affäre bezeichnen. Koch besteht auf zügige Rückzahlung, die Vermächtnisse kommen ihm immer unglaubwürdiger vor. Die Zeit drängt, am 31. 12. muss ein sauberer Rechenschaftsbericht abgegeben werden, ansonsten können die staatlichen Zuwendungen an die CDU gestrichen werden. Müller erhält in diesen Tagen von einem Mitarbeiter der CDU-Schatzmeisterei 50 000 Mark in bar, die Jahresgabe von Ferrero – der Beleg, dass der lockere Umgang mit illegalen Spenden in Kochs Amtszeit als Parteivorsitzender weitergeht. Um die Herkunft zu vernebeln, stellten sich Müller und zwei Mitarbeiter gegenseitig Spendenquittungen aus. Ferroro hat in den neunziger Jahren Millionen Steuern gespart, weil der CDU-Bürgermeister am Standort Stadtallendorf die Vorauszahlung der Gewerbesteuer zu niedrig angesetzt hatte.

22. 12. 1999   Generalsekretärin Angela Merkel schreibt in der »FAZ« einen offenen Brief, in dem sie den Bruch mit Kohl vollzieht. Angeblich hat nicht mal Parteichef Schäuble von dem Text gewusst. Merkel positioniert sich damit als Zukunftsoption der Partei, schließlich hat sie dank ihrer Ost-Biographie mit dem Spendensystem wenig zu tun. Prinz Wittgenstein erklärt der »FAZ« in einem Interview, dass er »gezuckt habe, aber vor Freude«, als er von den Vermächtnissen erfuhr. »Sie können mich auf den Kopf stellen und durch die Mangel drehen – ich weiß nicht, wer die Zuwender waren«, sagt er. Ausführlich erläutert er seine internationalen Kontakte, auch seine Beziehungen zu jüdischen Freunden in Deutschland und Israel. Der Rechtsagent Bühler aus Liechtenstein bestätigt per Brief, er habe das Vermächtnis von 1996 abgewickelt. Müller unterrichtet Hausmann und Hollweg über das Darlehen.

23. 12. 1999   Ein Fahrer holt die Unterlagen bei Weyrauch ab und bringt sie zur Wirtschaftsprüfungsgesellschaft WUB nach Saarbrücken, wo ein korrigierter Rechenschaftsbericht erstellt werden soll.

24. 12. 1999   Die Wirtschaftsprüfer der Firma WUB prüfen die Korrekturen und fordern Vollständigkeitserklärungen von Müller und Koch.

26. 12. 1999   In einem Interview mit der »FAZ« erklärt Koch, dass mit den Vermächtnissen alles in Ordnung sei. Intern ist er weniger sicher: Mal erscheint ihm die Geschichte extrem abenteuerlich, nach dem kraftstrotzenden Interview des Prinzen hält er sie für denkbar. In diesem Interview sagt Koch auch den legendären Satz: »In 30 Jahren werden Straßen und

Hallen nach Helmut Kohl als Kanzler der Einheit und Motor der europäischen Einigung benannt sein.«

27. 12. 1999 Koch fährt in den Skiurlaub nach Österreich. Er steht in dauerndem telefonischen Kontakt mit Müller. Eine erste Prüfung des Kontos, über die der Wittgenstein-Kredit gelaufen war, ergibt, dass alle Einzahlungen in bar getätigt wurden – die Handschrift Weyrauchs, glaubt Prüfer Hollweg. Koch wird informiert. Jetzt erst will er überzeugt gewesen sein, dass die Vermächtnis-Legende nicht stimmt.

Der Rechenschaftsbericht wird in der Bundestagsverwaltung abgegeben, versehen mit dem Hinweis, dass im Bericht 1998 ein Darlehen des Prinzen Wittgenstein in Höhe von 796 000 Mark fälschlicherweise nicht enthalten gewesen sei.

Kochs Freundschaft zu den Mitreisenden im Skiurlaub wird auf eine harte Probe gestellt. Alle merken, dass mit ihm etwas nicht stimmt, er bekommt auffällig viele Faxe, pausenlos klingelt das Telefon. Auf die Bitten seiner Freunde:»Erklär uns doch mal, was da wirklich gelaufen ist«, gibt Koch nur Vages von sich:»Ach, da ist nichts.« Er will nicht reden, sondern die Sache mit sich ausmachen. Von den beleidigten, weil nicht eingeweihten Freunden auf seine verdruckste Unaufrichtigkeit angesprochen, erwidert Koch:»Ich will euch nicht den Urlaub vermiesen.« Die Botschaft, die bei seinen Weggefährten ankommt, ist eine andere:»Der traut uns nicht.« Im neuen Jahr geht es in der CDU-Zentrale hektisch zu. Es gilt, die schwarzen Kassen, von Ferrero gespeist, zu verschleiern. Die Bücher müssen so frisiert werden, dass sie Staatsanwälten standhalten. Quittungen werden gebastelt, Kassenbücher vernichtet und neue angelegt, Handwerker, Kioske, selbst die nahe gelegene Döner-Bude muss Belege ausstellen. Kanther erklärt im kleinen Kreis, dass die Darlehens-Legende zu mehr Problemen als Lösungen führe und dass diese Verteidigung nicht aufrecht zu halten sei.

3. 1. 2000 Aufklärer Müller räumt einen angeblichen 1,5-Millionen-Kredit Wittgensteins an die CDU ein, gedacht für den Wahlkampf, aber unverzinst. Verhandlungen mit der Commerzbank haben zum Ziel, den Wittgenstein-Kredit abzulösen.

4. 1. 2000 Müller sagt, die CDU wolle den Kredit des Prinzen nachträglich verzinsen, man denke an 4 Prozent. Bundestagspräsident Thierse fordert Belege für die Echtheit der Vermächtnisse.

5. 1. 2000 Die CDU korrigiert sich: Für alle drei Vermächtnisse sei Treuhänder Bühler zuständig gewesen. Ein fingierter Brief soll das belegen. Müller informiert Koch, dass Bühler von einer Stiftung zur Abwicklung spricht. Koch wundert sich. Der erfahrene Justizstaatssekretär Herbert Landau empfiehlt den Rechtsexperten Professor Söllner aus Gießen, der ermitteln soll, wie man Rechtsagenten in Liechtenstein zum Reden bewegt.

6. 1. 2000 Die Überprüfung von Wittgensteins Darlehenskonto ergibt zweifelsfrei, dass alle Einzahlungen in bar und in Tranchen unter der Meldegrenze von 20 000 Mark erfolgten. Koch wird von Müller informiert. Alarmstimmung. Koch verfügt, dass keinerlei öffentliche Erklärungen mehr abgegeben werden.

7. 1. 2000 Professor Söllner wird mit dem Gutachten beauftragt.

10. 1. 2000 Koch ist aus dem Urlaub zurückgekehrt und lässt einen Termin mit Kanther vereinbaren. Er sitzt nachmittags mit Metz in seinem Büro. Auf dem Flur vor seiner Tür warten Kinder, als Sternsinger verkleidet, darauf, mit Keksen und Cola abgefüttert zu werden. Das lauernde Rudel Journalisten ist nicht wegen des frommen Gesangs gekommen. Metz hatte angeordnet, dass die Sternsinger erst loslegen, wenn der Ministerpräsident aus dem Büro tritt. Er empfiehlt Koch, nur zwei Journalistenfragen zu beantworten. Die beiden sitzen noch im Büro, als plötzlich von draußen lautes Sternsingen ertönt. »Ich muss da jetzt raus«, sagt Koch. Erste Fragen meistert er noch. Doch im Gedränge verliert er die Konzentration, als Matthias Bartsch von der »Frankfurter Rundschau«, der in der Spendenaffäre akribisch recherchiert, ihn mit präzisen Fragen löchert. Koch steht vor der Wahl, durch eine Antwort wie »Warten Sie's ab« die Spekulationen gleich zum Jahresbeginn anzuheizen oder mit einem klaren Satz Ruhe und Zeit zu gewinnen. Koch macht in diesem Moment seinen größten Fehler. Er sagt: »Ich kenne bis zum heutigen Tag keinen einzigen Vorgang außerhalb der offiziellen Buchführung der Christlich Demokratischen Union.« Die Fragen werden schärfer, Koch gerät ins Stottern und streitet ab, was in einer zuvor veröffentlichten CDU-Erklärung zu lesen ist. Metz zieht seinen Herrn energisch am Ärmel in Sicherheit und erklärt die Veranstaltung für beendet. Später bekennt Koch: »Da habe ich mich falsch entschieden.« Seine Behauptung, er wisse nichts von Vorgängen außerhalb der Buchführung, wird ihm als Sternsinger-Lüge immer wieder vorgehalten. Zu seinem Friseur sagt er später: »Weißte, Rainer, ich hätte mal besser gesagt: ›Kein

Kommentar‹. Aber wenn mir einer eine Frage stellt, dann gebe ich ihm eine Antwort, so bin ich erzogen.«

12. 1. 2000 Koch trifft Kanther und schildert ihm die gesammelten Merkwürdigkeiten. Es müsse eine Geldquelle außerhalb der offiziellen CDU-Kreisläufe geben, folgert Koch. Kanther sagt, er mache ihn nun wohl »bösgläubig«, und rückt mit der Wahrheit heraus. Anfang der achtziger Jahre habe er »ein nicht unbeachtliches Vermögen« in die Schweiz gebracht. Kanther handelte in der Logik der alten Kohl- und Hessen-CDU. Er wollte den Schatz in Sicherheit wissen, vor dem neuen Parteiengesetz, dem politischen Gegner, der eigenen Partei. Verschwendern wie seinem Gegenspieler Wallmann, der als Oberbürgermeister in Frankfurt von legendärer Großzügigkeit war, wollte der sparsame Familienvater die Millionen nicht zukommen lassen. Er will den Fall immer noch verschleiern. Weil Koch an die Öffentlichkeit drängt, soll Kanther das Wort »Weichei« gebraucht haben. Der Anwalt und manisch korrekte Ehrenmann hatte sich seine eigene Wirklichkeit zurechtgelegt. Das Bunkern des schwarzen Geldes verstieß weder gegen Straf- noch gegen Steuerrecht, sondern nur gegen die Veröffentlichungspflicht. Diese aber galt ihm weniger als juristische Norm, sondern vielmehr als politisches Kampfinstrument, mit dem die Gegenseite die Finanzen der CDU ausspionieren wollte. Zur Abwehr empfand er Geheimhaltung als legitim. Kanther hatte es nur gut gemeint mit der Partei und nach seiner Wahrnehmung nichts Unrechtes getan, schon gar nicht selbst in die Kasse gegriffen. Dass die Öffentlichkeit derart empfindlich reagiert, trifft ihn unvermutet und im Innersten. Freunde behaupten, Kanther habe in seiner Verzweiflung kurz davor gestanden, die Schande nach dem Vorbild preußischer Offiziere aus der Welt zu schaffen. Koch ist erschüttert und informiert Müller und Metz über ein »Riesenproblem«. Er will eine Nacht schlafen, bevor er über das Vorgehen entscheidet.

13. 1. 2000 »Spiegel«-Mann Dietmar Pieper konfrontiert Kochs Vertrauten Jung bei einer Veranstaltung des Rheingauer Weinbauverbandes damit, dass die Vermächtnisse nur als Tarnung dienten, »und Sie wissen das genauso wie andere Personen auch«. Jung dementiert, alarmiert aber umgehend Koch, der auf dem Weg zum Neujahrsempfang der IHK Frankfurt ist, wo treue Spender warten. Noch abends trifft sich eine Krisenrunde mit Metz und Müller bei Koch. Jung wird gebeten, Kanther anzurufen, und ist telefonisch zugeschaltet. Koch telefoniert gegen Mitternacht eine Dreiviertelstunde mit Kanther und kündigt ihm an, alles der Öffentlichkeit zu schildern. Koch beschwört Kanther, die Mitwirkung nicht zu verweigern. Ob er mitspielt, bleibt unklar. Der Fall droht außer Kontrolle zu geraten. Um dem »Spiegel« zuvorzukommen, wird eine Pressekonferenz beschlossen.

14. 1. 2000 Koch frühstückt mit Vertretern der SPD, es geht um den Ausbau des Flughafens. Koch verhält sich nicht weiter auffällig und verabschiedet sich mit den Worten:»Ich habe heute noch ein bisschen was zu tun.« Die SPD-Männer rufen hinterher, er solle ihnen etwas abgeben, wenn er das nächste Vermächtnis entdecke. Auch beim Neujahrsempfang in Eschborn ist ihm nicht anzumerken, dass er vor einem der dramatischsten öffentlichen Auftritte seiner politischen Laufbahn steht. Koch trifft sich mit Kanther und dem Prinzen in der Geschäftsstelle, Weyrauch ist nicht zu erreichen. Beide gestehen, dass noch 17 Millionen Mark in Liechtenstein gebunkert seien. Der Prinz erklärt, er halte eine Pressekonferenz für falsch, aber Kanther sagt, es gäbe kein Zurück mehr. Koch ruft am Nachmittag bei CDU-Chef Schäuble an, der auf dem Weg nach Baden-Baden ins TV-Studio ist, um ein Interview zu geben. Der CDU-Vorsitzende weiß sofort:»Hier handelt es sich um eine Dimension, die die Affäre der Bundes-CDU bei weitem übertrifft. Vor allem die dreiste Lüge mit den jüdischen Vermächtnissen wird uns schwer zu schaffen machen.« Er gibt sein Interview, weist Fernsehmann Deppendorf allerdings darauf hin, dass es da eine Meldung aus Hessen geben könnte, die die Aktualität überholt. Kaum zu Hause, rufen die Fernsehleute an. Schäuble möge wieder nach Baden-Baden kommen, wegen der hessischen Enthüllung müsse das Interview neu geführt werden. Denn inzwischen waren Koch und Kanther in Hofheim vor die Kameras getreten. Kochs Blick ist hohl, seine Stimme leer. Der sonst so zackige Kanther behält auch in diesen quälend langen 90 Minuten über weite Strecken eisern die Contenance. Bis zuletzt hatte er sich geweigert auszupacken und Koch zu überzeugen versucht, dass man die Geschichte geheim halten könne. Koch drohte:»Wenn Sie es nicht sagen, dann sage ich es.« Kanther gesteht, dass die Vermächtnisse eine Erfindung Wittgensteins waren, der vor Jahren einen Lehrstuhl in Tel Aviv gestiftet hatte. Koch sagt, dass»emotionale Verbindungen angespannt und strapaziert« würden; seine Art, Kanther die Freundschaft zu kündigen, dem Mann, dem er treu gedient hatte. Koch erklärt, er werde sich»nicht mehr mit Politik beschäftigen«, wenn er nicht als»ehrlicher Mann« gelte. Auf die Frage, ob sie Skrupel empfunden hätten, zuckten die beiden Politiker die Schultern. Im Bemühen, seine Amtszeit sauber zu halten, begeht Koch den nächsten Fehler. Wahrheitswidrig behauptet er, dass das Wittgenstein-Darlehen 1998 erfunden worden sei, kurz bevor er Kanther als Parteichef ablöste. Das belege ein schriftliches Angebot des Prinzen, das in Wirklichkeit jedoch erst im Dezember 1999 mit seinem Wissen in der CDU-Zentrale entstanden war. Doch Koch behauptet mit bemerkenswerter Dreistigkeit: »Das ist am 6. Februar 1998 eben in die hessische CDU in die Akten gegangen und damals ist dann auch entschieden worden, wir nehmen es in Anspruch.«

16. 1. 2000   Kanther kündigt wegen der »Treibjagd« auf ihn an, er wolle sein Bundestagsmandat niederlegen.

17. 1. 2000   Die Staatsanwaltschaft Wiesbaden nimmt Ermittlungen gegen Prinz Wittgenstein, Weyrauch und später gegen Kanther auf. Koch verbringt Nacht um Nacht in der CDU-Geschäftsstelle, durchsucht Kontoauszüge der letzten 30 Jahre, um ein Uhr morgens kommt es zu Strategierunden. Tagsüber absolviert er sein normales Programm. Er weiß um die Gefahr der Debatte, er würde seine Amtsgeschäfte nicht mehr erledigen können.

18. 1. 2000   Die Staatsanwaltschaft Wiesbaden durchsucht die Zentrale der hessischen CDU und die Wohnung Wittgensteins.

20. 1. 2000   Koch und Müller bitten die Staatsanwälte in die Staatskanzlei. Mit wichtiger Miene übergibt der Ministerpräsident einen Vermerk, der die Darlehens-Version stützen soll. Ein gewaltiges Schauspiel, denn das Papier ist gefälscht. Glück für Koch: Die Ermittler messen dem Schrieb keine größere Bedeutung zu.

25. 1. 2000   SPD und Grüne unterliegen erwartungsgemäß bei der Abstimmung, den hessischen Landtag aufzulösen, um Neuwahlen zu ermöglichen.

27. 1. 2000   Etwa 8,5 Millionen des Alpenschatzes sind noch spurlos verschwunden.

Ende Januar   Koch sucht Entlastung über verstärkte Medienpräsenz. In einem Interview für die »Bunte« sagt er, er habe Tränen vergossen, als er von den Auslandsmillionen erfahren habe, und abgenommen habe er auch dramatisch wegen der Belastung. Aber wer Verantwortung trage, dürfe nicht so einfach gehen. Ein paar Tage später stellt er sich ins »Maggi Kochstudio«, um Mais-Kartoffel-Taler und Frankfurter Kräuterbraten anzufertigen. Das ist kein kurzfristig anberaumter Gag, sondern ein lange zugesagter Termin, den Koch nicht platzen lassen will. Anke Koch ist fürs Zwiebelhacken an der Moulinette zuständig, aber das Gerät streikt. Hilft Koch? Nein. »Im Zuge der Emanzipation müsste sie das selber hinkriegen.« Pressemann Metz arbeitet auf Hochtouren. In der heißen Phase der Affäre gibt es kein einziges Bild, das die CDU-Spitzen bei einer »Krisensitzung« zeigt. Die Amtsgeschäfte werden normal geführt, eine Krise gibt es nicht, jedenfalls nicht für Kameras. Die Runden tagen mitten in der Nacht und an geheimen Orten. Die Angst vor Eigendynamiken ist groß: Kippt die FDP oder ein einziger CDU-Abgeordneter, dann ist die Ära Koch vorbei, bevor sie richtig begonnen hat.

1. 2. 2000 SPD und Grüne beschließen in Wiesbaden einen Antrag auf Einsetzung eines parlamentarischen Untersuchungsausschusses.

4. 2. 2000 Koch ruft Schäuble an und gesteht, dass er der Öffentlichkeit demnächst wohl werde mitteilen müssen, dass er bislang nicht die ganze Wahrheit gesagt habe.

7. 2. 2000 Das hessische Wahlprüfungsgericht tritt zusammen und vertagt wegen der hochkomplizierten Rechtslage die Entscheidung, ob die Wahl 1999 mit unlauteren Mitteln zustande gekommen sei. Koch und FDP-Mann Hahn müssen gemeinsam zur Pressekonferenz vor die Kameras. Es geht um den Fortbestand der Koalition. »Raus damit, alles auf den Tisch, was du weißt«, hatte Hahn von Koch gefordert. Sie haben in den Stunden vor dem Auftritt ihre Texte geübt, mit verteilten Rollen gesprochen, an Passagen gefeilt.

8. 2. 2000 Weyrauch gesteht den Ermittlern, dass die Darlehens-Legende mit Kochs ausdrücklicher Billigung erst im Dezember 1999 konstruiert worden sei. Er berichtet weiter, dass in der Landesgeschäftsstelle schon immer bekannt war, dass es »einen Schatz im Süden« gebe. Das ginge aus Vermerken mehrerer Buchhalter hervor. Ein großer Teil der Belegschaft war daran beteiligt, das Schweizer Geld und die jährlichen Barzahlungen von Ferrero zu verteilen und zu verbuchen; eine Sekretärin habe sogar eine zweite Buchhaltung führen müssen. Wenige Stunden später gibt Koch eine Pressekonferenz, geschickterweise mit so viel Papier, Fakten und Detailmüll, dass das Eingeständnis diverser Lügen fast untergeht. Sowohl beim angeblichen Darlehen als auch bei den Sternsingern habe er die Unwahrheit gesagt, gesteht der Ministerpräsident. Dafür entschuldigt er sich. Zugleich präsentiert er »mit ein wenig Stolz« seinen Report »Schonungslose Aufklärung« und verweist auf einen Restposten in Höhe von lediglich 628 000 Mark, der nicht zuzuordnen sei. Er bezeichnet die Spendenaffäre zu 95 Prozent als erledigt.

9. 2. 2000 Westerwelles Bundes-FDP fordert Kochs Rücktritt, kann sich aber wie gewohnt nicht durchsetzen. Die hessischen Liberalen stehen zu Koch. Ruth Wagner beruhigt die Berliner, Koch-Freund Hahn wirkt nach innen in die Partei. Er lobt die Aufklärungsarbeit und bezeichnet Kochs Lüge »als handwerklichen Fehler«. Koch ist trotzdem am Ende. Eines Nachts im Februar ruft er bei Hahn an und verkündet: »Morgen ist Schluss. Ich hab keine Lust mehr. Ich werde Anwalt und mache morgen meine Kanzlei wieder auf.« Koch hat 10 Kilo abgenommen. Seine Frau bedrängt ihn, sich nicht jede Qual anzutun, die beiden Koch-Söhne haben es nicht leicht in der Schule, wo Bilder von einem langnasigen Koch, dem Polit-Pinocchio, in der feixenden Mitschülerschaft herumgehen. Die Redaktionen überbieten sich im Wettbewerb, das hässlichste Koch-Foto am größten zu drucken. Seine Mitarbeiter erleben ihn zeitweilig als nahezu gelähmt, wenn er in seinem Büro sitzt und minutenlang stumm aus dem Fenster starrt. Zuweilen flüchtet er mit Vertrauten für eine Stunde in den Wald. Es sind Tage, an denen er morgens vom Fahrer nur zögerlich das Autoradio einschalten lässt. Zwei von drei Deutschen wollen seinen Rücktritt, ergeben die Umfragen.

11. 2. 2000 Der CDU-Landesvorstand spricht Koch das Vertrauen aus und dankt ihm für die Aufklärungsarbeit. Auf der Regionalkonferenz in Limburg stellt sich Koch den Parteimitgliedern, muss aber während seines Auftritts pausenlos Interviews geben, zum Beispiel Ulrich Wickert für die »Tagesthemen«. Koch ist am Ende seiner Kräfte. »Wir haben die verdammte Schuldigkeit, in diesen Tagen nicht aufzugeben«, predigt er sich und der Partei, »für unsere gemeinsame Idee und gegen die Medien.« Die Mitglieder stehen auf und klatschen.

12. 2. 2000 Die hessische FDP-Spitze tagt in Lich und spricht sich für Koch aus, gegen den dringlichen Appell von Wolfgang Gerhardt. Das öffentliche Echo ist verheerend. Ein von der CDU in Auftrag gegebenes

Rechtsgutachten kommt zu dem Schluss, dass die Umwidmung des schwarzen Geldes in ein Darlehen mit dem Parteiengesetz in Einklang stünde.

16. 2. 2000   Schäuble tritt zurück. Über Wochen wird die Bundespartei von immer neuen Enthüllungen unterschiedlicher Richtigkeitsgrade erschüttert. Die CDU hatte sich als wirrer Haufen entpuppt, zersplittert in Opportunisten, in loyale Schweiger und lockere Drauflos-Plauderer. »Eine Alternative hätte das hessische Modell sein können: äußere Geschlossenheit auch in schwierigster Zeit und bedingungslose Unterstützung für denjenigen, der die oberste Führungsverantwortung trägt«, sagt Schäuble im Nachhinein. Sein Rücktritt entlastet Koch, weil nun ein Opfer gefunden ist. Andererseits durchkreuzt der Abgang auch seine Karrierepläne. Der Hesse hatte sich als Nachfolger gesehen. In dieser Lage würde es jemand anders werden.

17. 2. 2000   Der Landtag setzt einen Untersuchungsausschuss ein. In der Debatte geht es hitzig her. Von der Zuschauertribüne regnet es falsche Geldscheine. Obwohl sich die Spitzen der Fraktionen darauf geeinigt haben, auf Begriffe wie »Lügner«, »Betrüger«, »Verräter« und »Verleumder« zu verzichten, geht die Lust an der Provokation mit einigen durch, zuerst mit Rupert von Plottnitz, der bereits im dritten Satz seiner Rede »Lügner« sagt und einen Ordnungsruf kassiert. Wenig später zeigt der Grüne Al-Wazir Vizeministerpräsidentin Wagner einen Vogel. Kabarettreif ist auch die Einlassung von Kochs Parteifreund Kartmann: »Eine zeitweise falsche Darstellung ist, wenn sie der Wahrheit dient, entschuldbar.« Koch ist ruhig und fest im Auftreten und sagt, dass die Regierung im Amt bleibe, solange sie die Mehrheit habe. Günther Grass, IG-Metall-Zwickel und Psychoanalytiker Horst-Eberhard Richter fordern Kochs Rücktritt.

18. 2. 2000   Auf dem Landesparteitag der CDU feiert sich Koch als Chefaufklärer. An diesem Nachmittag geht es in der Wiesbadener Rhein-Main-Halle um alles. Koch redet eine Stunde, hat nur zwölf Stichworte auf einem Zettel, er vertraut auf sich und seine Instinkte. Ein distanzierter Beobachter, der Koch und die Hessen-CDU lange kennt, entdeckt etwas hochgradig Mystisches und Sexuelles in dieser Veranstaltung. Die Partei und ihr Anführer, so sein Empfinden, bewegten sich auf einem Kraterrand balancierend tatsächlich gemeinsam Richtung Ekstase. Koch bestimmt das Tempo, den Rhythmus. Er heizt sie an mit martialischen Vokabeln wie »Front« und »Bollwerk« und »Angriff« und »Fackel voran«. Er bündelt den Trotz und den Selbstbehauptungswillen der Delegierten zu einer freudigen Erregung. Sie sind bereit, ihm bedingungslos zu folgen. Es ist ein einstündiger Koitus zwischen Publikum und Redner, die sich allein wähnen gegen den Rest der Welt. »Roland, Roland«, rufen die 400 Delegierten, Koch ist überglücklich, trägt aber die ungesunde Röte von zu vielen harten Tagen im Gesicht. Er wird mit 97,6 Prozent im Amt bestätigt. An diesem Tag fordern Rita Süssmuth und Richard von Weizsäcker seinen Rücktritt.

21. 2. 2000 Die Staatsanwaltschaft gibt bekannt, dass sie gegen Koch keine Ermittlungen einleiten will. Er wertet das Votum als Freispruch. Zugleich hören die Hessen aus Berlin, dass Generalsekretärin Merkel intern auf seinen Rücktritt dränge. »Koch hat die Unterstützung seiner Landespartei«, sagt die designierte neue Vorsitzende in der ihr eigenen distanzierten Art. So klingt das Gegenteil einer Loyalitätserklärung. Die Hessen sind empört.

23. 2. 2000 Ruth Wagner droht mit Rücktritt, sollte sich ihre Partei gegen eine Fortsetzung der Koalition entscheiden.

3. 3. 2000 Das Wahlprüfungsgericht beschließt zu überprüfen, ob der »sittenwidrige« CDU-Wahlkampf den Ausgang der Wahl von 1999 beeinflusst habe. Laut CDU stammten 1,1 Millionen Mark ihres 4 Millionen Mark teuren Wahlkampfes aus schwarzen Kassen, laut SPD waren es 2 Millionen. Die CDU weist darauf hin, dass der SPD-Wahlkampf 6 Millionen Mark gekostet habe.

4. 3. 2000 Die hessische FDP stimmt bei einem Sonderparteitag dafür, die Koalition fortzusetzen, mit 166 zu 132 Stimmen.

In diesem Moment ist der brisante Teil der Affäre für Roland Koch überstanden. Sein Koalitionspartner hat dem Druck aus Berlin standgehalten und ihm das Vertrauen ausgesprochen. Er kann weiterregieren. Schlagartig sackt das Medieninteresse in sich zusammen. Es hat einen Showdown gegeben, und der ist zu seinen Gunsten ausgegangen. Der Schaden für seinen Ruf ist gleichwohl katastrophal. Ab sofort gilt Koch als Synonym für Machtgier um jeden Preis. Hat ihn die Opposition auch nicht aus dem Amt geboxt, so hat sie geschafft, sein Image zu ruinieren.

Und noch eine interessante Beobachtung ist zu machen, nachdem sich der Pulverdampf verzogen hat. Auch mit 20 Millionen Mark Startkapital, die sich im Laufe der Jahre verdoppelten, war es Kanther nicht gelungen, sich die Macht in Hessen zu kaufen. Ministerpräsident war 1987 sein Erzfeind Wallmann geworden, den er kaum alimentiert hatte, und 1999 Koch, der bis heute Kredite aus dem Wahlkampf abstottert.

»Die wollen Blut sehen« – Eine Affäre und ihre Folgen

Manchen Politologen mag Kochs Nebelfahrt durch die Untiefen als Studienfall für modernes Krisenmanagement gelten. Er hat etwas geschafft, was viele Experten nicht für möglich gehalten haben: Er hat überlebt, mit einer Mischung aus Härte und Schläue, Dreistigkeit, Unverfrorenheit und Selbstbewusstsein. Wie schon bei der Unterschriftenkampagne hat ihn das verheerende Medienecho nicht irritiert, sondern angestachelt durchzuhalten. »Am Ende muss man sich fragen, ob Medien oder Demokratie entscheiden, was passiert«, sagt er, »wenn die Medien entschieden hätten, wäre es anders ausgegangen.«

Doch die Affäre ist noch nicht ausgestanden. Zwei Untersuchungsausschüsse, in Berlin und in Wiesbaden, würden in den nächsten Monaten alles daransetzen, ihm weitere Verfehlungen nachzuweisen. Schon eine Woche nach dem FDP-Votum folgt der nächste Schock. Ausgerechnet der zum Chefaufklärer ernannte Generalsekretär Müller und ein weiterer Mitarbeiter werden von ihren Ämtern entbunden, weil herauskommt, dass sie 50 000 Mark Schwarzgeld noch im Dezember 1999 gewaschen hatten.

Im Mai treten Koch, Kanther, Jung und Seitz vor dem Berliner Untersuchungsausschuss auf. »Überhaupt wusste keiner von irgendwas«, befand die »Frankfurter Rundschau«. Mit einer Mischung aus Faszination und Schrecken beobachtet die SPD-Abgeordnete Christine Lambrecht, »wie konzentriert, wie kühl, wie trickreich, aber auch wie flegelhaft Koch auftrat. Er ließ sich in keine Falle locken. Das war schon sehr professionell.« In Wiesbaden tobt der Kampf um die Herausgabe von CDU-Unterlagen. Der Untersuchungsausschuss verlangt die Herausgabe von 200 000 Seiten, die die Staatsanwaltschaft beschlagnahmt hat, doch die CDU wehrt sich mit allen Mitteln. Die SPD wolle nur CDU-Interna ausspionieren, begründen die Anwälte.

Im Juni muss der zweite Senat des Bundesverfassungsgerichts die Befangenheit seines Richters Hans-Joachim Jentsch prüfen, denn er ist Sozius in Kanthers Anwaltskanzlei. Gleich darauf enthüllt der »Spiegel«, dass Ermittler auf einen internen Zwischenbericht Weyrauchs zum Fall Reischmann gestoßen sind, der am 14. April 1999 »auftragsgemäß unter strikter Vermeidung der Öffentlichkeit« (Weyrauch) erstellt wurde. Koch hat natürlich nichts davon gewusst, ebenso wenig wie von etwa einer Million Mark, die Ferrero in 20 Jahren schwarz gespendet hat.

Koch hat weiterhin Glück. Die Staatsanwaltschaft ermittelt nicht gegen ihn, obgleich er sowohl die Wirtschaftsprüfer der Partei hinters Licht geführt als auch den Staatsanwälten gefälschte Dokumente ausgehändigt hatte. Der Rechenschaftsbericht hätte »unter keinen Umständen« das Prüftestat bekommen, wenn Koch schon im Dezember alles gesagt hätte, was er damals wusste, bestätigt ein Wirtschaftsprüfer.

Anfang September erreicht die zweite Welle ihren Höhepunkt. Die Untersuchungsausschüsse zerren immer neue Details ans Licht. Kassenbücher gefälscht, Kanther war Rechtsberater von Ferrero, Jung wusste mehr vom Fall Reischmann, als er bislang zugegeben hatte. Angela Merkel sichert »Unterstützung« der Berliner Zentrale zu, was immer darunter zu verstehen sein mag. Zugleich erhöht die Bundes-FDP den Druck. Burkhard Hirsch, Rainer Brüderle und Walter Döring verlangen Kochs Rücktritt. Andenpakt-Bruder Christian Wulff gibt erneut Solidaritätsbekundungen ab, Freund Jörg-Uwe Hahn ebenfalls.

Tags darauf kommt es zu einer bemerkenswerten politischen Selbstverbrennung: Michel Friedman, TV-Moderator, CDU-Mitglied aus Frankfurt und einst mit Kochs Hilfe in den Vorstand der Bundespartei gehievt, bezeichnet die Vorwürfe gegen den Ministerpräsidenten »als nicht mehr erträglich«. Der öffentlichkeitsliebende Anwalt, der schon vor Kochs Doppelpass-Wahlkampf zur Saar-CDU gewechselt war, bemerkt, dass immer nur von Opfern die Rede sei bei der hessischen CDU, »aber irgendwo muss es doch auch Täter geben«. Koch ist außer sich. Harte Worte gegen ihn im kleinen Kreis, kein Problem, aber öffentlich inszenierte Rücktrittsforderungen von einem Parteifreund, dem er auch noch geholfen hat – das geht zu weit.

Die Emotionen kochen noch einmal hoch. Und beide Seiten machen Fehler. Kochs Tankstellen-Bruder Reif soll dem grünen Fraktionschef und Halbjemeniten Al-Wazir, einem der unerbittlichsten Koch-Gegner, etwas zugerufen haben, das in den Ohren einiger Landtagsabgeordneter geklungen hat wie »Geh zurück nach Sanaa«. Erwartungsgemäß brandet maximale Erregung los: Die Koch-CDU, Heimat der Hetzer.

Die »Frankfurter Rundschau« überzieht ebenfalls gewaltig. Koch wird im Blatt als Bastelbogen präsentiert, den man ausschneiden kann. In der Anleitung heißt es: »Wenn Ihnen das Antlitz zuwider wird, drehen Sie dem Ministerpräsidenten einfach den Hals um.« Dazu die Empfehlung, den Papp-Koch mit Schokoladenprodukten aus dem Hause Ferrero einzuschmieren, damit er »schwarz und schleimig« wird. Der Beitrag ist als Satire gemeint. Knapp daneben. Für Anke Koch ist wieder ein Punkt erreicht, wo sie zwischen Zorn und Verzweiflung schwankt. Selbst bei der Gartenarbeit wird sie von Sicherheitsleuten überwacht. Sie ist stolz, dass es ihr einmal gelingt, den Personenschützern auszubüxen. Ihre Jungs kriegen in der Schule zu hören, dass ja jetzt wohl klar sei, wie die Kochs das eindrucksvolle Haus finanziert hätten.

Es gehen zahlreiche Drohungen gegen Roland Koch ein. Einer schreibt: »Ich bringe ihn um« und fordert Geld, viel Geld. Das Landeskriminalamt nimmt den Erpressungsversuch ernst. Bei Oldenburg in Niedersachsen soll es sogar zu einer Geldübergabe kommen. Doch niemand taucht auf. Ein anderer, offensichtlich Gestörter, schickt täglich Faxe von Körperteilen, meist obszön.

Ihre Mitbürger, Nachbarn, Eschborner sind überraschend mitfühlend, muntern sie auf, werfen gemeinsame Fotos von früher in den Briefkasten, kleine Notizen: »Ihr macht gerade schwere Zeiten durch«, Büchlein mit erbaulichen Gedichten, Tipps, dass sie ihren Mann gerade jetzt mit Vitaminen füttern soll. »Beschimpft hat uns niemand«, sagt Anke Koch.

Das hat der politisch-journalistische Komplex besorgt, die »über meinen Mann hergezogen haben, obwohl er doch gar nichts verbrochen hat«. Sie findet das Treiben der Meute ungerecht; Anke Koch hat die Nase voll von Politik im Allgemeinen und Journalisten im Besonderen. Dieses Leben am Pranger sei unerträglich, verrät sie Freundinnen. Ihr Feindbild: »Die Linke versucht, meinen Mann über die Medien kaputt zu machen.«

Koch kommen journalistische Dämlichkeiten wie der der »Rundschau« allerdings gerade recht. Wieder sind es die guten Absichten von links, die ihn stark machen. Sie schenken ihm die Opferrolle. Von dort kann er noch kämpferischer, heldenhafter klingen, so wie in der Gießener Kongresshalle. Das Motto: »Herbstoffensive der hessischen CDU« signalisiert auch dem letzten Parteifreund, dass Krieg ist: Wir gegen die.

In Gießen findet der Auftakt statt für eine Reihe von 60 Veranstaltungen, die im ganzen Land die Politik der CDU und ihres Ministerpräsidenten wieder nach vorn rücken soll. Am Eingang warten ein paar einsame Demonstranten mit einem selbst gebastelten Schild: »Rücktritt jetzt«. Koch fährt vor. »Natürlich halte ich durch«, sagt er als Erstes beim Aussteigen. In der Halle zitiert er sogleich aus der »Rundschau«. Die Leute rufen empört »Pfui«.

Dann erklärt Koch seine Mission. Er könne doch nicht wegen eines Fehlers, der 20 Jahre zurückliegt, jetzt der SPD seinen Job überreichen. »Die wollen nur, dass Blut fließt«, sagt er. Aber nicht mit ihm. Das Publikum klatscht sich Mut zu. Am Ende singt ein Kinderchor. Dann ist Tombola: Ein Rentner gewinnt einen Beachvolleyball mit Originalunterschrift des Ministerpräsidenten. Fast ist schon wieder alles wie immer. Dafür sorgen auch die plumpen Entlastungsangriffe, die Koch versucht. Ausgerechnet am ehemaligen KZ Dachau erklärt er, die Bundesregierung dramatisiere den Rechtsradikalismus, er warnt vor vermeintlicher Hysterie, als in Halle die Mörder des farbigen Alberto Adriano verurteilt werden, während seine Witwe Bombendrohungen bekommt. Es ist wieder diese unappetitliche Lust an brachialer Provokation, die ihn treibt.

Und noch ein Fauxpas unterläuft ihm in diesen Tagen. Die Flughafengegner finden heraus, dass Koch sie belogen hat beim Flächenbedarf, der für den Ausbau nötig ist. Wider besseres Wissen hat er ihnen 117 Hektar verschwiegen, die zusätzlich gebraucht werden. Noch eine Lüge, bei einem ganz anderen Thema, das ist verheerend. Aus Berlin unkt Kanzler Schröder:»Der Fisch stinkt vom Kopf.«

Unterdessen quält ihn die FDP weiter. Angetrieben vom hessischen Liberalen Gerhardt ist Westerwelle fast stündlich telefonisch in Wiesbaden zugeschaltet. Koch loszuwerden, das könnte dem Liberalen passen: ein Starker weniger aus der Generation um die 40. Doch Ruth Wagner ist standhaft. Sie lässt Koch insgeheim jedoch wissen, dass bei nächster Gelegenheit ein Opfer her muss, und zwar nicht irgendein kleiner Fisch, sondern jemand Großes, Wichtiges.

Was noch niemand wissen kann: Mit seiner Kampagne hat Gerhardt sich auf Kochs Liste ewiger Feinde gleich neben Friedman gesetzt. Ohne zu wissen, dass er überhaupt je in die Nominierungsnähe kommen würde, beraubte sich der farblose FDP-Mann in jenen Tagen aller Chancen, 2004 Bundespräsident zu werden. Es hätten ihm Stimmen der hessischen CDU gefehlt.

»Manchmal ist eben alles zu viel« –
Jungs Ende, Kochs Tränen

Am 7. September ist es so weit, die FDP fordert endgültig einen Skalp. Zwei Briefe Weyrauchs an Franz Josef Jung waren im Untersuchungsausschuss aufgetaucht, die eine Mitwisserschaft nahe legen. Jung erklärt seinen Rücktritt als Europaminister und Chef der Staatskanzlei. Mit Jung geht nicht irgendwer, sondern die schwarze Dame auf dem hessischen Schachbrett.»Er war mein Freund seit 24 Jahren und wird es bleiben«, sagt Koch. Was haben sie nicht alles durchgestanden: Junge Union, Tankstelle, Andenpakt, jahrelanges gemeinsames Warten auf die Macht, ohne sich einmal öffentlich zu prügeln. Und jetzt opfert sich der Freund auch noch – wäre es Vietnam gewesen und nicht Hessen, der Stoff hätte Oscar-Reife gehabt.

An diesem Tag kommt es zur bewegendsten Szene während der ganzen Spendenaffäre. Als er in der Fraktion den Rücktritt Jungs bekannt gibt, kann er die Tränen nicht aufhalten. Der vermeintlich Stählerne zeigt Gefühle, echte, tiefe, starke Gefühle. Schluchzend verlässt er den Raum durch eine Hintertür.»Manchmal ist eben alles zu viel«, stammelt er. Dieser Moment rührt selbst seine ärgsten Feinde.

Abends im ZDF muss Koch sich ein weiteres Mal erklären.»Ich habe diese Mehrheit und ich regiere mit ihr«, sagt der hessische Ministerpräsident ganz fest vor Millionen von Zuschauern, die ihn mehrheitlich als erledigt betrachten. Doch Koch hat Glück. Das Opfer Jung wird akzeptiert. Die Stimmung in den Medien dreht sich. Ein Meinungsführer wie Hans Werner Kilz, Chefredakteur der»Süddeutschen Zeitung«, kritisiert den Hessen zwar harsch, wagt aber als Erster, eine sich langsam ändernde Wahrnehmung zu artikulieren:»Wie Koch seit sieben Monaten mit großer Chuzpe und Unbeirrbarkeit alle Vorwürfe an sich abprallen lässt, nötigt selbst politischen Gegnern Respekt ab. Dabei wirkt der Christdemokrat weder sympathisch noch besonders glaubwürdig, sondern einfach nur zielbewusst und nervenstark.« Ohne die Affäre, so Kilz, wäre Koch»schon jetzt der einzige denkbare Herausforderer von Schröder«. Hans Leyendecker, der schon viele Unions-Skandale aufgedeckt hat, pflichtet seinem Chefredakteur wenige Tage später bei: Die Selbstinszenierung als»Täteropfer« sei bemerkenswert,»rein handwerklich gesehen, ist Kochs bisherige Bewältigung der Affäre ein Lehrstück«.

Die Journalisten aus München geben den Ton vor, dem immer mehr Medienmenschen folgen. Nun beschließt auch die Bundes-FDP, das Kriegsbeil zu begraben. Schließlich wird im Landtag abgestimmt. Jochen Riebel, der alte Freund der Kochs und ehemalige Eschborner Bürgermeister, muss als Nachfolger Jungs als Leiter der Staatskanzlei und Europaminister bestätigt werden – eine Vertrauensabstimmung über Koch also.

Der Wunsch nach Ruhe ist überwältigend. Alle 56 Abgeordneten der schwarz-gelben Regierungskoalition stimmen für Riebel und damit für Koch. Die einzigen 56 Menschen in Deutschland, so höhnt der Grüne Al-

Wazir, die »Koch noch für einen ehrlichen Mann halten«. Aber selbst die Opposition muss anerkennen: Koch hat es jetzt wirklich geschafft. Er hat die Affäre nahezu durchgestanden. Eine Frage, die die Untersuchungsausschüsse bis heute nicht geklärt haben, lautet: Wie war es wirklich? Was wusste Koch wann? Hat er notorisch gelogen? Oder war er wirklich überrascht von Kanthers Geständnis? Vieles spricht dafür, dass Koch zumindest einen begründeten Verdacht hegte, dass einiges nicht korrekt lief im Finanzwesen der hessischen CDU. Wer derart vertraut ist mit der Partei von Kindesbeinen an, wer mit Franz Josef Jung eng befreundet ist, wessen Vater die Akteure lange Jahre kennt, der kann nicht nichts gewusst haben von drei Quellen, in der Schweiz, von Ferrero, via CDU-Akademie. Sonst müsste Koch nicht wegen Mitwisserschaft, sondern wegen parteigefährdender Ahnungslosigkeit zurückgetreten sein.

Sollte Koch seit seinem Amtsantritt als hessischer Parteichef von Unregelmäßigkeit geahnt haben, dann hätte es seinem Naturell entsprochen, den damals gepflegten, leichtfertigen Umgang mit Bargeld umgehend zu unterbinden. Man darf Koch unterstellen, dass er ein schlaueres Verfahren gefunden hätte. So hatten einige der Akteure schon angedacht, wie man künftig schwarze Spenden nutzen könnte, ohne dass sie überhaupt im Rechenwerk der CDU auftauchten. Man hätte eine Agentur oder Werbefirma etwa für ihre Dienste im Wahlkampf direkt mit schwarzem Geld bezahlen können. Es wurden sogar schon Gedankenspiele angestellt, wer aus der CDU-Zentrale sich selbständig machen könnte, um einen unauffälligen Finanzfluss zu gewährleisten. Aber auch davon muss Koch nicht unbedingt gewusst haben.

Was bleibt nun von einer neun Monate wütenden Affäre, die von beiden Seiten mit allen Tricks und Garstigkeiten geführt wurde? Verfängt der Vorwurf der Lüge in Zeiten, da Bundeskanzler folgenlos »blühende Landschaften« im Osten oder eine Halbierung der Arbeitslosigkeit versprechen? Oder war die Affäre vielmehr das Bad im Drachenblut, das dem Siegfried aus Hessen nun die nötige Härte für höhere Aufgaben verliehen hat? Hat sich Koch als Politiker moralisch-ethisch disqualifiziert? Oder hat er Stehvermögen bewiesen, über das in krisenhaften Situationen nicht jeder Volksvertreter verfügt?

In der Rückschau hat Koch seine zahlreichen großen und kleinen Fehlleistungen auf »eine Dummheit« reduziert. »Haste noch nie gelogen?«, fragt er einen Sozialdemokraten, der ihn kritisiert. Er hat kein Parteiausschlussverfahren gegen Kanther und Wittgenstein angestrengt, auch wenn er dafür eine Mehrheit bekommen hätte, er hat Reischmann und Müller nicht belangt, er hat Franz Josef Jung schnellstmöglich rehabilitiert. Letztendlich ist er mit der Affäre umgegangen, wie auch Helmut Kohl es gemacht hätte, so also, wie es die deutschen Wähler gewohnt sind. Am Ende entscheidet der Souverän. Und spätestens 2003 bekamen die Hessen die Chance, ihren Ministerpräsidenten dafür aus dem Amt zu wählen.

Das Comeback

»Jetzt zeigen wir denen in Berlin mal, wie man Politik macht.«
(Roland Koch auf dem Weg in die Hauptstadt)

Am Ende des Krisenjahres 2000 beginnt die härteste Mission des Dirk Metz, das Kommando Comeback. Kochs Sprecher muss seinen Chef zurückführen in den Kreis der Anständigen, muss den Flunkerer und Brutalstmöglichen wieder als ernsthaften Landespolitiker installieren, als Mensch und Macher, als Ministerpräsidenten für die Wahl 2003. Metz muss bei null anfangen, eher unter null. 53 Prozent der Deutschen finden im September 2000, dass Roland Koch zurücktreten solle, 28 Prozent halten ihn für weniger glaubwürdig als andere Politiker. Unter den Skeptikern sind besorgniserregend viele CDU-Mitglieder. Werte wie aus der Geisterbahn. Kochs größtes Kapital, das Image von Kompetenz und Zuverlässigkeit, ist derartig unterhöhlt, dass manchem ein Comeback unmöglich erscheint.

Koch versucht zwar im Herbst schon wieder, sich zum Helden zu stilisieren, als er im »Stern« erklärt: »Mein Rücktritt hätte Deutschland verändert.« Was sogar stimmt, denn wäre Hessen nach Neuwahlen zurück an die SPD gefallen, wäre automatisch die Bundesratsmehrheit zugunsten von Rotgrün gekippt. Doch die Heldennummer zieht nicht. Die Öffentlichkeit ist nicht bereit, ihn als Opfer zu sehen. Was Koch braucht, ist eine Kampagne, die brüllt: Er ist wieder da, mit echter Politik.

Gut, dass es die Ökosteuer gibt. Keine zwei Wochen nach seiner Bestätigung im Landtag richtet sich Roland Koch mit einem Brief an die hessischen CDU-Mitglieder und verkündet eine Unterschriftenaktion. Ziel: Die rotgrüne Bundesregierung soll die für den 1. Januar 2001 geplante Erhöhung aussetzen. Wie zwei Jahre zuvor bei der Doppelpass-Kampagne hoffen Koch und Metz, eine Welle der Wut auslösen zu können. Und wollen nebenbei die Bundespartei vor sich her treiben, weil die nach hessischer Sicht eine ordentliche Kampagne gar nicht orchestrieren kann.

Doch leider muss Metz feststellen, dass die Aktion gegen die »K. o.-Steuer« nicht läuft. Als der Ministerpräsident feierlich auf den Wiesbadener

Mauritiusplatz schreitet, um seine Unterschrift zu leisten, kommen einige hundert Schüler herbei, die zuvor gegen Kochs Schulpolitik demonstriert hatten. »Bildungsloch – weg mit Koch« erklingt es zum Auftakt, dann steigert sich das Gebrüll zu »Lügner! Lügner!«. Koch schafft gerade noch die Unterschrift vor laufenden Kameras, während sich die Menge der Rufenden immer enger um ihn zieht. Dann ergreift er die Flucht, schießt in seine wartende Limousine und verschwindet. Wenige Tage darauf der nächste Eklat: Als Koch in Frankfurt zur Eröffnung einer Ausstellung über das Warschauer Ghetto das Wort ergreift, verlässt die Hälfte der Gäste den Saal.

Es würden schwere Monate werden, das war Metz und Koch klar. Es würde mit einer Aktion nicht getan sein, es war ein Feuerwerk gefragt. Die schlechten Imagefaktoren liegen in der einen Wagschale, gibt Metz ganz offen zu, »also muss es mein Ziel sein, jeden Tag etwas in die andere Schale zu werfen«.

Den Auftakt macht Koch mit seinem Spezialthema, der Einwanderung. Sein Freund Friedrich Merz hat den Begriff der »Leitkultur« geprägt. Das Thema polarisiert. Es ist die erste Chance für Koch, sich wieder deutschlandweit zu profilieren, als erzkonservativer Knochen. Despektierlich äußert er sich über die ehemalige Bundestagspräsidentin Rita Süssmuth, die Kanzler Schröder listigerweise zur Chefin einer überparteilichen Einwanderungskommission gemacht hat. Als im CDU-Präsidium über Formulierungen für ein Zuwanderungspapier gestritten wird, sorgte Koch dafür, dass das Wort »Einwanderungsland« ebenso getilgt wird wie der Satz »Das Boot ist noch nicht voll«. Stattdessen regte er an, dem Asylparagraphen den Kampf zu erklären. »Ausländer müssen sich anpassen«, verkündete er via »Bild«. Die rechte Ecke gehört ihm, damit das allen klar war.

Metz ist zufrieden. »Jedes Spektakel macht Koch größer, auch die Kontroversen.« So wird sein Chef immer öffentlichkeitsmächtiger. Denn keine Debatte von Belang kommt mehr ohne ihn aus. Automatisch fragen die Journalisten bei jeder Gelegenheit nach Kochs Meinung.

Das Vergessen geht schnell. Zum Jahresende hin wird von den Spenden kaum noch geredet, gerade so, als habe die Öffentlichkeit sich in den letzten zwölf Monaten schlicht überfressen an dem Thema. Die »Süddeutsche« handelt Koch schon wieder als Kanzlerkandidaten für 2006, der Hessische Rundfunk setzt kurzfristig eine Satire ab, in der Koch neben einem Kampfhund und einem BSE-infizierten Rind für die Wahl zum »Arsch des Jahres« nominiert wird. Zum Fest häufen sich Ergebenheitsadressen in der Staatskanzlei: Sein Selbstbewusstsein und das seiner Leute wächst. Er ist ein Held jetzt, ein hessischer Siegfried, praktisch unverwundbar. Nur der Recke Stoiber ist noch stärker, aber in der falschen, weil zu kleinen Partei. Die Zukunft ist hessisch.

»Der Kleine mit der Glatze« – Kochs wichtigster Helfer: Dirk Metz

Zu Beginn des Jahres 2001 empfängt der Ministerpräsident die Sternsinger ohne Pressevertreter. Dirk Metz hält es für keine gute Idee, den Reportern die Chance zu geben, all die Geschichten vom letzten Jahr nochmal zu erzählen. Metz wacht über das Image seines Herrn wie kaum ein anderer Medienmann in Deutschland. Man kann Metz vorwerfen, dass er Koch in den letzten Jahren nicht wirklich sympathischer hat erscheinen lassen. Man kann ihm auch zugute halten, dass es den Politiker Koch womöglich nicht mehr gäbe, wenn Metz sich nicht 24 Stunden auch an hoffnungslosen Tagen aufgerieben hätte.

Wo Koch ist, ist Metz. Kaum ein Foto des Ministerpräsidenten, wo er nicht in Flüsternähe zu entdecken ist. Dirk Metz ist ein Naturereignis. Während viele Sprecher des politischen Geschäfts sich in Zynismen flüchten, ihren Job verachten oder die Journalisten oder alle gleichzeitig, ist Metz seit über zehn Jahren an Kochs Seite und immer noch voller Ernst und Energie am Werk. Er ist der Sancho Pansa des Don Quichotte Koch.

Als der Hörfunkredakteur Christoph Schmidt Lunau einmal ein Band abhörte, auf dem eine Rede des Ministerpräsidenten aufgezeichnet war, da machte er eine mysteriöse Entdeckung. Er vernahm parallel zu Kochs Stimme ein Hintergrundgeräusch, ein unerklärliches Wispern. Der Mann vom Hessischen Rundfunk konnte sich den Unterton nicht erklären. Das Band war neu, das Aufnahmegerät in Ordnung, das Mikrophon optimal platziert gewesen. Da plötzlich erkannte Schmidt Lunau im Murmeln eine vertraute Stimme: Dirk Metz. Er hatte Kochs Vortrag leise mitgesprochen.

Metz ist der geborene Fan. Er diktiert aus dem Dienstwagen Pressemeldungen, wenn er im Radio Kommentierungswürdiges hört, er hat die gesamte Kommunikation von Regierung, Ministerien und Fraktion in der Hand, er lotst Koch weitgehend unfallfrei durch die Klippen des Alltags. Metz denkt Koch, er atmet Koch, er spricht Koch, er ist Koch. Mag in seinem Arbeitsvertrag auch »Regierungssprecher« stehen, er ist weit mehr: Freund, Bruder, Pfadfinder und Fallensucher. Und auch, wenn er noch nie von dem Kommunikationsphilosophen Vilem Flusser gehört hat, so folgt er dessen beiden Hauptsätzen. Erstens: Was nicht kommuniziert wird, ist nicht. Zweitens: Je mehr etwas kommuniziert wird, desto mehr ist es wert.

Metz lernte Lokalreporter bei der »Siegener Zeitung«, er arbeitete zehn Jahre ehrenamtlich als stellvertretender Chefredakteur für das JU-Blatt »Die Entscheidung«, wo er über den Olympiaboykott, skandalöse Briefportoerhöhungen, die »notwendige Rückbesinnung auf Werte«, seine Sorge um die deutsche Sprache und den Charme Osnabrücks schrieb, meist im Ton des Empörten, des Anprangerers, des Untergang-des-Abendland-Ausrufers, der Sätze sagte wie: »Tatsächlich kann in punkto Nationalbewusstsein ohne Umschweife heute von einer Bankrotterklärung gesprochen werden.« Metzens Mantra war die tägliche Frage, ob »denen da oben« der Ernst der Lage überhaupt bewusst sei. Er frönte täglich dem Alarmismus, Politik war für ihn stets ein endloser Fluss von Kampagnen.

Berüchtigt waren seine Satiren, sicherheitshalber überschrieben mit »garantiert gefälscht und frei erfunden« mit so lustigen Ideen wie: »Rummenigge wechselt zu Partizan Tirana«. Mag er als Essayist auch zweite Liga gewesen sein, so war inhaltlich immer Verlass auf Metz. Er polarisierte professionell. In jedem seiner Beiträge war lückenlos bewiesen, warum die CDU Recht hat und alle anderen nicht. Einer seiner wenigen Ausrutscher: In einem Kommentar hatte er die Nominierung Franz Josef Straußens zum Kanzlerkandidaten als undemokratisch gegeißelt. Das hätte ihm fast den Parteirauswurf beschert, sagt er.

Nach einem unschönen Jahr als Pressemensch der Hamburger CDU holte ihn Franz Josef Jung 1987 als Sprecher von Partei und Fraktion nach Wiesbaden. Seither ist er eng an Kochs Seite. Sie kannten sich ja aus JU-Tagen, als Koch stellvertretender Vorsitzender war und Metz bei der »Entscheidung«. Sie trafen sich erstmals Mitte der Achtziger, als Metz den JU-Vize in eine Kosmetikschule lotste, wo Koch zusammen mit einen gewissen Guido Westerwelle über die Lage Auszubildender referieren sollte. Die jungen Damen verpassten ihm eine Gesichtspackung. »An dem Foto kam keine Zeitung vorbei«, sagt Metz stolz. Sein erster Job für Koch.

Die Hessen-CDU war für Metz eine Heimat. Hier teilte man seinen Argwohn gegen Intellektuelles, Rotes, Weiches. Hier roch es nach Jungenumkleide, hier herrschten Wettkampf, Streit, Rangeleien, hier galt Politik als Sport, eine Art Mehrkampf aus Reden, Ackern, Angreifen, Antäuschen, Überholen und Ausbremsen, ein permanentes Kräftemessen zwischen Druck machen und Druck aushalten. Metz wäre die ideale Werbefigur für einen Baumarkt: Geht nicht, gibt's nicht. Er ist ähnlich hyperaktiv wie

Koch. Menschen, die eine Weile sinnierend in die Gegend gucken, stehen umgehend unter Faulheitsverdacht. Der urdeutsche Malocher-Mythos treibt sie an bis hin zum Wettbewerb, wer kränker im Büro erscheint. Sollte ausnahmsweise nichts zu tun sein, dann schafft sich Metz eine Aufgabe. Eine Zeit lang machte er jedes Preisausschreiben mit, durchforstete Supermärkte nach Gewinnspielen, experimentierte mit dicken, dünnen, großen, kleinen Postkarten, welche wohl die besten Chancen in der Lostrommel hatten. Neben einigen Kubikmetern Kleingewinnen brachten ihm seine Experimente auch eine Kreuzfahrt ein.

Ähnlich grenzgängerisch ist sein Verhältnis zum richtigen Sport, insbesondere zum Fußballklub Schalke 04. Er trinkt aus einer Schalke-Tasse, prüft Termine auf einem Schalke-Kalender, nimmt den Stift aus einer aufgesägten Schalke-Coladose, parkt sein Handy auf einem schalkeblauen Miniplastiksessel, und wenn er angerufen wird, spielt das Mobiltelefon die Vereinshymne. Öfter und nicht weniger stolz als auf die etwas angejahrten Fotos seiner drei Kinder blickt er auf den Fußball mit den Originalunterschriften der Schalker Spieler. Natürlich trägt Metz nur blaue Hemden. Mögen andere das alles für verrückt halten – Metz genießt sein bizarres Fandasein. Und wenn er ein Wochenende mal nicht im Gelsenkirchener Stadion ist, dann fungiert er als Hallensprecher, bevorzugt bei Handball-Länderspielen, im Tischtennis oder Hockey. Wenn Metz brüllt: »Wollt ihr die Welle?«, machen tausende Zuschauer artig La Ola. »Ich kriege jede Halle zum Kochen«, sagt er bescheiden: »Das ist ein toller Ausgleich und bewahrt mir mein kindliches Temperament.«

Dieser fürs politische Geschäft eher ungewöhnliche Mann hat für Koch den Vorzug, dass er sich nicht um Zwischentöne schert: CDU gut, Rest Mist! Koch super, jeder, der das anders sieht: Feind! Taktik? Immer feste druff! Für ausgefeiltere Strategien unterhält Koch einen medienpolitischen Beraterkreis, dem der einstige Intendant von Deutsche-Welle-TV und Dregger-Vertraute Weirich angehören, der ehemalige »FAZ«-Herausgeber Müller-Vogg und der einstige »Bild«-Chef Tiedje.

Ob man Metz' Stil mag oder nicht, so hat er doch einen Vorzug: Er ist klar, berechenbar und frei von Überraschungen. Wer Turnhallen mag, mag Dirk Metz, der jedem einen Spitznamen verpasst, weil das im Sport so üblich ist. Fraktionssprecher Brand heißt »Brandy«, Walter Wallmann »Walli« und Kochs wohlerzogener Referent Martin Blach muss sich ein Lächeln abquälen, wenn Metz ihm Kosenamen gibt.

Metz ist Kochs Leitung zum richtigen Leben. Er hat das Bürgertelefon erfunden, eine Art Petitionsausschuss, wo jeder Hesse anrufen und sich beschweren kann. So bekommt Politik ein wenig von dem Servicecharakter, den Koch sich wünscht. Nebenbei liefert das Bürgertelefon noch ein kostenloses Meinungsbild ab, was die Bürger umtreibt.

Metz durfte den Regierungsmitgliedern sogar verbieten, den Ministerpräsidenten je wieder »der kleine Koch« zu nennen, so wie es in Hessen üblich war, solange »der alte Koch« im Geschäft war. Das zieme sich jetzt nicht mehr, sagt Metz.

Es gibt Leute, die sagen, Metz habe zu viel Einfluss auf Koch, er habe das Image des Besser-Hessen zu aggressiv gestaltet, er sei Marktschreier, aber kein Stratege, könne nur Pauke, aber keine Kammermusik, er beiße alle Rivalen weg, die sich dem Chef nähern, unter ihm sei die Kritik abgeschafft worden, er habe die Staatskanzlei versaillisiert. Früher, als der zarte Doktor Müller noch Kochs Büroleiter war, habe mehr Ausgewogenheit geherrscht zwischen Härte und Nachdenklichkeit.

Andererseits kann sich Koch keinen loyaleren Menschen wünschen. Fragt ein Journalist »Wo ist denn der Herr Metz?«, zeigt Koch nur über die Schulter und sagt: »Irgendwo da hinten, so'n Glatzkopf.« Metz steht unmittelbar hinter ihm und grinst. Er steht immer in Wisperweite, er schiebt auf Pressekonferenzen Zettel zu ihm hinüber, damit Koch noch einen Satz mehr oder weniger sagt, Metz schickt Koch SMSen, zuweilen über zwei Meter, dass er in die Kamera gucken soll oder mal lächeln. Koch zieht dann unauffällig sein Handy aus der Hosentasche, blickt auf das Display und guckt plötzlich in die Kamera oder lächelt. Bei Livesendungen sitzt Metz oft in der ersten Reihe und guckt angespannt wie ein Trabertrainer auf seinen aufgeregten Hengst, der vor dem Start am Zügel reißt.

Sie haben ihre Codes entwickelt, als sie durch die Opposition robbten, sie haben den Doppelpass-Wahlkampf durchgezogen, soeben die Spendengeschichte gemanagt. »Wir sind Freunde«, sagt Metz. Es gebe kein engeres Verhältnis zwischen Politiker und Sprecher in Deutschland, sagen andere. »Metz sagt mir sofort, wenn ihm ein Auftritt nicht gefallen hat. Wenn meine Frau das dann auch noch bestätigt, dann weiß ich, dass was schief gelaufen ist«, sagt Koch. Das Vertrauen ist grenzenlos.

Zum Spiel der beiden gehört es allerdings auch, dass Koch mal nein sagt. Würden manche Volksvertreter sonntags auf Knien nach Berlin rutschen, um von einer blonden Lady mit den kunstvoll verknoteten Beinen vernommen zu werden, vor fünf Millionen Zuschauern, ist Roland Koch eher froh, wenn er nicht am Sonntagmittag nach Berlin fliegen muss. Da kann sich Metz über den Anruf der Christiansen-Leute freuen, wie er will.

»Ein Spiel, das sein muss« – Roland Koch und die Medien

Natürlich weiß Koch, dass Interviews wichtig sind, im Fernsehen zumal. Andererseits bereiten sie ihm Unbehagen. Koch fehlt die physische Eitelkeit eines Schröder oder Fischer oder Stoiber, die das Posieren vor den Kameras genießen. Koch sieht sich nicht sonderlich gern. Er weiß, dass er keine Schönheit ist, erst recht kein Schauspieler, nicht mal ein schlechter. Vor Kameras malmen seine Backenknochen, er zieht einen Flunsch, wenn er sich langweilt, und das tut er häufig, er verdreht die Augen, kratzt sich ausgiebig, pult an seinen Fingernägeln, guckt auf die Uhr. Das ist alles echt, authentisch, unverstellt, so wie es jeder Imageberater gerne hätte. Nur leider ist es nicht sympathisch. Fernsehen hat mit Gefühlen zu tun, zielt auf den Bauch, das Empfinden: Kaum ein Zuschauer hört auf das Gesagte, aber jeder erinnert sich an eine falsche Krawatte, an spöttische Blicke oder arrogantes Brauenheben. Schlecht für Koch. In Argumenten ist er gut, aber nicht im mitfühlenden Tremolieren.

Seit der Spendenaffäre ist Roland Koch in diesem Punkt noch näher bei seinem Vater. Vom alten Herrn hat er gelernt: Jedes Wort, jede Geste, jeder Schritt eine Treppenstufe hinunter lässt sich gegen ihn verwenden. »Brutalstmöglich« war so eine Geschichte: Er hat es nur einmal gesagt, live in eine ZDF-Kamera. Und was ist draus geworden? »Brutalstmöglich« ist heute sein zweiter Vorname. Schröder kann hundertmal die Halbierung der Arbeitslosigkeit versprechen, der Lügner der Nation wird immer Koch bleiben.

Die Medien, das ist »ein Spiel, das sein muss, berufsbedingt«, sagt er und guckt, als wolle er noch hinzufügen, dass er auf nichts leichter verzichten könnte. Neidisch denkt er an seinen Vater, der es geschafft hat, in vier Jahren als Justizminister nicht ein großes Interview zu geben. »Manchmal«, sagt Koch, »bringen Medienauftritte mehr Ärger als Nutzen.« Vor lauter Angst um Job und Quote werde »grotesk verkürzt oder verzerrt«, sagt Koch, »nicht nur bei mir, sondern bei allen«. Und hinterher muss man aufwendig erklären, wie man was eigentlich gemeint hat. Die Hysterie der Medien erzeugt Hysterie in der Politik erzeugt Hysterie bei den Bürgern erzeugt Hysterie bei den Medien. Immer mehr, immer schneller.

Kochs Konsequenz: Einfach lassen. Soll »Wetten, dass …« doch hundertmal anfragen, ob er nicht mit dem Dalai Lama auf Gottschalks Sofa wolle, zur Sympathieoffensive vor 15 Millionen Zuschauern. Koch will nicht. So wenig, wie er für Fotografen posiert. Verzweifelt reden die führenden Lichtbildner der Republik immer wieder auf ihn ein, sich doch mal im Sommer locker in eine schöne Landschaft zu stellen, nette Bilder für die Archive, für die Zeitungen im Sommerloch, fürs Herz. Nicht mit Koch. Zu solchen Nummern ringt er sich erst durch, wenn es der Ernstfall erfordert. In einem Wahlkampf zum Beispiel. Oder mitten in der Spendenaffäre. Oder wenn Metz darauf besteht.

Distanz und Misstrauen bestimmen sein Verhältnis zu den Medien. Tourte der Kandidatenkandidat Schröder Mitte der neunziger Jahre durch alle wichtigen Redaktionsstuben, macht Koch einen Bogen drumherum. Er hat ein Haus auf Sylt. Aber er war noch nie zum Tee bei der mächtigen Verlegerin Friede Springer, die ein paar Ecken weiter wohnt. Die überlässt er kampflos Angela Merkel. Plaudern, einfach so, das liegt ihm nicht.

Auch Kai Diekmann, Chefredakteur von »Bild«, würde Koch gern mal näher kennen lernen. Diekmann ist für Politiker ein interessanter Gesprächspartner, wegen der medialen Macht, aber auch, weil er die Deutschen kennt, vielleicht besser als Demoskopen. Jeden Nachmittag zur Kaffeezeit lernt er sie wieder ein bisschen besser kennen. Dann kommen die Zahlen, wie sich die aktuelle Schlagzeile verkauft hat. »Die Leute wollen Orientierung, sie wollen Ordnung in Zeiten, die als unordentlich wahrgenommen werden«, hat Deutschlands mächtigster Journalist festgestellt: »Sie wollen gesellschaftspolitische Leitlinien, eine Haltung, die auch gern konservativ sein darf: Hauptsache eine Haltung.« Koch passe durchaus in diese Bedürfnislage, sagt Diekmann, »wenn er ein Ziel anbietet: Wachstum, Wohlstand, Sicherheit. Und sich selbst als denjenigen, von dem man einen Gebrauchtwagen kaufen würde.« Doch wie soll er mit Koch darüber reden, wenn der sich nie meldet. Weitaus langweiligere Volksvertreter sind dauernd in der Leitung.

Koch nicht. Er will mit Politik überzeugen, durch Kompetenz und zurückgelegte Aktenkilometer. Wenn er nur gut genug ist, kommen sie alle von allein. Das hat bei Edmund Stoiber ja auch geklappt. Der wurde über Jahrzehnte als gewissenloser Strauß-Gehilfe dargestellt, als blondes Fallbeil, Aktenfresser, kaltes Karriereherz. Und plötzlich war er Staatsmann.

»Vertrauliche Verschlusssache« – Jagd auf Randalierer Fischer

Ganz früh im Januar, wenn Medien und Politik die Feiertage im Skiurlaub verdauen, wenn der Betrieb ruht wie sonst nie im Jahr, dann, wissen die politischen Profis, ist die Zeit gekommen, um ein neues Thema zu setzen, als Aufwecker und Antreiber, als Signal, dass es wieder losgeht. Es war ganz früh im Januar 2001, als in Wiesbaden Gerüchte kursierten über einen Bericht des hessischen Verfassungsschutzes, nur vier Seiten lang, der schon ein Vierteljahrhundert alt war. Obschon als »Vertrauliche Verschlusssache« gestempelt, geriet der Inhalt doch tatsächlich in Bruchstücken an die Öffentlichkeit.

Scheinbar beiläufig hatte der Jurist Koch immer mal wieder angedeutet, dass es da noch ein Dossier brisanten Inhalts gebe, mit dem natürlich nach allen Regeln und Gesetzen umgegangen werde. In dieser zufällig aufgetauchten Akte ging es um eine Gruppe namens »Revolutionärer Kampf«, die am 19. September 1975 kurz vor 18 Uhr an einem akribisch vorbereiteten Angriff auf das spanische Generalkonsulat in Frankfurt beteiligt gewesen sein soll. Vermummte hatten Steine und Molotowcocktails geworfen, ein Mannschaftswagen der Polizei war in Flammen aufgegangen, zwei Beamte wurden verletzt. Es war der schwerste Angriff randalierender Linker seinerzeit. Die Polizei zählte die Reste von 45 Molotowcocktails, die Straße stand zeitweilig über 50 Meter in Flammen.

Besonders auffällig war die professionelle Vorbereitung des Anschlags. Die Angreifer hatten sich einen Freitag ausgesucht, an dem ein legaler Demonstrationszug durch Frankfurt viele Polizisten band. Die Randalierer trugen Spezialjacken mit eigens eingenähten Innentaschen für den unauffälligen Transport von Steinen und Molotowcocktails, die aus einer benzingefüllten Bierflasche Marke »Henninger Export« bestanden, der Hals umknotet mit einer Lunte, die mit Esso-Feuerzeugbenzin getränkt wurde. Obendrein wurde noch der Polizeifunk gestört. Das hatte es vorher nicht gegeben. Und keiner der Angreifer ging der Polizei hinterher ins Netz.

Dennoch erfuhren die Ermittler Einzelheiten. Ein Spitzel war noch am gleichen Tag bei den Verfassungsschützern aufgetaucht und hatte Meldung gemacht. Detailliert beschrieb er, wie die Attacke gegen die Vertretung des Franco-Regimes vorbereitet worden war. Die Glaubwürdigkeit des Maulwurfs war umstritten und sein Bericht streng geheim, weshalb bis heute zwei Versionen kolportiert werden.

Unstrittig ist, dass sich am Nachmittag des 19. September ein halbes Hundert Kämpfer in einem Keller im Westend versammelt hatte. Es gab eine strenge Einlasskontrolle. Es wurde über die Taktik des Angriffs gesprochen, etwa, wie nachrückende Polizisten mit Straßensperren aufgehalten werden sollten. Die Truppe hätte sich mit vorbereiteten Molotowcocktails versorgt und sei losmarschiert zum Konsulat. Laut Version eins gehörten zu den Sprechern ein gewisser Joseph Fischer und ein Herr Daniel Cohn-Bendit. Der eine sollte später Vizekanzler werden und den Kanzler der Republik, die er da gerade bekämpfte, Willy Brandt, als Porträt im Büro hängen haben. Der andere brachte es immerhin bis zum Europaabgeordneten. Laut Version zwei waren die beiden zwar beim Treffen anwesend, nicht aber Rädelsführer des Einsatzes. Demnach waren im Keller auch keine Mollis ausgegeben worden. Es sei nicht einmal klar gewesen, ob alle Männer aus dem Keller auch zum Konsulat marschiert seien. Schließlich waren die meisten vermummt. Unstrittig dagegen, dass über den Einsatz von Molotowcocktails geredet wurde. Eine direkte Beteiligung Fischers, ein Molli-Wurf etwa, lässt sich aus den Versatzstücken ebenso wenig ableiten wie ein Freispruch.

Rätselhaft war, warum der Bericht nicht wie die anderen Dokumente aus Fischers Personenakte fristgerecht Anfang der neunziger Jahre vernichtet worden war. Hatte jemand das Dossier geistesgegenwärtig gebunkert? Ein gigantischer Zufall war auch, dass ausgerechnet in der Zeit, als der hessische Ministerpräsident ein Glaubwürdigkeitsproblem hatte, die dunkle Vergangenheit der Gegenseite ans Licht kommt, der Führungsspitze der bei Koch so verhassten Achtundsechziger, die sich nun mit juristisch spitzfindigen Formulierungen aus der Affäre winden musste wie Koch im Jahr zuvor. »Ich war bei den meisten Demos dabei«, erklärte Fischer vorsichtig. Nicht zu dementieren war, was wenig später herauskam, dass Fischer bei anderer Gelegenheit auf einen Polizisten eingeprügelt haben soll. Der Außenminister entschuldigte sich 25 Jahre später kleinlaut.

Man konnte die plötzlich aufbrandende Debatte für einen Entlastungsangriff halten, das Geraune um den Bericht für gezielt erzeugt. Ein für Koch ausgesprochen hilfreicher Effekt war, dass er aus einer Position moralischer Unterlegenheit endlich wieder in eine Rolle des Handelnden kam. Wer jemals einen Polizisten schlug, dem fehlt die Legitimation, ein Staatsamt zu bekleiden. Kühn forderte Koch Fischers Rücktritt, er habe den geistigen Boden bereitet für »Zustände nahe am Bürgerkrieg«.

Auch wenn die Vorwürfe gegen Koch und Fischer nichts miteinander zu tun hatten, so waren sie doch auf geheimnisvolle Weise miteinander verknüpft. Angesichts brennender Polizistenautos erschienen die Spendenvorwürfe plötzlich kleiner, die Protagonisten der Anti-Koch-Bewegung plötzlich unglaubwürdiger, plötzlich war wieder die ganze Politik ein Meer von Verfehlungen, keiner Partei, keinem Kandidaten mehr eindeutig zuzuordnen. Der Kasus Fischer relativierte Koch und die Spenden.

Mit gewachsenem Selbstbewusstsein demonstriert Koch, wie er sich künftig den Umgang mit der Spendenaffäre vorstellt: Als er in einem »Spiegel«-Interview, keine 12 Monate nach der legendären Kanther-Pressekonferenz, gefragt wird, wie er die jüngste Vergangenheit verarbeitet habe, da lehnt er sich zurück und schweigt. Auf die nächste Frage, ob die Affäre denn kein Thema mehr sei für ihn, sagt er nur: »Für mich nicht und für die meisten Menschen auch nicht.«

Es gab zwei Daten in diesem Frühjahr, die für Koch und seine Zukunft von Bedeutung sind. Ende Februar sollte gerichtlich entschieden werden, ob die auch mit Schwarzgeld geführte Landtagswahl von 1999 gültig sei oder ob die Hessen würden neu wählen müssen. Mitte März standen die Kommunalwahlen an. Würde es eine Ohrfeige geben für Koch? Schließlich wollten mehr als die Hälfte der Bürger Neuwahlen, nur ein Drittel vertraute dem Regierungschef. Ein negatives Gerichtsurteil plus Niederlage bei den Wahlen, diese Kombination hätte Koch in Bedrängnis gebracht.

Ein Sieg andererseits würde ihn nach vorn katapultieren, nicht nur in Hessen, sondern auch in der CDU. Dort schien sich gerade ein Machtvakuum aufzutun. Freund Friedrich Merz, Fraktionschef in Berlin, erwies sich als Meister einer zähen Zermürbungstaktik. An jedem belanglosen Thema stellte er sich gegen Parteichefin Merkel, provozierte sie, forderte Bekenntnisse. Merz stellte täglich die Machtfrage, die Doppelspitze als Führungsprinzip wurde allenthalben diskutiert und verworfen. Hatte ja auch bei Schröder/Lafontaine oder Kohl/Schäuble nur vorübergehend geklappt. Koch war es, der das Treiben des verfeindeten Duos mit perfider Nettigkeit kommentierte. Das klang dann so: »Die Leistungen von Angela Merkel und Friedrich Merz rechtfertigen nicht die Gehässigkeit, mit der mit ihnen manchmal umgegangen wird.« Lob als Vernichtung, im Gewande der Loyalität, das ist die ganz hohe Schule.

Vor allem Stoiber sah das Spiel mit Vergnügen. Er würde der Profiteur dieser uneinigen CDU sein. Der Ober-Bayer und der Ober-Hesse hatten in aller Heimlichkeit einen Geheimplan ausgeklügelt, der beiden nützen sollte. Die Abmachung beruhte auf einer gemeinsamen Annahme: Die Frau aus dem Osten würde Übergangslösung sein, eine historisch bedingte Zufälligkeit, die sie leicht loswerden würden. Ohne die Spendenaffäre wäre Koch nach Schäubles Rücktritt ohnehin Parteichef geworden und hätte gute Aussichten auf die Kanzlerkandidatur gehabt. Sein Freund Friedrich Merz würde die Fraktion im Griff behalten.

Die Spenden hatten den geraden Weg verbaut; nun war ein Umweg nötig, und der führte über Stoiber. Der Bayer lag in allen Umfragen zur Kandidatenpräferenz weit vor Merkel, die Vorsitzende aber wiederum klar vor

Merz. Koch stand mit drei Prozent am Ende. Auch angesichts der klaren Zahlen hatten sich Stoiber und Koch darauf verständigt, dass der CSU-Chef Kanzlerkandidat würde. Koch würde parallel dazu in Hessen seine zweite Wahl gewinnen, Merkel als CDU-Chef ablösen und Kanzler Stoiber eines Tages beerben, nach zwei Legislaturperioden zum Beispiel. Würde Stoiber die Bundestagswahl verlieren, bekäme Koch selbstverständlich die nächste Chance im Jahre 2006. So waren beide Parteien befriedet und die Machtfrage langfristig und für beide Seiten zuverlässig geklärt.

Das Prinzip Erbfolge hatte Koch mit Franz Josef Jung als JU-Vize, mit seinem Vater im Kreistag und später mit Manfred Kanther in Fraktion und Partei geübt. Geduld, hatte er dabei gelernt, fiel dann leicht, wenn der Profit am Ende gesichert war.

Wie prächtig das Duo funktionierte, zeigten Koch und Stoiber am Valentinstag, den die Hessen-CDU traditionell zu einer politischen Kundgebung mit prominenten Gästen nutzt. Während Koch druckreife Analysen sprach, peitschte Stoiber mit den üblichen Tiraden gegen Berlin die 1000 Zuschauer in der Stadthalle Kelkheim zu stehenden Ovationen. 200 Schaulustige waren gar nicht erst in den Saal gelangt, die Veranstaltung war hoffnungslos überfüllt. So wie in Kelkheim würden sie eines Tages ganz Deutschland aufmischen, da waren sich die beiden sicher. Sie führten schließlich kraftvoll, während die Dame da in Berlin bestenfalls herumeierte.

»Gegen die guten Sitten« – Spätfolgen der Affäre

Eine der lästigsten Folgen der Spendenaffäre war die Vermutung, dass die Doppelpass-Wahl von 1999 nur mit Hilfe schwarzer Millionen gewonnen wurde. Schmutziges Geld sollte in der heißen Phase die hessenweite Kampagne gegen die doppelte Staatsbürgerschaft mit Plakaten, Unterschriftenständen und all den anderen kostspieligen Accessoires überhaupt erst ermöglicht haben. Dies wäre ein unlauterer Wettbewerbsvorteil für Koch gewesen.

Nach der hessischen Verfassung von 1946 wird eine Wahl für nichtig erklärt, wenn »gegen die guten Sitten« verstoßen wurde. Das Wahlprüfungsgericht, bestehend aus zwei hohen Richtern und drei Landtagsabgeordneten, hatte die Wahl 1999 zuerst für gültig erklärt, dieses Urteil jedoch nach Aufkommen der Spendenaffäre revidiert und die Finanzierung des CDU-Wahlkampfes für sittenwidrig erklärt. Das hätte Neuwahlen bedeutet.

Koch und seine Juristenfreunde hatten daraufhin das Bundesverfassungsgericht angerufen: Die Formulierung »gegen die guten Sitten« sei viel zu schwammig und das Wahlprüfungsgericht kein unabhängiges Gericht, da die Abgeordneten darin von einer Entscheidung über Neuwahlen unmittelbar betroffen seien. Neben dieser Normenkontrollklage bemühten Kochs Verteidiger zugleich den hessischen Staatsgerichtshof, der die Rechtmäßigkeit des Wahlprüfungsausschusses prüfen sollte. Zwei juristisch schlaue Schachzüge, die Druck erzeugten.

Anfang Februar 2001 gaben zuerst die Karlsruher Koch Recht. Zwar wurde die Rechtmäßigkeit des Wahlprüfungsgerichts bestätigt, die Rechtskraft seines Urteils (»sittenwidrig«) jedoch aufgehoben. Es war nicht zweifelsfrei nachzuweisen, dass allein der Einsatz schwarzen Geldes das Wahlverhalten geändert hatte; zu viele Faktoren – die Regierung in Berlin, die abgenutzte Eichel-Mannschaft, das Medienfeuerwerk – spielten mit, als dass sich das Schweizer Geld als wahlentscheidend extrapolieren ließe. Als Ende Februar das hessische Wahlprüfungsgericht nachgab und die Wahl 1999 endgültig für korrekt erklärte, da war der Ministerpräsident nicht mehr zu halten. Entgegen sonstiger Gewohnheiten zappelte und schunkelte Koch auf dem Frankfurter Opernball zur Musik des Schlagersängers Tony Christie wie ein Teenager, die Erleichterung war ihm deutlich anzumerken.

Auch wenn ihm ein weiterer Befreiungsschlag gelungen war, bewältigt war die leidige Spendengeschichte immer noch nicht. Dafür sorgte schon die SPD, die in Wiesbaden wie in Berlin ein großes Interesse daran hatte, die Verstrickungen der CDU und vor allem Kochs so lange wie nur irgend möglich in den Untersuchungsausschüssen und damit in den Zeitungen zu halten. Genauso hätte es der Besser-Hesse ja auch getrieben.

Koch seinerseits macht sich einen Spaß daraus, den Fragern seine ganze Verachtung entgegenzuschleudern. Bevor er sich in Berlin vernehmen lässt, marschiert er zu McDonald's. Auf dem Weg zur Vernehmung erklärt er in ein Mikrophon, dass die Sache für ihn erledigt sei. Mit einem kurzen »Guten Tag« lässt er sich in der katholischen Akademie, wo am Abend zuvor noch eine Totenmesse für die 200 Exponate der Leichenausstellung »Körperwelten« gefeiert worden war, in den Stuhl plumpsen.

Die Show kann beginnen. Koch genießt es geradezu, die Abgeordneten bei der Arbeit zu begutachten. Natürlich kennt sich keiner besser in der Materie aus als er, was er mit einem dauerhaft ironischen Zug um die Mundwinkel selbstbewusst demonstriert. Er kommt den Fragen zuvor, er unterbricht, er wiegelt ab. Der Hass der Frager wächst, aber sie kriegen ihn nicht zu fassen. Wie peinlich, wenn der Untersuchungsausschuss zu

einer Reklameveranstaltung für Koch gerät. Sorgenvoll beachten Schröders Vasallen im Kanzleramt, mit welcher Lässigkeit der Hesse die Verhöre
absolviert und wie frenetisch die Bürger den Stählernen feiern. Kanzler
Schröder lässt dem heranwachsenden Rivalen die Höchststrafe angedeihen: Er verliert nicht ein Wort über ihn.

Das bremst Kochs Comeback keinesfalls. Schon wenige Wochen später
feiert er den nächsten Triumph bei den hessischen Kommunalwahlen. Wie
immer hatte er die Woche davor nur mit starken Grippemitteln durchgestanden, er hatte sich mit letzter Kraft auf Rednerpulte geschleppt und hei-
ser geredet. Er hatte gerackert, gelitten, alles gegeben.

Es hatte sich gelohnt: Zur Halbzeit seiner ersten Regierungsperiode legt
die CDU bei den Kommunalwahlen 5,4 Prozentpunkte zu und zieht erstmals gleich mit der stagnierenden SPD. Die von den Sozialdemokraten
erhoffte Denkzettelwahl richtete sich gegen sie selbst: Offenbar waren
es die Wähler leid gewesen, die Dauerempörung über Kochs Spendenge-
schichten zu teilen. Dass etwas faul war, hatte auch der Letzte begriffen.
Man hatte sich ausgiebig darüber aufgeregt. Aber jetzt war es auch genug
damit.

Kochs Regierung hatte trotz Spenden-Durcheinander 30 Gesetze auf den
Weg gebracht. Und das schien den Souverän weit mehr zu beeindrucken.
Was sich als großes Siegerthema erwiesen hatte, war die Schulpolitik.
Mochte die Opposition auch die eine oder andere geschönte Zahl kritisieren, am Ende war seine Bildungsoffensive ein Erfolg gewesen. Kein Bundesland hatte in den vergangenen zwei Jahren so viel in Lehrer und Schulen
investiert, den Unterrichtsausfall derart drastisch gesenkt. 3500 Lehrer waren neu eingestellt worden.

Dazu kamen die klassischen Themen. Weniger Autos wurden geklaut,
die Uni Darmstadt war die reformfreudigste in Deutschland und die erste,
die in die Selbständigkeit entlassen werden würde. Schleierfahndung, Vi-
deoüberwachung öffentlicher Plätze und verschärfter Strafvollzug hatten
sich gleichfalls gut gemacht. Koch war nicht als Sympathieträger gewählt
worden, aber als einer, der das macht, wofür er bezahlt wird: ordentlich
regieren, und das mit dem Minimum an Energie, das neben dem Bewältigen der Spendenaffäre blieb. Kochs Stolz, sein Selbstbewusstsein, seine
Erleichterung kannte keine Grenzen: Er war wieder da, rehabilitiert von
Gerichten und vom Wähler. Vorbei das Gerede über die Illegalität seiner
Wahl.

Umgehend machte sich Leichtsinn und Überheblichkeit breit. Nach
zwölf Monaten erzwungener Demut drängte plötzlich und vehementer denn

je der Überflieger ans Licht. »Jetzt wollen wir denen in Berlin mal zeigen,
wie man Politik macht«, hörte ein Mitflieger, als Koch montagmorgens die
Lufthansa-Maschine bestieg. Er strotzte vor wiedergewonnener Kraft, vor
Angriffslust. Und gab sich törichterweise der Illusion hin, irgendjemand in
der Hauptstadt habe auf ihn gewartet.

Nur einer erlebte in diesem Frühjahr ein noch stärkeres Hochgefühl:
Dirk Metz. Als er im Mai 2002 im Berliner Olympiastadion das Pokalfinale
zwischen Schalke und Leverkusen verfolgte, da litt er noch an den dramatischen Ereignissen des Vorjahres. Die Schalker hatten den Meistertitel im
dramatischsten aller Bundesligafinale in den letzten Minuten an die Bayern
verloren. Es steht 1:1, die Pause ist gerade vorbei, da liefert sich Schalke-Trainer Huub Stevens ein Wortgefecht mit dem Schiedsrichter. Stevens
wird auf die Tribüne verbannt und nimmt vor Millionen TV-Zuschauern
Platz direkt neben einem schnauzbärtigen Mann, dessen glänzender Schä-
del mit feinem Restborstenflor unter einem Schalke-Käppi steckt. Er trägt
ein Schalke-Trikot und einen Schalke-Schal – Dirk Metz.

Die Fußballnation verfolgt, wie Stevens mit dem Fan zu sprechen beginnt. Einem Bekannten, der sofort auf seinem Handy anruft, brüllt Metz
ins Ohr: »Es muss sich was ändern, grundlegend: mehr Offensive.« Das
hatte er dem Schalke-Trainer auch schon gesagt. Stevens winkt nun seinen
Assistenten herbei, sagt ihm etwas, der geht wiederum an den Spielfeld-
rand, ruft dem Spieler Möller etwas zu, der es an seinen Kollegen Agali
weitergibt. Fünf Minuten später: Möller spielt auf Agali – 2:1. Noch zwei
Minuten später Agali auf Möller – 3:1. Klare Sache: Metz hat die Taktik für den Schalke-Sieg diktiert, er hat den Pokal gewonnen. Das war ein
Triumph, in seinen Ausmaßen nur zu übertreffen durch die Kanzlerschaft
seines Chefs.

»Ich will nicht der Hardliner sein« –
Koch lässt es menscheln

Ginge es nach Dirk Metz, müsste Koch jedes Wochenende in einem Stadion auftauchen. Pflichtgemäß bekräftigt Kochs Sprecher zwar, der Ministerpräsident lasse sich nicht verbiegen. Den Versuch unternimmt Metz aber
doch bei jeder Gelegenheit, mit Kindern und Weinköniginnen. Im Hinblick
auf die Hessen-Wahl 2003 sieht Koch ein, dass er weg muss von Ruf des
Harten, Kalten. So lässt er sich fotografieren, wie er über den Wochenmarkt

schlendert, er gibt der jungen liberalen Illustrierten »MAX« ein fröhliches Interview, in dem er gesteht, dass er als Junge die große Wohnzimmer-scheibe mit einem Stein zertrümmert habe, er tippt bei einer Fußballwette mit und spendet den gelegentlichen Gewinn hessischen Vereinen. Er outet sich als Aldi-Käufer und Taschengeldempfänger, denn seine Frau verwalte-te das Haushaltsgeld und er weigere sich, eine PIN-Nummer zu behalten. »Ich will nicht nur der Hardliner sein«, sagt er mehrfach. Allein Gattin Anke sträubt sich gegen jede öffentliche Vereinnahmung. Die Bezeichnung »Landesmutter« macht sie fuchsteufelswild, und wenn ihr Gatte den treu sorgenden Hausmann gibt, fährt sie ihm empört dazwi-schen. So zum Beispiel, als sie erzählt, was die Kinder alles zum Schul-schwimmen mitnehmen müssten. Den Verständnisvollen mimend, sagt Koch: »Ja, die Zeit muss man sich nehmen.« Woraufhin seine Ehefrau ihn anfährt: »Das musst du gerade sagen, das weißt du doch gar nicht.«

Im Frühsommer zeigte der harte Koch plötzlich sogar Interesse an einem weichen Thema, der Familienpolitik. Koch rief den Darmstädter Sozial-richter Jürgen Borchert an und bat ihn zu einem Gespräch nach Wiesbaden. Borchert, alles andere als ein Konservativer, war skeptisch. Was er über Koch gehört hatte, wie er ihn im Fernsehen wahrgenommen hatte, das alles fand er nicht wirklich sympathisch. Umso überraschter war Borchert, als ihn Kochs ruhiger und kundiger Büroleiter Helmut Georg Müller besuchte, um das Treffen ohne jede Zielvorgabe vorzubereiten. Auch Koch erwies sich als angenehmer Gesprächspartner, »ganz anders, als das Medienbild, das ich von ihm hatte. Kein Ideologe, konstruktiv, lösungsorientiert. Der war viel authentischer als viele von diesen Larifari-Politikern«, sagt Bor-chert.

Koch war interessiert an Borchert, weil der einige viel beachtete Urteile des Bundesverfassungsgerichts zur Besserstellung von Familien erstritten hatte. Der Richter tritt ein für eine generelle Neuordnung des Sozialver-sicherungssystems, das alle Bürger als Beitragszahler heranzieht, ähnlich wie in der Schweiz. Er fordert das Ende einer Politik, die Kinder als Ar-mutsrisiko in Kauf nimmt. Borchert leitete drei Diskussionsrunden mit Koch und seinen Spitzenbeamten, er schrieb einen Aufsatz für eine Fach-zeitschrift, über den Koch seinen Namen setzte. Der Ministerpräsident ließ den streitbaren Experten für sechs Monate von seinem Richteramt befreien, gab ihm ein Büro, eine Dachkammer nahe der Staatskanzlei und die Aufga-be, ein Papier zur Neuordnung der Familienpolitik zu verfassen. Dieser gut 80 Seiten starke »Wiesbadener Entwurf« war vielleicht das Radikalste und Modernste, was in Deutschland je aufgeschrieben wurde. Es hätte Grundlage sein können, um zwei zentrale gesellschaftliche Debatten in Politik umzusetzen: Gerechtigkeit und Familie. Doch Koch bekam plötzlich Angst vor der eigenen Courage. Das Thema schien ihm zu weich, zu teuer, zu sperrig, ohne Nutzen für den sofortigen Gebrauch. »Er hätte ein großes Feld abstecken können«, klagt Borchert, »doch es ist alles sang- und klanglos versandet.« Ging es vielleicht nur um die Nachricht, dass Koch den führenden Familienexperten für sich arbeiten ließ? Waren die Ergebnisse egal? »Es war jedenfalls eine ziemliche Enttäuschung«, sagt Borchert, der sich mit viel Enthusiasmus ans Werk gemacht hatte.

Seinen gelungensten Fernsehauftritt hatte Koch in der Talkshow »3 nach 9«. Man merkt die Anspannung, wie er da neben der hübschen Schauspielerin Marie Bäumer sitzt, man hört das Glucksen im Publikum, als ihn ein Filmchen bei Kaffeekuchen im Eschborner Garten auf gelben Schonbezügen unter der gelben Markise zeigt. Hintergrundmusik: »Erbarmen, zu spät, die Hessen kommen« von den Rodgau Monotones.

Klare Sache, die Runde erwartet einen spießigen Rechtsausleger. Doch Koch ist überraschend leise, nachdenklich und zurückhaltend. Er erzählt dem unaufgeregten Moderator Giovanni di Lorenzo von seinen Jahren mit Joschka Fischer, vom Respekt, den er für »diesen hochinteressanten Autodidakten« hege, davon, wie sie sich aneinander gerieben haben, wie sie aufeinander fixiert waren. Er gesteht die Verletzung, als die »Rundschau« die Satire mit der Koch-Puppe zum Halsumdrehen machte, selbstironisch sagt er, dass seine Presseleute ihm verboten hätten, das Wort »brutal« jemals wieder zu gebrauchen. Koch ist nicht locker, er spricht, als ob er die Backenzähne aufeinander presst, und knotet immer wieder die Finger ineinander. Es ist zu spüren, wie groß die Angst vor einem Fehler ist, die Angst vor dem Publikum, das bereit ist, ihn gnadenlos auszubuhen, wenn er ihnen Gelegenheit dazu gäbe. Doch er bleibt fehlerfrei. Er kann zur Verblüffung aller sogar den Namen von Karl Mays Hadschi Halef Omar aufsagen, über den die Runde rätselt: »Hadschi Halef Omar Ben Hadschi Abul Abbas Ibn Hadschi Dawuhd al Gossarah.«

Am Ende werden ihm drei Gläser Cola vorgesetzt, er soll das Original, die Coke, herausschmecken. »Jetzt haben Sie die Chance, Millionen von Jungwählern zu gewinnen«, juxt di Lorenzo. Hochkonzentriert und mit dem Schmatzen des Weinexperten nippt sich Koch durch die Proben – und er findet die richtige heraus. Breit und unendlich stolz grinst er in die Kamera. Der Applaus fällt überraschend lang und herzlich aus. Es war sein vielleicht bester TV-Auftritt.

Auch bei den Kollegen von der Presse startet Koch eine Sympathie-offensive. Im Rahmen einer Aktion der Berliner Initiative »Werkstatt Deutschland«, die Spitzenpolitiker und Journalisten für einen Tag den Arbeitsplatz tauschen lässt, übernimmt der Hesse den Job eines anderen Hessen, Helmut Markwort, der »Focus«-Chefredakteur. »Am liebsten hätte er schon um acht Uhr morgens angefangen«, sagt Markwort, der seinen Respekt für Koch nicht verhehlt, schon deswegen, weil Koch nach München in der Economy-Klasse geflogen kam, so wie er es von seinen Ministern auch verlangt. Nach einem Tag mit Koch ist der »Focus«-Chef überzeugt, dass der Hesse von allen Ministerpräsidenten »den schnellsten Verstand hat, er ist effektiv, tüchtig, fleißig und viel präziser als Stoiber. Er hat mehr Verständnis für die Wirtschaft als Helmut Kohl. Der hat immer viel zu viel auf diesen unglückseligen Blüm gehört. Aber Koch weckt keine Sympathien. Deswegen kann er nur mit hartnäckiger Leistung zum Erfolg, sprich zur Kanzlerschaft kommen. Der muss immer mehr leisten als andere, diese Spendengeschichte klebt nun mal an ihm.«

Obgleich gerade die jungen Grafiker und Redakteure ihre Vorbehalte gegen Koch hatten, »hat er am Ende des Tages deutlich an Sympathien gewonnen«, glaubt Markwort. Nachdenklich stimmte die »Focus«-Truppe zum Beispiel die Debatte über Kurt Biedenkopf. Der hatte in den letzten Tagen als sächsischer Ministerpräsident mit seiner Gattin doch tatsächlich versucht, bei Ikea einen Rabatt zu ergattern. Was die Reporter empörte, rückte Koch mit einer kurzen Frage zurecht: Müsse man nicht für einen Moment die Lebensleistung eines Politikers berücksichtigen, bevor man ihn wegen einer Lappalie publizistisch vierteile?

Auch beim zweiten Teil des Rollentauschs punktet Koch bei Markwort. »Er hat ein unglaubliches Tagespensum«, sagt der Journalist, der in Wiesbaden eine Kabinettssitzung leiten durfte, um 8 Uhr 30. Umgehend äußerte Ruth Wagner von der FDP verfassungsrechtliche Bedenken, ob denn nicht alles rechtswidrig sei, was heute beschlossen werde, wenn ein demokratisch nicht legitimierter Mensch den Vorsitz führe. Spöttisch antwortet Koch: »Ich freue mich über Ihre präzise Exegese des Grundgesetzes.« Ministerpräsident Markwort übte sich sogleich in bürgernaher Politik und bemängelte die Funklöcher zwischen Flughafen und Staatskanzlei. Ob das wirklich Aufgabe der Politik ist, erst recht, wenn man den schlanken Staat postuliert? 18 Termine in 11 Stunden, also einen ziemlich normalen Koch-Tag, hatte der Journalist zu erledigen, darunter auch ein Treffen mit dem Dalai Lama. Dass »eine so kleine Person ein so großes

Steak verdrücken kann«, blieb ihm besonders nachhaltig im Gedächtnis. Markworts Fazit nach einem Tag als Koch:»Ich möchte nicht in die Politik wechseln.«

»Ich bin doch kein Darwinist« – Koch drängt nach Berlin

Die zarte Phase ist nur ein Teil der Koch'schen Comeback-Strategie. Zugleich versucht er, die bundespolitische Debatte zu diktieren. In diesem Sommer hat er sich das Thema Sozialhilfe vorgenommen. Passgenau im Sommerloch war er in die USA geflogen, wo er sich von Republikanern und Analysten gern als kommender Kanzler hofieren ließ. Zwar zeigte sich Koch als Freund der Bush-Politik, kritisierte aber die verantwortungslose Klimapolitik der konservativen Regierung, was mutig ist in einem Land, wo Umweltschützer als Kommunisten gelten.

Ziel des Trips war ein Treffen mit Tommy Thompson, dem ehemaligen Gouverneur von Wisconsin, der im Sündenregister des schwergewichtigen Bush-Gegners Michael Moore nur einen bemerkenswert kurzen Eintrag hat. Thompson ist ein beinharter Konservativer, der bei seinem ersten Besuch in Hessen von einer Harley-Eskorte empfangen wurde, angeführt von Freizeitrocker Karlheinz Weimar. Thompson hatte in seinem Staat das Programm»Wisconsin works« erfunden,»W2« genannt, das Sozialhilfeempfänger zurück in Arbeit und Gesellschaft befördern soll. Um mehr als 90 Prozent will er in zehn Jahren die Zahl der Sozialhilfeempfänger gedrückt haben.

Die Idee ist einfach: Wer nicht arbeitet, sieht auch kein Geld. Wer sich allerdings willig zeigt, kommt in den Genuss von Fortbildung, Kinderbetreuung und staatlichen Zuwendungen. Es wird ein Vertrag zwischen Staat und Bedürftigem geschlossen, in dem sich beide Seiten verpflichten, Probleme gemeinsam anzugehen. Arbeit wird bei»W2« garantiert, auf einer»Beschäftigungsleiter«. Auf den ersten beiden Stufen üben die Anwärter und werden fortgebildet, auf Stufe drei gibt es einen befristeten Job, auf Stufe vier möglichst einen regulären Arbeitsplatz. So soll der Druck erhöht, aber zugleich eine Perspektive eröffnet werden. Genau das Richtige für Deutschland, findet Koch, wo»wir zu weich sind beim Zwang und zu schlecht bei der Hilfe«. Wer sich dem Programm verweigert, dem droht er mit massiven Streichungen, die allenfalls ein»sehr bescheidenes Leben« ermöglichen.

Das Programm kostet anfangs Geld, deutlich mehr als die reine Versorgung. Doch Koch erscheint es inhaltlich wie populistisch ein spannender Ansatz: Er verspricht den Hessen, die Zahl von Sozialhilfeempfängern zu halbieren und gibt einen Modellversuch in Auftrag. Der kollidiert allerdings mit dem Job-Aktiv-Gesetz der rotgrünen Bundesregierung, das ebenfalls individuelle Betreuung bei gleichzeitiger Androhung von Kürzungen der Hilfe vorsieht. Dafür, dass Koch unter dem Verdacht des Neoliberalen steht, ist das Programm, ernsthaft umgesetzt, ziemlich sozialdemokratisch. »Na und«, sagt Koch, »ich bin doch kein Darwinist.«

Ganz Deutschland diskutiert W2 in diesem Sommer, Koch hat sein Ziel erreicht. Er hat ein Thema gesetzt, in der CDU und in Deutschland, er hat sich als Macher profiliert und Hessen als Zukunftslabor, wo die Zahl der Sozialhilfeempfänger deutlich höher als in den Musterländern liegt. Und wieder hat er mitten in die Seele des Steuerzahlers getroffen, mit der sublimen Botschaft, er lasse nicht länger zu, Faulenzer mit Staatsgeld durchzufüttern. In Wirklichkeit liegen SPD und CDU bei diesem Thema nicht weit auseinander. Doch Populismusprofi Koch erweckt diesen Anschein – und liefert scheinbar gleich die Lösung: Solange Krabbenpulen, Spargelstechen, Altenpflege oder Putzjobs nicht von deutschen Arbeitskräften erledigt würden, solange sei »Wisconsin works« einen Versuch wert, sagt er. Eine klassische Kampagne aus Hessen: Das Sommerloch gehört ihm.

Im Idealfall ist »Wisconsin works« ein sozialmarktwirtschaftliches Konzept. Es baut auf Teilhabe und Teilnahme, auf Partnerschaft, auf Miteinander, es erfordert individuelle und damit teurere Fürsorge vom Staat und es erfordert einen mündigen, aktiven Bürger. Es kann, wenn beide Seiten ihre Rolle ernst nehmen, ein Modell sein für die Bürgergesellschaft des 3. Jahrtausends. Im Realitätstest ist es komplexer. Das wohlklingende Wisconsin-Projekt hat gleich mehrere Haken: Zum einen ist es nicht neu. Das reformierte Sozialhilfegesetz sieht bereits vor, dass derjenige Anspruch auf Hilfe verliert, der zumutbare Arbeit ablehnt. Im Vergleich zu 1998 gehe 2001 ohnehin schon jeder zweite Sozialhilfeempfänger einer Beschäftigung nach, meldet der Deutsche Städtetag. Zum anderen gibt es in vielen Gegenden Deutschlands gar nicht genügend angemessene Jobs.

In Wisconsin stieg das Sozialhilfebudget um rund 40 Prozent. Und gerissene Unternehmer scheuten sich nicht, echte Arbeitsplätze abzubauen, um sie fortan mit staatlich subventionierten Leichtlohnkräften zu besetzen. Die Lohnzuschüsse für die Billigjobs würden zudem die öffentlichen Kassen sprengen. Mit Steuermillionen subventionierter Spargel – den könnte nicht mal Dirk Metz kommunizieren. Von insgesamt 2,8 Millionen Sozialhilfeempfängern in Deutschland sind obendrein etwa zwei Millionen Mütter, Kinder, Alte und somit nicht erwerbsfähig.

Auch die vordergründig strahlende Bilanz aus den USA erweist sich bei näherer Betrachtung als nicht ganz so prima. Jeder vierte Teilnehmer von »Wisconsin works« kehrte innerhalb von eineinhalb Jahren in die Arme des Staates zurück, kaum einer erzielte aus eigener Kraft ein menschenwürdiges Einkommen, viele waren jeden Tag viele Stunden mit Bus oder Bahn auf dem Weg zu einem miesen Job, während die versprochene Kinderbetreuung nicht funktionierte oder nicht zu bezahlen war. Fast ein Drittel der Menschen erlebte Zeiten, in denen nicht genug zu essen im Haus war, oder gerieten mit der Miete in Rückstand.

»Dass die Menschen auf ihren eigenen Beinen stehen, konnten wir nicht erreichen«, gesteht Jennifer Reinert, die für die Reform zuständige Staatssekretärin. Den Nachweis, man könne mit ehrlicher, harter Arbeit ein auskömmliches Leben zumal für eine Familie erwirtschaften, ist einer der konservativen Mythen, die in Zeiten der Globalisierung nichts mehr mit der Realität zu tun haben. Hinzu kommt, dass die Zahlen aus Zeiten stammen, als die US-Wirtschaft florierte. In einer Depression dürfte sich die Erfolgsbilanz von »Wisconsin works« weiter verdüstern.

Genauso wahr ist andererseits ein Diktum von Bill Clinton: »Sozialhilfe ist eine zweite Chance, kein Lebensstil.« Und hier setzt Koch an: »Wir können in den nächsten Jahren weiter das Haupt wiegen und darüber diskutieren, ob das Wisconsin-Modell in jeder Einzelheit auf deutsche Verhältnisse übertragbar sei. Oder wir können es einfach ausprobieren.« Das ist Kochs Stärke: Er macht, er versucht, er probiert, auch auf die Gefahr des Scheiterns hin. Er stellt alle Bedenken, auch die berechtigten, hintan und erklärt Hessens Modellprojekt zum Experiment, wo mit Kombilöhnen, Sozialversicherungs- und Krankenkassenbeiträgen, Gewerkschaften und Arbeitgebern so lange probiert werden kann, bis eine für alle Seiten tragfähige Lösung herauskommt. Er betrachtet »Wisconsin works« als Start eines Prozesses. Er macht Chancen-und-Risiko-Politik im Gegensatz zur weithin gescheiterten Wird-schon-Politik. Er nimmt in Kauf, dass die Gesetzentwürfe nicht ausgegoren sind, dass kaum jemand das Kombilohn-Modell nutzt, dass die Landesmittel für Jobcenter nicht ausreichen, dass sein Offensivgesetz und die Nachfolger als Marketing-Firlefanz enttarnt werden. Für das Resultat wird er sich bei den nächsten Wahlen zu verantworten haben. Mutig ist das allemal.

»Großmeister der Ökonomie« – Roland Koch und die Wirtschaft

Privat geht Roland Koch ausgesprochen vorsichtig mit Geld um. Seine Ersparnisse und die seiner Frau hat er nach Eheschließung in ein Eigenheim investiert, erst die Doppelhaushälfte in Eschborn, dann die weiße Südstaaten-Villa mit den Säulchen, sein »Traumhaus«, wie er sagt. Am Neuen Markt hat Koch nicht gezockt, als DAX und Nemax ihre Höchststände erreichten, um dann auf eine beispiellose Talfahrt zu gehen. »Aktien sind eine interessante Sache«, sagt er, »aber dafür braucht man Zeit.« Und wenn der Ministerpräsident etwas nicht hat, dann Zeit.

Die Wirtschaft übt auf Koch eine ähnliche, vielleicht noch größere Faszination aus als auf Schröder, Stoiber, Clement. Dieser Typus Volksvertreter sieht sich als Partner der Wirtschaft, in Wirklichkeit ist es sogar meist eine Art Bewunderung für die Bosse, deren Entscheidungen sofort umgesetzt werden, deren Einkommen beim Zehnfachen des ihren liegen, deren Flugzeuge neuer und schneller, deren Büros größer, deren Kritiken längst nicht so vernichtend sind. Diese Politiker haben zu Wirtschaftsbossen ein Verhältnis wie Sportjournalisten zu Fußballtrainern: Sie halten sich für mindestens so gut, wenn nicht besser, ohne dass sie es jemals werden ausprobieren können.

Kaum ein Politiker betont seine Wirtschaftskompetenz so eindringlich wie Roland Koch. Natürlich kann er sich »vorstellen, eines Tages in einer Schlüsselposition eines führenden deutschen Unternehmens zu arbeiten«. Er hört mit Wohlgefallen, wenn ihm Manager wie Wilhelm Bender von Fraport oder Klaus-Peter Müller von der Commerzbank diese Fähigkeit attestieren und anderen Politikern ausdrücklich nicht. Sein derzeitiges Monatseinkommen von 13 000 Euro hätte er dann als Spesenetat.

Koch hat den Vorteil, als Anwalt einen tiefen Einblick in die Wirtschaftswelt gehabt zu haben, er hat Bilanzen lesen, gute von weniger guten Unternehmensteilen zu unterscheiden gelernt. Mit Vergnügen referiert er in professionell klingendem Denglisch das aktuelle Wirtschaftsgeschehen. Und doch kann auch Koch einen Widerspruch nicht auflösen: Vertreter von Volksparteien sind das Gegenteil von marktwirtschaftlichen Köpfen: Politiker wollen nicht den Markt gewähren lassen, sondern Einfluss gewinnen, Wirtschaft steuern, Macht ausüben, Stimmen fangen.

So auch Roland Koch. Gleich nach Amtsübernahme etwa hat er dafür gesorgt, dass das Land Hessen 10 Prozent an der Landesbank Hessen-Thüringen erwirbt, für 600 Millionen Mark. Ein Jahrzehnt zuvor noch hatte Walter Wallmann die damals 50 Prozent Landesbeteiligung verkauft, aus

Geldnot, aber mit dem Nebeneffekt, einer Forderung von Wirtschaftswissenschaftlern nachzukommen, dass nämlich der Staat sich heraushalten möge aus dem Marktgeschehen. Ein Interventionspolitiker wie Koch indessen sieht eine Landesbank als einflussreiches Werkzeug.

Die Landesbank, an der das Land Thüringen zu fünf und die Sparkassen zu 85 Prozent beteiligt sind, wurde von Koch seither als Instrument der Wirtschaftsförderung ausgebaut, als ökonomischer Arm der Politik quasi. Damit nicht genug. Kurz nach dem Rückkauf der Landesbank-Anteile versuchte Koch als Nächstes, seinen alten Freund Jürgen Banzer, auch er Mitglied der Tankstelle, zum Präsidenten des Sparkassen- und Giroverbandes Hessen-Thüringen zu machen. Die politische Besetzung scheiterte am Veto der Sparkassen. Dennoch erkämpfte sich Koch immer mehr Macht im regionalen Geldgeschäft. Fällt 2005 die Gewährträgerhaftung des Landes für die Sparkassen weg, verschlechtert sich automatisch das Bonitätsrating der Institute. Schließen sie sich nicht zu einem Verbund mit der Helaba zusammen und treten künftig füreinander ein, werde er die Sparkassen-Landschaft per Gesetz neu ordnen, drohte Koch. Die Banker folgten murrend. »Dass Koch sich immer wieder als oberster Sparkassendirektor Hessens aufführt, passt in das Bild, das die Wirtschaftspolitik seiner Regierung sonst abgibt«, mäkelt die sonst Koch-freundliche »FAZ« am wenig ordnungspolitisch geprägten Stil herum: »Den Worten über die Privatisierung von Landeseigentum sind keine Taten gefolgt.«

Und dafür ist Koch ganz allein zuständig. Alles was mit Ökonomie zu tun hat, landet automatisch in seinem Büro. »Er übt in allen wirtschaftlichen Fragen über die Staatskanzlei massiven Druck auf alle Ressorts aus«, sagt ein Insider, »da hat er seine Minister komplett entmündigt.« Wirtschaftspolitische Prinzipien zählten wenig, dafür publizistische Verwertbarkeit. Wie auch Schröder verbreitet Koch den Eindruck, dass Politiker, die aus dem Aufsteigermilieu stammen, nichts lieber tun, als in der großen Welt der Wirtschaft ein paar Komplexe abzuarbeiten und gern mal Vorstandschef zu spielen.

Es muss das traumatische Erlebnis mit Gerhard Schröder bei der Holzmann-Rettung in Frankfurt gewesen sein, dass Koch 2001 gleich zu zwei hochgefährlichen Missionen trieb, die seinen Ruf als Wirtschaftsexperten hätten ruinieren können, wenn sie publik geworden wären. Zum einem war da der Fall Biodata, ein Software-Unternehmen, das auf einer Burg bei Kassel logierte und im Zuge der Nemax-Euphorie mit Börsengeld zu einem Vielfachen seiner realen Größe aufgeblasen worden war. Koch hatte sich mit den Software-Machern gern auf der Computermesse CebiT gezeigt, Biodata als beispielhaft gepriesen und als Zukunftsunternehmen seines Hessen präsentiert.

Als die marode und offenbar von einem Hochstapler geführte Firma im Herbst 2001 von der Insolvenz bedroht war, wies Koch seinen Wirtschaftsminister Dieter Posch von der FDP an, eine Landesbürgschaft zu besorgen und über Nacht nach Kassel zu eilen, um die Firma zu retten. Das Drehbuch stammte von Holzmann. Persönlich rief Koch beim Betriebsrat an, um nach Lösungen zu suchen, er gab sogar seine hochgeheime Handy-Nummer heraus, mit dem Hinweis, er sei jederzeit zu erreichen. Nur eines gelang Koch nicht: einen ökonomisch guten Grund für die Bürgschaft zu finden.

Folgerichtig tat Minister Posch seinen Job und sträubte sich gegen die Intervention. Die Zahlen überzeugten ihn beim besten Willen nicht. Immerhin verzichtete Koch darauf, seinen Minister förmlich anzuweisen. Was sein Glück war, denn so blieb ihm eine teure Blamage erspart. Biodata, so stellte sich heraus, war in seiner damaligen Form, wie viele Firmen jener gespenstischen Zeit, nicht zu retten, eine Sanierung via Insolvenz der einzig vernünftige Weg.

Der Verwaltungsjurist Posch rettete Koch noch ein zweites Mal vor seiner Begeisterung für große Operationen. Koch als »Großmeister der Ökonomie«, wie ihn ein Kabinettsmitglied spöttisch nennt, war zum Beispiel ein Anhänger des Planes von Rolf Breuer, dem Boss der Deutschen Bank, und Werner Seifert, dem Chef der Deutschen Börse, die sich eine gigantische Umverteilung des europäischen Börsengeschäfts ausgedacht hatten: Die Börsenplätze Frankfurt und London sollten fusionieren zum Monsterhandelsplatz »iX«, wobei an der Themse die Papiere der Old Economy gehandelt werden sollten und in Frankfurt die des Neuen Marktes.

Der kantige Medienfeind Seifert, der in seinem Unternehmen »Rambo« genannt wird, bequemte sich eigens ins Kabinett, um Kochs Minister von dem Plan zu überzeugen. Der Auftritt des Managers in jenem unwirtlichen Kellergewölbe, in dem die politische Führung Hessens tagt, schien nur Formsache; luxuriöse Apartments in London, so wollten Tuschler wissen, seien bereits eingerichtet. Koch war begeistert, sagt einer, der dabei war, »er sah sich schon als Ministerpräsident des Deutschen Silicon Valley«. Als Seifert vorgetragen hatte, fragte Koch in die Runde: »Noch Fragen?«, ohne tatsächlich substantielle Anmerkungen zu erwarten.

Es war der unauffällige Posch, der ruhig, aber beharrlich seine Bedenken vortrug, während Koch und auch die Frankfurter Oberbürgermeisterin Roth schwiegen. Die Börse, so argumentierte Posch, sei für die Menschen in der

Stadt, aber auch für den Finanzplatz Frankfurt von immenser symbolischer Bedeutung. Die könne man nicht so einfach wegfusionieren. Zudem schob Posch noch aufsichtsrechtliche Bedenken nach. Ohne deren Klärung, so der tapfere Minister, »genehmigen wir hier gar nichts«. Finanzminister Weimar wollte die Situation retten: »Das ist doch nicht so wichtig, Dieter«, warf er ein, »das können wir doch hinterher klären.« Doch Posch blieb hartnäckig. »Nö, so nicht«, entgegnete er knapp. Seifert verließ den Kabinettssaal ohne eine Entscheidung, Koch war entsetzt. Damals. Heute ist er heilfroh, dass er den Standort Frankfurt nicht dem Nemax-Hype geopfert hat. Die Hessen hätten ihn geteert und gefedert.

Auch bei seinem Lieblingsprojekt, dem Frankfurter Flughafen, musste Koch lernen, dass es einen Unterschied gibt zwischen Firmenchefs und Politikern. Zu »Fraport«, wie das börsennotierte Unternehmen heißt, hat Koch eine emotionale Beziehung, wie jeder im Main-Taunus-Kreis. Hier gibt es nur zwei Zonen: In der einen sieht man die Flugzeuge nur, in der anderen hört man sie auch, aber viele leben vom Großunternehmen. Chef bei Fraport ist Wilhelm Bender, ein gediegener Mann, der aus seinem Büro direkt auf die Landebahnen guckt. Die schweren Scheiben halten den Krach draußen. Bender ist ein kunstsinniger Typ, eine Art Engholm der deutschen Wirtschaft, der lieber über seinen ostafrikanischen Lebensbaum spricht oder »den unheimlich zärtlichen Ausdruck« seiner Sappho-Skulptur als über kalte Zahlen. Hinter seinem Schreibtisch stehen Bilder, die ihn mit Schröder, Clinton und Franz Beckenbauer zeigen. Koch ist nicht dabei.

Während er die Jumbos betrachtet, als wären es seine, äußert sich Bender lobend über seinen Ministerpräsidenten. Das ist überraschend, wenn man weiß, dass Bender der SPD nahe steht, aber gerade deshalb auch wiederum verständlich. Denn Koch war gleich nach seinem Wahlsieg eitel genug, sich den Aufsichtsratsvorsitz bei Fraport zu schnappen. Damit steckte er in einer heiklen Doppelrolle: Er war Teilhaber über das Land Hessen, aber als Aufsichtsrat eben auch mitverantwortlich. Er war mit im Boot und konnte Verantwortung für strittige Entscheidungen schlecht delegieren. Bender wiederum hat sich gefreut, dass ein Politiker freiwillig Zorn auf sich zieht.

»Ein cooler Typ«, lobt er denn auch mit Curare-Lächeln, »er hat sich in alle Details gearbeitet, den Börsengang, das Manila-Projekt, den Ausbau.« Koch hat es auch geschafft, sich mit seinem Ausbaukompromiss zwischen alle Stühle zu setzen. Der Handel hieß: Ja zum Ausbau, Nein zu Nachtflügen. So hat er die Aktionäre gegen sich, die mittelfristig den 24-Stunden-Verkehr wegen des steigenden Frachtaufkommens durchgesetzt wissen

wollen, und die Anwohner in Flörsheim, die sich auf das Versprechen der
Politik verlassen hatten, dass die Startbahn West die letzte große Baumaß-
nahme gewesen sei. Dafür hat Koch sogar seine Freundschaft zu Dieter
Wolf aufs Spiel gesetzt, der früher in Eschborn den JU-Novizen Koch beim
Kampf gegen rote Jugendverbände unterstützte. Jetzt ist er Mitglied einer
Bürgerinitiative gegen die von Koch propagierten Ausbaupläne.

Auch das umstrittene Manila-Projekt hat Koch sich als Aufsichtsratsvor-
sitzender aufgeladen. Aktionäre beklagen sich, dass der Vorstand bestens
informiert in eine große Millionenpleite geschlittert ist. Fraport wollte den
Großflughafen auf den Philippinen managen, doch die mit der Regierung
geschlossenen Verträge erklärte diese eines Tages für nichtig. Viele Millionen waren weg, dabei hatte ein Gutachten, so die Aktionärsvertreter, auf
die Gefahr hingewiesen. Der Aufsichtsrat unter Kochs Vorgänger hatte dem
Abenteuer dennoch zugestimmt.

Kochs uneingeschränkte Solidarität mit der Ökonomie, die dem Wähler
so verdächtig sein sollte wie große Gewerkschaftsnähe, sorgt bei manchen
Wirtschaftsbossen für große Sympathie. Kaum ein Politiker in Deutschland
hat einen derart mächtigen Freundeskreis wie die Runde »Wirtschaft für
Koch«. Anführer sind Commerzbank-Chef Müller und Nikolaus Schweikart, Vorstandsvorsitzender des Chemie-Multis Altana, ein Unternehmen
der Quandt-Familie. »Wir haben eine Übereinkunft ganz kameradschaft-
licher Art, dass keiner dem anderen die Zeit stiehlt, aber jeder dem anderen mit Rat und Tat zur Seite steht«, erklärt Müller ein »ausgezeichnetes
Verhältnis.«

Die Kontakte hatten sich Mitte der neunziger Jahre angebahnt. Damals
gehörte Müller zu einer Wahlkampfrunde des Spitzenkandidaten Kanther,
so wie Koch, der Fraktionschef war. Wenig später meldete sich der junge
Koch und fragte an, ob man sich mal treffen könne, er sei auf der Suche
nach Verbindungen in die Wirtschaft, zu Kultur und Sport. Bei einem Frühstück wurde Müller klar, dass er den kommenden Spitzenmann der CDU
vor sich hatte. Außerdem war er angetan, dass ein Politiker aus Interesse
seine Nähe suchte. Das war ungewöhnlich.

Seither hat sich das Verhältnis verstetigt. Der Kreis »Wirtschaft für
Koch«, der keine Satzung hat und keinerlei Formalitäten fröhnt, umfasst
40 Bosse, meist aus der Frankfurter Geldwirtschaft, aus der Chemie und
der Lebensmittelbranche. Der Unternehmensberater Deininger ist dabei,
unter anderem sollen noch Nestlé, Fresenius, Thyssen-Henschel, BASF,
Merck, Aventis und Metzeler vertreten sein. Doch sicher ist das nicht, die
Koch-Förderer möchten anonym bleiben. Man trifft sich mehrmals im Jahr,

zuweilen gar in einer Firmenkantine und debattiert die aktuelle Lage. Koch lässt nie ein Treffen aus.»Über die Jahre«, sagt Müller,»haben wir Roland Koch kennen und schätzen gelernt.« Dass sie zu Wahlkampfzeiten alle zusammenlegen und einen Sonderfonds für ihn bilden, ist selbstverständlich. Für 2003 wollten sie mehr als eine Million Mark zusammenbekommen. Dank auch für die»außergewöhnliche Aufgeschlossenheit«, die Koch laut Müller für wirtschaftliche Belange zeige.

Der Commerzbank-Chef mit der kumpeligen Aura sitzt oben in einem der imposanten Frankfurter Geldtürme, blickt über halb Hessen und redet sich froh über den Ministerpräsidenten. Seine Rhetorik, sein Sachverstand, seine Analysekraft und auch sein Patriotismus, das alles sei bemerkenswert. Kanzler Schröder nehme ja allein Koch als Gegner wahr, weiß Müller aus Berlin. Auch ein kritisches Wort? Müller überlegt: Wenn Koch nur nicht so stocksteif wäre.»Er wird immer dann besonders gut, wenn er Emotion zeigt, wenn er aus seiner rationalen Kontrolle kommt.«

Das haben bislang nur wenige Menschen erleben dürfen. Müller gehörte dazu. Er hat Koch als»guten Kumpel« erlebt, einen, der lauthals lachen kann, der herzlich ist und sich nicht so wichtig nimmt, nicht mal seine Fernsehauftritte.»Er verzichtet auf das aalglatte Styling«, sagt Müller und versucht, das für eine ausgefeilte Strategie zu halten. Koch sei ein klassischer Liberalkonservativer, eine politische Kategorie, die es überall auf der Welt gibt, nur in Deutschland nicht.

Er ist der Stärkste der Unions-Leute, keine Frage, und erinnert Müller ein wenig an die junge Truppe, die sich in den siebziger Jahren um Helmut Kohl gebildet hatte und mit keinem geringeren Anspruch angetreten war, als Deutschland zu verändern. Koch sei weniger nachtragend als Kohl, und er pflege Kontakte besser. Dennoch wird Müller den Altkanzler unter Vertrag nehmen. Er soll für Produkte der Commerzbank im europäischen Ausland werben.

Enttäuscht ist Müller, der einen mittelalterlichen Morgenstern aus Holz im Büro liegen hat, von Schröder. Der habe für einen Sozialdemokraten zwar durchaus vernünftige Ansichten, aber er ließ sich zu einem fundamentalen Fehler hinreißen. Die paar Reformen, die Helmut Kohl 1997 gelungen waren – der demographische Faktor bei der Rente, Karenztage bei Krankheit, Medikamentenzuzahlungen –, die hat Schröder auf Druck Lafontaines wieder kassiert. Um jetzt das ganze Paket von neuem durchsetzen zu müssen.»Das hat uns um Jahre zurückgeworfen«, klagt Müller. Das wäre mit dem hessischen Ministerpräsidenten nicht passiert. Keine Frage, dass Müller sich Koch als Kanzler wünscht, das ist für ihn schon fast eine

Schicksalsfrage. Müller denkt wie die Mehrheit der deutschen Führungskräfte dieser Tage. Eine Allensbach-Umfrage ergibt Ende 2001, dass die befragten Manager in Koch den künftigen Anführer der CDU sehen.

»Es geht um Millimeter« –
Der Schattenvorsitzende der CDU

Das Comeback des hessischen Siegfried sieht die CDU mit Erleichterung. Der Hoffnungsträger, der unversehens zum Bösewicht geworden war, ist wieder da, kraftstrotzender als zuvor. Hart, Mann, West, katholischer, kaltblütiger, präziser je brenzliger die Situation – Kochs schiere Existenz ist ein dauerhaftes Infragestellen der Autorität Angela Merkels. »Der Schattenvorsitzende« nennt ihn der »Spiegel« in einem brillanten Porträt. Die Parteichefin dagegen kämpft immer verzweifelter mit dem Ruf der Fehlbesetzung, die das Glück hatte, zufällig da zu sein, als die Spendenaffäre über die CDU hereinbrach. »Eine Vorsitzende, die keine Leadership in Sachfragen entwickelt, die weder Vision noch Strategie liefert, beschädigt ihr Amt durch den Machtanspruch, dem sie nicht gewachsen ist.« Vernichtende Sätze, nicht etwa aus einer SPD-Analyse, sondern von einem CDU-Mitglied, der kantigen Politikberaterin Gertrud Höhler, konservative Entsprechung von Ursula Engelen-Kefer als ewig strenges Parteigewissen.

In der Tat: Frau Merkel hat sich in der Partei eingebunkert, fähige Köpfe vertrieben, einen kraftzehrenden Kleinkrieg mit Friedrich Merz angefangen, ihre Auftritte im Bundestag vergeigt, die Kultur ihres fortwährenden Misstrauens überall verbreitet. »Welcher innere Kompass leitet die Vorsitzende?«, fragt der Politologe und CDU-Kenner Professor Gerd Langguth. Das ist nicht die kraftstrotzende Union, die sich die führungshungrigen Mitglieder wünschen. Der Koch, denken sie, das ist einer. Bemüht auf der einen Seite alle Ressentiments gegen Nichtdeutsche und organisiert da in Hessen andererseits eine Integrationskampagne, bei der er zu mehr Miteinander im Sportverein und am Arbeitsplatz aufruft und die größten Ausgaben aller Bundesländer für Deutschunterricht von ausländischen Grundschulkindern verspricht. Gute Türken müssen sein wie wir: Das erscheint selbst dem liberaleren Unionisten als schlaue Antwort auf Multikulti, das ist elegant, das ist tricky, das ist moderne konservative Politik. Außerdem versteht es Koch inzwischen, sein Durchhalten in der Spendenaffäre im politischen Alltag zu mystifizieren. Das Jahr 2000, erklärt er, habe den Eindruck vermittelt, er sei sehr belastbar. Das helfe ihm bei so harten Verhandlungen wie jenen mit dem Frankfurter Flughafen über ein Nachtflugverbot. »Mir glaubt man, dass ich das durchsetze.« Auch der 11. 9. 2001 kommt ihm gelegen, um Handlungsstärke zu demonstrieren. Er ist gerade dabei, einen Schwung Bundesverdienstkreuze zu verleihen, als ein Kommandoführer der Polizei auf ihn zustürzt und ruft: »In Amerika ist Krieg.« Koch muss grinsen, doch kaum erzählt der Beamte von den Flugzeugen in New York und Washington, ahnt er die Dimension. Noch rasch ein Foto mit den Ordenträgern, dann hastet er mit Blaulicht in die Staatskanzlei. Er ruft die beiden Kommandeure der verbliebenen amerikanischen Truppen in Hessen an und fragt: »Was braucht Ihr, wie können wir euch helfen?«

Im Krisenstab geht es praktisch zu. Man entscheidet sich, die Frankfurter Bankentürme zu räumen, aber die in wenigen Tagen beginnende Automobilausstellung nicht abzusagen. Nur muss das Sicherheitskonzept grundlegend verändert werden. 400 sicherheitsrelevante Schutzobjekte gibt es im Ballungsraum Hessen, Mecklenburg-Vorpommern hat 12. Koch schätzt solche Feuerwehreinsätze, weil er führen kann.

Immer wieder zelebrieren die Herren der Union, dass sie Politik für Männersache halten. Jetzt geht es darum, Angela Merkel zu erledigen und Stoiber zu installieren. Verabredungsgemäß gibt Koch schon im Sommer bekannt, dass er als Kanzlerkandidat nicht zur Verfügung stehe. Auch Merz klinkt sich aus dem Rennen freiwillig aus, obschon ihn ohnehin niemand auf der Rechnung hatte. Dafür definieren sie schon mal die Wahlkampfthemen: Die Rente natürlich, weil da die meisten Wähler zu mobilisieren sind. Und die Frage nach der nationalen Identität, weil da die Sozialdemokraten schwach sind. Friedrich Merz hat mit seiner Leitkultur-Debatte den Anfang gemacht; Koch wirft nun die Frage auf, ob etwas mehr Ehrfurcht vor der deutschen Fahne nicht wünschenswert sei. Der Doppelpass funktioniert.

Vergnügt klopfen sich die Männer auf die Schenkel, wenn Koch in Interviews Sätze sagt wie:»Wir sind froh, dass wir Angela Merkel als Parteivorsitzende haben.« Da kann jeder ergänzen, was er möchte, zum Beispiel: Weil sich niemand anders bei Bedarf so schnell abschießen lässt. Ende des Jahres fällt Koch ein weiteres Geschenk vor die Füße: die PISA-Studie. Der Bildungsinvestor kann lässig auf seine 3500 neu eingestellten Lehrer verweisen und zugleich eine neue »Kultur der Anstrengung« für Deutschland fordern. Schon kann der Besser-Hesse erste Überläufer vermelden: Der Varieté-Betreiber Johnny Klinke, Kampfgefährte von Joschka Fischer aus Frankfurter Zeiten, erklärt sich bereit, das Hessen-Fest in Berlin zu organisieren. »Kochs Marsch auf Berlin hat begonnen«, erklärt der Achtundsechziger.

Angela Merkel glaubt immer noch, dass sie Chancen auf die Kanzlerkandidatur hat. Sie wähnt NRW-Rüttgers hinter sich, Niedersachsen-Wulff, Saar-Müller, auch Hessen-Koch. Disziplinierter als alle anderen hatte Koch sich in den Präsidiumssitzungen mit Sympathiebekundungen für den einen oder die andere zurückgehalten. Er wahrte strikt die Neutralität, aus keinem Interview war auch nur der Hauch von Bevorzugung herauszulesen. Daraus jedoch ein Pro-Merkel-Votum abzuleiten, war einer der Leichtsinnsfehler der Vorsitzenden. Zwar hielt Koch viel auf Parteiloyalität, auf der anderen Seite fühlten die Hessen sich den Bayern schon immer etwas näher als den Berlinern. Sie waren einig in ihrem Old-School-Konservativismus.

Die Demoskopen melden immer hoffnungsvollere Zahlen für die Wahl. Das Kalkül, Merkel 2002 in eine absehbare Niederlage gegen Schröder zu treiben und dann, nach triumphaler Hessen-Wahl, die CDU und die nächste Kanzlerkandidatur zu übernehmen, birgt für Koch zu viele Risiken. Anfang Dezember berichtet der Berliner »Tagesspiegel«, dass es einen Geheimplan gebe in der Männerriege der CDU. Einige Ministerpräsidenten und andere einflussreiche Parteifürsten wollten nach und nach zur Vorsitzenden gehen und ihr die Kandidatur ausreden. »Die Angst vor mir muss groß sein«, sagt Frau Merkel, und es soll spöttisch klingen. Doch sie ahnt, dass sich etwas zusammenbraut, als der Rheinland-Pfälzer Christoph Böhr anruft. Andere folgen, selbst Christian Wulff.

Der Geheimplan wird in einem alten, verlässlichen Gremium ausgeheckt, dem Andenpakt. Generalsekretär Huck hat die Runde Anfang Dezember zusammengerufen, der einzige Tagesordnungspunkt lautet: Kanzlerkandidatur. Schnell wird klar, dass die Mehrheit für Stoiber ist, wobei die Entscheidung nicht so eindeutig ausfiel, wie vielfach kolportiert wurde. Der Bayer ist der erfolgreiche Macher, gut für die Wirtschaft, für Konservative, Senioren, Westmänner südlich des Mains. Liberale, Städter, Frauen, Ossis und Norddeutsche dagegen würde der Weißwurst-Technokrat kaum begeistern können. Ist es schlauer, möglichst viele Stammwähler zu mobilisieren oder Wechselwähler dazuzugewinnen? Letztendlich ein Glücksspiel. »Es ging um Millimeter«, sagt Roland Koch.

Die allerdings hat Stoiber Vorsprung: Schließlich hat der Bayer reichlich Regierungserfahrung und kommandiert erfolgreich ein Bundesland. Für einen Moment hatte Koch überlegt, ob er sich noch in das Duell der beiden einschalten solle, quasi als Kompromisskandidat, der Stoibers konservative Linientreue und die CDU-Mitgliedschaft vereint. Immerhin hat der Bayern-Chef »großen Druck auf mich ausgeübt, es zu tun«, sagt Koch. Er hätte das hinkriegen können, wenn er den innerparteilichen Kampf gesucht hätte, glaubt er. Doch im Wahlkampf hätten die Roten gnadenlos wegen seiner Spenden-Vita gehetzt. Er braucht die Wiederwahl in Hessen nächstes Jahr, um frisch legitimiert und endgültig reingewaschen ins Rennen zu gehen. Zudem hat er mit Stoiber ja seine Privatabmachung. Jetzt muss der Bayer nur noch Kanzlerkandidat werden. Eine Kandidatin Merkel hätte all diese Pläne durchkreuzt. War sie erst mal im Kanzleramt, würde sie es bleiben. Übergabeszenarien konnte Koch vergessen, Angela Merkel ist nur unwesentlich älter als er.

Die Männer sind nervös, sie fürchten ein Solo der Chefin. Die nämlich findet in sehr naturwissenschaftlicher Tradition, dass die größere, mächtigere Partei den Kanzlerkandidaten stellen soll und nicht eine Regionalpartei, die sich zwar stark fühlen mag, in Gesamtdeutschland indessen nur wenig Ansehen genießt. Via Interview lässt sie nun trotz der Telefonaktion wissen, dass sie bereit sei zur Kandidatur. In der Parteizentrale wird bereits an einer Kampagne gebastelt mit dem Titel: »Eine Frau muss Kanzler werden«. Was wäre, wenn Frau Merkel im Vier-Augen-Gespräch mit Stoiber darauf bestehen würde, selbst anzutreten, und dies umgehend der Öffentlichkeit mitteilte? Wenig elegant, aber wirkungsvoll lassen Koch und Wulff verschiedene Tageszeitungen berichten, dass es keine Mission geben werde, sie zum Verzicht zu überreden. Die Übersetzung, das weiß auch die Vorsitzende, heißt eindeutig: Rückzug, Chefin!

Mitte Januar ist eine Vorstands- und Präsidiumsklausur in Magdeburg anberaumt, die Klarheit bringen soll. Wenige Tage zuvor glaubte Angela Merkel noch, sie könne die K-Frage zu ihren Gunsten entscheiden. Sie trifft Helmut Kohl. Sie erklärt in einem Interview, dass sie bereitstehe. Sie will die Stimmung ausloten. Ist sie denn die Einzige, der Stoibers Zerren und Strebern auf die Nerven geht? Von ihrem beängstigenden Optimismus berichtet der treue Friedrich Merz nach Tirol, wo Roland Koch mit dem halben hessischen Kabinett Ski fährt. Er steht mit Bouffier, Weimar und Jung am Lift. Koch hält es für geschickt, in der Woche der Wahrheit möglichst weit weg zu sein von Berlin, sonst ist er hinterher noch in der Rolle des Meuchlers. Die mag die Partei überhaupt nicht. Merz berichtet von dem Vorhaben, auf der CSU-Klausurtagung in Wildbad Kreuth Stoiber als Kandidat der Bayern-Partei auszurufen – Druck auf Merkel.

Doch die Zweifel wachsen, ob die CDU-Vorsitzende die Signale überhaupt sehen will. Dickköpfig scheint sie auf der Kandidatur zu bestehen. Sie braucht eine klare Ansage, so viel ist allen klar. Der Hesse gerät zur spielentscheidenden Figur. Die Ordensbrüder aus dem Andenpakt bestürmen ihn, nur er könne Merkel bremsen. Koch überlegt noch eine andere Variante: Was wäre, wenn er Merkel vorschlagen würde? Gäbe es einen Aufstand in der Partei, der sie wegfegen würde? Koch gefällt sich in der Rolle des Kanzlermachers. Er willigt ein.

Seine Begründung ist schlüssig und würde auch bei Frau Merkel Eindruck hinterlassen. Erstens findet Koch, dass Stoiber in Bayern den Nachweis als Macher eindrucksvoll erbracht hat. Und dieses Image, davon ist er überzeugt, wird diese Wahl entscheiden. Koch bemüht sogar das Beispiel des Hamburger Amtsrichters Schill: Der habe 1999 auch deswegen einen so bemerkenswerten Erfolg bei den Bürgerschaftswahlen erzielt, weil»er ein Richter ist, der etwas tut, egal was, und damit auf stärkere Resonanz stieß als alle Erklärungen von Ole von Beust im Parlament«. Frau Merkel mag viele Wählergruppen ansprechen, doch ein zentraler Baustein fehlt: Sie ist keine Bewegerin, Anpackerin, Macherin, Entscheiderin. Sie ist nur Parteivorsitzende.

Am 9. Januar führt Roland Koch eines der wenigen Telefonate in seinem Leben, die deutlich über Zimmerlautstärke hinausgehen. Er will das Gespräch ruhig und sachlich führen, doch Merkels Beharrlichkeit macht ihn rasend. Er teilt der Vorsitzenden mit, dass sie keinen Rückhalt, keine Chance, keine Berechtigung auf die Kandidatur habe. Merkel brüllt zurück, aber sie gibt sich geschlagen. Gegen den kompletten Andenpakt hat sie keine Chance, das sieht sie ein. Zumal die Meuchel-Szenarien für sie bereits gestreut werden. Jörg Schönbohm soll den Anfang machen. Während Koch glaubt, die Entscheidung werde auf der Klausur bekannt gegeben, gibt sie die Anweisung, eine kleine Maschine zu chartern. Keine Lufthansa, maximale Diskretion ist nötig. Nur ihre Büroleiterin Beate Baumann, Pressefrau Eva Christiansen, Geschäftsführer Willy Hausmann und General Laurenz Meyer wissen von der Reise nach München. Sie will Stoiber noch am Donnerstagabend in München treffen, aber der Ministerpräsident hat seinen Neujahrsempfang. Vom Flughafen ruft sie Stoiber per Handy ein letztes Mal in der Münchner Residenz an und drängelt. Sie will es hinter sich haben. Aber der Ministerpräsident gibt ihr einen Korb. Er könne nicht weg, außerdem wolle er nicht in Frack und mit Orden behängt im Büro aufkreuzen, um nach Mitternacht historische Entscheidungen zu treffen.

Am nächsten Morgen um acht Uhr, als Frau Merkel klingelt, hat Karin Stoiber in der Doppelhaushälfte den Tisch gedeckt, mit Semmeln und Honig und Ei, Marmelade, Wurst, Käse und Orangensaft. Nach einer Stunde ist alles klar. Merkel hat einen der schlausten Züge ihrer Karriere gemacht.

Optisch hat sie in vertrackter Lage die Handlungshoheit behalten: Es sieht aus, als habe sie aus Einsicht entschieden. Und für ihre Zukunft entscheidende Schienen gelegt: Gewinnt Stoiber, wird sie als Fraktionschefin die zweitmächtigste Frau der Koalition sein, verliert der Bayer, hat sie den ersten Zugriff auf die nächste Kandidatur. Roland Koch weiß nichts von dem Wolfratshauser Frühstück.

Angela Merkel hat in wenigen Tagen tief reichende Erkenntnisse über die Funktionsweise ihrer Partei und deren Männer gewonnen wie sonst in Monaten nicht. Die naturwissenschaftlich denkende Vorsitzende betrachtet die CDU seit jeher als Versuchsanordnung. Die einfachen Fragen bei allen innerparteilichen Abläufen, also Experimenten, lauten: Wer nutzt, wer stört? Die beiden Ergebnisse aus diesen Tagen lauteten: Erstens muss dieser Andenpakt zerschlagen und zweitens dieser Koch in Hessen isoliert werden. Denn beide stören, will sie ihre Macht jemals wieder stabilisieren. »Ich habe den Andenpakt unterschätzt«, sagt sie später selbstkritisch.

Auf der Klausur in Magdeburg, der Stoiber per Privatjet einen Blitzbesuch abstattet und zum Miteinander aufruft, outet sich Koch, ob des Prozederes sichtlich verstimmt, als Stoiber-Fan. Zugleich wähnt er die Vorsitzende angeschossen und will ihre Entmachtung vorantreiben. Sein Freund Franz Josef Jung soll die Wahlkampfkommission leiten, Generalsekretär Meyer entsorgt werden. Das war unklug: Er hätte als CDU- und Merkel-Mann auftreten und zumindest eine künstliche Distanz zu Stoiber halten müssen. Denn die Entscheidung Merkels findet bei vielen Präsiden Respekt. Spätestens jetzt ist der Vorsitzenden klar, dass sie auch in Zukunft keinerlei Unterstützung aus Hessen würde erwarten dürfen. Sie spürt: Koch hätte sie am liebsten noch vor der Bundestagswahl erledigt.

Sie sieht gut aus, als sie in Magdeburg im Hotel »Herrenkrug« vor die Kameras tritt, um endlich zu verkünden, was sich im Laufe des Tages schon herumgesprochen hat. Sie wirkt gelassen, nicht wie eine Verliererin. »Ich glaube, verantwortlich gehandelt zu haben, und bin deshalb auch ein Stück stolz.« In diesen Tagen reift ein Entschluss bei ihr: Koch würde in Zukunft die Rolle des erfolgreichen Ministerpräsidenten spielen dürfen, die konnte ihm keiner nehmen. Aber in der Partei würde sie seinen Einfluss reduzieren, wo es nur ginge. »Wir dürfen ihn nicht zum bad guy machen«, schärft sie ihren Leuten ein, im Gegenteil, man müsse Koch mit seinen intellektuellen Fähigkeiten einbinden. Nur die Interpretationsmacht über die Politik der Union, die dürfe er künftig nicht bekommen.

Doch jetzt war erst einmal Wahlkampf und keine Zeit für Rachefeldzüge. Angela Merkel macht das einzig Richtige: Sie stellt sich in beispielhafter

Solidarität an die Seite Stoibers, sie lässt sich ein halbes Jahr lang nicht eine einzige belastbare Spitze gegen den Bayern entlocken. Sie erweist sich als exzellente Teamspielerin. Instinkt oder Berechnung – in diesen Monaten legt sie den Grundstein für alle Erfolge, die noch folgen sollen. Sie kommt auch brav zur Valentinstag-Einladung nach Hessen, in die Stadthalle von Kelkheim, wo Koch ihr Blumen überreicht und nur ein paar Minuten redet, bevor sie loslegen darf. Die Menschen stehen auf den Stühlen, das hat bei der Hessen-CDU immer funktioniert. Und noch eine Unterwürfigkeitsgeste: Auf den Plakaten ist ganz groß Frau Merkel zu sehen und Kochs Name nur ganz klein. Die beiden zelebrieren Einigkeit. Sie wissen, dass es ein paar Wochen halten muss.

Koch merkt, dass er im Spiel der beiden Parteivorsitzenden nicht so viel zu sagen hat, wie er das für angemessen hält. So hatte er sich mit Stoiber darauf geeinigt, dass Franz Josef Jung als Manager für den Bundestagswahlkampf in die Berliner Parteizentrale einrücken würde. Profi Jung hatte Kochs ersten Wahlkampf überzeugend geleitet. Doch Merkel und ihr Generalsekretär Laurenz Meyer sträuben sich gegen den Plan. Ein hessisches U-Boot in der Zentrale, das hat ihnen gerade noch gefehlt. Die Personalie riecht einfach zu streng nach einer schleichenden Machtübernahme. Und Stoiber fügt sich. Er ist Merkel zu Dank verpflichtet, er braucht die CDU-Chefin für einen harmonischen Wahlkampf. Koch spielt plötzlich keine wichtige Rolle mehr für den Bayern. Merkel ist seine Partnerin, jedenfalls bis zum Wahltag. Koch glaubt immer noch, er könne sich auf Stoiber verlassen.

»Das ist ja unglaublich« – Kochs Peinlichkeit im Bundesrat

Roland Koch hatte sich verkalkuliert. Keiner redete mehr über ihn, den Kandidatenmacher, den heimlichen Vorsitzenden, den Kanzler im Wartestand. Er hatte Anfang 2003 seinen Wahlkampf in Hessen zu gewinnen und ansonsten loyal zu Stoiber zu stehen, so wie viele andere in der Partei. Seine Themen deckte der Bayer ab. Eine führende Rolle im »Kompetenz-Team« Stoibers konnte er auch nicht übernehmen, das hätte wie der Anfang einer Flucht aus Hessen ausgesehen und die Wähler daheim irritiert. Kochs Bedeutungsverlust nach der entschiedenen K-Frage war immens, die Interview-Anfragen wurden seltener, er war einsortiert, wo er sich nicht wohl fühlte: in der zweiten Reihe.

Sein Auftreten in den nächsten Monaten mutete fast an, als heische da cin pubertierender Knabe nach Aufmerksamkeit, indem er einfach fortgesetzten Mist baut. Vieles von dem, was Koch und Metz in den Monaten seit der Spendenaffäre mühsam an Image aufgebaut hatten, wurde in diesem Sommer wieder zerdeppert, und es sah, zieht man das Pech ab, fast trotzig, mutwillig, in jedem Fall äußerst ungeschickt aus. Im Berliner Magnetfeld kreiselte der Kompass des politischen Wunderkindes, ohne eine verlässliche Richtung anzuzeigen.

Die erste Affäre, die Koch in diesem Jahr zu bewältigen hatte, war noch überaus lustig. Ende Januar musste der Ministerpräsident 1860 Euro berappen, um zu erreichen, dass ein Beamter des Bundeswirtschaftsministeriums namens Dr. Friedrich Wilhelm Haug von der SPD eine Beleidigungsklage nebst Schmerzensgeldforderung zurücknahm. Was war geschehen? Im Jahr zuvor war Koch vom Berliner Parteispendenausschuss vernommen worden, was ihm ausgesprochen schlechte Laune bereitet hatte. Vor Journalisten pöbelt Koch harmlos:»Ein Mops vom Wirtschaftsministerium schläft da fest. Ich habe mir überlegt, ob ich den mal wecke.« Als die»Bild am Sonntag« die Überschrift»Wer pennt denn da im Untersuchungsausschuss?« dichtet, wird Dienstherr Werner Müller, der stilsichere Bundeswirtschaftsminister, hellhörig. Dass einer seiner Männer alle existierenden Gerüchte über müde Ministerialbeamte in der Öffentlichkeit vorgeführt haben soll, bringt Müller auf. Er verlangt von Haug eine Klarstellung. Dessen Anwalt erklärt, sein Mandant habe aus Gründen der Konzentration höchstens mal kurz die Augen geschlossen.

Die folgenden Schriftwechsel bleiben ohne Ergebnis, Koch beharrt auf seiner Sicht, Haug habe geschlafen. Immerhin ist er bereit, sich für den»Mops« zu entschuldigen. Doch der SPD-Ministeriale gibt keine Ruhe. Er klagt gegen den hessischen Ministerpräsidenten wegen Beleidigung sowie auf Widerruf und Unterlassung. Der Jurist erkennt die Falle: Wie soll er beweisen, dass Haug wirklich geschlafen hat? Und dann steht da auch noch der Mops im Raum. In einem köstlichen Brief an den Ausschussvorsitzenden Volker Neumann (SPD) entschuldigt sich Koch und bekennt sich zu»der Unsitte, mir namentlich nicht bekannte Ministerialmitarbeiter gelegentlich als ›Mops‹ zu bezeichnen«. Das sei eine Flapsigkeit, die er sich aber prinzipiell erhalten wolle. Zugleich willigte Koch in einen Vergleich ein.

Um der immens wichtigen Gruppe der Hundehalter auch unmissverständlich klar zu machen, dass der Ministerpräsident kein Tierfeind sei, beschwichtigt Sprecher Metz, dass Möpse als fröhlich und kinderlieb gälten. Und die Juristen in der Staatskanzlei machten sich ein Vergnügen, die Verteidigungslinie für eine theoretische Verhandlung zu ziehen. Mops, schlägt einer vor, könnte doch statt einer Beleidigung auch eine Abkürzung sein, für »Ministerialbeamter ohne politische Sichtweise«. Das Gericht indessen würde dieser wenn auch brillanten Argumentation kaum folgen.

Nach dieser eher vergnüglichen Episode folgten ein paar unglücklichere Auftritte. Wie viel davon Absicht war, wie viel Pech, wie viel strategisches Missmanagement, lässt sich kaum präzise beziffern. Fakt ist, dass der politische Rekonvaleszent Koch, der seine politische Zukunft vor allem vom Wahlausgang in Hessen Anfang 2003 abhängig machte, sein bundespolitisches Image ramponierte.

Da war zuerst die denkwürdige Abstimmung im Bundesrat. Die Länderkammer musste unter Vorsitz des Berliner Regierenden Bürgermeisters Klaus Wowereit (SPD) über das rotgrüne Einwanderungsgesetz beschließen. Weil die Mehrheit hauchdünn war, trafen sich die Ministerpräsidenten der konservativ regierten Bundesländer am Abend vor der Abstimmung im Konrad-Adenauer-Haus, um eine Strategie zu proben. Vor allem für Stoiber war der Auftritt im Bundesrat ein wichtiger Test: Stünden die Fürsten der großen Schwesterpartei in uneingeschränkter Solidarität hinter ihm?

Mitten in der Nacht wurden die Rollen verteilt: Der gemäßigte Peter Müller sollte begründen, warum man dem rotgrünen Gesetzentwurf beim besten Willen nicht zustimmen könne. Thüringens Bernhard Vogel sollte staatsmännisch Zweifel begründen, Stoiber erklären, warum mit ihm als Kanzler alles besser wird. Koch fiel der Part der Empörung zu. Er sollte sich möglichst überzeugend aufregen, den Eklat fernsehgerecht dramatisieren. Die Brandenburger Regierung mit SPD-Ministerpräsident Manfred Stolpe als Befürworter und seinem Koalitionspartner Jörg Schönbohm (CDU) als Gegner des Gesetzes würden ein widersprüchliches Votum abgegeben. Für diesen Fall müsste Präsident Wowereit die Stimme als ungültig werten, das hatte ein eigens in Auftrag gegebenes Gutachten noch einmal bestätigt. Für die SPD-Mehrheit aber war das Votum aus Potsdam unerlässlich. Also würden die regierenden Sozialdemokraten alles versuchen, Brandenburg als Ja-Stimme zu werten. Um es der SPD möglichst schwer zu machen, sollte der gelernte Soldat Schönbohm die Parteiräson über die Koalitionstreue stellen und ablehnen, sogar auf die Gefahr hin, dass Stolpe ihm umgehend die vorbereitete Entlassungsurkunde überreichen würde.

In der Länderkammer kam es tatsächlich wie vorhergesehen: Stolpe hatte das letzte Wort einer offenkundig uneinigen Koalition, das Wowereit als Ja wertete. Während Bernhard Vogel seinen Part mit bemerkenswerter Einfalt spielte und seine Empörung vom Blatt ablas, präsentierte sich Koch als Gefühlsdarsteller. Auf Kommando wurde er puterrot im Gesicht, er donnerte mit der Faust auf den Tisch, es fehlte nur, dass er wie einst Nikita Chruscht-schow seinen Schuh ausgezogen und damit auf das Holz gedroschen hätte. Drehbuchgemäß zeterte Koch:»Das geht nicht, Herr Präsident … Sie kennen die Verfassung nicht … Sie brechen das Recht … Nein, Herr Präsident, Nein … Das ist ja unglaublich … Nein, ich mäßige mich nicht … Das ist ja wohl das Letzte … Was fällt Ihnen ein … unerhört …« Man musste allerdings kein Casting-Experte sein, um die für Koch gänzlich untypische Empörung als ziemlich aufgesetzt zu entlarven, zumal die Kameras auch einen zufrieden in sich hineingrinsenden Koch eingefangen hatten, die seinen Auftritt aufs Peinlichste konterkarierten.

Zwar versuchte der Hesse in den Tagen danach, seine Aufregung ex post zu rationalisieren, doch ausgerechnet sein Andenpakt-Bruder Peter Müller war es, der mit einem Aufsatz im Feuilleton der»Süddeutschen Zeitung« die Legitimität des Staatstheaters noch zu begründen versuchte. Ein schöner Beweis der These, dass in der Politik»gut gemeint« oft das Gegenteil von»gut gemacht« ist. Müller hatte auf einer Veranstaltung in Saarbrücken zum Thema»Politik und Theater – Darstellungskunst auf der politischen Bühne« bestätigt, was alle ahnten, dass nämlich die Empörung bereits in der Nacht zuvor geplant wurde. Dieser Ärger sei in der Sitzung am nächsten Tag noch einmal»dokumentiert« worden, so Müller. Damit war die SPD entlastet: Plötzlich debattierte die Republik nicht mehr über den zweifelhaften Umgang mit dem Grundgesetz, sondern über das Laienspiel der CDU-Fürsten. Und hier wiederum über Koch. Denn er war in der Anführerrolle gewesen, seine Aufregung war am schlechtesten gespielt gewesen.

Was eigentlich für ihn spricht, dass er sich nicht verstellen kann, manövrierte ihn nun in eine verhängnisvolle Konstellation: Plötzlich kam wieder hoch, was Koch inständig begraben wissen wollte: Zweifel an seiner Glaubwürdigkeit, das Image als Trickser, Koch, der Falschspieler, der Spendenbetrüger. Die repräsentative Umfrage einer TV-Zeitschrift vier Wochen später listet ihn als unglaubwürdigsten Politiker der Republik, noch hinter Schill und Möllemann.

»Bis zur Vergasung« – Koch und die Rechten

Wenig später kam es zum nächsten Fauxpas, der schlagartig ein weiteres überwunden geglaubtes Bild wieder auferstehen ließ: Koch, der Rechte, der Hetzer, der Kontakt mit suspekten Herrschaften pflegt. Was war geschehen? Im Frühsommer 2002 besuchte Koch das »Studienzentrum Wei-kersheim«, um vor einer ausgesuchten Schar der deutschen Rechts-Promi-nenz zu referieren. Ins Schloss des tauberfränkische Residenzstädtchens wagen sich nur die hartgesottensten Konservativen der Union wie Brandenburgs Innenminister Jörg Schönbohm, deren Kampfauftrag es ist, den rechten Rand zu binden. Koch indes kam freiwillig zu der Veranstaltung mit dem Titel: »Zeitgeist und Verantwortungslosigkeit – die Notwendigkeit einer prinzipiengeleiteten Politik«.

Das Studienzentrum Weikersheim wurde 1979 vom ehemaligen NS-Marinerichter und späteren baden-württembergischen Ministerpräsidenten Hans Filbinger gegründet, um die »geistig-moralische Wende« voranzu-treiben. Es vereint Radikale, Konservative und Nationalliberale und ar-beitet daran, »ein breites ideologische Bündnis zwischen intellektuellen Brandstiftern und vermeintlichen Biedermännern aus der großen Politik zu schmieden«, befand der »Stern«. Gern gesehener Gast ist Professor Hans-Helmuth Knütter, der hinter verschlossenen Türen schon mal fordert, dass die »jüngeren Leute sich mit persönlichem, mit körperlichem Einsatz für die Durchsetzung der politischen Ziele einsetzen«, weil es den älteren Ka-meraden nicht zuzumuten sei, »sich an Saalkämpfen und Straßenschlach-ten zu beteiligen«.

Die Sympathie der Ewiggestrigen ist nur mit Bekennermut zu erringen: Wer es wagt, vor Rechtspopulisten in Weikersheim aufzutreten, der kann mit ihrer Solidarität rechnen. Es ist eine Art Mutprobe, ob ein Politiker bereit ist, das zu erwartende Gewitter der Kommentatoren auszuhalten. Koch hat gleich mehrfach Grund, um die Gunst der Ultras zu buhlen. Zum einen waren es die Erzkonservativen in der Hessen-CDU, die ihn während der Spendenaffäre gestützt hatten. Das war nicht selbstverständlich gewe-sen, denn ihr Mann, Kanther, war dafür geopfert worden. Angesichts der Skepsis, die Koch seit jeher im Großraum Fulda entgegenschlug, war die Loyalität von dort bemerkenswert. Umso klarer hatten die Osthessen nach der Affäre wissen lassen, dass es rumore an der Basis. Zum anderen wollte Koch in einem halben Jahr wieder gewählt werden, mit absoluter Mehrheit. Eine Wahlempfehlung in der rechten Szene konnte die entscheidenden Pro-zentpunkte bringen. Und zu guter Letzt war da noch Edmund Stoiber. Auch der war auf die Stimmen der Rechten angewiesen, konnte sich aber jetzt im Wahlkampf unmöglich mehr bei ihnen blicken lassen. Im Vorgriff auf eine spätere Belohnung erledigte nun Koch den Job.

Kochs Verhältnis zu den Ultrarechten war seit jeher gespannt. Sie hatten ihm eine seiner traumatischsten Niederlagen eingebracht. 1991 waren es

die Stahlhelme gewesen, deren Stimmen ihn vom Fraktionsvorsitz entfernt
und Kanther dort hingesetzt hatten. Der Jungspunt mit seinem Ökokram,
den Mitbestimmungsflausen und all dem anderem linken Gedöns war keiner von ihnen. Koch hatte schmerzhaft lernen müssen, dass die Rechten in
seinem Bundesland zwar wenig Konstruktives zu bieten hatten, dafür aber
über ein gewaltiges destruktives Potential verfügten. Ohne ihre Stimmen
ging nichts, das hat er verinnerlicht.

Die Hessen-CDU ist in der Tat ein eigenwilliger Laden, gegen die sich
die CSU wie eine WG ausnimmt. Der Kommisskopp Dregger, der ganzen
Generationen von Sozialdemokraten als perfektes Feindbild diente, oder
der aus Ostpreußen vertriebene Hardliner Kanther, sie gelten bei der Hessen-CDU als Männer der Mitte. Christliche Nationalkonservative wie der
seit Jahren für seine krausen Reden belächelte Martin Hohmann werden
nicht als Spinner wahrgenommen, sondern als charakterlich integre und
verantwortungsbewusste Volksvertreter, die aussprechen, was die Menschen denken. In diesem Clan passt auch der ehemalige Fuldaer Erzbischof
Johannes Dyba, der seit seinem Ableben 2002 allerdings noch keinen adä-
quaten Nachfolger gefunden hat. In die aggressivste Kohorte des deutschen
Konservatismus, in der der Krieg noch immer nicht vorbei ist, wo Lang-
haarige, Frauen in Hosen, Döner, Negermusik, alles verboten gehört, was
undeutsch ist oder unmoralisch oder beides, in diesen Verein ist Koch hin-
eingeboren worden. Das liberal-konservative Elternhaus konnte offenbar
nicht alles kompensieren, was die Partei dem Sohn mit auf den Weg gab.

Die nationalkonservativen Kreise der Hessen-CDU legten lange Zeit
allerdings größten Wert darauf, nicht als antijüdisch wahrgenommen zu
werden: Antikommunistisch, antiliberal, antiaufklärerisch, das ja. Aber
nicht antisemitisch. Dass der Bundestagsabgeordnete Hohmann zwei Jahre später gegen diese Grundregel verstoßen sollte, belegt den fortschrei-
tenden Zerfall dieses Parteiflügels, der einhergeht mit dem Ableben der
Kriegsteilnehmer. Denn die jüngere Generation der Nationalkonservativen
hat die Dreggers, ihre Vorbilder und damit ihre Verankerung verloren und
»torkelt, kopflos geworden, ins rechtssektiererische Abseits«, hat der Publizist Richard Herzinger festgestellt. Das mag auch daran liegen, dass die
Unionskonservativen keine eigenen Themen mehr besetzen. Bei Famili-
en-, Innen-, Bildungspolitik wird parteiübergreifend die Rückkehr zu alten
Werten gepredigt, die alten Linken wie Otto Schily oder Antje Vollmer sind
mindestens so spießig wie neue Rechte. Jüngere Konservative wie Koch
oder Merz definieren »Rechts« nur über eine wirtschaftsliberale Gesinnung
und nicht über die Restauration der Volksgemeinschaft.

Diese vertraten die alten Herren noch aus Überzeugung. So stabilisierten sie ihr Weltbild nach dem Ende der Nazidiktatur mit dem Abwehrkampf der christlichen Wertegemeinschaft gegen das Rote Reich des Bösen. Strammrechte Gesinnung ließ sich derart mit den Werten der Demokratie versöhnen. Die Union allerdings erschien ihnen und dem Nachwuchs zeitweilig als nicht konsequent in ihrem Kampf gegen die dekadente Gesellschaft. So entstanden außerparlamentarische Zirkel, die die Idee von der »konservativen Revolution« am Leben erhalten – in Hessen und auch deutschlandweit ein zahlenmäßig interessantes Wählerreservoir, das der Stratege Koch sich auf gar keinen Fall entgehen lassen will. Zudem hat sich der Pragmatiker eine Argumentation von Franz Josef Strauß zu Eigen gemacht: Rechts neben der Union darf es keine Partei geben. Was da an Verwirrten herumgeistert, muss die Partei einbinden. Wohin mangelnde Integrationsfähigkeit an den Rändern führt, musste die SPD am Beispiel der Grünen erfahren, die nicht früh und konsequent genug eingemeindet worden waren.

Den unvermeidlichen Haufen Rechter will Koch lieber in ein System demokratischer Spielregeln und Kontrollmechanismen zwingen, als sie frei durchs Land flottieren zu lassen. Das funktioniert in Bayern, und ein paar Prozentpunkte bringt es obendrein. Auch in Hessen scheint es zu klappen, wo die rechte Szene als weniger umtriebig gilt als in anderen Bundesländern und die in den sechziger Jahren bis zu 10 Prozent starke NPD marginalisiert wurde. Ohnehin sind es ja die Linken, die die Rechten stark machen, wie Koch zweifelsfrei beweist. »Ich lese hier jeden Tag Akten wie ein Blöder, ich versuche mein Bestes, dieses Land zu regieren. Und alle paar Monate kommt dieser Schröder, schmeißt eine Brandbombe und wir stehen dann da. Der hält sich nicht an Wege und Abläufe, der ruiniert das politische System. Kein Wunder, dass die Leute irgendwann alle Politiker für Idioten halten. Und dann kommt ein Möllemann oder Schönhuber oder Schill und holt mit 25 Sätzen 25 Prozent. Davor habe ich Angst. Die CDU kann nur was werden, wenn sie da überhaupt keinen Platz lässt.«

Das sind Sätze, die im CDU-Landesverband ankommen. So bindet man den Haufen zusammen. Das ist wichtig, denn es genügte ein einziger verstimmter Parlamentarier, um Kochs Ein-Stimmen-Mehrheit im hessischen Landtag kaputt zu machen. Besuche bei Vertriebenen, Vorworte für dümmliche Sammelbände, Boykott der Ausstellungseröffnung »Verbrechen der Wehrmacht« 1997 in der Frankfurter Paulskirche, wütender Protest gegen einen Auftritt des PDS-Spitzenmannes Gregor Gysi 1996 beim DGB in Hessen – das gehört zum folkloristischen Pflichtprogramm eines konservativen Politikers.

Zuweilen betreibt Koch die Brauchtumspflege allerdings allzu gründlich, bei dem 2002 verstorbenen Multifunktionär Rudolf Wollner zum Beispiel. Koch habe den Mann »sehr geschätzt« berichtet das Magazin »Paneuropa Deutschland«, Wollner den Politiker im Gegenzug sogar »geschätzt und gefördert«. Dieser Wollner war nicht irgendwer, sondern ein in erzkonservativen Kreisen bestens vernetzter Mann, der mit seinen guten Drähten bis in die Bundesregierung prahlte. Immerhin vertrat er 650 000 Vertriebene, die nach dem Ende des Zweiten Weltkriegs eine neue Heimat in Hessen fanden. Wollner war Vizepräsident im Bund der Vertriebenen, ZDF-Fernsehrat, Vorsitzender der Sudetendeutschen Landsmannschaft und Mitglied im Studienzentrum Weikersheim, nach Meinung von Verfassungsschützern einem der bedeutendsten Knotenpunkte im rechten deutschen Netz. Der Egerländer gehörte der »Leibstandarte Adolf Hitler« an, zuletzt im Rang eines Unterstumführers der Waffen-SS mit der Mitgliedsnummer 490245. In seiner Offiziersakte wurde Wollner ein »klares weltanschauliches Wissen« attestiert, zudem sei er »interessiert und willig«.

Der selbst ernannte Koch-Förderer kritisierte die deutsche Haltung in den Wiedervereinigungsverhandlungen als zu lasch, seiner Meinung nach wurde nicht hart genug um die ehemals deutschen Gebiete im heutigen Polen gekämpft. Wollner publizierte im Grabert-Verlag, der vom Verfassungsschutz als rechtsextrem eingestuft wird, an der Seite von rechten Gruselgestalten wie Heinrich Lummer, Franz Schönhuber oder Gerhard Frey. Wollner war auch Vizepräsident, Geschäftsführer und hessischer Landesvorsitzender der »Paneuropa-Union«, einem kruden Haufen Nationalbewegter, angeführt vom greisen Otto von Habsburg, der sich in Interviews darüber auslässt, wie weiße Amerikaner in Washington von Juden und Schwarzen aus Schlüsselpositionen verdrängt würden. Das Schicksal drohe auch der Heimat, meint der Adelige. Als Schirmherr hielt Koch im Mai 2001 die Hauptrede bei den 27. Paneuropa-Tagen in Fulda, einer Veranstaltung, die Wollner erfunden hatte.

Als sei es damit immer noch nicht genug, erlaubte sich Koch 2002 noch ein paar weitere Aussetzer. Für ein im Aton-Verlag, Unna, erschienenes Buch mit dem harmlosen Titel »Zukunftsmodell soziale Marktwirtschaft« verfasste er das Vorwort, kaum eine Seite lang, mit dem der Verlag gut sichtbar auf dem Einband warb. Herausgeber des Sammelbandes sind Arnd Klein-Zirbes und Stefan Winckler. Ersterer ist Mitglied im »Arbeitskreis publizistische Aktivitäten gegen links«, Letzterer aktiv im Studienzentrum Weikersheim. Unter den Autoren, die sich hinter Kochs Vorwort versammeln, findet sich Klaus Hornung, der schon vor der Burschenschaft Danubia referierte, die selbst CSU-Innenminister Günther Beckstein zu rechts ist. Oder Hans-Helmuth Knütter, Referent bei der Gesellschaft für freie Publizistik (GFP), ein 1960 von ehemaligen SS-Offizieren und NS-Funktionären begründetes Sammelbecken von Verlegern, Autoren und Buchhändlern, nach Erkenntnissen des Bundesamtes für Verfassungsschutz Deutschlands »bedeutendste rechtsextremistische Kulturvereinigung«.

Das Buch »Zukunftsmodell« erschien im Rahmen der »Stimme der Mehrheit«, ebenfalls ein Zusammenschluss rechter Kräfte, die »dem Linkskartell innerhalb der schreibenden Zunft eine schlagkräftige Alternative entgegensetzen« wollen. Gegner? Natürlich die »Tugendwächter der Political Correctness, die ihr Diktat gegen das Denken einer breiten Mehrheit durchsetzen«. Die »Stimme der Mehrheit« sieht sich als Wegweiser aus der Orientierungslosigkeit, die für »Werte, Tugenden, eine tatsächliche geistig-moralische Erneuerung« eintritt. Das passt von Wortwahl und Tonlage gut zum Koch'schen Alarmismus, der den Verfall der Werte, mangelnden Respekt vor Institutionen und das Erstarken demokratiefeindlicher Tendenzen geißelt.

Peinlich wurde es für Koch allerdings, als ein Team des ARD-Magazins »Panorama« ihn in Weikersheim erwischte und fragte, warum er das Vorwort zu dem Buch »Zukunftsmodell« schreibe, in dem auch der zu Straßenschlachten ermunternde Herr Knütter vertreten war. Es war eines der seltenen Male, in denen Koch die gewohnte Lässigkeit im Umgang mit den Medien vermissen ließ. Auf fünf verschiedene Fragen gibt Koch fünfmal gebetsmühlenhaft die nahezu gleich lautende Antwort: »Ich teile nicht alles, was in dem Buch steht, aber ich glaube, dass sich die Diskussion darüber lohnt.« Koch macht den Eindruck, als spreche da ein Erwischter und nicht ein selbstbewusster Ministerpräsident. Da war er wieder, der rücksichtslose Machtmensch, als der er sich in der Doppelpass-Kampagne darstellte, der Zwinkernde, der genau wusste, was er in den Köpfen anrichtete, sich aber juristisch korrekt ein ums andere Mal aus allen Vorwürfen wand. Dass Koch wenig später so vehement gegen das von Bundesinnenminister Otto Schily angestrengte NPD-Verbotsverfahren eintrat, erschien, trotz aller guten inhaltlichen Gründe, plötzlich in einem seltsam bräunlichen Licht. War dieser Roland Koch vielleicht doch ein Agent des Extremismus, fragten sich selbst treue Unions-Wähler. Ist Roland Koch ein verkappter Rechtsradikaler, wie ihm seine politischen Gegner immer wieder nachweisen wollen, ist er ein Zündler, eine Glatze in Nadelstreifen?

Nein, Koch ist kein Rechtsaußen. Dafür ist er zu klug, und dafür sind die Rechten zu dumm. Aber Koch beherrscht perfekt das Spiel, Ressentiments und gesunden Menschenverstand so provozierend zusammenzurühren, dass jede Glatze sich bestätigt fühlen darf, ohne dass man ihm Hetzendes vorwerfen kann. Hat ihm die Doppelpass-Kampagne nicht bewiesen, dass da im Unterbewusstsein etwas lagert, das man nur aktivieren muss, eine Gesinnung, die nichts hat gegen Türken oder Juden, aber lieber nicht neben ihnen wohnen möchte?

Es ist der ganz alltägliche, keinesfalls handgreifliche, juristisch nicht zu fassende Vorbehalt gegen alles Fremde, den Koch mit seinen Wählern teilt, der sich in kleinen verräterischen Sprachschnipseln andeutet. Wenn er etwa entspannt inmitten einer Runde Journalisten sitzt und über die Chancen des NRW-Ministerpräsidenten Peer Steinbrück spricht, nach den Landtagswahlen 2005 Rotgrün fortzusetzen. Kochs Analyse: Einziger Koalitionspartner für die Sozialdemokraten sei die Ökopartei. Die SPD-Basis mache Rotgrün mit »bis zur Vergasung«. Bis zur Vergasung? Soll heißen, bis zum bitteren Ende. Ein schrecklicher Terminus, auch wenn Bessergebildete darauf verweisen, dass er mit Holocaust nichts zu tun hat, sondern mit Energiegewinnung durch Kohle. Aber wer ihn benutzt, der hat zumindest nicht nachgedacht, der nimmt Missverständnisse billigend in Kauf, der zeigt nicht gerade Sensibilität im Umgang mit kontaminierten Begriffen. In jedem Parlament würde der Begriff einen berechtigten Aufruhr verursachen.

Es ist weniger Gesinnung als eine teuflische Lust am Provozieren, die Koch treibt. Dass er kein Rechtsaußen ist, bekommt er von Kapazitäten attestiert. Der Publizist Rafael Seligman, als Kolumnist bei »Stern« und »Bild« zuständig für Nahostpolitik bis Rechtsradikalismus, hält Koch für einen »coolen Typen«. Das bisschen Alltagsrechts des Hessen kann ihn nicht aufregen, das sei auch nicht schlimmer als das, was er täglich bei den Deutschen, ihren Vordenkern und Medien erlebe. Auch Richard Meng, für die in rechten Dingen hoch sensible »Frankfurter Rundschau« tätig und lange Jahre Kochs journalistischer Wegbegleiter, hält ihn »nicht für rechts, nur für hochgradig professionell«. Er spiele halt mit Stimmungen. So sieht es auch Michel Friedman, der in moralischen Belangen zu rigorosen Urteilen neigt.

Anwalt Friedman sitzt in seiner Frankfurter Kanzlei, die in einem unscheinbaren Mietshaus gelegen ist. Nebenan hockt der Bodyguard und blättert in Magazinen. Friedman trinkt Kaffee und raucht ziemlich viel. Er ist nicht mehr so künstlich braun wie früher, seine einst großzügig geölten und kanzlerdunklen Haare trägt er inzwischen schmierfrei und mit ehrlichen grauen Strähnen durchsetzt. Friedman kennt die Bedürfnisse der hessischen Konservativen. Da lässt er durchaus Nachsicht walten beim hessischen Ministerpräsidenten, den er vertraulich »Roland« nennt, wie einen alten Freund. Der Jurist weiß, wie unerbittlich in der Öffentlichkeit ein Urteil gefällt wird. Der Roland, sagt Friedman bedächtig, »der Roland ist ein zuverlässiger Mensch. Und ein intelligenter Gesprächspartner dazu, viel argumentativer und analytischer als andere Politiker, dazu mit einer starken Formulierungsgabe ausgestattet.« Das ist die eine Seite. Die andere: »Der Roland ist berechnend und pragmatisch, extrem pragmatisch, und das macht ihn gefährlich. Die Doppelpass-Kampagne war ja nicht zynisch, sondern ehrlich. Das Problem war nur, dass er sich von einem in Deutschland herrschenden Konsens verabschiedet hat: Es gibt in diesem Land ein paar Ecken, da zünde ich kein Feuer an. Aber er ist eben sozialisiert von Kanther und Dregger, in einem rechten Landesverband. Da hat er gelernt, das ist sein Fundament. Er ist nicht mal ein Hardliner. Aber er muss so wahrgenommen werden.«

Was hinzukommt: Sensibilität gegen Rechts ist für Koch keine moralische Haltung, sondern eine politische Waffe, erfunden von den Achtundsechzigern. Daher empfindet ein Denk- und Formulierungssportler wie Koch geradezu Lust am Provozieren. Mit den Rechten poussieren und den Linken dann erklären, warum das kein Problem ist, das ist Funsport für Koch. Der Spaß am Reizthema hat allerdings seine Grenzen. So viel zweideutig eindeutigen Krempel in so kurzer Zeit wie Koch hat nie ein deutscher Spitzenpolitiker aufgehäuft, nicht mal ein bayerischer. Das ist riskant. Denn wer Kanzler werden will, muss in der Mitte stehen. Einen rechten Grundton, den trompetet man nicht in Deutschland, den summt man allenfalls. Hier gilt der Konsens: Judenwitze, Türkenspott, Führerparodien und Polenhäme sind in Ordnung, solange sie konspirativ gewispert werden. Sobald sie allerdings öffentlich werden, distanzieren sich plötzlich alle, am empörtesten die, die kurz vorher noch am lautesten gelacht haben.

Inzwischen ahnt Koch, dass er womöglich etwas übertrieben hat mit den Spielchen. Selbst der wenig zimperliche Medienmann Metz ächzt zuweilen unter dem Rechtsimage, weniger aus intellektuellen, eher aus strategischen Motiven. Denn Koch hat ein stabiles Imageproblem, selbst geschaffen und zementiert: Koch = rechts, so ist in vielen Hinterköpfen gespeichert. Das ist zu viel des Konservativen. Das Image treibt zuweilen bizarre Blüten. So kursiert in hessischen Journalistenkreisen das Gerücht, Roland sei Enkel von Erich Koch, der als Gauleiter in Ostpreußen wütete. Ein Blick in die Unterlagen des Stadtarchivs Kassel hätte genügt, um zu klären, dass der

Opa nicht Erich, sondern Heinrich hieß. Von Gauleitung keine Spur. Ein irres Gerücht, das aber einen heiklen Kern birgt: Denn diese Opa-Geschichte wird weiter erzählt, weil sie denkbar erscheint, weil sie sich in ein gängiges Wahrnehmungsmuster einfügt.

Daraus ergibt sich für Koch nicht nur ein Imageproblem, sondern auch eine strategische Zwangslage: Er steht unter verschärfter Beobachtung. Er kann keinen Schäferhund streicheln, ohne dass sofort die Kameras klicken. Er kann sich um die Stahlhelme der Hessen-CDU nicht richtig kümmern, obgleich sie Zuspruch erwarten. Er ist vom rechten Fahrbahnrand abgekommen, sodass er Mühe haben wird, zurück in die Mitte zu gelangen.

»Ein alter Freund« – Koch und sein Entdecker Hunzinger

Die Glaubwürdigkeit des Ministerpräsidenten wird in diesem Sommer ein weiteres Mal auf die Probe gestellt. Es ist die Zeit, in der Rudolf Scharping sein Amt als Verteidigungsminister aufgeben muss, weil bekannt wird, dass er mit dem Frankfurter PR-Experten Moritz Hunzinger beim Anzugkaufen und die Rechnung nicht eindeutig zuzuordnen war. CDU-Mitglied Hunzinger ist ein lustiger Vogel, bekannt mit Gott und der Welt, ein »Beziehungsmakler«, wie er sich nennt. Mit seiner AG ist er an den Neuen Markt gegangen und mit diesem abgeschmiert, was seiner notorisch guten Laune aber wenig anhaben konnte. Das Problem für Koch: Im Zusammenhang mit der Scharping-Affäre kommt heraus, dass er und Hunzinger sich kennen, sehr gut sogar, seit fast 30 Jahren aus der Schüler Union. Im Zusammenhang mit einer SPD-Affäre aufzutauchen, das hatte noch gefehlt.

Aber die treue Seele Koch unternimmt keine Versuche, sich von Hunzinger zu distanzieren. Das ist mutig, denn Hunzinger genießt in Hessen einen zweifelhaften Ruf. Die SPD weigerte sich, mit dem PR-Mann Geschäfte zu machen, Kochs frühere Sozialministerin Marlies Mosiek-Urbahn hatte sich gesträubt, Hunzinger das Bundesverdienstkreuz zu überreichen. Sie war mit dem Beziehungsmakler aneinander geraten, als er angeblich versuchte, eine private Klinik in den Bettenbedarfsplan des Landes und damit an die Gelder der Krankenkassen zu bringen. Das Vorhaben scheiterte, die Klinik ging Konkurs, die geschätzten 1,2 Millionen Mark Honorar für Hunzinger waren reichlich bemessen.

Nach einem Gespräch mit Hunzinger steht fest, dass eigentlich er den Politiker Koch erfunden, geschliffen und zum Ministerpräsidenten gemacht hat. Im ersten Koch-Wahlkampf 1998 hat der PR-Profi ein Buch für den Kandidaten herausgebracht, für die Vermarktung aber weit mehr ausgegeben, als das Werk auch im günstigsten Fall eingespielt hätte. Ein klarer Fall von verdeckter Wahlkampfhilfe, befanden die Grünen. Hunzinger gefällt sich in der Rolle des Grenzgängers, der in der Grauzone zwischen Politik, Industrie und Medien wie eine Flipperkugel hin und her schießt. Ohne Berührungsängste geht er auf die Leute zu, das war schon früher so. 70 neue Mitglieder habe er in einer Woche für die Schüler Union in Frankfurt geworben, erzählt er. Hunzinger sprudelt nur so, wenn er an früher denkt. Er gehörte schon damals zu den jungen Profis und, na klar, da hat es einen wie den Koch natürlich sofort zu ihm getrieben, »die Cracks haben sich ja sofort erkannt, die Leute, die in Zukunft mal auf der Brücke stehen«. Leute wie Hunzinger und Koch eben.

»Wir waren eine wilde Bande damals«, sagt Hunzinger, lange Haare die meisten, keine Krawatte, gegen Atomkraft, aber für Mitbestimmung. Aber alle haben ihren Weg gemacht, »weil wir gearbeitet haben«, im Unterschied zu denen von der SPD. Außerdem hatten sie »diese Ritterlichkeit«, die aufrechte Art der Freundschaft. Als sich Hunzinger wegen der Scharping-Affäre zwei Wochen nicht meldete, da habe Koch besorgt angerufen, »weil ich mich so lange nicht gerührt habe«. So sind sie, die Hessen-CDUler, echte Freunde, so waren sie schon damals, als es den steten Wettbewerb gab, um die Mädchen, um die Mehrheiten. Und einer war der Beste, besser als alle zusammen, das war der Koch, wenn auch nicht bei den Mädchen. Diese Freundschaft hält bis heute. Ruft Hunzinger in der Staatskanzlei an und sagt »Ich brauch mal 'nen Slot, dann kriege ich meinen Rückruf sofort, weil der Roland weiß, dass wenn ich was für ihn habe, hat das die Qualität, dass er sich das anhört. Wir sind halt Freunde, und er sieht das auch so.«

Überhaupt, diese wunderbaren Leute von damals, die haben das »Hessen-Gen«, die wollten, die konnten, die waren prima, und letztendlich alles Dregger-Leute. Ach, der Dregger, sagt Hunzinger, er war ja der Einzige, der zu seiner Beerdigung eingeladen war. Was haben sie gelacht, als herauskam, dass es einen Puff gab in Dreggers Fulda, im Industriegebiet. Ja, das waren tolle Zeiten, Aufbruchstimmung. Und dass der Koch was werden würde, das hat Hunzinger immer gewusst. Als er Mitte der achtziger Jahre seinen ersten PC bekommen hat, da hat er als Passwort »Roko2006« ausgesucht, weil ihm klar war, dass es so kommen würde. Leider ist er jetzt so ein »Verachtungsopfer« geworden, auf dem jeder glaubt herumhacken zu dürfen, dabei ist er gar kein Ausländerfeind oder Rechtsradikaler, ein Anruf bei Salomon Korn genügt.»Wollen Sie die Telefonnummer?«Wenn man so lange befreundet ist, dann ist es auch okay, wenn mal einer nein sagt, so wie der Roland, als Hunzinger vorsichtig anfragte, ob er nicht den Dalai Lama unter Vertrag nehmen könnte, weltweit und exklusiv. Doch Koch bedeutete ihm, dass er in dieser Angelegenheit nicht antichambrieren werde. Der Koch ist eben ein eigener Kopf, uneitel bis zur Qual. Dabei hat er ihm schon so oft gesagt, dass»ich da einen Hautarzt habe, der mit dem Laser die Unebenheiten im Gesicht wegmacht, ratzfatz, in zwei Tagen ist das erledigt, da sieht man nichts mehr«. Aber der Koch, der will nicht. Das ist ihm egal. So wie mit den Klamotten, das ist ja nicht nur wegen der Optik, das ist doch auch ein»Kulturthema«: Ein gut sitzender Anzug ist ein Statement. Hunzinger kramt in seinen Unterlagen und sucht nach dem Bild einer führenden deutschen Politikerin, die etwas unglücklich von hinten aufgenommen ist, und sagt grinsend:»Solche Bilder gehen nicht, die gehen einfach nicht.«

Und die Brille erst. Wie oft hat er dem Koch gesagt;»Komm, wir gehen zum Brenner, der hat einen Blick für so was, der ist ein Spitzenoptiker, für 250 Euro hast du eine Supermodell, aber der hört gar nicht hin, der tickt nicht so, der will mit Inhalten überzeugen, so wie neulich, bei diesem Essen, wo ich 50 Leute aus der Frankfurter Szene eingeladen habe, Anwälte, Architekten, Geldmenschen, eben Connaisseure, Koch-Kritiker alle miteinander, und was soll ich sagen, nach dem Essen waren 45 von 50 Koch-Fans, die hat er einfach umgedreht, die kriegten sich gar nicht mehr ein, da sind die Klamotten völlig egal.« Der Koch, sagt Hunzinger,»der ist schon ein irrer Typ«.

Der Parteitag vor der Bundestagswahl 2002 findet in Frankfurt statt; ein Heimspiel für Koch, der wenig später seine Wahl hat. Den Presseabend in der Alten Oper teilt ein unsichtbarer Graben. Auf der einen Seite läuft der Gastgeber. Er hat es geschafft, seine Frau Anke zum Mitkommen zu überreden. Es sieht so aus, als ziehe er sie hinter sich her. Sie sieht aus, als strebe sie unablässig zum Ausgang.»Guten Abend, das ist meine Frau«, sagt er unlocker. Anwesende Journalistinnen empören sich, das man eine Dame so nicht vorstelle.»Das ist meine Frau Anke«, hätte er sagen müssen. Auf der anderen Seite des Grabens geht Angela Merkel. Sie hat ihre schlaue Pressefrau Eva Christiansen bei sich. Jürgen Rüttgers schwänzelt in spiralförmigen Kreisen um die Vorsitzende, die gelassen mit den Medienvertretern schwatzt. Die hessischen Vertreter beobachten jeden ihrer Schritte, jeden ihrer Gesprächspartner. Der Parteitag verläuft unspektakulär. Stoiber ist Kandidat, der CDU bleibt die Rolle des loyalen Cheerleaders.

Koch hat sich Zurückhaltung verordnet im Wahlkampf. Hier und da macht er einen Vorschlag für eine Steuerreform, erinnert an das Wisconsin-Modell oder lässt die zu Allmachtsphantasien neigende CSU wissen, dass sie nur ein Anhängsel der CDU sei und sich gefälligst auch so verhalten solle. Kochs Blick ist auf den Februar 2003 gerichtet, seine Wiederwahl. Zwischen Stoiber und Merkel herrscht eine gespannte Ruhe wie 1998 zwischen Lafontaine und Schröder. Der Wahlkampf zwingt die Rivalen zusammen, jeder hält sich für den Besseren. Ein Showdown wird kommen, aber keiner weiß, wann und wo. Angela Merkel arbeitet darauf hin, zum Vorsitz der Partei auch den Chefposten in der Fraktion zu übernehmen, egal, ob Stoiber Kanzler wird oder nicht. Das ist eine richtige Entscheidung, wie Koch aus Hessen weiß. Kanther hat es 1991 auch so gemacht. Damals musste er den Posten räumen, diesmal trifft es Merz.

Bei jedem Berlin-Besuch trifft der Kanzlerkandidat Angela Merkel zum Strategiegespräch unter vier Augen. Kein CDU-Präside erfährt von dem Inhalt. Stoiber ist angetan von der Vorsitzenden, sie sei die »Prinzessin der Herzen«, lässt er seine Leute streuen. Koch dürfte grün geworden sein, als er das hörte, vor Lachen, vor Entsetzen, vor Neid. Aus Hessen wird Stoiber gewarnt, dass die Prinzessin die CDU gar nicht richtig kenne, bei Bedarf gern die Sense heraushole und im Falle eines Sieges eine dienende Funktion habe und sich nicht einbilden solle, sie könne auf Augenhöhe mit einem Kanzler Stoiber verhandeln.

Dass sich die beiden offenbar ganz gut verstehen, ärgert Koch. Unter vier Augen hatte Stoiber immer wieder betont, dass er finde, die Dame könne es einfach nicht. Und jetzt glucken sie einträchtig zusammen. Koch lädt sich auf bei der Hessen-CDU. Die bestätigt ihn mit 342 von 346 Stimmen als Vorsitzenden. Der Tagesordnungspunkt »Aussprache« entfällt, weil niemand Bedarf angemeldet hat. Koch rückt in den Verwaltungsrat vom ZDF ein, wo er eine deutlich bessere Figur macht als Stoiber, und ärgert sich im Stillen, dass der Scharping-Rücktritt und die damit verbundene Aufregung um Hunzinger wieder mal von den Inhalten ablenkt. Auf dem Sommerfest der Hessen in Berlin läuft die Berufsblondine Shawne Fielding herum, die nur noch selten Einladungen bekommt. Im Team der Parteichefin äußert man sich gehässig.

Anke Koch ringt sich in diesen Tagen zu einem ihrer seltenen Medienauftritte durch, im Schutz von Springers »Welt am Sonntag«. Dort stellt sie klar, dass sie keinen Bedarf hat, »dauernd von jedem beobachtet, angequatscht oder erkannt zu werden«. Die Spendenaffäre wäre eine gute Gelegenheit zum Ausstieg aus der Politik gewesen, findet sie: »Es gibt ein Leben vor dem Tod.« Viele sagen, Anke Koch sei ein Problem für den Ministerpräsidenten, weil sie so sperrig sei. Vielleicht verkörpert sie aber auch einen neuen Typus First Lady, den ehrlichen, der ausspricht, was fast alle Partner von Politikern denken, die nicht gerade an Sendungsbewusstsein leiden, dass es nämlich ekelerregend sein kann, wenn die Kinder nicht mehr normal in die Schule gehen können, wenn Horden von Demonstranten vor dem Haus grölen, wenn jeder Schrat meint, er könne einem wegen irgendeiner Umgehungsstraße auf die Nerven gehen. Nein, sie wird nicht bezahlt für einen Job als Landesmutter, also ist sie auch keine. Und ehrenamtlich will sie ihn nicht machen, sie hat schon genug Ärger damit, dass ihr Mann nie zu Hause ist. Anke Koch ist schonungslos ehrlich, sie ist immun gegen die »Bunte« und all den anderen Promi-Zirkus und deswegen erst mal grundsympathisch.

Für Koch ist seine Frau ein wichtiger Detektor, »meine Stimme des Volkes«, wie er in seiner funktionsorientierten Art sagt. Ob Elternabend, Einkauf, Dorfschwatz, Anke Koch ist das Ohr zur Welt. Und hat selbst damit schon Ärger. Als sie zum Beispiel im Interview sagte, sie habe die Söhne »bei Aldi eingekleidet«, da wucherte im kleinen Eschborn umgehend der Tratsch. Aldi habe doch gar keine Textilabteilung, empörten sich die Damen im Dorf, da habe sich Frau Ministerpräsidentin wohl verplappert. Wahrscheinlich war sie noch nie bei Aldi. Dabei hat der Discounter immer mal wieder Bekleidung auf dem Grabbeltisch. Als ihr Haus entstand, überlegte der Bauherr spaßeshalber, ein Schild aufzustellen: »Hier entsteht das Eigenheim der Familie Koch mit freundlicher Unterstützung der Gebrüder Albrecht.«

Im Wahlkampf hält sich Anke zurück. Das überlässt sie gerne ganz ihrem Mann. Der hat wieder Ärger mit dem Geld. Nach der Spendenaffäre ist die Finanzlage kritisch. Jede Überweisung wird beäugt, die Geberlaune potentieller Spender hält sich in Grenzen, wegen der falschen Rechenschaftsberichte drohen Strafzahlungen an Bundestagspräsident Thierse. Linderung bringt die Initiative »Wirtschaft für Koch« seines Freundes Klaus-Peter Müller. Der Commerzbank-Chef betreibt Fundraising auf amerikanische Art, offen und ehrlich. Mit Altana-Boss Schweikart und Unternehmensberater Deininger verschickt er hunderte von Bettelbriefen, um dem erklärten Ziel von einer Million Euro für Koch nahe zu kommen.

Doch die Wirtschaft bleibt zurückhaltend, die Spendenaffäre ist zu frisch. Zumal für die Überweisungen ungeschickterweise, oder besonders ironiebegabt, das Commerzbank-Konto 5682000/01 angegeben wird, über das einst Schwarzgeld geschleust worden sein soll. Also ziehen Schweikart und Müller die Kampagne selbst und finanzieren Anzeigen in der »Süddeutschen« und der »Frankfurter Allgemeinen Sonntagszeitung«, in denen Koch seine Bildungspolitik preist.

Der Ausgang der Bundestagswahl zwingt einen hessischen Ministerpräsidenten, der kurz darauf selbst wieder gewählt werden will, zu widersprüchlichen Empfindungen. Eigentlich muss Koch auf eine Pleite der Union in Berlin hoffen, damit er in Hessen gewinnt. Würde Stoiber Kanzler, wäre die Mehrheit in Wiesbaden in Gefahr. Andererseits steckt Koch ohnehin in einer Win-win-Situation, glaubt er: Gewinnt Stoiber, beerbt er ihn; verliert der Bayer, übernimmt er die CDU und wird nächster Kandidat. Eine komfortable Lage mit Kanzler-Garantie.

Das Interesse der Öffentlichkeit am Bundestags-Wahlkämpfer Koch hält sich in Grenzen. Außerhalb Hessens klebt die Spendenaffäre an ihm, seine Auftritte im feindlichen Inland geraten nicht immer zu Triumphzügen. Nicht einmal sein Fast-Absturz mit einem Hubschrauber schafft es in die Schlagzeilen. Bei einem Heimflug aus Baden-Württemberg musste der Pilot wegen technischer Probleme zu einer Notlandung ansetzen, das Fluggerät trudelte bedrohlich über der Schwäbischen Alb. Koch bekannte, »große Angst« gehabt zu haben. Er habe sich »wie in einer Waschmaschine gefühlt, die eine Unwucht hat, nur dass man drinsitzt«. Folgen? Keine. Am nächsten Morgen übergab er der Polizei im Main-Taunus-Kreis 15 neue Streifenwagen.

In stiller Bewunderung verfolgt Koch das Solo von Gerhard Schröder. Der Dreiklang aus Hartz-Operette in den Arbeitsämtern, Sandsack-Dramolette in den Flutgebieten und dem eisernen Nein zum Irakkrieg ist allerfeinste Wahlkampfkunst. Der Kanzler geht volles Risiko, er polarisiert gegen den Zauderer Stoiber, und trotz anfänglich verheerender Umfragen gelingt ihm am Ende ein knapper Sieg. Das imponierte dem Adrenalin-Junkie Koch.

Pockenangriff auf Hessen – Kochs Wahlkampf mit der Angst

Die knapp verlorene Bundestagswahl trifft ihn nicht allzu tief. In 10 von 14 Wahlen seit 1950 schickten die Hessen die im Bund regierende Partei in Wiesbaden in die Opposition. Die Gefahr dürfte gebannt sein. Kaum ist das Berliner Getöse verklungen, ist er auch wieder in den Zeitungen, im Doppelpack mit dem dicken Niedersachsen Sigmar Gabriel. 2006, so die einhelligen Prognosen, würden die beiden Ministerpräsidenten zum Duell um die Kanzlerschaft antreten, sofern sie ihre Wahlen gewinnen. Der mopsige Gabriel (»Lieber dick als doof«) ist der perfekte Gegenspieler. Er ist ein Typ, schlagfertig, angriffslustig, hat wie Koch diese explosive Mischung aus Intelligenz und Reaktionsgeschwindigkeit, ist ebenfalls sehr jung sehr weit nach oben geschossen. Erfuhr Koch eine fürsorgliche Sozialisierung im hessischen Schwarzwild-Revier, so machte Gabriel einen mühsamen Aufstieg durch: Scheidungskind, wegen schlechter Leistungen kurz vor der Sonderschule, stattdessen Lehramtsstudium, das aber nur bis zum Einstellungsstopp trug.

Die beiden Nachwuchspolitiker sind getrieben von der Angst, als langweilig zu gelten. Sie sind Alphatiere, lauter, schneller, kaltblütiger, mit dem unbeugsamen Glauben, unschlagbar zu sein – und jeder soll es wissen. Beide ragen aus der Menge Durchschnittspolitiker, beide integrieren, der eine von links, der andere von rechts zur Mitte, beide gelten als sichere Sieger ihrer Wahlen am 2. Februar. Das hatten sie abgesprochen, weil ihnen die Idee vom Fernduell gefiel. Und beide haben das Problem, das vor ihnen noch jemand sitzt, hier Schröder, da Merkel, an dem sie vorbeimüssen. Ihre Interviewduelle gehören zu den raren Höhepunkten politischer Unterhaltung.

Mit großem Interesse nehmen die Seismographen in der CDU wahr, dass Koch die Erklärungen zu seinen Zukunftsplänen seit dem Tag der Bundestagswahl geringfügig, aber entscheidend variiert hat. Zeigte er bis zum Wahlabend demonstratives Nichtinteresse an Jobs außerhalb Hessens, verkündete er nun:»Ich habe den Hessen nie angedroht, mein ganzes Leben Ministerpräsident sein zu wollen.« Zugleich tönt aus Hessen immer wieder Kritik an der Parteiführung. In Wiesbaden zerrt einer an seiner Leine, so viel ist allen in der CDU klar.

Auf wundersame Weise hat der Wähler den Spendenaufruhr, der gerade ein Jahr vorbei ist, verdrängt. Die CDU wird auf allen Politikfeldern, ausgenommen Umwelt und Soziales, als kompetenteste Partei wahrgenommen. Die Bildungsoffensive mit ihrer Unterrichtsgarantie erweist sich als Stimmenbringer. Auch die Internet-Ampel beeindruckt die Bürger. Auf der Regierungs-Homepage hat Koch alle angekündigten Vorhaben seit 1999 auflisten und farblich markieren lassen: Grün heißt»erledigt«, Gelb meint »in Arbeit«, Rot zeigt»Probleme«. Natürlich schönen Kochs Leute die Bilanz nach Kräften, aber nirgendwo sonst in Deutschland legt ein Regierungschef derart offen Rechenschaft seiner Arbeit ab.

Die Strategie der Opposition, Koch bei jeder Gelegenheit als unglaubwürdig, verlogen und durchtrieben darzustellen, verfängt nicht. Koch kann es sich leisten, ein Fernsehduell mit seinem Herausforderer Gerhard Bökel von der SPD zu verweigern. Der TV-Streit hätte ohnehin nur Bökel geholfen, der noch etwas unbekannter ist als Koch es 1998 war. Dessen einziges Problem ist der schwelende Irak-Konflikt, der schon den Kandidaten Stoiber unerwartet traf – und am Ende erledigte. Auch Koch findet keine Position. Klare Kante funktioniert nicht, so viel ist klar. Dafür gelingt ihm ein teures Ausweichmanöver. Über den Frankfurter Flughafen, so lässt er verlauten, könnten die von Saddam angeblich tonnenweise gehorteten Pockenviren eingeschleust werden. Schon ein paar Dutzend infizierter Reisender würden ganz Deutschland entvölkern. Doch die Bundesregierung hat nur 24 Millionen Portionen Impfstoff auf Lager. Ein ideales Hysterisierungs-Thema, das von der leidigen Kriegsfrage ablenkt. Umgehend schwingt sich Koch zum obersten Pockenschützer der Republik auf und lässt Impfserum für alle Hessen kaufen. Eine Paraderolle für den Landesvater.

Aus Berlin bekommt Koch nur feine Vorlagen. Das Geständnis des aus dem Bundestag geflogenen grünen Haushaltsexperten Oswald Metzger, dass die Regierung schon vor der Wahl von der desaströsen Finanzlage gewusst habe, ist die Einladung an Koch, einen Untersuchungsausschuss in Berlin durchzusetzen, der die neue Regierung vom Start weg diskreditieren soll. Während einer Rede in Wien hatte Koch die Metzger-Meldung zugesteckt bekommen und noch von dort aus die Vorsitzende mit seinen Plänen bestürmt. Angela Merkel hält die Ausschuss-Idee zwar für albern, lässt Koch aber gewähren, zumal der Hesse auch den gekränkten Verlierer Stoiber dafür begeistert hat. Der Bayer überlegt, Demonstrationszüge gen Berlin zu organisieren. Und Merkel-Opfer Merz, dem sie den Fraktionsvorsitz weggenommen hat, ist ohnehin für alles, was Koch vorschlägt.

Stoiber, Koch und Merz genießen es, den verhaltenen Kurs der CDU-Chefin zu konterkarieren. Das Trio der Enttäuschten, Beleidigten und Wutbeißer dreht in diesem Herbst mächtig auf, führt Krawallopposition mit Haudraufrhetorik vor. Berlin erlebt jeden Tag einen politischen Aschermittwoch und Koch und Merz und Stoiber sind in ihrem Element. Frau Merkel ist zwar formal die Anführerin von Partei und Fraktion, doch Respekt hat sie deswegen noch lange nicht. Jeder scheint sich gegen sie in Stellung bringen zu wollen. Für den Fall, dass Rotgrün platzt, wird Stoiber Kanzler, so heißt die Verabredung.

Koch will sich nicht zum Parteivize wählen lassen, weil er dann allzu sehr in die Loyalität gezwungen wäre. Schäuble ist mit Frau Merkel auch noch nicht im Reinen, Seehofer macht gegen ihren Willen den Blüm, Merz mobbt, wo er kann. Und Stoiber und Koch inszenieren ein inhaltliches und stilistisches Kontrastprogramm zur Parteichefin, womit die Debatte um ihre Führungsqualitäten in Gang gehalten wird. Sie will das liberale Großstadtpublikum ansprechen, die beiden schwarzen Ritter aus dem Süden drängen zurück an die konservativen Wurzeln. Als Verbündeten hat sie Jürgen Rüttgers. Angela Merkel nutzt ihre Machtbasis in der Fraktion klug. Sie verteilt Posten an die Widersacher. Der Baden-Württemberger Kauder, ein Merz-Vertrauter, wird Fraktionsgeschäftsführer, Koch-Freund Lippold Fraktionsvize, Norbert Lammert gar Bundestagsvizepräsident, der junge Hesse Storm darf die Gesundheitspolitik übernehmen. Koch muss hilflos mit ansehen, wie die Frau fehlerfrei operiert. Er hält es allerdings für Zufall. Noch immer nimmt er die »Oberschwester« nicht ernst. Das sollte sich in den kommenden zwölf Monaten bitter rächen.

»Zweck erfüllt« – Angela Merkel zerstört den Andenpakt

Matthias Wissmann ist ein seltsamer Politiker. Früher in der Jungen Union hielt er sich für den kommenden Kanzler. Unter Kohl hat er es immerhin zum Minister gebracht. In der Spendenaffäre spielte er eine undurchsichtige Rolle zwischen Loyalität und Eigennutz. Am Ende des Jahres 2002 geht der Schwabe vielen seiner Weggefährten vor allem auf die Nerven; er hat keine Botschaft, er hat kein Ziel und auch nicht viele Verbündete, aber er will unbedingt etwas darstellen in der CDU, anstatt sich auf einen gut bezahlten Anwaltsposten zurückzuziehen, wie es in der Juristenpartei üblich ist. Weil er sich bei seiner neuen Fraktionsvorsitzenden unbedingt für einen Posten als Vize empfehlen will, hat Wissmann gegen Kochs Willen ein historisches Treffen anberaumt: Angela Merkel trifft den Andenpakt. Die Ordensbrüder sind dagegen, aber sie können die ergangene Einladung nicht wieder rückgängig machen. Immerhin warten sie, bis die Fraktionswahlen verstrichen sind. Kollaborateur Wissmann wird nicht gewählt.

Am Abend des 20. Oktober steigt Angela Merkel aus ihrem Dienstwagen und betritt die Berliner Zentrale des TV-Senders Sat1. Geschäftsführer Jürgen Doetz nimmt sie in Empfang. Doetz war früher Chefredakteur der »Entscheidung« und gehört auch zum Andenpakt. Angela Merkel kennt den Pakt nur aus Wulffs und Wissmanns Erzählungen. »Schön, dass es in der CDU eine Gruppe gibt, die nicht alles sofort ausquatscht«, soll sie spöttisch gesagt haben. In Wirklichkeit ist ihr klar, dass diese Bande von Guerilleros in Zweireihern ihre Zukunft leicht verbarrikadieren kann. Wenn sie sich auch über Einwanderung oder den EU-Beitritt der Türkei streiten mögen, so sind sie doch in einem Punkt garantiert einig: gegen Merkel. Sie hat schließlich allein durch ihr Erscheinen 1989 einige Lebensplanungen durchkreuzt.

Im vierten Stock warten bereits die Gefährten. Alle geben sich Mühe, das Treffen wie eine normale Plauderrunde aussehen zu lassen. Merkel trinkt Weißwein und will besprechen, wer Volker Rühe auf dem Posten des stellvertretenden Parteichefs beerben soll. Die Runde wiegelt ab. Erst als sie verschwunden ist, wird Böhr zum Kandidaten für den Vizevorsitz ernannt.

Roland Koch begreift, was dieses harmlose kleine Treffen in Wirklichkeit bedeutet – nicht weniger als das Ende des Andenpaktes. Angela Merkel kennt das Machtzentrum ihrer Feinde nun, der mysteriöse Männerbund hat seine Bedrohung verloren. Sie kann sich künftig zusammenreimen, wer mit wem telefoniert hat, sie weiß, was sie tun muss, um das Seil zu kappen, an dem die Männer hängen, im Notfall kann sie der Presse erzählen lassen, dass die Koch-Truppe wieder irgendwas sabotiert habe, um sich in die Opferrolle zu begeben. Die Stärke des Andenpaktes war seine Vertraulichkeit, sein Mythos. »Jetzt hat er seinen Zweck erfüllt«, hat Angela Merkel nach dem skurilen Treffen unter Vertrauten gesagt. Fortan würde sie dafür sorgen, dass die Jungs gegeneinander arbeiten. Damit auch nichts schief gehen würde, sorgte ihr Team dafür, dass die nette Geschichte vom Männerbund in gebührendem Abstand in die Öffentlichkeit getragen würde. Der »Spiegel« stellte den Andenpakt im folgenden Sommerloch groß vor und damit bloß.

Koch und die Hessen schäumten. Doch Angela Merkel hatte Teil eins ihres Machtsicherungsprogramms zielstrebig umgesetzt, das sie sich nach dem Wolfratshausener Frühstück vorgenommen hatte. Fehlte der zweite Teil: die Isolierung Roland Kochs. Die hatte sie sich für das kommende Jahr vorgenommen. Die Basis beginnt die Vorsitzende zu respektieren. Mit 93 Prozent wird sie auf dem Nach-Wahl-Parteitag in Hannover bestätigt. Auch die Umfragen sprechen für sie: Je tiefer Schröder und Rotgrün fallen, desto weiter klettert sie in den Umfragen nach oben. Sie profitiert offenbar davon, dass jeder Angriff aus der Herrenriege im Volk Schutzinstinkte zu mobilisieren scheint für »das Mädchen«, wie Kohl sie nannte. Sie beschließt das Jahr mit der Feststellung, sie sei »die unangefochtene Nummer eins der CDU«.

Für seine Wahl erhöht Koch in Hessen den Druck. Er hat den Dalai Lama als Redner zum Festakt anlässlich des 50-jährigen Bestehens der Johanniter-Unfallhilfe in der Paulskirche gewinnen können. Auch der andere Buddha hat seine Hilfe angekündigt: Helmut Kohl. Die JU verbreitet die gnadenlos niedliche Comicfigur »Roko«, per Brief ruft Koch hessische Apotheker zum Protest gegen die Berliner Gesetze auf. Ende des Jahres gibt er bekannt, er werde sich zurückziehen in seine Kanzlei, wenn er vom Wähler in die Opposition beordert werde. Damit ist die Debatte über seine Berlin-Pläne vom Tisch und die Wahl bekommt einen sportlichen Aspekt. Ergeben wählt ihn die CDU in Fulda zum Spitzenkandidaten, mit genau 100 Prozent.

In der Hitze der Wahlschlacht unterläuft Koch wieder mal eine Peinlichkeit, in einer Entgegnung auf Verdi-Chef Frank Bsirske, der im Zuge der Vermögenssteuer-Debatte reiche Deutsche namentlich angegriffen hatte. »Was wir nicht brauchen«, so hatte der Gewerkschaftsboss in Berlin gepoltert, »ist Lohnverzicht zugunsten der reichsten Grundbesitzer im Land, zugunsten von Gloria Thurn und Taxis. Was wir nicht brauchen, ist Sparen zugunsten der Familie Holtzbrinck, mit einem geschätzten Familienvermögen von fünf bis sechs Milliarden Euro.«

Nicht weniger plump hatte Koch reagiert. Im Plenum antwortete er auf seinen Herausforderer Bökel, der ebenfalls für eine Vermögenssteuer plädierte: »Hören Sie auf damit, Menschen vorgaukeln zu wollen, das betrifft nur ein paar Reiche. So wie der Herr Bsirske das gestern im Fernsehen gemacht hat, dass er anfängt, Namen von Menschen zu nennen, mit so 'ner neuen Form von Stern an der Brust: Das sind die Reichen, die bezahlen sollen.« Darauf hatte die Opposition gewartet. Koch hatte freiwillig seine weichste Stelle dargeboten, das Rechtsimage. Obgleich er sich noch im Landtag bei Bsirske entschuldigte, war der Eklat perfekt. Der Zentralratsvorsitzende Paul Spiegel nannte die Äußerung eine »unerträgliche Beleidigung« und sorgte sich um Kochs Geschichtsbewusstsein, wenn er derart haltlose Vergleiche ziehe. Rauner der CDU-Spitze ließen durchblicken, Koch habe aus Wahlkampfkalkül gehandelt.

Kochs Empörung war, diesmal, echt. Denn seiner Entgleisung vorausgegangen war eine Äußerung des grünen Abgeordneten Frank Kaufmann, der sich über »arme Millionäre« lustig gemacht hatte, »wie die Familien Klatten und Quandt aus dem Bad Homburger Seedammweg«. In dieser Straße wurde am 30. November 1989 Alfred Herrhausen, Chef der Deutschen Bank, von Terroristen ermordet. Seine Witwe Traudl, die zur CDU-Fraktion gehörte, rang um Fassung. Und Koch sann auf Rache.

Bei der SPD keimte wieder Hoffnung. Kochs Ausfälle waren die einzige Chance, wahrgenommen zu werden. Tapfer redete sich Herausforderer Bökel ein, dass Rotgrün gewinnen könnte, wenn Koch sich noch ein paar Peinlichkeiten leistete, die FDP nicht ins Parlament käme und der beginnende Irakkrieg die Linke mobilisieren würde. Doch Koch führte wie kein anderer Politiker einen interessanten Effekt vor, der einer in Berlin und dort besonders in der Westerwelle-FDP verbreiteten Annahme widersprach, Volksvertreter müssten mit jedem Quatsch um Sympathie buhlen. Eine groß angelegte Studie des forsa-Instituts hatte ergeben, dass jeder zweite Befragte fand, Koch schaue abschätzig, jeder Dritte meinte, er sei unberechenbar und arrogant, jeder Vierte fand ihn hinterhältig. Fast die Hälfte meinte gar, Koch wirke nicht »wie ein normaler Mensch«. Verheerende Werte. Doch die Demoskopen ermittelten zugleich, dass die absolute Mehrheit nicht ausgeschlossen sei. Offenbar trennten die Wähler genau zwischen Sympathie und Kompetenz. Und entschieden sich im Zweifelsfall für Kompetenz.

Die Genossen waren verzweifelt. Auch ihre geheimen Untersuchungen zur Wahl hatten nur Furchtbares ergeben. Selbst eingefleischte SPD-Wähler hielten Koch für einen guten Ministerpräsidenten. Alles, was die Politprofis von der SPD beobachtet hatten – Kochs nervöses Gefummel mit den Händen, das Gezupfe in den Hosentaschen, die Unfähigkeit, einem Blick standzuhalten, sein Malmen und Schmatzen –, das alles schien den Leuten völlig egal zu sein. In Gruppengesprächen ließ die SPD ermitteln, wo Kochs Schwächen liegen könnten. Die Probanden sollten ihn mit einem Tier vergleichen. Inbrünstig hatten die Auftraggeber auf abschreckende Viecher gehofft, Schlange oder Ratte oder Molch oder Hai. Aber nein: »Koch ist eine Schildkröte«, war die überwiegende Antwort in allen Gruppen, egal welches Alter, Geschlecht, welche Herkunft oder Bildung. Viel besser geht es kaum für einen Politiker: sicher gepanzert, weise, langsam und behäbig, nicht gefährlich.

»Koch war einfach nicht zu packen«, sagt der damalige SPD-Wahlkampfleiter Manfred Schaub, »er flutschte immer wieder weg. Die Leute mochten ihn zwar nicht, aber sie hatten auch nichts gegen ihn.« In ihrer Verzweiflung setzte die SPD auf die altbewährte Masche: Sie erinnerte an Spendenaffäre und Lügen-Koch. Präzise zirkelten die Genossen einen »Zwischenbericht« des Untersuchungsausschusses kurz vor den Wahltag – alles vergebens. Die Wähler wollten es nicht mehr hören.

Den unangenehmen Themen Spenden und Doppelpass wich der Wahlkämpfer Koch aus. Nach der viel kritisierten Unterschriften-Kampagne von 1999 fuhr er diesmal eine völlig neue Strategie, behutsam, integrierend, präsidial. Das Motto, zu dem sich der Spenden-Flunkerer erkühnte, hieß:»Versprochen – gehalten«. Zur Überraschung seiner Kritiker, die nach der ausländerfeindlichen Kampagne von 1999 fanden, dass es Fremden in Hessen seither schlechter gehen müsste, gab es dafür keinerlei Belege. Im Gegenteil: Um seinem fremdenfeindlichen Ruf entgegenzuwirken, hatte Koch sich um Integration kümmern müssen. Selbst die hessischen Ausländerbeiräte sahen wenig Kritikwürdiges. Abseits des Stammtischs hatte Koch Deutschkurse für Ausländerkinder eingerichtet, er hatte den Beiräten einen Sitz im Rundfunkrat des Hessischen Rundfunks in Aussicht gestellt, Bouffiers Innenministerium hatte Abschiebungen verhindert, die im Rahmen des rechtlich Möglichen gewesen wären. Für einen Bosnier, der nur Duldungsstatus besaß, organisierte das Ministerium sogar, dass neue Papiere bei der deutschen Botschaft Sarajevo bereitlagen.

Koch machte ganz auf Landesvater. In einer ersten Welle vor Weihnachten ließ er sich als Privatmann plakatieren, ganz untypisch in einem Rollkragenpullover, mit dem Text»Auf ein gutes Neues«. In Phase zwei warb die CDU für ihre Erfolge, überzog das Land mit Reklamebroschüren und -kongressen. Besonders stolz war der Ministerpräsident auf einen Werbespot, der der»Focus«-Reklame (»Fakten, Fakten, Fakten«) nachempfunden war. Nur war es nicht»Focus«-Markwort, sondern Koch, der einem ergebenen Team die Welt erklärte. Das Internet kam als Schnellfeuerwaffe zum Einsatz: Kaum hatten Herausforderer Bökel oder ein Bundespolitiker etwas behauptet, wurde die»Falschaussage« online entlarvt und korrigiert. Koch mit seiner Kochlöffel-Truppe brachte es auf über 300 Auftritte.

Seinen Ehrgeiz, ein historisches Ergebnis hinlegen zu wollen, bekam die FDP zu spüren. Zu spät merkten die Liberalen, die dem Ministerpräsidenten das politische Leben gerettet hatten, dass Koch zielstrebig auf eine absolute Mehrheit hinarbeitete. Als der FDP-Vordenker und Koch-Freund Hahn Anfang Januar auf dem Rückweg von einer Wahlveranstaltung im Radio hörte, dass Koch sagte:»Egal, ob die FDP fünf oder zehn Prozent holt, die brauchen keinen dritten Minister«, da ließ der Liberale den Chauffeur halten und bat ihn auszusteigen. Der wutentbrannte Hahn wollte keinen Ohrenzeugen, wenn er Koch am Telefon mitteilte, er könne seine Großmäuligkeit für sich behalten.

Kochs Flapsigkeit war vor allem Zeichen der Angst, die FDP könnte mehr hinzugewinnen als er, überhaupt die Angst, dass jemand ihm Erfolgsmeldungen streitig machen könnte.»Ach Ruth, nachher bin ich noch dein Stellvertreter«, witzelte er in kleinem Kreis gegenüber seiner Koalitionspartnerin Wagner. Zuhörer meinten jedoch, einen Hauch von Ernst heraushören zu können. Denn die Demoskopen hatten ermittelt, dass viele CDU-Wähler sich vorstellen könnten, der FDP die Zweitstimme zu spendieren. »Koch pumpte sich auf wie ein Ochsenfrosch und zog gegen den Trend zu Felde. Er war kriegsblind, erfolgstaub, machtblöd. Er wollte alles, jede Stimme, alle Wettbewerbe gewinnen, gegen die FDP, gegen Merkel, gegen Wulff in Niedersachsen, gegen sich selbst«, sagt einer, der dabei war.

Der Aufwand der CDU-Truppe war immens für einen Landtagswahlkampf. Datenschützer monierten, dass sich die Partei von allen hessischen Meldeämtern die Daten aller Bürger mit Namen, Adresse, Alter, Titel zu besorgen versuchte, obgleich dies Ansinnen illegal war. Parteien dürfen allenfalls Auskünfte über bestimmte Gruppen erhalten, nicht aber über alle Stimmberechtigten. Denn der Weg zum gläsernen Wähler ist nicht mehr weit. Verknüpft mit zugekauften Daten wie Wohnungsgröße, Autoklasse, Kreditkartenumsätzen lassen sich präzise Bürger herausfischen, bei denen eine persönliche Bearbeitung am Telefon oder durch Besuch Erfolg verspricht. Die Hessen-CDU unterhielt einen Vertrag mit dem Bonner Institut »dimap«, wo der seit der Spendenaffäre geschasste Generalsekretär Müller untergekommen war. »Dimap« hat eine CD-Rom mit solchen Analyseprogrammen zur Wählerfilterung im Angebot. Kochs Partei setzte darüber hinaus die eigene Software »Hessen-Monitor« ein, die dem »dimap«-Programm ähnelte. Damit, so rechtfertigte sich der CDU-Justitiar, könne man aber keine »Mikrozellen« bilden, also Einzelpersonen isolieren, sondern allenfalls lohnenswerte Straßenzüge ermitteln.

Fast hatte es den Anschein, als wollten die Hessen dem Rest der Union nach der Stoiber-Schlappe beweisen, wie ein wirklich professioneller Wahlkampf auszusehen hatte. Wieder sorgte Werber von Mannstein für die Optik, der übrigens zeitgleich auch für Gabriels Herausforderer Wulff in Niedersachsen arbeitete. Koch moderierte die Nachrichten im Lokalfernsehen, dankte dem freiwilligen Polizeidienst, spendete Blut, zelebrierte die Patenschaft für alle hessischen Drillinge. Für das Volksmarketing sorgte Metz: Keine Telefonaktion im Radio, kein Internet-Chat, keine Leserbriefdebatte, bei der nicht CDU-Aktivisten die richtigen Fragen stellten oder Antworten gaben. Bis zum Wahltag wurde der Eindruck einer regen politischen Debatte erzeugt, deren Resultat immer dasselbe war: Koch.

Das ideale Ergebnis der Wahl wäre für Koch die absolute Mehrheit, aber zugleich die Fortsetzung der Koalition mit der FDP. Das Doppelpass-Spiel mit einem Partner schien ihm leichter als das Domestizieren einer übermütigen Partei. Die Bedingungen für eine Fortsetzung der liberalkonservativen Koalition waren noch am Samstag vor der Wahl festgezurrt worden: Die FDP sollte erstens zwei Minister behalten, die CDU würde zweitens in strittigen Fällen nie von der absoluten Mehrheit Gebrauch machen, auch nicht, drittens, bei Abstimmungen im Bundesrat. Mehr Zugeständnisse konnte der kleine Partner nicht erwarten.

»Tut was, egal was« – Koch holt die absolute Mehrheit

Schon am Nachmittag des Wahlsonntags, noch vor dem Schließen der Wahllokale, hatten die Demoskopen die neue Sitzverteilung im Landtag errechnet. Die Sensation war perfekt: Die CDU hatte 48,8 Prozent geholt, die absolute Mehrheit. »War ganz ordentlich«, kommentierte Koch knapp. Das war alles. Er hatte insgeheim auf 50 Prozent gehofft, ein Ergebnis in bayerischen Dimensionen. Er ahnt, dass seine Wahl untergehen würde gegen den anderen Sieg des Abends: Im Nachbarland Niedersachsen hatte der vermeintliche Dauerverlierer Wulff gegen den vermeintlich nächsten Kanzler Gabriel ebenso deutlich gewonnen. Plötzlich hatte das Einzelwunderkind Koch einen Bruder bekommen, der liberaler war und fescher aussah. Koch schaut nicht wie ein Triumphator, sondern eher übellaunig.

Er hielt sich jedoch an sein Versprechen, der FDP eine Regierungsbeteiligung anzubieten. Liberale Emissäre machten sich noch am Wahlabend auf den Weg, der Landesvorsitzenden den Plan fürs gemeinsame Weiterregieren schmackhaft zu machen. Doch Frau Wagner, die sich bereits im Fernsehstudio für ihre Auftritte schminken ließ, zeigte sich widerspenstig. Sie habe im Wahlkampf ja wohl nicht den Slogan »Politik mit Rückgrat« plakatiert, um jetzt, mal wieder, als Chefin einer kleinen machtgeilen Funktionspartei dazustehen. »Ich kann nicht«, klagte ausgerechnet die FDP-Landesvorsitzende, die Koch drei Jahre zuvor in der Spendenaffäre aus reinem egoistischen Machtkalkül sein politisches Überleben gerettet hatte. Die gutmütige Dame Wagner entdeckte plötzlich Prinzipien: keine Koalition mit einer CDU, die die absolute Mehrheit gewonnen hat, bekräftigte die Chefin. Vereint versuchten die Fortsetzungswilligen sie umzustimmen. Vergebens.

Am Dienstag nach der Wahl saßen Unionisten und Liberale im Gästehaus der Landesregierung in der Wiesbadener Rosselstraße, als sich FDP-Chef Westerwelle aus Berlin durchstellen ließ. Auch er hatte seinen Charme vergebens eingesetzt. »Tut was, egal was«, barmte er, doch die Rückmeldung

war niederschmetternd:»Guido, es geht nicht. Die Wagner will nicht.«
Psychologisch versierte Liberale deuteten die Bockbeinigkeit der Chefin
als Kompensation: Sie wollte sich nicht wieder als inhaltsloses Machtve-
hikel missbraucht wissen wie in der Spendenaffäre. Dabei litt sie selbst am
heftigsten unter dem Verlust des Ministerpostens, des Dienstwagens und all
der schönen Einladungen. Plötzlich musste sie sich wieder um Skatturniere
in irgendwelchen Kurhäusern kümmern.

Applaus für Kochs Wahlsieg kam dagegen aus der völlig falschen Ecke.
In seinem Rundbrief schreibt der wegen Volksverhetzung vorbestrafte Joachim Siegerist, Vorsitzender der rechtsextremen»Deutschen Konservativen«:»Die meisten von Ihnen haben auf mein Bitten hin für Roland Koch
gestimmt und damit seine absolute Mehrheit möglich gemacht. In Hessen
haben wir gezeigt, was die Rechten erreichen können, wenn sie an einem
Strang ziehen. Mit dem Wahlsieg von Roland Koch ist die Macht von Angela Merkel kleiner geworden.«

Das neue Kabinett brachte wenig Überraschungen. Eigentlich sollte der
millionenschwere Unternehmer Clemens Reif das Wirtschaftsministerium
übernehmen, doch die sensible Parteistatik ließ einen weiteren Tankstel-
len-Gefährten nicht zu. Für den alten Familienfreund Jochen Riebel wurde
das Europaministerium neu geschaffen. Pro Sieg ein Ministerium mehr,
witzelte Grünen-Chef Al-Wazir. Auf dem undankbaren Posten des Finanz-
ministers musste weiterhin Karlheinz Weimar ausharren, der keinen Hehl
daraus macht, dass er lieber wieder Anwalt wäre und mit dem Cabrio durch
den Taunus brausen würde.

Mit Mittelscheitel und Seehundschnauzer, dem Siegelring und einer
Armbanduhr wie einer Butterstulle sieht er aus, als pflege er eher Kontakt
mit Boxpromotern als mit Bankern. Aber dafür ist Kochs Freund Hans Re-
ckers zuständig, ein jugendlich wirkender Herr, der im Kanzleramt an der
Einheit mitbastelte, heute im Direktorium der Bundesbank das Vielfache
eines Ministers verdient und seit jeher zu Kochs Truppe gehört. Nur seine
Pfeifen halten Weimar bei Laune, die er pausenlos aus Lederbeuteln zieht,
auskratzt, stopft oder mit frischen Filtern versieht und damit bräunlich gel-
be Teerflecken an Händen und Hemden verursacht. Eigentlich hat es Weimar satt, den Kassenwart zu machen und sich bei jeder Gelegenheit von
Koch vorschreiben zu lassen, was er zu tun hat.

Die Quote für Frau und Jugend erfüllt weiterhin Silke Lautenschläger als
Sozialministerin, eine Arte hessischer Condoleezza Rice, die Furcht erregend streng aussehen kann, wenn sie den Claudia-Nolte-Killer-Blick durch
ihr stählernes Brillengestell schickt. Ansonsten lässt sie sich den Vorgaben

von Koch und Metz gemäß bereitwillig durch die politische Landschaft schieben. Einzig Wissenschaftsminister Udo Corts fällt auf, der dem liberalen Flügel zuzuordnen ist und die Unis mit Studiengebühren und Anreizen zur Selbständigkeit auf Trab bringen soll.

Roland Koch nimmt sich Zeit, seinen alten Andenpakt-Bruder und neuen Rivalen Christian Wulff in die Kunst des Regierens einzuweisen. Bei einem Frühstück in Berlin erläutert er in eineinhalb Stunden, wie man ein Bundesland führt. Besonders wichtig, warnt Koch, sei es, die Hierarchien in den Ministerien einzuhalten. Sobald der Ministerpräsident den direkten Kontakt zu einem Fachbeamten suche, werde der umgangene Vorgesetzte bei der geringsten Gelegenheit auf Rache sinnen und alles daransetzen, den Regierungschef zu blamieren.

Besondere Genugtuung verschafft ihm die Beinahepleite der »Frankfurter Rundschau«. Das linksliberale Blatt wird massiv von der Zeitungskrise getroffen, letzte Rettung ist ein Kredit. Koch weist Weimar an, die angeschlagene Zeitung, die die Konservativen bevorzugt kritisierte, per Landesbürgschaft zu retten. »Die müssen jetzt immer ihre Artikel vorlegen«, scherzt Koch. Die »Rundschau«-Leute mühen sich, das triumphierende Grinsen der Hessen-CDU einfach zu ignorieren. Ansonsten interessiert Koch sich nicht sonderlich für Landespolitik. Er denkt weiter. Seine Reisepläne für 2003 gehen über das normale Ausflugsprogramm eines Ministerpräsidenten weit hinaus: Zweimal USA, Russland, Großbritannien, zum Jahreswechsel Indien – fehlen eigentlich nur Frankreich und Israel, damit auch jeder merkt, dass hier einer auf Kanzlerkandidaten-Tour ist.

»Überall nachsteuern« – Koch und die Herzoperation

Es war an einem Samstagmorgen Anfang Mai, als Roland Koch endlich dazu kam, zum Arzt zu gehen. Er hatte sich den Termin besorgt, weil er in letzter Zeit immer wieder ein Drücken in der Brust verspürte. Die Ärzte hatten ihm regelmäßige Bewegung geraten, um das Herz auf Trab zu halten. Koch hat zu hohe Cholesterinwerte, er hat in seinem Leben zu viele Hamburger gegessen, zu viel Cola getrunken, zu viele Akten gelesen und sich zu wenig körperlich betätigt.

Ein liebenswürdiger Spruch der Hessen heißt: »Du has' 'ne Eck aaf«, was in anderen Gegenden Deutschlands übersetzt würde mit: »Du hast'n Rad ab«. Koch hört diesen Spruch häufig von seinen besten Freunden. Sie meinen alle das Gleiche: Mach ruhiger, Roland, langsamer, schon dich. Es hilft natürlich nichts.»Er ist ein Selbstausbeuter«, sagt sein Freund Weimar. So, als müsse er allen beweisen, dass er immer noch eine Schippe nachlegen kann, rackert sich Koch von morgens sehr früh bis abends sehr spät durch die Machtgeschäfte.»Ich kann halt nicht nein sagen«, erklärt er. Er will es auch nicht.

In Japan heißt die Krankheit»Karoshi« und endet im schlimmsten Fall mit dem Tod, meistens hervorgerufen durch Herzversagen oder Hirnschläge. Der Grund: Überarbeitung. Schon in der Kindheit können prägende Beziehungen zu süchtigem Verhalten beitragen, fanden japanische Forscher heraus, die in 350 Zentren für Arbeitssucht die Phänomene der Zivilisationskrankheit erkunden. Aus der Identifikation mit einem tüchtigen und erfolgreichen Elternteil kann sich der Wunsch entwickeln, ebenso erfolgreich zu werden. Das Leben richtet sich darauf, alles perfekt zu machen, um bewundert zu werden. Versagensangst ist eine permanente Triebfeder.

Der Katholik Koch ist beseelt von einer erzprotestantischen Arbeitsethik.»Es ist ja heute modern, über Arbeitsüberlastung zu klagen«, sagt Koch spöttisch. Er hat den Ehrgeiz, jeden Bürgerbrief zu lesen, jede Vorlage besser zu kennen als der zuständige Beamte, jede Kabinettsvorlage besser durchdrungen zu haben als seine Minister. Das ist sein Sport und seine Überzeugung.»Führung geht nur durch Vormachen«, sagt er. Modernes Management, Delegieren, Verantwortung übertragen, das kann er nicht gut. Er hat die Regierungsgeschäfte in seiner Staatskanzlei zentralisiert, er pflegt den Stil des Patriarchen, der jederzeit einen seiner Untergebenen rufen und zur Rede stellen kann. Er ist der Boss, über alles, auch über seine Physis.»Meinem Willen hat sich alles unterzuordnen, auch mein Körper«, hat er mal zu einem Freund gesagt. Es war kein Scherz. Koch ist gewohnt, dass man ihm folgt, auch von seinem Körper.

An diesem Morgen ist das Stechen in der Brust wieder da. Der behandelnde Arzt will ein Belastungs-EKG machen, doch sieht er schon vor dem Start auf dem Bildschirm, dass da etwas nicht in Ordnung ist. Er ordnet umgehend eine Katheteruntersuchung an. Koch muss das Krankenhaus wechseln, von Königstein, wo er das Auto stehen lässt, nach Bad Soden. Er ruft seine Frau an. Die kommt nach Königstein, sieht das Auto, aber nirgendwo ist ihr Mann zu finden. Sie sorgt sich und ruft die Sicherheit an.»Wir sind im zweiten Stock, kommen Sie zum Fahrstuhl, da warte ich«, sagt der Beamte. Anke Koch steigt in den Lift, aber keine Spur von Sicherheit. Sie ruft wieder an. Endlich kommen sie darauf, dass sie sich in unterschiedlichen Krankenhäusern befinden.

In Bad Soden, in der Klinik des Herzspezialisten Professor Nicolaus Reifart, der schon jedes halbwegs prominente Herz im Main-Taunus-Kreis untersucht hat, wird Koch eine Sonde Richtung Herz eingeführt. Eine zentrale Ader sitzt so gut wie dicht. Reifart entscheidet, dass der Ministerpräsident sich im Alter von 45 Jahren umgehend einer Ballondilatation unterziehen muss. Dabei wird das nahezu verstopfte Gefäß mit einem eingeführten Miniballon geweitet und die kritische Stelle anschließend mit einem Geflecht aus Spezialdraht, einem Stent, stabilisiert. So wird das Risiko eines erneuten Verschlusses weitgehend beseitigt. So fit wie vorher ist Koch damit allerdings nicht. Ab sofort gehört er zu einer Risikogruppe. Er muss vorsichtig sein, mit dem Essen, dem Stress, muss sich bewegen, weshalb er sich nun regelmäßiger morgens auf dem Ergometer schindet. »Manchmal isst er jetzt ein Vollkorncroissant«, heißt es in seinem Büro. Es soll eine Erfolgsmeldung sein.

Sein Körper ist ihm ausgesprochen egal, er ist sein Werkzeug, Sklave seines Kopfes. Er betrachtet den Leib als Maschine, den man mit der richtigen Medizin und gelegentlicher Generalüberholung gut am Laufen halten kann. Koch ist physisch uneitel bis zur Pein, er bewegt sich, geht, sitzt, als ob ihm Arme und Beine im Weg sind. Seine schlaffe Körperhaltung graust jeden Orthopäden. Koch trinkt zwar kaum und hat noch nie geraucht, aber die Cholesterinprobleme hat er in den Genen und den Ärger mit der Galle auch. Das habe nichts mit Arbeit und Stress zu tun, hat er beschlossen, außerdem kann man überall »medikamentös nachsteuern«, sagt er.

Koch kränkelte schon immer ein wenig. Früher plagten ihn Asthma und Heuschnupfen, später kam die Bandscheibe hinzu, dann ein Tinnitus. Freunde berichten von Abendessen, bei denen Koch blau anlief und umgehend sein Atemspray brauchte; manche Kreistagssitzung soll er kreidebleich verlassen haben, um ein paar Gallentabletten später zurückzukehren. Auch Teilnehmer der ZDF-Rundfunkratsitzung berichten von regelmäßigem Tablettenkonsum, aber auch von seinem Spruch: »Ich steuere meinen Körper wie meine Verwaltung.« Um seine Frau zu beruhigen, knabberte er artig die homöopathischen Kügelchen, die sich Anke Koch von der Apothekerin Hielscher besorgt, Gattin seines Uraltfreundes.

»Er fährt nur im roten Bereich«, sagen seine Freunde von der Tankstelle, die sich seit Jahrzehnten um seine Gesundheit sorgen. Er hat sie immer ausgelacht, abgewunken oder gar nichts gesagt. »Jetzt hat es ihn erwischt«, war der erste Gedanke von allen, als sie von seinem Infarkt erfuhren. Überrascht war niemand. Umso erleichterter sind die Freunde, dass Koch am Samstagnachmittag schon wieder SMSen verschickt. Die Clique hat sich beim Fest der Werbeagentur Zoffel, Hoff & Partner getroffen, auch ein Knoten des CDU-Netzwerkes. Mitinhaber Volker Hoff gehört zur Tankstelle, seine Firma kennt das Geschäft mit der CDU seit Jahrzehnten und hat schon mit Helmut Kohls Wahlplakaten Geld verdient.

Die Operation, die Koch über sich ergehen lassen muss, kommt etwas früh, wirklich dramatisch ist sie nicht. Normalerweise. Aber für Roland Koch ist sie bedrohlich. Sofort ist ihm klar, dass die Symbolwirkung katastrophal sein kann. Politiker werden nicht krank, schon gar nicht ernsthaft. Ein harter Hund wie Koch erst recht nicht. Sein stählernes Image ist in Gefahr. Man stelle sich vor: Ein Foto wie er, der Unverwundbare, im grünen OP-Kittel über kahle Krankenhausflure schlurft – die Branche würde sich das Maul zerreißen und ihm tückische Mitleidsbekundungen zukommen lassen. Die Nachricht muss aus der Welt, so schnell wie möglich. Sie muss von einer Wiederauferstehungs-Legende übertroffen werden.

Das Schicksal will es, dass in Kochs Terminkalender für den kommenden Montag eine USA-Reise mit Besuch bei Vizepräsident Dick Cheney vorgesehen ist, 48 Stunden nach dem Eingriff. Perfekt. Dirk Metz verbreitet, dass Koch die Reise selbstverständlich wie geplant antritt. Zwar sind die Ärzte nicht begeistert, schon deswegen nicht, weil sie nicht wissen, mit welchen Argumenten sie die anderen Patienten wochenlang im Bett halten sollen. Aber für Koch ist die Sache klar: Cheney toppt Infarkt, also ab ins Flugzeug nach Washington, am Montag, praktisch direkt vom OP-Tisch, mit einem kleinen Umweg zur Präsidiumssitzung der CDU am Montag in Berlin. Metz ist glücklich, weil die Botschaft angekommen ist: Super-Koch fliegt schon wieder.

Ihm ist trotzdem blümerant zumute. Irgendein einfühlsamer Mensch hat ihm erklärt, dass bei frischen Infarktpatienten gerade der Rückflug von Amerika besondere Risiken berge, warum auch immer. Koch genießt die Reise daraufhin nicht besonders, sondern horcht pausenlos in sich hinein. Gleich nach der Ankunft geht er in die Klinik zum Check.

»Beziehungen verbessern« – Koch bei George W. Bush

Wer an die urdeutschen Tugenden wie Fleiß und Disziplin und Durchhaltevermögen und Zähnezusammenbeißen glaubt so wie Koch, der wird es kaum für Zufall halten, sondern für eine gerechte Fügung, dass er belohnt wird für Härte gegen sich selbst. Die Warnungen der Mediziner hin oder her:»Es hat sich gelohnt, dass ich geflogen bin«, sagt Koch, als er wieder deutschen Boden unter den Füßen hat. Lohn: ein historisches Treffen mit George W. Bush, seine Tapferkeitsauszeichnung.

Fünf Tage hat er in den USA zugebracht, hat den Partnerstaat Wisconsin erlebt, hat sich breitbeinig auf eine Harley-Davidson gesetzt, obwohl er nie den Motorradführerschein gemacht hat, hat Kapuzenpullis für seine Söhne gekauft, Vizeaußenminister Richard Armitage getroffen, den stellvertretenden Sicherheitsberater Steve Hadley, und dort schon unverschämtes Glück gehabt, weil Condoleezza Rice überraschend hereingeschaut hat. Vom Protokoll her war das weit mehr, als Koch erwarten durfte. Oppositionspolitiker aus Deutschland, die keine Kanzlerkandidaten sind und nicht mal Wahlen haben daheim, bekommen kein aufwendiges Empfangskomitee, schon gar nicht am Ende des Irakkriegs, an dem sich diese Drückeberger nicht beteiligt haben. Dass sogar Vizepräsident Dick Cheney ein paar Minuten spendierte, war ungewöhnlich genug. Fotos mit Cheney, und nur um Fotos geht es bei diesen Terminen, das war eine stattliche Ausbeute.

Koch war schon fast am Ende seines Gesprächs mit Cheney, als überraschend das Telefon klingelte. Der Vizepräsident hob ab, sagte »Yes«, legte auf und bat Koch, noch ein paar Minuten zu bleiben. Da plötzlich ging die Tür auf und die White-House-Fotografin trat ein. »Ich dachte, das erste Foto hätte nicht geklappt«, war Kochs erster Gedanke. Doch dann sah er, dass sich George W. Bush in den Raum schob, einen Stuhl griff, sich dazuhockte und 17 Minuten blieb. Über 1000 Sekunden mit dem US-Präsidenten, die ließen ihn noch Tage später selig grinsen, als habe er von psychedelischen Pharmazeutika genascht. Das »drop-in«, ein unangekündigtes kurzes Treffen mit dem Präsidenten, war in der Tat etwas Besonderes. Normalerweise schüttelt der Präsident bei einem drop-in nur die Hand und macht eine witzige Bemerkung. Dass er sich dazusetzte, über die bockbeinige Haltung der deutschen Regierung und sogar die Hessen-Wahlen plauschte, war eine Ehre für Koch, die allerdings nicht nur damit zu tun hatte, dass er ein so großartiger Staatsmann ist, sondern mindestens genauso viel mit strategischen Überlegungen der Amerikaner.

Viele Theorien zum Treffen sind im Umlauf, unter anderem die, dass Helmut Kohl seinem alten Freund aus Einheitstagen, George Bush senior, den Wink gegeben haben soll, der Junior möge doch bitte kurz den Jungen aus Germany empfangen, der so was wie sein Enkel sei. Doch Kohl weist das entrüstet zurück. Wahrscheinlicher ist, dass bei der morgendlichen Lagebesprechung im Weißen Haus der Name des Hessen fiel und gleich zwei enge Mitarbeiter Bushs angaben, diesen Deutschen zu treffen; neben Cheney auch Paula Dobriansky, die Menschenrechtsbeauftragte des Präsidenten, die wie Koch zum internationalen Netzwerk der Freunde Tibets gehört und sich in Geheimdiplomatie mit Peking übt. Zweimal schon hatte Bush den Dalai Lama empfangen.

Tibet ist ein starkes Druckmittel gegen China, zumindest solange die Weltöffentlichkeit nach Peking schaut, bis 2008, wenn die Olympiade dort gastiert. Dobriansky und Koch standen mit Politikern weltweit im Austausch, weil es galt, eine heikle Mission vorzubereiten. Im Sommer 2003 sollte erstmals seit vielen Jahren eine tibetische Delegation unter Leitung der Chefunterhändler Kasur Lodi Gyari und Kelsang Gyaltsen zu Verhandlungen nach Peking reisen. Die beiden engen Vertrauten des Dalai Lama sollen entscheidend mitgeholfen haben, dass sich für Koch derart viele Türen im Weißen Haus öffneten.

Dass Koch sich entgegen dem parteiübergreifenden deutschen Flirt mit China für die tibetische Sache einsetzt, soll Bush beeindruckt haben. Zudem kam ihm natürlich gelegen, dass er ein Gegner dieses linken Bundeskanzlers Schröder war, der in Berlin nahezu zeitgleich den US-Außenminister Colin Powell empfangen würde. Bushs Treffen mit Koch war also eine Mischung aus Wertschätzung für den wahren Konservativen Koch und Demütigung für diesen unfolgsamen Schröder (der allerdings, wie man ein knappes Jahr später erfahren sollte, mit seiner Ablehnung des Irakkrieges ein außenpolitisches Glanzstück hingelegt hatte). Cheney fügte beim Morgengespräch noch hinzu, dass dieser Koch ein »interesting guy« sei, weil er als erster Konservativer seit Franz Josef Strauß ein Bundesland mit absoluter Mehrheit gewonnen habe. Bush antwortete, dass er sich diesen Wunderknaben ansehen wolle.

Übermäßig euphorisch soll Bush allerdings nicht gewesen sein, so vernahm man in der deutschen Botschaft in Washington. Koch sei steif und angestrengt gewesen, schaffte keinen lockeren Spruch, was sehr wichtig ist, und punktete erst am Schluss der 17 Minuten, als er von seinem Vater erzählen konnte, der aufgrund seiner Kriegserfahrungen fast zum Pazifisten geworden sei. Bush, der viel Wert auf Persönliches legt, hätte sich mit Helmut Kohl spätestens ab diesem Zeitpunkt einen lebhaften Anekdotenaustausch geliefert. Mit Koch klappte das nicht, der an der Seite mächtigerer Männer offenbar immer noch in seine alte Rolle als bewundernder Musterschüler fällt.

Umso euphorischer malte Roland Koch aus Eschborn nachher die großen Linien der deutschen Außenpolitik. Cheney und Bush »haben mir sehr deutlich gesagt, dass sie Interesse daran haben, die Beziehungen möglichst schnell wieder zu verbessern«. Er habe dem Präsidenten die historische Situation der Deutschen geschildert, aus der sich erkläre, warum ein Krieg gerade für Ältere und Ostdeutsche so emotional aufgeladen sei. Bush wiederum habe detailgenau argumentiert und seine Verärgerung über Schröder nicht verhehlt. Weltpolitiker Koch brachte zum Schluss seine Überzeugung zum Ausdruck, dass die Differenzen sich in einem persönlichen Gespräch ausräumen ließen.

Welch ein Triumph. Zumal Angelas Merkel kurz zuvor vergeblich auf ein drop-in gewartet und sich dann beim ZDF-Interview verhaspelt hatte. Im Berliner Kanzleramt mühte man sich derweil um Gelassenheit und streute die Anekdote, Bush sei auf der Suche nach seinem Hund in Cheneys Büro geplatzt.

Zwar trägt ihn der Bush-Triumph eine Weile, doch die Herzattacke hat er nicht vergessen. Das Risiko, dass sein Herz ihn ein weiteres Mal im Stich lässt, ist schwer zu quantifizieren, aber sie ist real. Nach seiner Rückkehr sorgt Koch dafür, dass er künftig immer einen Defibrillator in der Nähe hat, eine Art Elektroschocker, mit dem man Herzpatienten ins Leben zurückholt. Am Eingang der Staatskanzlei hängt so ein Gerät in gelbem Plastikmantel namens »Heartstart2«, in Ministerien gibt es eins und auch in seiner Dienstlimousine. Mitarbeiter und Sicherheitsleute werden Anfang Juni in einer Klinik in Königstein im Umgang mit dem Gerät unterwiesen. Nun fühlt er sich sicherer: »Ich bin dem Herrgott nochmal von der Schippe gesprungen«, sagt er zu einem befreundeten Arzt.

»Hier ist der Papa« – Die nette Familie Koch

Um das Familienleben seines Freundes Roland zu beschreiben, erzählt Volker Bouffier eine Geschichte aus seinem eigenen Clan. Eines Tages kam der Innenminister schon um vier Uhr nachmittags nach Hause, weil beim besten Willen kein Termin, keine Akte, nichts mehr zu erledigen war. Bouffier freute sich unbändig, den Rest des Tages mit der Familie zu verbringen. Und er erwartete die gleiche Begeisterung von seinen Lieben. Doch die reagierten verhalten. »Hallo Papa«, sagte der eine Sohn knapp. Er lag vor dem Fernseher. Der zweite Sohn war mit dem Computer beschäftigt, die Tochter unterwegs. Seine Frau stand in Gummistiefeln im Garten, sie topfte Rosen um. »Was machst du denn hier?«, fragte sie: »Ich brauche noch einen Moment.« Bouffier stand verlassen in seinem Haus. Seine Familie war zwar da, aber er fühlte sich unendlich einsam. Er duschte, machte sich ein Brot und spürte, wie der Groll in ihm aufstieg. »Die Welt war furchtbar ungerecht zu mir«, dachte er, »keiner freut sich, wenn ich mal früher nach Hause komme.«

Seine Frau klärte ihn auf: »Wir haben seit Jahren gelernt, uns ohne dich zu organisieren. Da kannst du nicht erwarten, dass an einem Nachmittag plötzlich alles anders ist. Was machst du eigentlich hier?« Bouffier antwortete: »Ich wohne hier.« Seine Frau entgegnete: »Aber nicht um diese Zeit.« Da ist dem Politiker wieder klar geworden, »dass die Familie einen unheimlich hohen Preis zahlt für die Karriere des Vaters und nichts dafür bekommt. Dafür, dass sie nicht mal am Wochenende einen Vater haben, müssen sich die Kinder überall anhören, dass der Alte einer von denen ist, die immer nur Mist bauen, sich aber pausenlos die Taschen voll machen.«

Bei den Kochs ist es ähnlich. Mit dem einen Unterschied, dass der Hausherr nie um 16 Uhr nach Hause kommt. Anke Koch bewältigt ihr Leben als allein erziehende Mutter mit Galgenhumor: »Meine Kinder haben schon keinen Vater, da sollen sie wenigstens eine Mutter haben.« Anke Koch hat Sprachen studiert, sie würde gern arbeiten, aber sie hat sich in ihr Schicksal gefügt, diszipliniert wie ihr Gatte. Jetzt kümmert sie sich halt um den Schüleraustausch mit Wisconsin. Man könne nicht erst seinen Aufstieg unterstützen und dann einen Rückzieher machen, wenn es ernst wird, erklärt sie. Andererseits hat sie ihre öffentlichen Auftritte so weit wie möglich reduziert. Früher ging sie noch mit ihrem Mann und den Jungs zur Weinlese bei Franz Josef Jung, wo auch andere Politiker und Journalisten waren. Das war früher Spaß, heute ist es Pflicht.

Koch ist der Prototyp des virtuellen Familienvaters. Er bildet sich die Familie ein, er fühlt sie, auch wenn er sie viel zu selten sieht. Fragt man ihn danach, dann druckst er etwas verlegen, dass er im Rahmen seines Terminkalenders ein guter Familienvater sei. Fragt man Anke, sagt sie, dass sie sich lustigere Dinge vorstellen kann als zwei halbwüchsige Bengel ohne viel Hilfe großzuziehen, zumal jede Pädagogik auch noch torpediert wird von einem Vater, der wegen seines schlechten Gewissens viel mehr durchgehen lässt als die Mutter. Immerhin war er beide Male bei der Geburt dabei, damals, als er noch Zeit hatte und sie mit Namen und Adresse im Telefonbuch standen.

Es ist nicht leicht, Kind eines hessischen Ministerpräsidenten zu sein. Hans Eichels Sohn soll in der Schule auf die Frage, wie er denn heiße, geantwortet haben: »Das darf ich nicht sagen.« Auch die Koch-Jungs Dirk und Peter müssen sich mit verschärften Sicherheitsmaßnahmen arrangieren. Dafür erleben sie zuweilen Dinge, die andere Jugendliche nicht so einfach mitbekommen. Wenn der Ministerpräsident auf seinen Hessen-Reisen bei den Reportern im Bus mitfährt, dann sitzen sie hinten bei den Sicherheitsmännern und spielen im 7er-BMW am Display mit Musik, Fernseher und Navigationssystem.

Sie tragen dunkle Hosen und weiße Hemden und, sehr ungewöhnlich, nirgendwo sichtbar irgendwelche Markenzeichen, die dem Rest der Welt signalisieren sollen, dass das betreffende Kleidungsstück gut und teuer sei. Nur die blonden Strohhaare sind dezent mit Gel bearbeitet, einer trägt einen Musikstöpsel im Ohr. Sie haben sich daran gewöhnt, dass sie in der Schule gelegentlich blöd angequatscht werden. »Aber früher war's schlimmer«, sagt Dirk. Früher, das war die Zeit der Spendenaffäre. Sie haben gelernt, damit zu leben, dass ihr Vater morgens bestenfalls bei einem eiligen Frühstück anwesend ist, in Zeitungen vergraben oder das Telefon am Ohr, während draußen die Limousine schon wartet, und dass er abends erst nach Hause kommt, wenn sie längst schlafen. »Das kennen wir gar nicht anders«, sagt Dirk, »wahrscheinlich wäre es fürchterlich, wenn er die ganze Zeit zu Hause wäre.«

Nur im Urlaub auf Sylt, da ist er anders. Sylt finden sie inzwischen zwar langweilig, weil sie allein in Wenningstedt hocken, während die anderen jungen Leute in Westerland herumtoben. Allein dürfen sie noch nicht los. Vielleicht nächstes Jahr. Aber ihr Vater ist gut drauf, denn »er kann super abhängen«, sagt Peter, wenn nicht morgens zehn Meter Faxe kommen.

Roland Koch ist unbändig stolz auf seine Söhne. Er kokettiert mit der akustischen Belastung, wenn er mit ihnen zur Kelly Family oder den Back Street Boys geht, aber in Wirklichkeit genießt er die Stunden mit ihnen. »Wenn man am Eingang Ohrenschützer bekommt, ist das ein prinzipiell neues Erlebnis«, sagt er mit Entdeckerstolz. Zuweilen gibt es Verhaltensregeln, zum Beispiel den Hinweis, dass es jemand von der Presse zur Kenntnis nehmen könnte, wenn sie sich ein drittes Eis genehmigen. 2001 waren Dirk und Peter im Sommer mit in Nordamerika. Ihr prägendstes Erlebnis war ein Blick in die offene Drogenszene in Toronto. »Schaut euch diese Menschen an, was von ihnen übrig ist, schaut ihnen in die Augen. Und dann schaut euch in die Augen und erkennt, was die anderen verloren haben«, hat der Vater ihnen gesagt

Koch will seine Söhne zu »Selbstbewusstsein erziehen, ohne dass sie arrogant sind, sie sollen sich frei entfalten, aber sich ihrer Verantwortung bewusst sein«. Würde er sie bremsen, wenn sie zu den Jusos gingen? Koch denkt nach. »Das wäre mir ziemlich egal, aber wir würden möglicherweise heftige Diskussionen haben.« Er guckt, als ob ihm der Gedanke Spaß bereitet. Doch mit Politik haben die kleinen Kochs nichts im Sinn. Allenfalls hadern sie mit den Entscheidungen ihres Vaters. Der hat dafür gesorgt, dass Rechtschreibung in Fächern wie Biologie notenrelevant ist, und wegen seiner Unterrichtsgarantie müssen sie länger in der Schule bleiben. »Das stößt nicht gerade auf Begeisterung«, sagt Koch. Schließlich sind beide bevorzugt außerhalb der Schule aktiv, einer bei der freiwilligen Feuerwehr Eschborn, die inklusive Fehlalarme auf 300 Einsätze im Jahr kommt. Die Klamotten liegen nachts so, dass er in Windeseile angezogen und in weniger als fünf Minuten mit dem Rad in der Zentrale ist, nachdem der Beeper Alarm gemeldet hat.

Beide sind die einzigen Systemadministratoren ihrer Schule, die unbegrenzten Zugang zu den Rechnern haben, »und alles in Ordnung bringen, was die Lehrer über Tag so kaputtmachen«, sagt Koch grinsend. Mit großem Interesse verfolgt er die LAN-Parties, die zuweilen in ihrem Haus stattfinden. »Die Jungs kommen dann mit ihren Rechnern, die untereinander verkabelt werden, ein ganzes Wochenende lang«, erklärt Koch, der allerdings keine Ahnung hat, was da so gespielt wird. Indizierte Ballereien? Illegale Software? »Es wäre wohl unrealistisch, wenn man das ausschließen wollte«, sagt der vorsichtige Jurist.

Koch ist nicht enttäuscht, dass seine Jungen »ihr eigenes Leben leben«. Er war ja damals »in der glücklichen Situation, sehr, sehr mit meinem Vater im Denken harmonisiert zu haben, das war nicht nur in der Politik so, sondern auch im Beruf, den wir teilweise zusammen ausgeübt haben. Und die Menschen konnten sich auf uns verlassen, auch wenn wir uns abgewechselt haben, weil wir sehr ähnlich waren im Denken und im Umgang.« Seine Söhne seien zwar sehr interessiert an seinem Job, »aber sie wollen keinesfalls eine Kopie ihres Vaters sein. Sie leiden auch unter mir, einfach wegen meiner Bekanntheit. Deren Jugend ist eben nicht so unbeschwert wie meine.«

Zuweilen plagt ihn tatsächlich ein schlechtes Gewissen, wenn er wieder nur vom Autotelefon aus die Zeugnisse kommentieren kann. Man hört sofort, dass er jemand aus der Familie in der Leitung hat. Er bellt nicht »Koch hier!« wie sonst, sondern sagt vergleichsweise zart: »Hier ist der Papa.« Die Gespräche sind knapp, er fragt kurz und lässt lange antworten. Dafür sprechen sie drei-, vier-, fünfmal am Tag. Inzwischen sind seine Söhne eine wichtige Informationsquelle. Der eine hört morgens Nachrichten und bringt ihn auf den neuesten Stand, der andere durchsucht den Videotext.

Koch hört morgens kein Radio, guckt kein Frühstücksfernsehen. Er liest das »Höchster Kreisblatt« und dann die »FAZ«.

Manchmal reicht ihm Anke dann eine Liste, was im Haus gemacht werden müsste, im Garten, auf dem Dachboden. Doch dafür fehlt die Zeit, wie für so vieles. Sie träumt von einer Reise durch Chile, aber damit wird es auf absehbare Zeit nichts werden. Früher, als ihr Mann noch Wickelkommoden geschreinert hat, da hat sie sich der Illusion hingegeben, ihr Leben würde einigermaßen normal verlaufen. Wer hätte geahnt, dass er jetzt abends manchmal mit dem Hubschrauber nach Hause kommt, der am Ortsrand von Eschborn landet, wo der Bundesgrenzschutz mit dem Wasserwerfer übt.

Immerhin hat er seine Angewohnheit behalten, umgehend den Anzug zu verlassen, sobald er zu Hause ist, und in seine Jeans zu springen. Dass er immer noch einen Aktenkoffer dabeihat, das ist ihm allerdings nicht auszutreiben. Nach wie vor gönnt er sich allerdings ausgiebig Urlaub, mindestens fünf bis sechs Wochen im Jahr. Früher hat er sich mehr um seine Buddha-Sammlung gekümmert, heute ist er magisch von Ebay angezogen. Manchmal gibt er bei seiner Frau etwas in Auftrag. Beim Internet-Auktionshaus hat sie für ihn zu Weihnachten einen Weinführer von Hugh Johnson erstanden. Das gefiel ihm. Denn Koch kann Wein nicht einfach nur genießen, sondern er muss Jahrgangszahlen sehen, Lagen, Qualitäten. Beim Wein ist Koch rigoros. Als er mit einem Freund eine gute Flasche öffnete, da nahm er den ersten Schluck, erschrak, beschloss: »Der hat Korken« und schüttete die ganze Flasche weg. »Dabei war der Wein völlig in Ordnung«, erinnert sich der Mitzecher.

Anke Koch ist da anders. Stolz verrät sie ihren Trick, wie sie die Lebensdauer von Socken verlängert. Um einzelne Strümpfe nicht wegwerfen zu müssen, kauft sie, auch bei Aldi, gleich ein halbes Dutzend Paar. »Geht einer kaputt, kann man wunderbar tauschen.« Mit leichter Anspannung bemerkt Koch, dass »meine Frau manchmal extrem sparsam ist«, während er, gerade wenn er fürs Kochen einkauft, mit dem Geld großzügig umgeht. Oder wenn er einen Buchladen stürmt. »Da kommt er dann mit Stapeln von Büchern wieder raus, und alle wissen, dass er doch keine Zeit findet, auch nur eins davon zu lesen«, sagt Anke Koch. Dass jemand noch vernünftiger ist als er, das passiert ihm ziemlich selten.

Wenn Koch über seine Ehe redet, dann dringt umgehend der Funktionator durch bei ihm. »Ich lege großen Wert darauf, dass wir ein gemeinschaftliches Unternehmen sind, in dem jeder vom anderen abhängig ist.« Wahrscheinlich ist das ein Zeichen von Wertschätzung, wenn er seine Familie »Unternehmen« nennt. Aber es ist schon so: Sie haben sich als kleine

Firma organisiert. Anke hat dabei die Funktion des Finanzvorstandes, die bekommt die Gehaltsabrechnung und führt die Konten, er bekommt ein Taschengeld. »In Rom wäre er einmal fast verloren gegangen«, erzählt Anke, »weil er nicht wusste, wie man eine Plastikkarte zu Geld macht.« Anke Koch nimmt die Witterung draußen im Volk auf, sie prüft die Stimmung beim Elternabend, sie ahnte schon ein paar Tage eher als die Demoskopen, dass die Wahl 1999 zu seinen Gunsten ausgehen könnte. Es gibt Freunde der Kochs, die behaupten, er habe daheim nicht viel zu sagen. Sein schmutziges Geschirr muss er jedenfalls alleine wegräumen.

Und dass »er mich manchmal zum Wahnsinn treibt«, sagt sie auch ganz offen, wenn er zum Beispiel gerade aus dem Urlaub zurückkommt und sofort aus dem seit langem im Garten liegenden Steinhaufen eine Terrasse machen will, obwohl keine Notwendigkeit besteht und eigentlich auch gar nicht genug Zeit ist. »Aber das muss dann sofort sein, dann setzt er sich gleich wieder gewaltig unter Strom«, sagt Anke Koch und verdreht die Augen. Oder damals, als sie ihr Haus gerade bezogen, inmitten in Umzugskartons standen und nichts funktionierte, da musste ihr Mann unbedingt auch noch den ganzen Garten aufreißen, um ein hochkompliziertes Bewässerungssystem zu verlegen. Manchmal bekommt er auch einen Rappel und beschriftet alle Gewürzdosen in der Küche neu. In solchen Momenten holt sie ihn mit zuweilen deutlichen Worten auf den Boden zurück ins richtige Leben, soweit das überhaupt möglich ist hinter einem hohen Metallzaun, auf dem die Videokameras festgeschraubt sind. Einen längeren Nutzen hat es allerdings ohnehin nicht.

»Kompass verloren« –
Koch und das verflixte Jahr 2003

Erfolge wie der Besuch beim Präsidenten, überhaupt die große Welt, haben den Ministerpräsidenten von Hessen entfernt. Die Aufbruchstimmung des Jahres 1999 will nicht aufkommen. Im Kabinett nervt Koch mit Monologen, die denen Stoibers nicht nachstehen. Die Minister sind entscheidungsschwach, sie haben sich daran gewöhnt, dass er sowieso alles klärt. Koch hat für seine Wohltaten zwei Milliarden Euro Schulden gemacht und das Defizit in historische Höhen von 31 Milliarden Euro gejagt. Warum fordert die SPD keinen »Untersuchungsausschuss Wahlbetrug«, wie sie es bei Koch gelernt hat?

»Er hat seinen Kompass nach der Wahl verloren«, kritisiert der FDP-Fraktionsvorsitzende Hahn,»sein Heiligenschein ist weg. Er hat sich vor einem ordentlichen Regierungsprogramm gedrückt, er hat sich vor einer katastrophalen Haushaltslage gedrückt, es wird zu viel aus Tagestaktik heraus regiert. Dic absolute Mehrheit hilft ihm auch nicht, denn er kann nichts delegieren. Jeder in seiner Partei meint, mitreden zu können.« Koch hat das gleiche Problem, was er immer hat, wenn er sich obenauf fühlt: Er wird nachlässig, leichtsinnig und anfällig für das süße Gift des Größenwahns, das um ihn herum zu wirken beginnt. Sie glauben, die ganze Welt sei so wie Hessen. Diesen Tunnelblick hatten die Bayern 2002 auch. In der Staatskanzlei wird halbernst geplant, wer mitgeht nach Berlin: Jung soll Kanzleramtschef werden, Metz Regierungssprecher.

Nach den ersten hundert Tagen der neuen Regierung, nach Infarkt und George W. Bush braucht Koch erst einmal Erholung, auf Sylt natürlich, dort, wo er in Wenningstedt ein kleines Anwesen hat, ein Reihenendhaus, mit Schiefer statt Reet auf dem Dach, das von einer Agentur vermietet wird, wenn die Kochs nicht da sind. Viele Hessen haben auf Sylt ihr zweites Zuhause: Landtagspräsident Kartmann, der Bundestagsabgeordnete Siebert, Ministerin Wolff. Koch ist ein Nordseemensch, der am liebsten bei rauer See am Wasser entlangstapft, in Gummistiefeln und Regenjacke. Er redet nicht viel über Politik, lieber über seine Jungs. Dabei hat er die Mütze so tief ins Gesicht gezogen, dass ihn keiner erkennt. Wenn ihn jemand bei Aldi sieht, dann murmelt er:»Wo soll man den sonst hingehen? Kann man doch alles gar nicht bezahlen hier.«

Koch holt morgens die Brötchen, was immer etwas bizarr aussieht, weil die Sicherheitsleute das Kunststück fertig bringen müssen, unauffällig zu folgen. Er beginnt den Tag mit der»Sylter Rundschau«, weil er wissen will, was in seinem Urlaubsort los ist, vor allem aber, wie sich die Immobilienpreise entwickelt haben, wer gestorben ist. Bis morgens um 10 gestattet Frau Anke Faxe, dann ist Schluss, dann gehen beide ans Wasser. Lange hat sie es geschafft zu verhindern, dass überhaupt ein Fax installiert wurde. Mit der Schickimicki-Szene von Kampen haben die Kochs nichts zu tun, die Austernbande ödet sie an. Sie verziehen sich in den Strandkorb, der auf ihrer Terrasse steht, zum Lesen, zum Dösen. Wer Koch auf Sylt besucht, gewinnt den Eindruck, dass der Politiker mit aller Kraft versucht abzuschalten. Er redet es sich tapfer ein, aber in Wirklichkeit kann er an gar nichts anderes denken als Politik, allenfalls für Momente. Zu viel dreht weiter in seinem Kopf.

Es arbeitet in ihm, pausenlos, besonders in diesem Frühling. Ungeduld hatte sich seiner bemächtigt. Seine Herzoperation hatte ihm erstmals seine Endlichkeit vorgeführt. Zudem ist sein Vater schwer erkrankt. Dem alten Herrn aber will er unbedingt noch zeigen, dass er mehr kann als nur Hessen erobern. Der Reformherbst der Bundesregierung erscheint Koch als ideales Zeitfenster für den Versuch, Schröder aus dem Kanzleramt zu verjagen. Dazu muss man Keile treiben zwischen Reformer und Traditionalisten in der SPD, Keile zwischen Rote und Grüne, Keile zwischen Ministerpräsidenten und Bundesregierung.

Das zweite Halbjahr 2003 würde das schwerste in der Geschichte der Bundesrepublik, hat er immer wieder behauptet, schon deswegen, damit auch die Größe des Retters in historische Dimensionen wächst. Da gibt es nur einen, der die strategische Lage überblickt, der schlaue Pläne, Härte und Entschlossenheit hat, der weiß, wie man Rotgrün zu Fall bringt. Für die, die immer noch nicht wussten, wer das sein könnte, würde er in diesem zweiten Halbjahr ein Feuerwerk abbrennen, das all seine Fähigkeiten an den Himmel schriebe: Koch, der beste Sparer, Koch, der beste Reformierer, Koch, der beste Stratege, Koch, der beste Oppositionspolitiker, Koch, der beste Vermittler, Koch, der Schlauste, Schnellste, Professionellste. Im ersten Halbjahr traf er für die Kanzlerkandidaten-Show umfangreiche Vorarbeiten. »Eine neue Ära«, hatte er nach seinem Wahlsieg verkündet, und die leitete er sogleich ein, auf der Bundesbühne. Denn: »Ich bin kein Geselle mehr, ich habe den Meisterbrief.«

Der deutschlandweit als Finsterling Wahrgenommene gibt den parteiübergreifenden Lösungspolitiker, den Anführer des großen Konsenses, vorbei an allen Merkels, Stoibers und Schröders. Mit NRW-Ministerpräsident Steinbrück kooperiert er im Bundesrat in Finanzfragen. Sie beschließen, deutschen Unternehmern 4,4 Milliarden Euro mehr Steuern abzuknöpfen. Das freut die Arbeitnehmer. Zugleich planen sie das gemeinsame Vorgehen beim Subventionsabbau. Das freut keinen. Er will den Transrapid nach Hessen holen. Das freut die Deutschen. Weil er sein Image als Rechtsaußen abstreifen will, kümmert er sich plötzlich rührend um seine »Integrationsräte«, hessische Ausländervertreter, mit denen er gemeinsam verkündet, Hessens Integrationspolitik sei die Beste im Lande. Das freut alle.

Er will seine heimatliche CDU zur Hessen-Partei machen, die für alle Schichten wählbar ist, so wie es die CSU vorgemacht hat, und sorgt mit mehreren programmatischen Reden dafür, dass ihn die Presse endlich mit Georg August Zinn vergleicht, dem ersten der hessischen Ministerpräsidenten nach dem Krieg, Sozialdemokrat zwar, aber ein großer Landesvater, der Wir-Gefühl und Zuversicht, Reformfreude und Aufschwung ins Land gebracht hatte. So will Koch auch wahrgenommen werden, als Menschenfreund und nicht als Politikmaschine. Für den Fall, dass alsbald ein Kanzlerkandidat gebraucht würde.

In seiner Staatskanzlei laufen die Mitarbeiter auf Hochtouren, Immobilienpreise und Wohnlagen an der Spree werden diskret erkundet. Roland Koch bevorzugt Handballer in seiner engsten Umgebung, Männer, die sich im harten Hallensport bewiesen haben, die zuschlagen und wegkloppen können. Staatskanzleichef Stefan Grüttner ist gelernter Handballer, Büroleiter Thomas Schäfer und Metz auch. Schäfer war sogar Torwart, eine Position, für die man die Mentalität eines Gletschers braucht. Die Männer verbringen mehr Zeit im Büro als überall anders, dafür gilt die hessische Staatskanzlei als die bestgeführte nach der Münchner, die aber ein Mehrfaches an Personal braucht. Hier, unter Juristen, wurden die Strategien zu Spendenzeiten ausgeklügelt, von hier aus soll auch die Fischer-Attacke gekommen sein. Aber es sind die Kleinigkeiten, auf die Koch stolz ist. Als im Sommer 2003 nach langmonatiger Gefangenschaft die in der algerischen Sahara als Geiseln genommenen Deutschen freigelassen worden waren, da war der Brief des Ministerpräsidenten an die Geisel aus dem hessischen Kelkheim schon unterwegs, bevor die Freigelassene überhaupt wieder auf deutschem Boden stand, inklusive Einladung zum Sommerfest des Ministerpräsidenten. Das sind kleine Perfektionstriumphe, die Koch genießt, während er läuft wie ein Uhrwerk, jeden Tag, jede Woche, jedes Jahr. Er ist nie fertig. »Eine Pause kriegt er erst wieder beim nächsten Infarkt«, spotten seine Mitarbeiter.

Kochs langjähriges Büro ist von bemerkenswerter Schlichtheit. Im Regal das Dregger-Buch »Streiter für Deutschland«, ein laubgesägter Leuchtturm von der Partei, weil »Leuchtturm« eine seiner Lieblingsmetaphern ist, eine amerikanische Adlerskulptur, Geschenk von Tommy Thompson. Ein Kleincomputer bewahrt die Termine auf. Der Schreibtisch ist immer sauber. »Kein Beamter in Hessen wartet länger als 36 Stunden, bis er seine Akte zurückhat«, sagt Koch. Es gibt nichts Persönliches, keine Heimeligkeit. Sehr oft ist er nicht hier, im Terminkalender steht bestenfalls ein-, zweimal die Woche der Posten »Büroarbeit« und dann maximal eine Stunde. Kochs Büro ist die Rückbank seines Dienst-BMW, ein gepanzerter 7-er, die lange Version. Da hat er Fernsehen, Telefon und eine Gummimatte als Arbeitsfläche für die grünen Mappen, die den täglichen Kleinkram bergen, und für die sandfarbenen mit den roten Streifen und dem Aufdruck »sofort«. Von hier erzieht er seine Söhne, wenn seine Frau verzweifelt anruft, weil die Bengel nicht zu bändigen sind, hier verbringt er 70 000 Kilometer im Jahr, was 20 ganzen Tagen entspricht, und immer vorschriftsmäßig angeschnallt. Kein Wunder, dass ihn der Rücken schmerzt.

Martin Blach ist vielleicht der wichtigste Mann bei Koch, weil er für das reibungslose Funktionieren des Alltags zuständig ist. Als persönlicher Referent ist er eine Art Butler, nur schlechter bezahlt. Er musste sich erst mal auf die Schlagzahl in Kochs Umgebung einstellen, als er von der Uni kam, wo er Theologie studiert hat. Nicht selten steht er um Viertel nach fünf morgens auf und kommt erst um ein Uhr nachts wieder ins Bett.

Diesen Job kann nur ein Junger machen, ohne Familie, Freunde, Hobbys. Wenn man am Wochenende überhaupt mal einen Tag frei hat, dann schleppt man sich auf die Couch, unfähig zu telefonieren oder wenigstens ein paar Mails zu erledigen. Die Kraft reicht gerade, die Fernbedienung anzuheben. Da muss man Fan sein und die Fähigkeit haben, sich einzureden, dass man bei einer Mission dabei ist, unterwegs zu fernen Galaxien, so wie auf der »Enterprise«. In diesem Frühsommer haben sie in der Staatskanzlei alle dieses Gefühl. Und Captain Koch ist ihr Anführer. Schließlich scheinen in einem nachhaltig verunsicherten Deutschland alle nur auf ihn zu warten, den Macher, den Beweger, den Anpacker, den starken Mann, eben Koch. Dieses Jahr würde sein Jahr, da waren sich alle sicher.

Kochs Sinkflug und Merkels Aufstieg

»Ich unterstütze Sie als Parteivorsitzende, aber nicht als Kanzlerkandidatin.« (Roland Koch zu Angela Merkel)

Im Nachhinein, mit ein wenig Abstand, wird Roland Koch dieses zweite Halbjahr vielleicht als eine der lehrreichsten Phasen seines Politikerlebens begreifen. Diese Monate haben ihm schmerzhaft bewiesen, wie paradox Politik ist, wie wichtig die weichen, psychologischen Faktoren sein können und wie egal die objektiv richtigen Fakten. Sie haben ihm gezeigt, dass man politischen Erfolg nicht erzwingen kann mit noch mehr Arbeit, noch mehr Vorschlägen, noch höherer Schlagzahl, noch brutalerem Polarisieren, noch düstererem Schwarzgemale.

Womöglich ist das Gegenteil richtig, dass behutsames Bewegen schneller zum Ziel führen kann als röhrendes Vollgas im Leerlauf. Moderne Politik bedeutet, dass der Politiker stets eine Auswahl von Optionen parat hat, die ihm auch in komplexen Situationen Handlungsfreiheit geben. Unmoderne Politik ist rechthaberisch und manövriert sich in die Handlungsunfähigkeit.

2003 muss den ökonomisch denkenden Menschen Koch in der Rückschau unendlich aufregen: Maximaler Aufwand, minimaler Ertrag. Er war der fleißigste aller Ministerpräsidenten, der agilste Parteitaktiker, ließ Hessen aufregende Gesetzesinitiativen nach Berlin einspeisen, sparte sich alle Rechtsradikalismen, jettete nach Washington, Moskau, London – um am Ende in allen Umfragen unter den Werten des Vorjahres zu rangieren. Hier und da wurde er gar zum Absteiger des Jahres gewählt.

In wenigen Monaten hat Roland Koch seine Grenzen kennen gelernt. Er hat erfahren, dass das große Deutschland anders funktioniert als das kleine Hessen. Er hat gelernt, dass die Köpfe in der Bundes-CDU schlauer sind und eigener als die Soldaten daheim, dass der Andenpakt nicht belastbar ist, dass er Schröder nicht allein zum Rücktritt drängt, dass er sich übernommen hat beim Versuch, mit unzähligen Bällen zu jonglieren, dabei zu tanzen, zu treten und noch kräftig aufzustampfen. Zu viel, selbst für Roland Koch. Vor allem aber musste er einsehen, dass er Angela Merkel und ihr naturwissenschaftliches Verständnis von Politik sträflich unterschätzt hat. Für Merkel war 2003 ihr bestes, für Koch ein schlimmes Jahr. Der Hesse und die Igelin: Sie ist immer schon da, wenn er noch Anlauf nimmt. Zugleich illustrieren diese Monate den Menschen Koch, seine Neigung, mit Arbeit alles zu kompensieren, insbesondere seinen durcheinander geratenen Emotionshaushalt. Kaum jemand weiß, dass er in diesem Sommer um das Leben seines Vaters bangt. Die Angst lässt sich auch mit Gebirgen von Akten nicht verschütten, sie steckt in ihm, jeden Tag, nicht kontrollierbar mit noch so viel Gedankenkraft. Koch und sein Vater – das ist eine fast romantische Geschichte, die auch deswegen so stabil und freundschaftlich ist, weil sie sachlich geführt wurde. Immer wurde juristisch vorab kontrolliert, was dann gefühlt wurde. Im Sommer, etwa um die Zeit, als Kochs Popularitätskurve knickt, muss der alte Herr Koch plötzlich auf die Intensivstation, ein zentrales Gefäß droht zu bersten. Die Männer der Koch-Familie waren schon gesundheitlich nicht die fittesten, hinzu kam bei Karl-Heinz Koch der Lungensteckschuss aus dem Krieg. Oft fährt der Ministerpräsident nach der Arbeit noch ans Krankenbett.

Roland Koch nimmt sich Zeit für lange und sehr emotionale Gespräche mit Medizinern, in denen es um alles geht, was Kinder umtreibt, wenn sie das Ende ihrer Eltern näher rücken spüren: Schmerzen, Leid und der Sinn von Therapien, Abschied, ethische Überlegungen, Qualen zu lindern oder zu verkürzen. Von diesem stillen Alltagsdrama, das andere Politiker eiskalt medial ausgeschlachtet hätten, steht nie auch nur der kleinste Satz in irgendeiner Zeitung, auch wenn Koch wochenlang nahezu stündlich in der Klinik, bei seiner Frau, bei seiner Mutter angerufen hat, der es ebenfalls nicht besonders gut geht.

Viel einfacher ist die familiäre Situation seither nicht geworden. Vater Koch ist wieder zu Hause, muss aber dreimal die Woche zur Dialyse. Anke Koch hilft, wo sie kann, hat aber ihre liebe Not mit der resoluten Schwiegermutter. Ihr Verhältnis ist zeitweilig so gespannt, dass Roland zwischen den beiden Frauen vermitteln muss.

»Er ist ein echter Freund« – Trost vom Dalai Lama

Zärtlich legt der alte Mann seinen Arm um Roland Koch und zieht ihn etwas dichter an sich. Es ist mehr als eine kumpelige Geste: fester, familiärer, wärmer, ausdauernder. Koch ist nicht der Typ, der körperliche Nähe schätzt, erst recht nicht in der Öffentlichkeit. Doch in diesem Moment ist alles anders. Er lässt die Berührung geschehen, entwindet sich nicht, ja, er scheint sie zu genießen. Schweigend verschlungen gehen sie über den Parkplatz. Sie müssen nicht reden. Für einen Moment sind Koch und der Dalai Lama allein auf der Welt.

Natürlich sind sie nicht allein. Motorradeskorte, Chauffeure, Protokollbeamte, Bedienstete, der ganze hessische Hofstaat drängelt sich zwischen einem Dutzend schwarzer Limousinen auf dem Hof des Gästehauses und beobachtet die Szene ebenso aufmerksam wie die kleinen drahtigen Sicherheitsleute des Dalai Lama und seine vertrauten Mönche. Hessen und Asiaten sind gleichermaßen verblüfft: So innig erleben sie ihre Chefs selten. Offenbar spürt der Ober-Tibeter, dass der Ministerpräsident diesmal den seelischen Beistand besonders nötig hat.

Eine Stunde zuvor war ein Schwarm Motorräder die Auffahrt zu der Villa emporgeknattert, dahinter sechs dicke BMW und ein Mercedes. Die staatsbesuchgewohnten Nachbarn in der sonst so ruhigen Gegend erkennen an der Zahl der Motorräder die Bedeutung des Gastes. Heute sind es neun, das Maximum, ganz hoher Besuch also. Es ist der Dalai Lama, der nur in Hessen im Range eines Staatschefs empfangen wird. Außenminister Fischer spendiert keine Eskorte, nicht mal ein Polizeiauto fürs Verkehrsgewühl, wenn der Exiltibeter nach Berlin kommt.

Roland Koch und der Dalai Lama. Macher und Meditierer. Kopfmaschine und Herzmensch. Hier der Gehetzte, der seine Tage im Minutentakt einteilt, dort der Entspannte, der seit Jahrzehnten geduldig an der Befreiung seiner Heimat arbeitet. Der Hohepriester des politischen Gegeneinanders und der Gottkaiser des seelischen Miteinanders. Wie passt das zusammen? Eigentlich gar nicht. Oder ganz besonders gut. Denn Koch kann für einen Moment Urlaub machen von seinem professionellen Ich. Und der Dalai Lama weiß sich eines Vertrauten sicher: »Er ist ein echter Freund«, sagt er über Koch, und das nicht nur, weil der ihm diskrete Untersuchungstermine in erstklassigen Wiesbadener Kliniken besorgen lässt. Mehr als ein Dutzend Mal haben sie sich gesehen, zuweilen unter vier Augen, ohne Sicherheit, Dolmetscher, Schranzen. Eine Ehre, die Koch als einem von ganz wenigen zuteil wird.

Sobald der kleine Mann im safranfarbenen Mönchsgewand in seiner Nähe ist, verändert sich der sonst so steife Besser-Hesse spürbar. Plötzlich wirkt er leichter, frischer, offener. Als er im Garten des Gästehauses mit dem Tibeter vor die Kameras tritt, müht er sich um staatsmännische Miene, aber er ist glücklich, stolz, euphorisch, dass die Mundwinkel fast ausreißen vor Grinsen. Aufgeregt verschluckt er fast die Begrüßungsworte.

Dann ist der Ober-Tibeter an der Reihe. Er ist erkältet, ihm steht der Sinn nicht nach großen Worten.»Schöner Garten«, bringt er hervor. Husten.»Freude.« Husten.»Engagement für Tibet.« Husten.»Besonders bei meinem Freund Roland Koch.« Weiteres Husten. Ende der Ansprache. Lächeln. Interessiert zupft Seine Heiligkeit am Puschel eines TV-Mikrofons.»Wie ein tibetisches Schaf«, sagt er. Alle lachen. Nur Koch nicht. Der möchte lieber noch was Bedeutsames zur Weltpolitik sagen. Da grinst ihn der Dalai Lama listig von unten an und krault dem Verdatterten das Kinn. Wieder lachen alle, sogar Koch, auch wenn er nicht weiß, wie man über eine solche Respektlosigkeit lachen kann.

Kochs plötzliche Entspannung im Beisein des charismatischen Buddhisten ist verblüffend.»Er ist wie ausgewechselt, sehr herzlich, sehr warm – ein emotionaler Ausreißer, der gar nicht zu seinem Wesen passt«, erinnert sich »Focus«-Chef Markwort, der bei einem Besuch des Dalai Lama 2001 in Wiesbaden dabei war. Kochs langjähriger Büroleiter Helmut Georg Müller hat festgestellt:»In Roland geht eine merkwürdige Veränderung vor. Als ob ihn die Aura dieses Mannes befreit. Und das ist echt. Das kann man beim besten Willen nicht spielen.«

Immer, wenn er in Europa ist, versucht der Dalai Lama, bei Koch vorbeizuschauen. Manchmal treffen sie sich nur kurz zwischen zwei Flügen in der VIP-Lounge des Frankfurter Flughafens. Diesmal ist der Tibeter auf dem Weg nach Berlin zum Kirchentag, wo er die Waldbühne füllen soll, tags darauf dann das Münchner Olympiastadion. Seine Heiligkeit ist eben auch ein PR-Profi, mit eigener Serie in»Bild«. Seine Nähe zu Koch demonstriert das Oberhaupt der Tibeter oft. Zuweilen legt er den Arm um den Politiker oder hält, etwa auf dem Rücksitz der Staatskarosse, einfach nur still seine Hand. Ungewöhnlich emotional erklärt Koch im Gespräch mit Hugo Müller-Vogg die Wirkung des heiligen Mannes auf ihn:»Vielleicht habe ich gelernt, eine Art gelassener Fröhlichkeit zur Geltung kommen zu lassen, sie jedenfalls nicht zu unterdrücken. Denn so würde ich meine Grundstimmung beschreiben: gelassen fröhlich. Das ist eine Begabung, an der man aber arbeiten muss. Das ist Teil der buddhistischen Mönchstradition: arbeiten an der Vervollkommnung der eigenen Begabungen und Fähigkeiten.«

Bemerkenswerterweise ist Koch seinem Pro-Tibet-Kurs als Ministerpräsident treu geblieben. Was nicht selbstverständlich ist, denn mit Verantwortung für den Weltbankplatz Frankfurt sind Rücksichtnahmen fast unumgänglich, zumal auf das prosperierende Riesenreich China. Gleich beim ersten Peking-Besuch 2001 als Regierungschef testete Koch die Belastbarkeit der Gastgeber. Beim stellvertretenden Außenminister brachte er die Tibet-Frage so unumwunden zur Sprache, dass einer der Begleiter »Angst hatte, dass wir gleich rausfliegen«.

Wider Erwarten hörte sich der Chinese Kochs Argumente an. Diplomatische Verwicklungen blieben aus. Im internationalen Geschäft nicht übermäßig kundig, machte Koch hier eine entscheidende Erfahrung: »Meine Art hat bei den Chinesen, bei denen ich lange Zeit nicht gut gelitten war, eher Respekt ausgelöst. Meine Gesprächspartner in China haben akzeptiert, von mir auf die Situation der Tibeter angesprochen zu werden. Und sie haben sich auf dieses Gespräch auch eingelassen.« Unbequeme Offenheit, hat Koch da gelernt, ist manchmal mehr wert als heimtückische Höflichkeit.

Seine Neigung zum klaren Wort nützte ihm in der deutschen Politik des Jahres 2003 allerdings nicht viel. Auch hier versuchte Koch es mit Geradlinigkeit, die ins Dickköpfige spielte, und beging damit einen seiner schwersten strategischen Fehler überhaupt. In der Sommerpause hatte sich Bundeskanzler Schröder durchgerungen, die erst für 2005 geplante nächste Stufe der Steuerreform vorzuziehen. Finanzpolitisch eine Katastrophe, weil die öffentlichen Kassen ohnehin leer waren, aber ein unverzichtbares psychologisches Signal nach innen wie nach außen: Es geht voran in Deutschland.

Koch saß in der Falle. Er hatte immer für Steuersenkungen plädiert, auf der anderen Seite hatte er den hessischen Haushalt mit einem keynesianischen deficit spending frei nach Lafontaine mit allerlei Buchungstricks in die Rekordverschuldung manövriert, sodass jeder Cent Steuerausfall gewaltige Probleme verursacht hätte. Hinzu kamen strategische Zwänge. Wenn die Union Schröder in diesem Herbst stürzen wollte, durfte sie ihm auf gar keinen Fall ein Steuergeschenk ermöglichen.

Koch sah obendrein die Chance, die in Finanzfragen unerfahrene Merkel in die Ecke zu drängen. Weil er die ebenfalls klammen Ministerpräsidenten der Union hinter sich glaubte, bastelte er sich mühsam eine Argumentation für die Ablehnung zusammen: Die Steuerreform dürfe auf gar keinen Fall auf Pump gegenfinanziert werden, hieß seine Linie, Diskussionen nicht möglich. Ein grober Schnitzer. Hätte er je auf seine Parteivorsitzende gehört, hätte Koch gelernt: Niemals von Anfang an auf unverrückbaren Positionen beharren. Die muss man nachher fast immer kassieren.

Es war Anfang Juli, als Koch sich mit seinem Nein zur Steuerreform erstmals eine Watsche aus München einfing. Der eitle Stoiber, der bei seinen Landtagswahlen im September die 60 Prozent erreichen wollte, hielt

Kochs öffentliche Vorbehalte für eine Torpedierung seines Wahlkampfes, eine Todsünde in der Union. Mehrfach ließ Stoiber streuen, dass die hessische Position nicht akzeptabel sei und dieser Tropf aus Wiesbaden ungeschickt agiere, wenn er bereits jetzt den Kampf gegen Merkel eröffne und obendrein der Bundesregierung die Chance gab, auf die Uneinigkeit der Union zu verweisen.

Die anderen Granden assitierten. NRW-Rüttgers monierte, dass Koch stets Sachfragen immer gleich zu Machtfragen mache, Stuttgarts Teufel hielt ein flammendes Plädoyer für eine Steuersenkung und betonte die Unmöglichkeit dagegen zu sein. Der Zank dauerte mehrere Wochen und einige Gipfeltreffen, wobei eines immer klarer wurde: Der Hesse hatte sich in die Isolation manövriert, seine Argumente wurden nicht mehr gehört, er galt als Übertaktierer, Quertreiber, Streithansel. Und er kam nicht mehr aus dieser Falle frei. Entweder hieß es: Koch knickt ein, oder: Koch schießt quer.

Koch hatte sich verkalkuliert: Er hatte Merkel und Stoiber zusammengeschweißt und eine unselige Metadiskussion entfacht. Plötzlich wurde alles, was er tat und sagte, einsortiert in ein einziges Raster: Koch will Merkel schaden. Plötzlich fand er sich mit seinem Freund Merz in einer Reihe wieder, der seit seinem Verlust des Fraktionsvorsitzes die beleidigte Leberwurst gespielt und Merkel bei jeder Gelegenheit unfein angegriffen hatte. Die Folge war, dass Merkel mit Loyalitätsbekundungen überhäuft wurde. Es sah aus als hätten alle nur darauf gewartet, dass der Hesse mal einen kapitalen Fehler machen würde, an der falschen Stelle zur falschen Zeit im falschen Ton. Koch stellte sich gegen Steuersenkungen und hatte nicht mal einen Fluchtweg offen gelassen, dümmer ging es nicht. In der Union grinsten sie nur über die Kraftdemonstration als Selbstzweck.

Koch spürte, was es heißt, in dieser Zwischenzeit zu stecken, wenn einem das eigene Bundesland zu klein geworden ist, aber Berlin noch in weiter Ferne liegt. Er muss in Wiesbaden den versöhnlichen Regierungschef geben, den harten Oppositionellen im Bundesrat, den vernünftigen Strategen in der CDU, den Macher für die Medien. Diese Konditions- und Elastizitätsprobe von unbestimmter Länge ist anstrengend, das stete Leben und Denken in widersprüchlichen Rollen, heute Provinzbuffo, morgen Met, mal Staatsmann, mal Oppositionsnickel, Zappen zwischen Integrator, Intrigator und Imperator, zwischen Merkel und Stoiber, Familie und Job, alten Freunden und neuen Ufern, Stress und gestresster Physis – ein Härtetest.

Phasen wie diese, in denen Balancegefühl gefragt ist, scheuern die Nerven auf. Hier wurden reihenweise hoffnungsvolle Regionalpolitiker verschlissen, die alle mal Kanzler werden wollten. So erging es Lafontaine, Stoiber, Rau, Biedenkopf, Engholm, Albrecht, Voscherau, Strauß, Diepgen, Gabriel, Scharping und vielen mehr. Sie waren so erfolgreich, dass sie irgendwann glaubten, die Republik habe auf sie gewartet. Bei manchen wurde die Geduld mit einer Kanzlerkandidatur belohnt, der große Rest aber blieb auf der Strecke. Viele von den Verlierern haben länger gewartet als Koch, schlauer taktiert und hatten bessere Imagewerte.

Das vielleicht größte Problem ist das Auseinanderklaffen von Binnen- und Außenwahrnehmung, das auch Edmund Stoiber bekannt ist. Wie der Bayer neigt auch der Hesse zum Glauben, dass die Heiligsprechung in der Heimat automatisch für ganz Deutschland gilt. Dabei vermehren sich nur die Lakaien und Schranzen, während Kritiker, die früher Schutzfunktionen hatten, verschwinden. Der einst Volksnahe wird vom Terminkalender, von zahllosen wichtigen Verpflichtungen, von seinen Leuten, vom Applaus der Untergebenen in den Elfenbeinturm gedrängt, weg vom Volk. Dort fühlen sie sich schon wie ein Kanzler. Außerhalb des eigenen Bundeslandes findet das allerdings kaum jemand.

Auf dem Sommerfest im Hause Koch, das aus Vernunftsgründen nur alle fünf Jahre stattfindet, versuchen ein paar alte Freunde, ihn zu einem Grundsatzgespräch zu bewegen. Sie sorgen sich um ihn, sie wollen ihn bitten, dass er etwas mehr auf sich achtet, auf seine Familie, dass er sich Zeit nimmt, seine Ungeduld bremst. Doch Koch will keine Grundsatzgespräche. Er verschließt sich. Dafür hilft er morgens um drei, Biertische zusammenzuklappen, gemeinsam mit der Jungen Union Eppstein, die gegen eine Spende die Bedienung der über 200 Gäste im Koch'schen Garten erledigt hat. »Er ist dickköpfig und verschlossen«, klagen die Freunde, »er geht ernsten Gesprächen, die mit ihm zu tun haben und nicht mit Politik, aus dem Weg.«

»Sehr, sehr lecker« –
Ein Tag im Leben eines Arbeitstieres

Um zu ermessen, wie das Leben eines Hochleistungspolitikers abläuft, muss man Roland Koch einen Tag begleiten. Die Möglichkeit gewährt er Journalisten mehrmals im Jahr, bei seinen Hessen-Reisen, auf denen er durchs Land fährt und verschiedenste Baustellen inspiziert. Die Trips sind Drama und Kabarett, Bildungsfahrt, Symbolpolitik und immer anstrengend.

Es ist ein Mittwochmorgen im heißen Hochsommer 2003. Die Wohl-
standsstadt Wiesbaden döst in der Morgenkühle. Nur in der Paulinenstraße
hinter der alten Staatskanzlei herrscht Geschäftigkeit rund um einen Reise-
bus namens »VIP-Liner«. Der Diesel tuckert ungeduldig, das Gepäck ist
eingeladen, Käsebrötchen fürs Frühstück besorgt. Fehlt nur noch der Fotograf vom »Spiegel«.

Für Fotografen ist der Tag heute gemacht. Landesvater Koch wird Inseln
des Wohlstands und des Fortschritts betreten, seine Vorstellungen über das
Land und seine Zukunft ausbreiten und nebenbei demonstrieren, wie der
Alltag des Ministerpräsidenten verläuft – ein normaler Tag, an dem das rotgrüne Kabinett in Berlin Arbeitsmarktreformen beschließt, ein Tag, an dem
die CDU mal wieder über den Kurs streitet, ein Tag, an dem seine Hessen
ihn mit Wünschen und Sorgen und Klagen bombardieren, ein Tag, an dem
sein Vater schwer krank in der Klinik liegt, ein Tag, an dem er innerhalb
weniger Sekunden das Thema wechseln muss, ununterbrochen umzingelt
von Kameras, Mikrophonen und Reporterohren, die auf nichts warten als
eine Spitze gegen Angela Merkel.

Wer jemals fand, dass Politiker ahnungslos sind, überbezahlt, faul und
verantwortungslos, der muss nur einen einzigen solchen Tag miterleben,
den Ministerpräsidenten sechs- bis siebenmal die Woche absolvieren. Wie
sie auf verschiedensten Bühnen als One-Man-Band auftreten, mit Händen
und Füßen vier, fünf, sechs Instrumente gleichzeitig bedienen, in unterschiedlichen Takten und Lautstärken, wie sie sich am Applaus aufrichten
oder geduldig zuhören, wenn noch ein Klagegeist erzählt, warum es ihm
so schlecht geht.

Knurrig tuschelt die Hand voll gähnender Journalisten über Kochs Angewohnheit, den Tag im Morgengrauen zu beginnen. Kurt Beck, so berichtet
ein in Sommertouren gestählter Kollege, der habe seine Landesbereisung
erst um halb zehn gestartet. Und die Programmpunkte beim rheinland-
pfälzischen Regierungschef fügten sich zu einem angenehmen Dreiklang:
Essen, Trinken, Spaß haben. Solche Lustreisen gibt es mit Koch nicht. Er
will ja nicht nur sein Land präsentieren, sondern auch sich und seinen Arbeitsstil: als King of Fleiß.

Endlich, der Fotograf kommt. Die Bediensteten der Staatskanzlei atmen
auf. Wäre der Bus mit Verspätung losgefahren, wären sie schon vor Dienst-
beginn gerüffelt worden, womöglich vom MP persönlich. »MP« sagen alle
im Umfeld von Koch, MP steht für Ministerpräsident und klingt amerika-
nisch-professionell. Nichts hasst der MP mehr als Unpünktlichkeit. Zeit ist
sein kostbarstes Gut, der schonende Umgang damit oberstes Gebot.

Der Bus pflügt durch den morgendlichen Berufsverkehr. Über Rhein-Mains Autobahnen rollen dreimal so viele Autos wie im deutschen Durchschnitt, täglich fast 700 000. Auf einem tristen Betriebshof direkt an der A 5 kommt die Reisegruppe zum Stehen. Was sollen wir hier, fragen die Medienvertreter wortlos. Sie ahnen nicht, dass sie das Gelände in einer Stunde voller Andacht verlassen werden. 400 Millionen Euro werden von hier in 16 000 Kilometer hessischer Straßen investiert –»Staufreies Hessen« ist eines der Lieblingsprojekte des MP.

Kochs schwarzer BMW rollt auf den Hof. Der Ministerpräsident hat noch den Telefonhörer am Ohr. Wen um Himmels willen behelligt er vor acht Uhr morgens an einem Sommerferientag? Koch steigt von der Rückbank seines rollenden Büros. Auch nach drei Wochen Sylt im Jahrhundertsommer bringt er es fertig, käsig auszusehen. Offenbar ist er gegen UV-Strahlung immun, so wie er gegen alles immun zu sein scheint, was nicht seiner Arbeit dient.»Guten Morgen«, sagt Koch, schüttelt reihum jede Hand und wippt ungeduldig auf den Zehen.

Die zarten Linien des ärmellosen Feingerippten drücken sich durch sein Kurzarmhemd, das offenbar noch mehr Sommer erlebt hat als die verbeulte helle Bundfaltenhose. Auf seiner Krawatte sind rote Karos mit Blümchen, die geflochtenen Treter reif für den Müll. Die Nägel an Kochs knochigen Fingern sehen aus wie mit der Heckenschere gestutzt. Allein der Scheitel sitzt einigermaßen. Rainers Plädoyer für Schaumfestiger hat gewirkt. Erwartungsvoll starren alle Koch an. Schröder würde jetzt einen Witz machen, einen schwachen über das Wetter oder Fußball, aber alle würden erleichtert laut lachen, damit nur nicht diese peinliche Stille eintritt, die Politiker zuweilen umgibt, wenn alles gesagt ist. Koch ist kein Smalltalker. Die kurzen peinlichen Pausen begleiten ihn durchs Leben.»So«, sagt er dann dynamisch, guckt sich Hilfe suchend um und will loslegen. Aber womit? In diesem Moment müssen seine Mitarbeiter blitzschnell reagieren und so tun, als würden sie Dinge zum Funktionieren bringen, beschleunigen, optimieren. Zur Not reichen sie ihm das Telefon oder eine Mappe.

Hinter Koch steht Martin Blach, trotz seiner Größe ein unauffälliger Zeitgenosse. Er trägt immer einen Stoß Mappen unterm Arm. Der Jesuitenschüler mit dem früh erschütterten rotblonden Haar ist einer dieser stillen Helden, ohne die die Demokratie in wenigen Stunden zusammenbrechen würde. Jeder wichtige Volksvertreter hat seinen Blach, den Überlebenshelfer rund um die Uhr, der das Funktionieren der Politiker und damit des Gemeinwesens garantiert. Als persönlicher Referent muss Blach auf Augenzwinkern reagieren, muss jeden Wunsch, jeden Ärger, jedes Bedürfnis seines Herren gespürt haben, am besten eine Sekunde früher als der selbst. Blach verwaltet Termine, das Handy, hält das Sakko knitterfrei, den Aktenkoffer im Blick, die Mappen unterm Arm, er beruhigt die Gattin am Telefon. Blach hält Kontakt ans Bett des kranken Vaters. Eine Bürgerfrage? Beantwortet Blach. Eine Anregung? Notiert Blach. Beschwerden? Alle zu Blach.

Heute Morgen wartete Martin Blach schon mit den neuesten Neuigkeiten bewaffnet auf dem Vordersitz der Dienstlimousine, als Koch aus dem Haus kam; dort liefert er ihn spätnachts auch wieder ab. Jeden Morgen fragt der MP:»Was liegt an?« Blach zählt auf: Union streitet über Steuerreform, Hartz III und IV im Bundeskabinett, Finanzminister Weimar und die Sondersitzung des Haushaltsauschusses, das tägliche Zetern der CSU,»FAZ«-Feldmeyers vernichtende Kritik an Merkel. Blach hat die Liste der dringend zu führenden Telefonate dabei, einen Stoß Zeitungen, die Meldungen aus dem Frühstücksfernsehen, den ersten Pilotenkoffer Akten, Gratulationen, Kondolenzschreiben, Dankesbriefe, die auf Termin liegen. Ist der Koffer abgearbeitet, saust der Dienstwagen in die Staatskanzlei, liefert ihn ab und holt einen neuen. Wer organisiert den Transport? Natürlich Blach.

Koch blickt zum Himmel und stellt fest, dass es wohl wieder ein warmer Tag wird.»Mein Jacket habe ich im Auto …«, sagt er – Blach duckt sich in Startposition, um loszusprinten –»… aber ich bin nicht bereit, es anzuziehen.« Blach entspannt sich. Man wartet auf Petra Roth, die Frankfurter Oberbürgermeisterin.»Frau Roth geht zu Recht davon aus, dass ich 10 Minuten zu spät bin«, sagt Koch,»aber heute bin ich mal pünktlich.« Höfliches Kichern der Umstehenden.

Verkehrsexperten wollen die Pause mit einem Exkurs über die geplanten Ausbaustufen für die A 3 überbrücken. Koch steht ein bisschen spitzbäuchig und x-beinig und murmelt leise:»Ich hasse es.« Zum Glück fällt Metz irgendeine Wichtigkeit ein, wegen der er Koch zur Seite ziehen kann. Konspiratives Tuscheln mildert anschwellende Wut. Petra Roth hat in den letzten Monaten keine Chance ausgelassen, gegen Hessen-CDU und Landesregierung zu opponieren. Sie würde Koch gern beerben.

Rhythmisches Klackern zerreißt die Stille. Frau Roth kommt über den Asphalt gestöckelt. Sie ist ein Lichtblick in ihrem cremefarbenen Safari-Kostüm und der ordentlich verwuschelten blonden Mähne und feuert ein fröhliches»Guten Morgen, Herr Ministerpräsident« über den Hof. Koch drängt sie in den Schulungsraum der Verkehrsleitzentrale. In Sekundenschnelle ist der kleine Raum erfüllt von Visionen. Im Jahre 2015, sagt Koch,»gibt es keine Staumeldungen mehr im Radio. Und das geht auch, ohne dass wir die Autobahnen 18-spurig ausbauen.« Mit den vielen Autos habe Rhein-Main ja das gleiche Problem wie alle anderen Ballungsräume, von Paris bis Rio. »Aber wir hier müssen die Lösungen liefern«, fordert Koch: »Letztendlich müssen wir die Ideen haben, die Menschen in Zukunft kaufen wollen, national wie international.«

Gebanntes Schweigen. Alle merken: Da sieht jemand das große Ganze. In Hessen, erklärt Koch, sollen die ersten sensorgesteuerten Autos fahren, dirigiert von hochmoderner Leittechnik, die eben aus dieser Zentrale gesteuert wird. Er zieht ein altmodisches Taschentuch hervor, gebügeltes Weiß, riesengroß, mit hellblauen Streifen am Rand, das aussieht, als habe es ihm seine Mutter beim Hinausgehen noch rasch in die Hosentasche gestopft. Er wischt sich den Mund ab. Und dann legt er los.

»In zehn Jahren steht hier ein Computer, der jedes Fahrzeug kontrolliert, über Sprachsteuerung. Abends sagt einer: Morgen früh will ich von Wiesbaden nach Frankfurt. Das System bietet ihm verschiedene Zeitfenster an, je nach Dichte preislich gestaffelt. Ampeln an den Auffahrten regeln den Verkehrsfluss und entscheiden, wer einscheren darf. Frühbucher bekommen Rabatt, wer sich erst am Morgen entscheidet, der zahlt richtig oder muss warten. Für Besserzahlende gibt es Überholspuren. Für unsere Ansiedlungsbemühungen ist das optimal. Wir haben hier die Nähe von Wohnen im Grünen und Arbeit in der City. Und jetzt optimieren wir auch noch den Weg zur Arbeit. Die Londoner kriegen das nicht hin. Dafür haben wir das Kompetenzzentrum für Telematik nach Rüsselsheim geholt, zu General Motors. Die wandern nicht so schnell ab, wenn die Forschung hier angesiedelt ist. Deswegen müssen wir uns immer darum kümmern, Kompetenz hierher zu kriegen. So wie VW mit der Magnesiumtechnik. Wer im Konzern mit Magnesium arbeitet, muss nach Nordhessen, nach Baunatal. Weil nur die die Magnesiumkompetenz haben. Wollen internationale Konzerne bei der Verkehrsleittechnik mitmachen, dann sage ich: Aber nur, wenn ihr Arbeitsplätze schafft. Wer mit uns spielen will, soll auch hier wohnen.«

Roland Koch blickt stolz in die Runde. Andacht. Ein Teufelskerl, sagen die Blicke der Verkehrsexperten. Hat er doch mal eben vorgemacht, wie man ihre Baracke in die schöne neue Welt beamt. Keine weiteren Fragen. »So«, sagt Koch lässig, »ham wir's?« Er steht auf. Jetzt noch das Foto vor den großen Monitoren im Kontrollzentrum nebenan. Koch stellt sich mitten in den Raum. Hinten an der Wand steht Dirk Metz und spielt an seinem Handy. Koch zieht sein altertümliches Handy aus der Hosentasche. Er folgt Metz' SMS-Anweisung und positioniert sich für das optimale Bild. Die Kameras klicken.

Martin Blach ist zum Auto geeilt und kehrt mit einem Stoß Klarsichthüllen zurück. Der MP fährt jetzt im Journalistenbus mit, was er für Zeitverschwendung hält, weil er hier keine Akten durchforsten kann, nicht mal vertraulich telefonieren. Aber Metz hat ihm Reporternähe verordnet. So hockt der MP auf einem engen Sessel am Konferenztisch, guckt, als fühle er sich wohl, und fürchtet sich innerlich vor all dem Flachkram, den er gleich erzählen muss. Zum Glück gibt es im Bus was zu tun. Koch schnappt sich den Stapel aktueller Pressemeldungen. Petra Roth setzt sich dazu und lächelt schweigend in die Männerrunde. Den spannendsten Satz hat heute »FAZ«-Korrespondent Feldmeyer geschrieben. Im vielstimmigen Chor der CDU falle »Angela Merkel als Führungsfigur praktisch aus«. Metz liest nochmal laut vor, damit es auch jeder Reporter mitbekommt.

So als müsse er umgehend seine Qualifikation für höhere Ämter zur Verfügung stellen, hält Koch einen kleinen Vortrag zur Nationalökonomie unter besonderer Berücksichtigung der Laffer-Kurve, »eine Debatte, die ja hierzulande weitgehend vermieden wird«, würde er sie nicht hiermit anstoßen. Die Sache ist ganz einfach: Es ist ja nicht die schwache Konjunktur allein, die zum Beispiel Deutschlands Banken schrumpfen lässt. Da ist ein weltweit zu beobachtender Prozess, den die USA schon vor Jahren durchgemacht haben. Draußen fliegen die Bankentürme vorbei, Kochs Worte vereinen sich mit dem Busbrummen zu einem Dauerrauschen, das kompetent klingt.

Leise fragt ihn Petra Roth, wie es denn dem alten Herrn gehe. Koch verstummt. Gestern Abend war er noch im Krankenhaus bei seinem Vater. Mittags ist seine Mutter meistens dort, um den Vater zu füttern, oder seine Frau Anke. Abends hetzt er ans Krankenbett, um dem Vater ein paar Tropfen Tee einzuflößen. »Er ist schwach«, sagt er, »aber er nimmt alles wahr.«

»Bis vor einem halben Jahr war alles noch so einfach«, flüstert Koch. Jetzt ist es schwierig. Seine Mutter hat ein künstliches Hüftgelenk, ihre Knie sind kaputt, sie braucht eine Gehhilfe. Den Gärtner kann sie nur noch mit dem Feldstecher kontrollieren. Kann er seinen Eltern ein Heim zumuten? Seiner Frau die ständige Pflege? Petra Roth nickt und schweigt, Koch schweigt auch. Er guckt sich um. Hat einer der Journalisten das Gespräch mitbekommen? Offenbar nicht. Zum Glück. Schlagzeilen über den Ministerpräsidenten, der um das Leben seines Vaters bangt, mögen andere Politiker für ein Geschenk des Himmels halten.

Martin Blach naht, ein paar Mappen unterm Arm. Koch blättert zügig durch. Der Bus rollt auf eine Großbaustelle. Mitarbeiter bewundern Kochs

Art zu lesen. Er erspäht mit einem Blick exakt die heikle Stelle, eine Zahl, den logischen Bruch – eine Fähigkeit, die nur Vielleser entwickeln. »Er inhaliert Texte«, sagen sie. Auf Veranstaltungen lässt er diese Faktenschnipsel fallen. Und alle sind beeindruckt, wie gut der MP vorbereitet ist. Macht, wie Koch sie versteht, ist Fakten- und Aktenmacht.

Blach steht mit dem Sakko an der Tür, als der MP aussteigt. Koch schnappt es sich, wie vom Ständer. Hier wartet Zukunft auf ihn, hier wird gleich ein ganzer Stadtteil aus dem Boden gestampft, für 15 000 Menschen. In wenigen Jahren soll auf dem Riedberg eines der weltweit führenden Biotechnologie-Zentren arbeiten. Koch überwacht jeden Bauabschnitt persönlich. Beim ersten Spatenstich war er dabei, bei der Grundsteinlegung auch. Jetzt marschiert er in den Rohbau ein.

Schon die Finanzierung verlief ausgesprochen kreativ, dank eines überaus praktischen Passus, den die Bauherren im Gesetz fanden. Bauern, die ihre Äcker für Bauten von öffentlichem Interesse nicht herausrücken, können enteignet werden. So bekam die Landesregierung bestes Land in Stadtnähe zum Ackerpreis von vielleicht 20 Euro den Quadratmeter, wies die Fläche als Bauland aus und trieb den Wert der Scholle so auf 400 Euro. Rasch das veredelte Grundstück beliehen, und schon finanziert sich das 40-Millionen-Euro-Projekt zu einem guten Teil aus dem wundersamen Wertzuwachs.

Mit dem Kapital der Banken sollen hier alsbald neue Medikamente vermarktet werden, die in den nahe gelegenen Uni-Instituten unter Anleitung internationaler Wissenschaftler erfunden werden wie dem Chemiker Hartmut Michel, der für seine Arbeiten zur dreidimensionalen Strukturaufklärung von Membranproteinen 1988 den Nobelpreis bekam. Dank des Flughafens sind die Forscher schnell auf dem Riedberg und wieder weg. Bei nahen Pharma-Giganten wie Aventis kann die neue Medizin gleich in Serie gehen. Für mehr Mobilität hat Koch die Autobahnabfahrt »Riedberg« spendiert. Geld, Knowhow, Produktion, Anbindung – alles da. Fehlen nur noch Jobs und Umsätze.

Das FIZ steht in direkter Konkurrenz zu Stoibers blauen Containern in Martinsried bei München, wo Doktoranden ebenfalls biotechnologische Wirtschaftswunder vollbringen sollen. Lässt sich der Garagentüftler, der ein Weltunternehmen begründet, so einfach herbeifördern? »Sicher«, sagt Koch, »wenn man das richtig macht, dann schon.« Das wird er dem Stoiber zeigen. Koch will Wettbewerb, immer Wettbewerb. Er spricht wie ein Feldherr von »Nachhol- und Aufholgefechten«. Die Zuhörer im Rohbau applaudieren dankbar.

Blach drückt dem MP die frischesten Pressemeldungen in die Hand, die er irgendwie auf diese Baustelle gezaubert hat. Koch gibt seinen Bauhelm Metz, der reicht ihn stumm nach hinten an einen verdutzten Zuhörer weiter. Keine Kinkerlitzchen jetzt, der MP muss dem Hessischen Rundfunk ein Interview geben. Routiniert überhört Koch die Frage des Reporters und hämmert seinen Kernsatz in die Abendnachrichten:»Wie können wir in Deutschland wieder mehr Geld verdienen?«

Zurück in den Bus. Wetzlar wartet. Martin Blach legt das Sakko des MP vorsichtig in die Ablage über den Sitzen. Jede Falte würde er als persönliche Niederlage begreifen. Es ist eine Reihe Frankfurter Journalisten zugestiegen. Jetzt muss sich Koch als kümmernder Landesvater präsentieren. Erste Frage: Stimmt es, dass Sie als Kind am Frühstückstisch mit Ihrem Vater über Politik diskutiert haben? Koch guckt misstrauisch und wird einsilbig: Hat dieser Journalist etwas von seinem Vater erfahren und pirscht sich an das Thema heran? Rettung naht in Gestalt von Blach. Er bringt das Handy. Das Büro. Terminfragen.

Die nächste Frage: Wie würden Sie Ihren Arbeitsstil beschreiben, Herr Ministerpräsident? Koch räuspert sich.»Ich will alles sehen, jedes Schriftstück. Schließlich kann ich selbst entscheiden, was ich nicht lesen will. Ich lasse nicht zu, dass die Verwaltung sagt: Das wollen wir Ihnen ersparen.« Jeder Mitarbeiter soll das Gefühl haben, dass das große Auge alles sieht oder sehen könnte.»Wenn irgendwo in Hessen der Unterricht ausfällt, dann weiß ich, wenn ich will, warum er ausfällt.« Alle Bürger, die ihm schreiben, werden wenig später einen von ihm persönlich unterschriebenen Brief in den Händen halten. Der Text allerdings stammt manchmal sogar von ihm persönlich.

Der MP hat Hunger. Er klaubt Petersilie, Tomate und Eischeiben von den Käsebrötchen, die Blach besorgen ließ. Koch isst hastig.»Wie steht's mit dem Geselligkeitsfaktor?«, fragt ein Radioreporter. Kauend fragt sich Koch:»Bin ich gesellig oder nicht?« Keine unheikle Frage: Bekennt er sich zur Geselligkeit, menschelt es zwar, aber es könnte ihm als Vergnügungssucht ausgelegt werden. Plädiert er auf ungesellig, gilt er als kalte Maschine. Ihm fällt keine gute Antwort ein. Also auf Nummer Sicher gehen und Verantwortung betonen, auch wenn das mit der Frage nicht mehr viel zu tun hat.»Ich habe eine klare Vorstellung davon, wie man eine Großadministration mit 150 000 Leuten führt. Wenn es als Geselligkeit gilt, dass man in Berlin um 22 Uhr Termine macht, dann bin ich nicht gesellig«, sagt Koch:»Ich bin viel draußen bei den Leuten im Lande. Da muss um Mitternacht Schluss sein, zur Erhaltung meiner körperlichen Leistungsfähigkeit.«

Stumme Blick der Medienvertreter. Das war ein typischer Koch-Spruch, unbrauchbar für eine leichten Sommerreisenbeitrag. Nächster Anlauf: Findet der viel beschäftigte Ministerpräsident noch Zeit für sein Hobby, das Kochen? Und geht er selbst einkaufen? Kochen ist gut, da kann er unbefangen loslegen. Also, da war ja im Wahlkampf dieses Wettkochen mit der Fürstin Waldeck, wer den besseren Kaiserschmarrn anfertige. Als er voll Übermut den Pfanneninhalt in die Luft zum Wenden warf, da landete nur die Hälfte wieder in der Pfanne. Mit Wohlgefallen sieht Koch die Stifte über die Blöcke flitzen. Pannen ziehen immer.

Also gibt er ihnen mehr davon, die Steinbeißer-Geschichte zum Beispiel, die er immer wieder gern vorträgt. Es war im Urlaub, als er einen solchen Fisch aus dem Ofen holen wollte, was aber misslang. Platsch, lag der Fisch auf dem Boden: Steinbeißer-Steinboden, hahaha. Angespornt holt er zum großen Finale aus. »Mit Angela Merkel …«, hebt er grinsend an, und alle Ohren im Bus stellen sich in seine Richtung, »… mit Angela Merkel habe ich ja auch schon gemeinsam gekocht, in Mecklenburg-Vorpommern.« Die Ohrmuscheln fahren wieder ein. Wer gewonnen hat? Das könne man nicht eindeutig beantworten. Er habe ein paar Serviettenknödel gezaubert, aber das Resultat mag wohl ein Unentschieden gewesen sein. »Als Angela Merkel bei uns zu Hause war, hab ich selbst gekocht. Bei Edmund Stoiber auch. In Wirklichkeit sind wir ja ganz vernünftige Menschen.«

Ja, das Kochen, da ist ihm das Cholesterin egal und das Geld auch, beim italienischen Feinkosthändler in der Frankfurter Kleinmarkthalle zum Beispiel, wo der Schinken so viel kostet, dass seine Frau ihn fast erschlägt, aber allein das Zuschauen beim Abschneiden, das sei das Geld schon wert. Überhaupt, die Kleinmarkthalle, sagt Koch, der Gemüsestand von der Frau Friese zum Beispiel, da geh er ja gern hin, wenn mal Zeit ist. Doch Frau Friese kann sich nicht erinnern, dass »der Koch überhaupt mal da war, nur einmal im Wahlkampf, mit Kamerateams und Bodyguards, da hat er kleine Päckchen mit löslichem Kaffee verteilt, das war eine reine Show-Veranstaltung«. Weil das Fernsehen da war, hat Michaela Friese halt mitgespielt.

Zum Glück weiß das niemand im Bus und Koch kann weiter leutselig über Kulinarisches plaudern. Nächste Frage: »Wie stehen Sie zur Currywurst, Herr Ministerpräsident?« Metz schaut vom Handy hoch. Alarm. Die Currywurst ist eine Sympathieträgerin, aber eindeutig aus Schröders Kulturkreis. »Wenn ich in Berlin bin, dann holen mir meine Leute schon mal eine.« Was geflunkert ist, weil Koch nie so lange in Berlin ist, dass es für Currywurst reichen könnte. »Holen Sie die bei Konopke?«, fragt der Reporter, mit den führenden Anbietern der Hauptstadt vertraut. »Ja, da

irgendwo«, erwidert er. »Da geht Schröder auch hin«, sagt der Reporter.
»Koch auf Kanzlers Spuren«, juxt ein anderer. »Ihnen wird eine nette For-
mulierung einfallen«, sagt Koch gnädig.
Auftritt Blach, Mappen und Handy im Anschlag. Bald kommt Wetzlar,
und der MP hat noch nichts gelesen. Koch winkt ab. Egal. Mehr Fragen.
Er kommt in Fahrt. »Schröder«, sagt ein Reporter, und es soll wie eine
Frage klingen. Aber Koch reicht das Stichwort schon. »Sehr schwierig, mit
ihm Gespräche zu führen«, sagt Koch, »da fehlt manchmal die Detailtiefe.«
Schröder führe »ruckartig«, wenn er im März noch gegen ein Vorziehen der
Steuerreform plädiert, im Mai aber plötzlich dafür. Koch guckt mürrisch,
weil er weiß, dass er über dünnes Eis sprintet: War er nicht vor ein paar
Wochen für Steuersenkungen und ist jetzt dagegen? In Wirklichkeit hegt
er Respekt vor diesem Kanzler, der zu »den besten Wahlkämpfern Europas
gehört«, der es schafft, oben zu bleiben, der kaltblütiger als jeder andere
vor allem eines betreibt: Machtsicherung.

»Hohes Interesse an Kooperation« –
Wie Koch Jobs nach Hessen holt

Eine Mappe, die plötzlich vor seiner Nase schwebt, beendet die Überlegungen. Martin Blach reicht beherzt die Akte Buderus herüber. Koch greift
sie, aber lesen will er nicht. Lieber weiter dozieren, über industrielle Ker-
ne in Mittelhessen. Koch referiert Jahreszahlen und Details aus der hiesi-
gen Erzverarbeitung. »In jedem Auto, das in Europa fährt, steckt was aus
Mittelhessen. Nur will heute ja keiner mehr am Hochofen arbeiten.« Ein
großer Fehler, findet Koch. Anstatt der Flucht von Industrieunternehmen
zuzuschauen, »sollten wir uns bemühen, mal wieder ein großes Werk in
Deutschland anzusiedeln«. Sein Lieblingsthema: Wie kriegt man Firmen
und Arbeitsplätze nach Hessen? Die Antwort des Subventionsabbauers:
Notfalls mit Subventionen. »Wenn wir sagen, es gibt nichts, dann kommt
doch keiner.« Bei Schröder nannte er derlei Widersprüche noch »ruckarti-
ges Führen«.
    Nächstes Lieblingsthema: die CDU in Hessen. Die Gegend hier hat
Kochs Partei in wenigen Jahren umgedreht. Was früher geschlossenes
SPD-Terrain war, gehört jetzt der Union. Koch kramt durch den Stapel
Pressemeldungen, der vor ihm liegt. Er findet einen Bericht über Rudolf
Scharping, der in einem Interview gesagt hat, dass er früher einem Halb-

starken mal eine gescheuert habe. Kommentarlos hebt Koch ganz langsam die Hand, ballt sie quälend lange zur Faust und deutet in Superzeitlupe einen Schlag an. »So sah das aus«, sagt er und amüsiert sich köstlich über seinen Scherz. Endlich Wetzlar. Die Werktätigen bei Buderus stehen zwischen Kisten mit Edelstahlstücken im sommersonnenweichen Asphalt, die blauen Helme unterm Arm. Seit 1920 wird hier Metall verarbeitet. Koch weiß um die Angst der Malocher, seine Rede richtet sich an sie: »Auch wenn Bosch Ihre Firma übernommen hat, muss es doch für Sie und die Bürger von Wetzlar weiterhin ihre Buderus sein.« Verhaltener Applaus der Belegschaft, die Bosch-Manager in den dunklen Anzügen wippen in ihren teuren schwarzen Schuhen. Alle wissen es: Bosch baut gerade drei neue Werke in China, in Deutschland wird nur noch gefeuert.

Timo Pollat steht am Rand und guckt interessiert. Er ist für die Reinigung der Roboter zuständig, die die glühenden Metallteile in der Halle bewegen. Der gebürtige Türke hat Rotgrün gewählt, wegen der Ausländerpolitik. Aber Koch, sagt er, »den kann man auch wählen. Das ist nicht so ein Blindgänger wie die anderen.« Auf dem Weg zum Mittagessen schüttelt Koch im Vorbeihasten Pollats Hand. »Sehen Sie«, sagt Pollat.

Am Büfett angelt sich Koch einen Krabbencocktail mit viel Mayonnaise. Den Managern erzählt er mit Krabben in der Backentasche, dass ihn seine Doktoren immer rüffeln wegen seines Cholesterinspiegels. Die Herren lachen. Ein lässiger Umgang mit lebensbedrohlichen Vitaldaten gehört zum guten Ton bei den Großen und Mächtigen. Wie soll einer denn das Land durch die Krise führen, wenn er sich schon wegen ein bisschen Blutfett in die Hose macht? Die Herren von der Heiztechnik applaudieren, als Koch den Bus erklimmt.

Weiter geht es nach Gießen. Wieder so ein schöner Termin, wie Koch den Mitreisenden umgehend erläutert. Eine Wirtschaft, doziert er, bestehe ja aus »Werttreiberelementen« (man kann auch »Unternehmen« sagen) und aus »Umgebungstatbeständen« (normale Politiker würden »Infrastruktur« sagen, noch einfachere Menschen »Straßen und Schulen«). Kochs Entwicklungstheorie ist einfach: Wenn große Firmen eine Fülle von wissenschaftlichen Ressourcen in der Nähe haben, dann ist die Wahrscheinlichkeit hoch, dass sie dauerhaft bleiben und nicht bei der ersten kleinen Rezession verschwinden. Jede Uni ist also ein Standortfaktor, vor allem, wenn sie sich an den Bedürfnissen der Unternehmen ausrichtet. Das hat zwar mit Freiheit der Forschung nicht unbedingt etwas zu tun, aber mit neuen Arbeitsplätzen. Und die sind prioritär. Dass sich ausgerechnet drei hessische Unis, Marburg, Gießen und Kassel, auf die Modedisziplin Nanotechnologie gestürzt haben, missfällt dem MP gewaltig. Da muss er organisierend eingreifen.

In Wirklichkeit sieht sich Roland Koch weniger als Landesvater, sondern eher als Landesmanager und manchmal auch als Polier »auf meiner mittelständischen Baustelle«. Hier schmieren, da schweißen, auf dass sein Schaufenster Hessen blinkt, heller als jedes andere Bundesland. Gerade in der Hochschulpolitik kann er viel bewirken: Mehr Verantwortung an die Unis delegieren, ob im Immobilienmanagement oder bei Personal, Wettbewerb fördern, untereinander und mit anderen Bundesländern.

»Wir haben sieben Hochschulen und zwölf Fachhochschulen im Umkreis von einer Stunde«, lobt Koch, »das ist die höchste Dichte in ganz Europa: Paris und London schlagen wir locker, und die Freunde aus München gucken auch verdutzt.« Immer wieder Stoiber. Die Bayern schlagen, bei Bildung, Wirtschaft oder sonst wo, das betrachtet er als Leistung, die Kanzlertauglichkeit beweisen soll: Wenn er das schafft in Hessen, ist er bereit für Deutschland. Stoiber hat das allerdings auch schon gemerkt, weshalb er den Hessen nicht mehr als Schüler, sondern als Rivalen betrachtet und behandelt.

Aber dem wird Koch es auch noch zeigen, mit dem neuen Flughafenverbund zum Beispiel. Während die Bürgerinitiativen in Frankfurt und Kassel noch demonstrieren, hat er längst die Blaupausen für einen großen Plan im Kopf. Hahn als Charterflughafen, Frankfurt für alles, Kassel-Calden für Post und Cargo. Den Ausbau in Frankfurt kriegt er aber nur hin, wenn er dort als Gegenleistung das Nachtflugverbot zusichert. Dafür soll nun in Kassel-Calden ein Rund-um-die-Uhr-Flughafen entstehen. Davon wissen die Anwohner noch nichts, aber die Staatskanzlei hat es einigen Investoren bereits schriftlich signalisiert.

Wie Koch Investoren ins Land holt, illustriert das Beispiel GLS, ein Logistikunternehmen, das in Neuenstein in Nordhessen bereits einen großen Umschlagplatz gebaut hat und expandieren möchte. Den Fall betreut nicht irgendein Ministerialer, sondern Kochs Staatskanzlei. Dort listet der interne Vermerk K22-71a02/1296 auf, welche Bedingungen das Land erfüllen darf, damit der Investor nicht nach Köln oder Lüttich verschwindet.

Die Wunschliste von GLS: Straßenverbindung Kassel-Calden – Neuenstein innerhalb einer Stunde. Zugang zur luftseitigen Abfertigung am Flughafen. Nachtflugbetrieb muss möglich sein, wobei sechs Flüge zwischen 22 und 6 Uhr ein guter Anfang wären. »In der Endphase des Ausbaus wird mit 20 bis 25 erforderlichen Nachtflügen gerechnet«, schreiben die Logistiker, also von 22 bis 6 Uhr alle 20 Minuten einer. »Die Beteiligten sind sich darüber einig, dass das Thema Nachtflüge sehr brisant ist.« Zur besseren Kommunikation empfiehlt das von der Agentur Stroomer gelieferte PR-Konzept Hintergrundgespräche mit der »Süddeutschen Zeitung« und »Handelsblatt«.

Zudem liefert das Land auch noch Fachkräfte. Die Staatskanzlei will dafür sorgen, dass Kaufleute im Kurier-, Express- und Paketdienst demnächst in zwei und nicht mehr in drei Jahren ausgebildet werden, was bislang am Widerstand der Gewerkschaften scheiterte. Allein Kochs Traum von einer auf Logistik spezialisierten Universität in Kassel bekommt einen Dämpfer. Der Bedarf an Hochschulabsolventen im Paketdienst, klagt das vertrauliche Schreiben, spiele für »GLS quantitativ die geringste Rolle«.

Bei einem Treffen mit dem Briten Allen Leighton von der Royal Mail, der die GLS gehört, hat Koch im Sommer artig jedwedes Entgegenkommen signalisiert, das er in seinem Dankesbrief noch einmal bestätigt:»Ich darf Ihnen versichern, dass die von mir geführte Landesregierung ein hohes Interesse daran hat, die Kooperation mit Ihrem Unternehmen auszubauen und es in seiner Entwicklung zu unterstützen. Für weitere Gespräche stehe ich Ihnen persönlich zur Verfügung.«

So also geht Wirtschaftsförderung: Eine Firma schickt einen Wunschzettel mit praktisch unerfüllbaren Ansinnen wie der Garantie einen 24-Stunden-Flugbetriebs, von dem die Anwohner zuletzt erfahren. Koch hat nun die Chance, das Unmögliche möglich zu machen und Kassel die Schlaflosigkeit zu bringen, um im Gegenzug ein paar hundert mittelattraktive Arbeitsplätze zu schaffen. Oder er lässt den Investor ziehen und Nordhessen weiter in der Strukturkrise stecken. Man muss gestrickt sein wie Koch, um an der Lösung solcher Probleme Spaß zu finden.

Kurz vor Gießen kommt Dirk Metz mit frischen Meldungen, Resonanzen auf den Berliner Kabinettsbeschluss zu den Arbeitsmarktreformen Hartz III und IV. Metz hat entschieden, dass der MP sich dazu äußern muss, und organisiert nun per Telefon eine Pressekonferenz in der Uni Gießen. Egal wo, Hauptsache, es ist Platz für ein paar TV-Kameras. Die Botschaft lautet: Wenn die Großen in Berlin was aushecken, spielt Hessens Ministerpräsident mit. Doch zuerst muss Koch eine Live-OP am Bildschirm über sich ergehen lassen.

Die Vorführung beginnt. Der Operierende zückt das Skalpell. Gebannt bis verängstigt starrt Koch auf den Bildschirm, als der kalte Stahl brutalstmöglich die Luftröhre durchtrennt. Der Muskelklumpen namens Herz puckert ruhig vor sich hin. Das Messer fährt in die weiche Lungenmasse, bis ein weißlich-schleimiges Etwas sichtbar wird – der Tumor. Koch faltet die Hände, er ist blass geworden. Diese Nummer braucht er jetzt gar nicht. Erst im März lag er auch auf so einem Tisch, allein und machtlos, mit einem ziemlichen Herzproblem. Und sein Vater dämmert gerade schwer krank in der Klinik. Sein Bedarf an OP-Tischen ist mehr als gedeckt. Metz drängelt von der Seite zur Pressekonferenz. Draußen vor dem Hörsaal ist die Hölle los. Ein halbes Dutzend Kameras erwartet Koch, ein provisorisches Pult wurde herbeigeschafft. Koch tritt heran, aber er ist nicht in Form. Schlapp verliest er eine gestelzte Erklärung, Kernsatz:»Die Hoffnung auf Durchbruch und wirtschaftliche Gesundung wird nicht gefördert durch die Beschlüsse der Bundesregierung.« Keine Worte, die große Chancen auf die Abendnachrichten haben.

Koch ist Angela Merkel ausgeliefert. Die Vorsitzende hat seine Strategie der Totalopposition gegen die Bundesregierung verworfen und möchte mit der Regierung über Reformen verhandeln, allein schon, um ihr staatsmännisches Profil zu schärfen. Vergnügt spielt die Parteichefin ihr Lieblingsspiel, die Männerfront auseinander zu treiben. So wie neulich, als sie zu einem Geheimtreffen gebeten hatte, um über die Strategie der Union zu plaudern. Stoiber war dabei, der Stuttgarter Teufel, der Sachse Milbradt. Nur Koch nicht, obwohl er sich von Anfang an als Teil der Südschiene begriff. Über solche Garstigkeiten gegen ihn wird nie berichtet, immer nur über seine gegen Merkel.

Koch ahnt, dass ihn die Vorsitzende in der Meckerecke isolieren will. Wenigstens heute wird er ihr dafür keinen weiteren Anlass liefern.»Hier steht keiner, der die Bundesregierung beschimpft«, sagt er matt und will enden. Doch Metz schiebt ihm noch einen Zettel zu. Koch hebt noch einmal an.»Die Union hat im Bundesrat nie etwas scheitern lassen. Vielen Dank.« Metz grinst, Mission Harmonie erfüllt. Er tritt ans Pult und sagt, dass damit ja wohl alle Fragen beantwortet seien. Doch die Kameras laufen weiter und halten erbarmungslos auf Koch. Sein Kopf ist rot, die Bilder der Live-OP wirken nach. Er sieht abgespannt aus, getrocknete Speichelklümpchen kleben in seinen Mundwinkeln. Gnadenlos zoomen die TV-Kameras heran. Das sind Bilder, die Stimmen und Sympathien kosten. Und keiner aus dem Koch-Tross merkt es und stellt sich dazwischen, nicht mal Metz.

Koch strebt zum Bus. Er sucht Schutz und Sicherheit. Ein paar Momente sitzt er zusammengesunken da. Metz erklärt ein paar lästigen Journalisten, wie sie was zu verstehen haben. Kaum setzt sich der Bus in Bewegung, kommt wieder Leben in Roland Koch. Wie alle Spitzenpolitiker beherrscht er die Kunst der Autosuggestion perfekt. Er kann sich die Welt ganz schnell wieder so schönreden und -denken, dass er selbst daran glaubt. Zweifel? Futsch.

Der Bus quält sich durch Stop-and-go-Verkehr. Das Projekt »staufreies Hessen« ist ja auch erst am Anfang. Koch greift nach den Weintrauben, die auf dem Tisch stehen. »Sind das deutsche?« Keiner antwortet. Also hält er ein kleines Referat über Weintrauben. »Die, die wir gestern im Rheingau gegessen haben, das waren deutsche. Die taugen nicht zum Keltern, nicht für Riesling, sondern nur zum Essen. Eine reine Kunstzüchtung namens Optima. Ist schon im August reif. Sehr, sehr lecker.«

Blach naht mit der nächsten Mappe: Landwirtschaft. Da kennt sich Koch aus. Er hat ja früher in Eschborn auf dem Heuwagen gestanden. Der Bus zwängt sich durch die Toreinfahrt vom Hofgut Fortbach, wo seit 250 Jahren Schnaps gebrannt wird. Auf dem Rundgang durch die Brennerei klagt der Bauer, dass ihn die EU, die Steuern, die Regierung, eigentlich alle ruinieren. Bei Wurstbroten und Apfelsaft wird der Jungbauer konkreter: Glas für die Schnapsflaschen kommt aus der Tschechischen Republik, Alu-Verschlüsse aus Osteuropa und der Liter Schnaps aus Brasilien oder Pakistan kostet 30 Cent. Hierzulande wird er für einen Euro produziert.

Ist der Ministerpräsident für uneingeschränkten Wettbewerb? Koch guckt nachdenklich. Eben im Bus hat er noch erzählt, dass er bei Aldi einen Joghurt mit cholesterinschmeichelnden 0,1 Prozent Fett entdeckt hat, den man prima zum Kochen nehmen kann. Hier auf dem Hofgut Fortbach bekommt Koch nun die Folgen der aldisierten Republik präsentiert. Empört berichtet der Jungbauer von den jährlichen Preisrunden mit den Discountern, bei denen gar nicht verhandelt wird, sondern befohlen: Entweder fünf Prozent billiger oder wir kaufen woanders. Wo aber soll ein hessischer Brenner noch sparen, wenn Strom, Abgaben, alles teurer wird. »Damit die Verbraucher zwei Cent weniger bezahlen, kämpfen wir hier um Jobs und Existenzen. So läuft das«, sagt der Jungbauer bitter.

Koch schweigt. Als treu sorgender Landesvater muss er sich um die Existenz seiner Bauern kümmern; als Marktwirtschaftler den Triumph des kleinsten Preises feiern. Beschwichtigungsformeln reichen da nicht. Die Bäuerin kommt mit der Flasche Himbeergeist. Die Augen sind auf ihn gerichtet, als er vorsichtig am Glas mit dem Deckel nippt. Heute Abend wird er seiner Frau erzählen, dass er schon nachmittags Schnaps trinken musste. Schlechtes Gewissen regt sich: Schnaps ist selten zielführend, nie prioritär. Langsam steht Koch auf. Er hat sich für die Wahrheit entschieden. »Von derzeit 23 000 Landwirten werden etwa 10 000 überleben«, sagt er langsam. Nur Bauern, die ihre Produkte direkt vermarkten, die sich auf öko oder edel spezialisieren, haben eine Chance. Die Bauernfamilie nickt entschlossen. Machen sie alles schon: Direktvermarktung, edle Brände im

Programm – so kann der Familienbetrieb vielleicht bestehen. Gern hätten die Landwirte den Ministerpräsidenten noch in ein paar Fachgespräche verwickelt. Aber Koch ist unruhig. Es ist spät, und bis er bei seinem Vater im Krankenhaus ist, wird er noch zwei Stunden im Auto zubringen. Blach sitzt bereits auf dem Vordersitz des Dienstwagens und sortiert Stapel von Akten für die Rückfahrt.

Dann wird Koch zwei Stunden am Krankenbett sitzen, um dem alten Herren wenigstens ein paar Milliliter Flüssigkeit einzuflößen. Er wird weit nach 22 Uhr aus dem Krankenhaus kommen, niedergeschlagen und dankbar zugleich, dass Blach auf ihn gewartet hat. Zu Hause wird er noch ein paar Worte mit seiner Frau wechseln, einen Blick in die Zimmer der Jungs werfen, kurz in die Badewanne sinken. Am nächsten Morgen wird ihn Metz vor sieben Uhr anrufen: Interview für das angesehene Deutschlandradio. Alles in allem war es einer der entspannteren Tage im Leben des Politikers Koch. Allerdings auch einer, der ihn dem Kanzleramt keinen Schritt näher gebracht hat.

»Diese Scheißhauptstadt ...« – Koch fremdelt in Berlin

Montagmorgens um sieben Uhr in einer der Frühmaschinen von Frankfurt nach Berlin treffen sich viele Hessen, die die Woche über ihr Land in der Hauptstadt vertreten. Koch ist fast immer dabei, er hat den Ehrgeiz, jede Woche in der Hauptstadt als kraftstrotzender Problemlöser aufzutauchen, erst recht jetzt, wo seine Schlappe in Sachen Steuern übertüncht werden muss. In dieser Woche verhindert er die Positivliste als Teil der Gesundheitsreform, damit die hessischen Pharmaunternehmen weiterhin Mondstatt Marktpreise kassieren, er propagiert sein Wisconsin-Modell und predigt gegen Tierquälerei im Zirkus.

Dennoch ist Koch ein Fremder in dieser Stadt, er verweigert sich ihr. Berlin ist nicht seine Welt, das ist noch schlimmer als Frankfurt. Obgleich er sich als Freund von Kunstausstellungen bezeichnet, hat man ihn kaum in den Museen der Hauptstadt gesehen, er legt nur die vertrauten Wege zwischen hessischer Landesvertretung, Parteizentrale, Kohls Büro und Bundesrat zurück. Abends geht er nicht weg, mit Hauptstadt-Journalisten trifft er sich nie. Er übernachtet im Schutz der Landesvertretung, wo er sich auch mit Vertrauten trifft. Früher kam Angela Merkel hierher, direkt mit dem Fahrstuhl aus der Tiefgarage nach ganz oben, wo seine kleine Wohnung liegt. Die kann man tagsüber vom Sat1-Werbeballon aus sehen, der am nahen Potsdamer Platz mit Touristen an Bord ein paar Meter in die Luft steigt. Koch intervenierte bei Berlins Bürgermeister Wowereit, er möge die Touristenattraktion abschaffen. Koch solle doch die Jalousien runterlassen, feixte man in Wowereits Büro.

Kochs Verbündete im Bundestag sind nicht sonderlich stark. 17 Abgeordnete umfasst die Landesgruppe. Einer ist Fraktionsvize Klaus Lippold, ein alter Koch-Freund, ein anderer Tankstellen-Bruder Siebert, der aufpassen muss, dass »die Oberschwester keine Fallen aufbaut«. So heißt sein Kampfauftrag laut Wiesbadener Staatskanzlei. »Oberschwester« ist bei den Hessen der Kosename für die Parteivorsitzende. In deren Umfeld wird Koch »Schweinchen Babe« genannt, nach dem putzigen australischen Kinderfilm.

Berlin ist Koch wie Metz unheimlich, hier haben sie wenig Kontakte und noch weniger Kontrolle über all die Zeitungen und Sender und Lobbyisten und Diplomaten, die umherschwirren. »In dieser Scheißstadt wird immer alles gleich interpretiert, das nervt brutal«, entfährt es Metz, als er wieder einen halben Tag damit beschäftigt ist, eine Falschmeldung einzufangen, die sich in Berlin selbständig zu machen droht.

Allenfalls auf dem alljährlichen Hessenfest fühlen sich die Gäste aus Wiesbaden wohl, dort sind sie weitgehend unter sich. Früher nach Bonn sind sie immer mit zwei Bussen gefahren, erzählen die Landtagsabgeordneten im Garten der Landesvertretung, jetzt ist das ja schon fast eine Weltreise. Koch geht von Tisch zu Tisch, hat ein Glas Wein in der Hand und überhört jovial, als jemand erzählt, dass »die Vorsitzende« nur ein paar Minuten vorbeigeschaut hat und schon wieder gegangen ist. Er tröstet sich mit einer SMS vom Tankstellen-Freund Hoff: »Wenn Abend spät die Sonne lacht, dann hat das (sogar in Berlin) der Roland Koch gemacht.«

Nach den Sommerferien treten die Hessen erneut an, dem Rest der Republik Nachhilfeunterricht zu geben, diesmal im Fach Sparen. Zwei Geheimaktionen, die seit Monaten in der Staatskanzlei unter strengster Vertraulichkeit vorbereitet werden, sind Sparpaket und Subventionsabbau, Letztere eine großkoalitionäre Vorstellung mit Peer Steinbrück aus Nordrhein-Westfalen. Dafür treten die beiden mächtigen Ministerpräsidenten heute gemeinsam vor die Presse, im Bundesrat, den Koch ohnehin als Nebenregierung betrachtet.

Noch im Flugzeug hat er persönlich die Folien für die PowerPoint-Präsentation entworfen. Gleich auf die ersten Seiten hat er einen Rasenmäher gemalt, damit allen das Prinzip klar wird: Gekürzt wird überall der gleiche

Prozentsatz. Dirk Metz kümmert sich um die Feinarbeit, stellt das Hessen-Logo von rechts nach links, weil es da mehr Aufmerksamkeit bekommt.

Vorm Bundesrat haben sich ein paar Tierschützer in Affen- und Löwenkostümen aufgebaut und bejubeln Koch. Er hatte eine Bundesratsinitiative zum Schutz von Zirkustieren durchgesetzt.»Wenn mir einer einen Eisbären zeigt, der in der Arktis Schlittschuh läuft, dann akzeptiere ich das im Zirkus«, sagt er. Die Anmerkung, dass Eisbären nur in der Antarktis leben, macht ihn rasend. Warum hört niemand auf den Kern des Gesagten?

Die harmonische Subventionsshow mit Steinbrück, die an den Autogipfel von Stoiber und Schröder Mitte der Neunziger erinnert, gerät bei den Experten zwar zum Erfolg, doch ein Schlagzeilen-Bringer ist sie nicht. Zumal sich bald herausstellt, dass die beiden mit alten Zahlen hatten rechnen lassen. Manche Zuwendung, die sie abschaffen wollen, gibt es lange nicht mehr.

Parallel zu den Berliner Auftritten bereitet Koch auch in Wiesbaden Großes vor, das dramatischste Sparpaket der Geschichte Hessens, von Metz »Operation sichere Zukunft« getauft. In geheimen Nachtsitzungen unter Leitung von Staatskanzleichef Grüttner waren 142 Seiten entstanden, die über eine Milliarde Euro Sparpotential auflisteten. Bis zuletzt herrschte die Hoffnung, dass die Konjunktur anspränge und die dramatische Haushaltslage ein wenig entspanne. Denn »Stellschrauben gibt es nicht so viele«, weiß Koch. Umso stolzer ist er auf viele »kreative Lösungen«, die Staatskanzlei und Finanzministerium ausgeklügelt haben. 20 000 Einzelposten werden gestreckt, gequetscht und gequält, darunter Verbraucherzentralen, Schuldnerberatung, Haftentlassene Frauen, Kinder – alle die, die keine Lobby haben.

Generalstabsmäßig hat Metz die Kampagne geplant. Alle Minister und ihre Sprecher sind in den Tagen zuvor mit Sprechzetteln und Interviewterminen versorgt worden. Botschaft: Die verfehlte Berliner Politik zwingt Hessen zu diesem Sparkurs, aber immerhin ist das Konzept intelligenter als alle anderen. Die junge Ministerin und Mutter Lautenschläger soll das Paket der Grausamkeiten federführend verkaufen. Ihr nimmt man es nicht ganz so übel, hofft Metz.

Punkt 10.30 Uhr geht das Paket mit konkreten Zahlen an die Ministerien und Fraktion. Um 12.30 Uhr wird die Presse informiert, das Bürgertelefon verstärkt und das Zahlenwerk ins Internet gestellt. Briefe an Lehrer und Polizisten, die die Hauptleidtragenden sind, werden in die Post gegeben. Die Sozialministerin sagt in einem halben Dutzend Interviews, es sei »ein intelligentes Sparkonzept, schmerzlich, aber notwendig« – exakt der Text,

den ihr Metz diktiert hat. Am Ende des Tages ist Koch relativ erleichtert.
»Solche Entscheidungen gehen nicht ohne Havarie«, sagt er. Bis jetzt gab
es noch keine größeren. Das sollte sich rasch ändern. Die Proteste der Hessen eskalierten rasch,
vor allem, weil sich Koch nicht an seine eigene Vorgabe gehalten hatte,
Landesvater für alle Bürger zu sein. Sein Sparpaket begünstigt alte Kernklientel wie Vertriebene und Pferdesportler. Wer nicht dazugehört, wird
rasiert. »Das ist es, was die Leute empört«, sagt der Grüne Al-Wazir, »es
geht nicht nur ums Sparen, es geht hier um kulturelle Bereinigungen.« So
würde es nichts werden mit der Hessen-Partei. »Er muss aufpassen, dass er
nicht all das Vertrauen verspielt, was er in der ersten Legislaturperiode bei
den Leuten gewonnen hat«, sagt Peter Scherer von der »Welt«, der Koch
seit Jahren begleitet.

»Koch muss weg«, skandierten die Demonstranten, vor allem Beamte,
denen Koch vor der Wahl zugesagt hatte, es werde keine Sonderopfer für sie
geben. Besonders peinlich werden die Proteste beim Hessenfest im Schloss-
park Wilhelmshöhe bei Kassel, wo draußen demonstriert wird, als drinnen
die Herrschaften schmausen, bewirtet aus Spargründen übrigens nicht von
Kellnern, sondern von jungen Bereitschaftspolizisten. »Viel Spaß, Eure
Landessklaven«, wünscht ein Transparent vor dem Tor. »In diesen Tagen
hat er sich entzaubert«, sagt ein guter Freund. »Die Leute haben gesehen,
dass selbst ein Roland Koch nicht hexen kann. Dass viele Institutionen erst
aus dem Internet erfuhren, wie viel bei ihnen gekürzt werden, hat die Leute
empört, nicht nur Linke, auch Kirchen, Caritas, unsere Leute.«

Am Sonntag der Bayern-Wahl riskiert Koch Krach mit seiner Anke:
Er geht nach Berlin zu Christiansen. Im Einstimmungsfilmchen vor der
Talkshow wird der Wahlsieger gefeiert. »An Stoiber kommt keiner vorbei,
er ist der Gegenspieler von Schröder«, sagt der Kommentator. Unsichtbar
für die Zuschauer sitzt Koch im Studio, zieht einen Flunsch und malmt.
Stoibers Erfolgsrezept, sagt der Wissenschaftler Meinhard Miegel, sei es
gewesen, dass er sich mit Reformen zurückgehalten habe. Koch hat einen
guten Auftritt, argumentiert ruhig, wirkt sympathisch in einem mittelblau-
en Hemd, ist nur etwas arrogant gegen die Gewerkschaftsvertreterin. Koch
ist zufrieden mit sich: »Katastrophal war's nicht«, sagt er hinterher, ein
Selbstlob.

Die echte Diskussion wird bei Sabine Christiansen immer erst nach der
Sendung geführt, in den Redaktionsräumen, wenn die Kameras abgeschal-
tet sind. »Wir brauchen klare politische Führung«, fordert da der Schrö-
der-Freund und Siemens-Chef Heinrich von Pierer, der gerade Teile seiner

Konzernverwaltung von München nach Prag verlegt, wegen der Kosten. Koch wendet ein: »Sie aus der Wirtschaft rufen nach der großen Koalition. Aber diese Scheinharmonie führt zu den kleinen Lösungen und Kompromissen, die uns nicht vorwärts bringen. Deswegen wandern Sie doch ab.« Von Pierer guckt indigniert. Redet ein kleiner Politiker so mit einem Global Player?

Metz checkt zufrieden sein Handy. Er hat 20 SMS zu Kochs Auftritt gekriegt, die meisten loben das mittelblaue Hemd, aber kaum eine die brillanten Analysen des Ministerpräsidenten. Es war ja auch eine gemeine Aufgabe: Ausgerechnet Koch sollte den Wahlsieg von Stoiber bejubeln, jenes ehemaligen Freundes, der sich gegen alle Abmachungen und Pläne den ganzen Sommer lang gegen Koch gestellt hatte und stattdessen nun mit der gemeinsam geglaubten Feindin Merkel paktiert. Hätte Koch nicht gedroht, die Vorschläge zum Subventionsabbau durch die Steinbrück/Koch-Kommission vor der Bayern-Wahl zu publizieren und den immensen Anstieg der bayerischen Arbeitslosigkeit gleich dazu, dann hätte Stoiber womöglich noch ganz anders losgelegt gegen den Rivalen aus Hessen. So rief er wenigstens mal mitten in der Nacht an, um zu erklären, dass »das alles doch nicht so gemeint« gewesen sei.

Die Bayern-Wahl hatte die Dissonanzen in der Union für eine Weile etwas zugedeckt. Im letzten Quartal sollte sich das Verhältnis zwischen der CDU-Vorsitzenden und dem hessischen Rivalen dafür weiter verhärten. Kochs Plan war es, mit den Vorschlägen für die Subventionskürzungen unterm Arm in den Vermittlungsausschuss zu gehen, wo er der Bundesregierung ein paar schöne Zugeständnisse abringen würde. Merkels Strategie ging wesentlich weiter und war zugleich noch einfacher. Sie wollte beweisen, dass sie bei allen Reformthemen die Hoheit und das letzte Wort besäße. Sie hatte Altbundespräsident Roman Herzog gewonnen, der eine Kommission zur Reform des Sozialstaats leitete. Und sie schob Friedrich Merz vorn an die Bühne, auf dass er sein Steuerkonzept bewerben möge, das so attraktiv war, weil es auf einen Bierdeckel passt. Nur einen, den ließ sie im Schatten stehen: Roland Koch.

Anstatt mit großen Entwürfen für ein neues Deutschland zu brillieren, musste Koch sich mit Ärgerlichkeiten herumschlagen, die ihn wie ein Mückenschwarm verfolgten. Da war Finanzminister Weimar mit dem Skandal, dass hessische Besserverdienende von der Steuerfahndung angeblich verschont blieben. Natürlich lag der Fall weitaus komplizierter, aber hätten Zeitpunkt und Botschaft unglücklicher nicht sein können: Das Sparpaket streicht die Hilfe für HIV-Opfer im Knast, aber Schwarzgeld von Millionären wird geduldet. Und weil sich Weimar von seinem Kumpel Koch keine Verhaltensmaßregeln diktieren lassen wollte, gerieten sich die beiden Tankstellen-Freunde auch noch mehrmals heftig in die Haare.

Mitten in die Sparpaket-Aufregung platzte dann auch noch die Meldung, dass die Gehälter der Führung bei der Flughafengesellschaft Fraport in gewaltigen Sprüngen steigen sollten. Abgesegnet hatte dies der Aufsichtsrat unter Koch. Zugleich hatte Fraport in Manila 300 Millionen Euro verschleudert und musste Korruptionsvorwürfe erklären. Koch sah, dass es ein guter Entschluss gewesen war, das Gremium zu verlassen.

Und weiter ging der Ärger. Das Möbelhaus IKEA hatte in der Wiesbadener Innenstadt ein Musterbüro für kleines Geld aufgebaut, als herausgekommen war, dass Koch für die neue Staatskanzlei teure Möbel ausgesucht hatte. Selbst die Lampen hatte er persönlich ausgewählt. Dann fehlten auch 10 000 Ausbildungsplätze im Land. Und die weltweit größte Ratingagentur Standard&Poor's wertete die Kreditwürdigkeit Hessens herab wegen Schuldenstand und Budgetdefizit.

Koch hat zudem Probleme mit einem zentralen Reformprojekt, der zentralen Verwaltungssteuerung. Als erstes großes Bundesland wollte er die kameralistische Buchhaltung, die aus dem 19. Jahrhundert stammt, durch die moderne doppelte Buchführung ersetzen. Mit dem alten Verfahren waren weder Abschreibungen noch Verbrauch, nicht Sachvermögen oder Pensionslasten im Etat auszuweisen. Ein prinzipiell richtiges Vorhaben, wenn da nicht 150 000 Landesangestellte als potentielle Saboteure des neuen Systems gewirkt hätten und der Software-Riese SAP zügiger gearbeitet hätte. Doch das Projekt war schnell an dem Punkt, wo die Software veraltet war, es kein Zurück mehr gab, aber auch kein Land in Sicht war. Alles, was lief, waren die Kosten. Statt geplanter 50 Millionen Euro könnte am Ende das Zehnfache zu Buche schlagen.

Es ist die Zeit, in der wirklich alles schief läuft. Den Frankfurter Banken geht es schlecht, die Metallgesellschaft verlegt ihre Zentrale vom Main nach Bochum, die Frankfurter Bürokratie ist unflexibel und korrupt wie in schlimmsten Tagen. Überall sinkt die Sozialhilfequote, vor allem im Osten, nur in Hessen steigt sie: Kassel hat den Spitzenplatz, Frankfurt und Wiesbaden sind unter den Top Ten. Als dynamischste Wirtschaftsregionen gelten München und Stuttgart, was in Hessen blüht, ist der offene Drogenhandel in den Wiesbadener Parkanlagen zwischen Staatskanzlei, Finanzministerium und Bahnhof. Unter den zehn besten Unis finden sich keine hessischen, aber drei bayerische. Dafür kommen Frankfurts Studenten mit dem Semesterticket per S-Bahn nach Eschborn, um vor Kochs Haus zu demonstrieren. Nach zähen Verhandlungen lassen sie sich auf eine Resolution herunterhandeln, die in den Briefkasten geworfen wird.

Plötzlich wirkten auch die Reisen ziemlich albern, die Koch in Kandidatenmanier zu Jahresbeginn geplant und für deren Vorbereitung er sich eigens einen außenpolitischen Experten aus Schäubles Berliner Stab engagiert hatte. Die Spitzenmeldung vom Russlandtrip lautet, dass Frau Putina mit Anke Koch zu Mittag aß und ihr nachher den Kreml zeigte. Auf seiner Reise nach Großbritannien machte sich der Intellektuelle Timothy Garton Ash über Kochs Englisch lustig, auf das er so stolz ist. Besonders arg geriet der Auftritt in Washington. Zum Jahrestag der deutschen Einheit richtet ein Bundesland in der deutschen Botschaft die Feierlichkeiten aus, diesmal war Hessen an der Reihe. Ein vergrippter Koch war nicht gerade bester Laune und missachtete zudem die strengen Regeln, die in den USA für derartige Empfänge gelten.

Nachdem Botschafter Ischinger und der Ehrengast Robert Blackwill – er führte für die USA die 2+4-Verhandlungen – formvollendet begrüßt hatten, kam Koch. Statt, wie es üblich ist, mit einer launigen Begrüßung einzusteigen, das Historische des Tages zu betonen und den Gästen einen schönen Abend zu wünschen, erging sich Koch in quälend langen Bemerkungen zum hessischen Büfett mit einem Zentner Handkäs und 300 Kilogramm Bratwurst. Falsche Prioritäten, fanden die Diplomaten, die durchaus gespannt waren auf Kochs Auftreten, da sie nichts gegen einen konservativen Kanzler einzuwenden hätten. Als Koch sich um 22 Uhr zum Hintergrundgespräch mit Journalisten verzog, gingen viele Gäste.

Und der Herbst sollte noch furchtbarer werden.

»Mut zur historischen Wahrheit« –
Kochs Ärger mit Hohmann

Jedes Jahr um den Reformationstag herum lädt der hessische Ministerpräsident zu einer ungewöhnlichen Veranstaltung. Eine beeindruckende Auswahl deutscher Wirtschaftsgrößen und anderer wichtiger Menschen kommen im Schloss Johannisberg zu dem »Rheingauer Dialog« zusammen. Unter Ausschluss der Presse sprechen hochrangige Referenten zu einem drängenden Thema, sobald die Hausherrin Fürstin Metternich ihre Begrüßungsrede beendet hat. In diesem Jahr geht es um die demographische Entwicklung.

Für Roland Koch ist es eine Herausforderung, so viel von seiner knappsten Ressource herzugeben, nämlich Zeit. Andererseits ist es eine gute Gelegenheit, die Wirtschaftskontakte zu pflegen, dem Alltag zu entfliehen
und noch ein paar Fakten mitzunehmen, die er in seine Reden einbauen
kann: Dass es im Jahre 2050 nur noch halb so viele Deutsche gibt, dass
Schröders Agenda 2010 gegen die gewaltigen Probleme der Sozialkassen
ein wirkungsloses Instrument ist, dass ein Programmierer nach drei Jahren
ein digitaler Analphabet ist, wenn er sich nicht fortbildet. Es wachse der
Zwang zum Autokannibalismus, zur Selbstausbeutung, sagt ein Forscher.
Das kennt Koch.

Gut gelaunt skizziert Professor Raffelhüschen die Debatte um die Gesundheitsreform. »Wir sitzen auf der Titanic und schreien: ›Hey, die zwei
Ruderboote da nochmal zurück, wir diskutieren alles nochmal in Ruhe.‹«
Koch sitzt daneben und sieht angestrengt aus. Er trägt einen besorgniserregend roten Kopf. Mindestens einmal die Stunde zieht er das Handy raus,
verlässt den Saal, und kommt langsam und sinnend wieder rein. Er wirkt
unkonzentriert.

Das ist auch kein Wunder. Denn soeben hat Koch von einem Vorgang
erfahren, dessen Tragweite er sofort begreift. Exakt an dem Tag, als er in
Washington 3000 Gäste mit hessischen Spezialitäten bewirtete, da hatte
der Bundestagsabgeordnete Martin Hohmann aus dem fachwerkhaltigen
Örtchen Neuhof bei Fulda eine mehr als problematische Rede anlässlich
der deutschen Einheit gehalten, die jetzt erst einem größeren Interessenten-
kreis via Internet bekannt geworden war. Hohmann war in der Union schon
lange als Grenzgänger bekannt, der aus dem sektiererischen Milieu um den
»Arbeitskreis konservativer Christen« stammt, wo Vaterlandsliebe, Sozia-
listenhass und Frömmigkeit sich mit allerlei kruden Versatzstücken zu einem paranoiden Weltbild fügen. Hohmann hatte Alfred Dregger aus dessen
Bundestagswahlkreis verdrängt und mit 54 Prozent ein Direktmandat gewonnen. Hohmann kann begründen, dass die deutsche Olympiamannschaft
wegen der Entschädigung für Zwangsarbeiter im Jahr 2000 so schlecht in
Sydney abgeschnitten hat, er genießt den Ruf eines »dem Christentum ver-
pflichteten Mahners und Warners«, der den »Mut zur historischen Wahrheit« hat. Ein Volksheld also, bald ein Märtyrer, und Roland Koch ist sein
Landesvorsitzender.

Fraktionschefin Merkel hofft anfangs, der Fall lasse sich mit einer Rüge
in der Fraktion bereinigen. Doch Hohmann verweigert mehr als eine Woche lang eine echte Entschuldigung. Als er auch noch einen zustimmen-
den Brief des Bundeswehrgenerals Güntzel in die Kameras hält und der

Offizier daraufhin umgehend gefeuert wird, da droht der Kasus zu eskalieren.

Obgleich es starke Stimmen nicht nur in der Hessen-CDU gibt, die meinen, man müsse Hohmann integrieren und ihn in demokratische Verfahren zwingen, anstatt ihn zum Märtyrer zu machen, erweist sich Roland Koch als loyaler Parteimann. Er ist bereit, jeden Entschluss seiner Vorsitzenden mitzutragen. Dass Frau Merkel den Fall Hohmann nutzen könnte, um ihn bloßzustellen, das hätte Koch allerdings nicht erwartet.

Merkel scheint gewillt, den seltsamen Herrn Hohmann in Fraktion und Partei zu belassen. In diesem Glauben lässt auch CDU-General Meyer den Ministerpräsidenten, als die beiden zwei Samstage nach dem Bekanntwerden der Hohmann-Rede auf einem Ball in Frankfurt zusammentreffen. Keine Rede davon, dass Merkels Emissäre Bosbach und Kauder nach einem letzten Gespräch mit Hohmann gemeldet hatten, dass der Mann unbelehrbar sei. Am Sonntag folgt Roland Koch mutig einer Einladung von Salomon Korn, dem Vorsitzenden der jüdischen Gemeinde Frankfurt, und kommt in die Synagoge im Westend, um dort zum Gedenken an die Pogromnacht vom 9. November 1938 zu reden. Durchaus nachdenklich geht er auf den Fall Hohmann ein. Die Rede des Bundestagsabgeordneten verdiene keine Toleranz, so Koch, andererseits habe er Probleme mit einem Parteiausschluss. Er wolle mit Hohmann »weiter ringen«, der Streit müsse in den eigenen Reihen ausgetragen werden. Damit hält sich Koch an die Linie der Parteichefin. Und nimmt dafür sogar eine öffentliche Abstrafung in Kauf. Während seiner Rede verlassen 50 der 400 Zuhörer das Gotteshaus und rufen von draußen: »Kommt alle raus, das ist ja unerträglich.«

Doch Koch kämpft an einer Front, die es gar nicht mehr gibt. An diesem Wochenende hat sich Angela Merkel entschlossen, Hohmann doch zu opfern. Sie teilt es Roland Koch allerdings nicht mit. Er sieht ziemlich alleingelassen aus. Stoisch, als habe er die Kehrtwende der Chefin gar nicht bemerkt, setzt Koch in den folgenden Tagen die Berliner Beschlüsse um. Innerlich brodelt es, denn ihm war klar geworden, dass Merkels Zug nicht nur gegen Hohmann gerichtet ist. Die »Oberschwester« hat mal wieder mit Streubomben reagiert: Sie ist Hohmann los, lässt ihre Entschlusskraft feiern und überlässt Koch dem Aufruhr in der rechten hessischen Ecke, der sich zwar vor allem gegen sie richtet, aber auch gegen Koch, weil der keine Führungsstärke gezeigt hat. Der hessische CDU-Chef gilt als derjenige, der nicht verhindern konnte, dass der aufrechte Hohmann geopfert wird, während andere Missetäter wie dieser Friedman wieder durch die Fernsehstudios turnen. Das hat zwar nichts miteinander zu tun, passt aber

in die Denkmuster einer Partei, die von Roland Koch eine dauernde Härte-
performance erwarten. So viel Ärger konnte also eine einzige kleine Entscheidung anrichten. Frau Merkel war schlau, viel schlauer, als er je gedacht hatte.

»Schlimmer als Kohl« – Isolationsfolter für Koch

Es gibt zwei Festungen in der CDU, deren Krieger sich gegenseitig belau-
ern. Sie wissen, dass sie einen langen, verzehrenden Krieg führen werden,
nicht offen, sondern versteckt, listig, hart, gemein und unauffällig. Jede
Festung hat einen magnetischen Turm, und die Mitglieder sind die Eisen-
späne. An welchem Turm kleben die Späne am Ende? Am Berliner? Oder
am Wiesbadener?

Ihre Waffen sind Interviews, Hintergrundgespräche und Kungelrunden.
Besonders gern erzählen sie Geschichten übereinander. Zum Beispiel die,
wie die Anführerin der einen Burg sich mit DaimlerChrysler-Chef Jürgen
Schrempp getroffen hat. Das Gespräch der Wirtschaftsamateurin mit dem
Frauenskeptiker verlief überraschend gut, zum Abschluss sagte der große Boss sogar: »Kommen Sie mich doch mal in Stuttgart besuchen, dann
gehen wir Maultaschen essen.« Daraufhin erwidert die CDU-Vorsitzende:
»Ich mag keine Maultaschen.« Im Wiesbadener Turm wird die Geschichte
erzählt, um gleich dreifaches Versagen zu illustrieren: Die Frau hat keine
Ahnung von den Spielregeln der großen Jungs, sie ist zickig, sie merkt
nicht mal, wenn sie ankommt. Im Merkel-Lager wird die Story ganz anders
interpretiert: Die Chefin lässt sich nicht einwickeln.

Das Mann-Frau-Verhältnis spielt eine nicht zu unterschätzende Rolle
beim Stellungskampf zwischen der CDU-Vorsitzenden und einem ihrer
besten Männer. Der hat, wie die Chefs von Rotgrün übrigens auch, egal
ob Fischer, Schröder oder Clement, ein funktionales Verhältnis zu Frau-
en: »Keine Weiber«, heißt die Anweisung stets, wenn der Kanzler zu einer
behaglichen Runde einlädt. Soll heißen: Frauen dürfen gut aussehen, sie
dürfen das Heim vorheizen, sie dürfen auch ihre Meinung haben, sie sogar
äußern. Nur entscheiden dürfen sie nicht. »Meine Frau ist zu Hause für die
Finanzen zuständig«, sagt Koch. In seiner Welt bedeutet das den Nachweis
maximaler Gleichberechtigung: Er, der Regierungschef, überlässt einer,
seiner Frau das wichtigste Ressort: Finanzen. Bei so viel Vertrauen geht ihr
das bisschen Haushalt doch gleich viel leichter von der Hand.

Frauen wie Angela Merkel gibt es in Eschborn nicht. Frau Merkel ist im gleichberechtigteren Osten aufgewachsen, sie hat in der Wissenschaft gearbeitet, sie hat keine Kinder. Sie hat Erfahrungen gemacht, die ein gelernter westdeutscher Politiker nicht machen musste. Sie hat in einer Diktatur gelebt, in der man zu Vorsicht und Misstrauen erzogen wurde, und sie hat im geeinten Deutschland jeden großen Kampf gewonnen. Frau Merkel löst bei Männern Urängste aus, weil sie nicht so ist, wie Frauen sein sollen. Sie ist so hart wie die Kerle, sie ist mindestens so listig wie sie, aber man kann sie schlecht angreifen, ohne überall Schutzreflexe zu aktivieren. Man mutmaßt starke Motive hinter ihrer Zähigkeit: Rache für die Missachtung des Ostens, Rache für die Missachtung der Frauen.

Vor allem hat Angela Merkel zwei Dinge kapiert: In der Politik muss sie Erfolg haben, und sie muss Angst verbreiten, um Respekt zu bekommen. Sie hat begriffen, dass sie gegen die Männer in einem Wettbewerb der Härte steht. Sie muss noch kälter und gnadenloser zuschlagen als die Herren, die meistens ja nur darüber reden. Gerade Koch zwingt sie immer wieder zu Kraftakten: »Traust dich ja doch nicht«, scheint er ihr immer wieder entgegenzubrüllen, ohne zu merken, dass er sie damit jedes Mal ein Stück stärker macht.

Denn sie traute sich bislang immer. Sie hat sich an die Seite der USA gestellt, klarer als jeder andere, sie hat ihre Herzog-Kommission die radikalste Umgestaltung des Sozialstaats aufschreiben lassen, sie hat Hohmann aus der Fraktion gekickt, als keiner damit rechnete, sie hat ihren Bundespräsidenten durchgesetzt. Ihre Interventionen kamen schnell und gerade auf die Kinnspitze. Am Ende des Jahres 2003 hat sie beides: Erfolg und Respekt. Und sie hat die CDU dichter an Ludwig Erhard manövriert, als sie lange Jahre war. Die Umfragen sehen die Union bei 50 Prozent, und die Kerle haben aufgehört, über sie zu reden wie eine Sonderschülerin. »Die ist schlimmer als Kohl«, hat Merz gesagt. Ein größeres Kompliment gibt es nicht in der CDU.

Falsch ist die Feststellung trotzdem. Denn Angela Merkel ist nicht schlimmer, sondern auf dem Weg, besser zu sein als Helmut Kohl, weil sie über eine in der Politik weithin unterschätzte Tugend verfügt: Geduld. Sie hat zum Beispiel die Ruhe um zu warten, wie sich das System Schröder selbst erledigt. Das Spiel hat sie schon mal mitgemacht, Ende der achtziger Jahre in der DDR.

Koch nimmt sich dagegen wie ein Pitbull aus. Er wollte die Regierung am Ende dieses Jahres in ihren Untergang gehetzt haben, alles blockieren, alles kaputtmachen. Er ging fest davon aus, dass Rotgrün in diesem Herbst zur Strecke zu bringen war, mit hammerharter Opposition, so wie es in Hessen üblich ist. Eichel mit seinem Haushaltsdefizit, der Tropf Stolpe mit der Maut –»die wären in Wiesbaden keine drei Wochen geblieben«, sagt Metz mit flackerndem Blick. Wie gern hätte er sie gejagt.

Doch Berlin ist nicht Hessen. Koch hat die Bundes-CDU nicht in blutrünstige Jagdlaune versetzen können. Ihm fehlten die Verbündeten. Die Connections von einst sind brüchig geworden, die Mitglieder des Andenpaktes verfolgen ihre eigenen Interessen, viele schätzen die Vorsitzende nun in dem Maße, in dem ihnen der Hesse fremd geworden ist. Mag ja sein, dass Koch immer Recht hat. Aber warum muss er das auf jeder Präsidiumssitzung alle wissen lassen.

Koch ist allein. Er ist beleidigt, fühlt sich ungerecht behandelt.»Ich will doch jetzt nicht Kanzler werden«, sagt er verzweifelt, wobei die Betonung auf»jetzt« liegt,»ich will diese Regierung weghaben.« Aber diese Frau »fürchtet sich vor dem Blockiererimage, deswegen ist die Opposition nicht stringent genug«, klagt er:»Das wird man alles mal historisch bewerten müssen.« Vielleicht ist sie einfach nur geduldiger, weil sich das in ihrem Leben als Siegerstrategie erwiesen hat. Was wäre denn, wenn die Regierung tatsächlich im heißen Herbst kippte? Dann wäre Edmund Stoiber Kanzler. Welches Interesse könnte Merkel also an einer Krawallopposition haben? Für wie naiv hält er sie?

Die Logik der Vorsitzenden ist einfach: Sie ist froh, dass Schröder ihr den Gefallen tut, die gröbsten Zumutungen bis 2006 abzuräumen. Dann hat die CDU damit nicht mehr so viel Last. Ist das bis zum Ende hin durchgedacht? Koch findet nicht. Den Murks von Rotgrün müsse man ohnehin nochmal ganz neu machen, dann kann man auch gleich blockieren, wo es geht. Lafontaine hatte mit diesem Kurs das Ende der Ära Kohl eingeleitet. Blockieren heißt ja nicht nur, den Fortschritt zu hemmen, sondern auch, Machtlosigkeit der anderen zu demonstrieren. Und wenn der Wähler etwas mehr hasst als Blockierer, dann machtlose Politiker.

Kochs Ungeduld ist verständlich. Denn die Feindin heißt nicht nur Merkel, sondern schlicht: Zeit. Mit jedem Tag Opposition in Berlin verschwindet ein bisschen mehr von seinem Wunderkindimage. Er ist nicht mehr der Jüngste, Schnellste, Beste, sondern einer auf einem weiten Feld, auf dem sich Wulff, Müller, Merz, von Beust, vielleicht bald noch Rüttgers und Schavan tummeln. Wunderkinder sind jetzt andere. Wulffs Fraktionschef David MacAllister, der gebürtige Schotte aus Cuxhaven, der gerade 30 ist, lockerer als Koch, sich besser unterhalten kann, Herzen gewinnen, erklären. Er ist karriereorientiert wie alle, aber er wird Schützenkönig und kann prima einen heben. Er hat viele Koch-Fähigkeiten und ist sympathisch. Dort lauert die Gefahr.

»Es war Kochs größter strategischer Fehler, sich nicht mit Frau Merkel zu verbünden«, sagt Hans-Ulrich Jörges vom »Stern«, einer der kraftvollsten Kommentatoren der Berliner Republik. Jetzt ist es zu spät, jetzt würde sie die Bedingungen diktieren. Soll er sich an Merkels Seite stellen und den Posten des wirtschafts- und finanzpolitischen Kopfes einfordern? Um einen fundamentalen Krach mit Kumpel Merz zu riskieren und am Wahlabend zu erfahren, dass dieser Job an die FDP geht? Vielen Dank.

Im letzten Jahr, während er sich schon fast am Ziel wähnte, hat die Vorsitzende gemacht, was ein Koch in Hochform getan hätte: genetzwerkt. Sie hat sich die Landesverbände einen nach dem anderen vorgenommen, sie hat den Arbeitnehmerflügel, Nordrhein-Westfalen, Niedersachsen, Baden-Württemberg, die meisten Ossis besucht, Gemeinsamkeiten betont, eingebunden. Sie hat sich durch ihre Beharrlichkeit von dem Die-kanns-nicht-Image befreit. Plötzlich heißt es überall: Die wird immer besser.

Sie hat sogar den notorisch unzuverlässigen Stoiber und seine fortwährenden Soli lächelnd ertragen. Für ihre Gleichmut hat der Bayer sie ins Herz geschlossen und tut ihr den Gefallen, alle wichtigen Dinge zuerst mit ihr zu besprechen, von Parteichef zu Parteichefin. Der Hesse kommt auf dieser Hierarchiestufe nicht vor. Was scheren Stoiber die Pläne von früher? Jetzt ist Koch Rivale, und Sympathien hat er auch nicht mehr viele.

Allenthalben schlägt Koch in diesem Herbst Skepsis entgegen. Die Parteifreunde haben nur darauf gewartet, den Höhenflieger stürzen zu sehen. Die Verschwörungstheorien in Berlin gehen so weit, dass Koch unterstellt wird, den Subventionsgipfel mit Steinbrück nur erfunden zu haben, um den Spitzenkandidaten der CDU, Rüttgers, zu schwächen. Denn wenn Rüttgers 2005 bei den Landtagswahlen erstmals das rote NRW erobert, würde ein Erdrutsch in Gang kommen, der das Kanzleramt im Jahr darauf mit größter Wahrscheinlichkeit mitreißt. Fiele NRW an die CDU, wäre Merkel Kanzlerin. Allein die Tatsache, dass ihm so viel Hinterlist zugetraut wird, illustriert sein Ansehen in der CDU. Ähnlich verhielt es sich im Fall Hohmann. In Merkels Fraktion wurde debattiert, ob Koch den verirrten Abgeordneten ermutigt habe, um der Fraktionschefin ein Problem zu bereiten.

Immer deutlicher wird, dass Koch die emotionale Intelligenz fehlt. Ein großer Politiker muss Projektionsfläche nicht nur für die Ängste der Wähler sein, sondern auch für ihre Hoffnungen, Sehnsüchte, Werte. Frau Merkel ist nicht weniger kalt als er, aber sie ist charmanter, harmonischer, manchmal sogar niedlich, wenn sie Mädchen spielt und die Triumphgesten der Jungs nachmacht. Die Kunst der Politik bestehe darin, den Leuten die Angst zu nehmen, hat Gerhard Schröder einmal gesagt. Koch macht ihnen Angst. Merkel nimmt sie, manchmal.

Die Einsamkeit des Ministerpräsidenten ist insbesondere auf dem Leipziger Parteitag Anfang Dezember zu spüren. Instinktiv suchen Delegierte, Journalisten, Funktionäre die Nähe des Erfolges. Keiner sucht Koch. Als Erster sitzt er am Montagmorgen des Parteitags für einen Moment allein in der Leipziger Thomaskirche, bevor die Meute hereinquillt und ergriffen »Macht hoch die Tür, die Tor macht weit …« anstimmt. Er hat Zeit, um über den gestrigen Presseabend nachzudenken. Alle Chefredakteure hatten sich um Merkel geschart, die mit dem Tross ein paar Minuten bei ihm stand, um das Mindestmaß an Höflichkeiten auszutauschen. Koch kann sich nur mit Ironie behelfen: »Die Vorsitzende führt integrativ, sie muss bei allen in der Nähe bleiben.« Koch wirkte abgespannt, das Interesse der Reporter hielt sich in Grenzen. Seine Leute wieselten um ihn herum, um die Illusion von Bedeutsamkeit zu erzeugen.

Es half alles nichts: Dieser Parteitag würde zur großen Solovorstellung der Vorsitzenden werden, er hatte sich in die Nebenrolle zu fügen. Sie allein hatte ein beispielloses Reformpaket geschnürt. Die Vorgaben der Herzog-Kommission zur Renovierung des Sozialstaats plus Merzens Bierdeckel-Steuerkonzept, das waren Reformvorhaben von Godesberg'scher Dimension. Auf allen Politikfeldern, von Gesundheit über Arbeit, Rente und Steuern präsentierte sich die CDU in einem Kraftakt als fortschrittlichste und entschlossenste Partei in Deutschland – und es war das Werk der Vorsitzenden. Die, die wussten, welchen Sprengstoff die Chefin in die Abstimmung gegeben hatte, hielten wohlweislich den Mund, die anderen hingegen vertrauten ihrer »Angie«, dass alles schon nicht so arg würde. »Die meisten Delegierten machen den Eindruck, als ob sie gar nicht so genau wüssten, über was sie hier abstimmen«, staunte der Politologie-Professor Karl-Rudolf Korte, der die Veranstaltung für das ZDF kommentierte.

Koch hat in Leipzig keine Chance zu punkten. Er muss diesen Parteitag über sich ergehen lassen, ertragen, dass andere hier bejubelt werden. Jeder Ansatz von Meuterei, so viel ist klar, würde von 1001 Abgesandten gnadenlos niedergebuht werden. Ausdauernd sitzt Koch auf dem Podium, nur hin und wieder erheitern ihn SMSen wie jene aus dem Hessen-Block, die lautet: »Angela sieht heute wieder sexy aus wie lange nicht mehr.«

Pflichtschuldig präsentiert sich die hessische Delegation als Musterverband. Gerade erst haben sie die Hohmann-Debatte ausgestanden, die nicht unbedingt ihr Ansehen gehoben hat. Die Delegierten üben sich in

Sarkasmus:»Na, haben Sie sich schon entschuldigt? Und haben Sie's ernst gemeint, auch inhaltlich?«, lautet einer dieser ironischen Sprüche, in Anspielung auf Merkels Bestreben, dem Rechtsausleger Hohmann einen Widerruf abzuringen. Sechs Minuten Klatschen nach der Merkel-Rede hatte Geschäftsführer Boddenberg angeordnet. Doch nach fünfeinhalb Minuten ist das Ritual vorbei. Die Vorsitzende hat keine große, aber eine schlaue Rede gehalten, die ihre Büroleiterin Baumann aufgeschrieben hat. Auffallend häufig bezieht sich die Chefin in ihrem einhundertminütigen Vortrag auf die Geschichte der Partei: Sie beginnt mit Konrad Adenauer, der im ZDF kurz zuvor zum»besten Deutschen« gekürt worden ist, bedient sich mit einem tremolierten »in diesem unserem Lande …« am Kohl'schen Floskelfundus, sie erinnert an Eugen Gerstenmaier, der mit dem Kreisauer Kreis gegen Hitler gearbeitet hat, und leitet daraus die Verpflichtung ab, den Hohmännern die rote Karte zu zeigen, kurz: Sie tritt auf, als sei die CDU schon immer ihr politisches Zuhause gewesen.

Roland Koch sitzt in einer Reihe mit den Ministerpräsidenten zu ihren Füßen und gibt sich redlich Mühe, wie ein interessierter Zuhörer zu wirken. Von Beust träumt vor sich hin, Teufel liest, Schönbohm döst, Hildegard Müller tippt unauffällig eine SMS, nur Koch hört konzentriert zu: Er weiß, dass die kleinste Geste des Missbehagens von den vor dem Podium lauernden Fotografen festgehalten würde.

Dabei grummelt es innerlich schon wieder in ihm. Denn die Vorsitzende findet Gefallen daran, noch ein wenig nachzutreten. In ihrer Aufzählung der diesjährigen Triumphe nennt sie Kochs Wahlgewinn einen»eindrucksvollen Sieg« und wünscht dem Rivalen, den daheim noch immer Demonstrationen gegen sein Sparpaket nerven, »alles Gute mit dieser Verantwortung«. Die auf Zwischentöne dressierten Beobachter verstehen die Botschaft: Bleib schön auf deinem Spielplatz in Hessen. Ihrem treuen Niedersachsen Wulff dagegen dankt Merkel für einen »triumphalen Wahlerfolg« und betont seine Bedeutung für die anstehenden Verhandlungen im Bundesrat, wo eigentlich Koch die Hauptrolle spielen will. Auch Peter Müller, obschon ohne aktuellen Wahlsieg, wird für den Titel»Ministerpräsident des Jahres« belobigt. Für beide fällt der Applaus deutlich lauter und länger aus als für Koch.

Zum Schluss überhäuft sie sogar noch ihren größten Widersacher Friedrich Merz mit Zärtlichkeiten. Der Sauerländer darf unter dem tosenden Applaus der Delegierten sein Steuerkonzept präsentieren und demonstriert hinterher in der ARD, wie die Steuererklärung tatsächlich auf einen Bierdeckel passt. Steuern, dachte Koch, seien mal sein Thema gewesen.

Merkels Isolationsfolter für Koch hat blendend funktioniert. All seine Themen und Papiere spielen keine Rolle, nicht die junge Frau Lautenschläger und das Wisconsin-Modell renovieren den Sozialstaat, sondern Roman Herzog, der sein Reformpaket so charmant verkauft, als handele es sich um eine Vogelschutzrichtlinie. Persönlich und warmherzig, aber knallhart in der Sache wirbt der Altbundespräsident für die Notwendigkeit seiner Reformpläne. Merkel hat Herzog und seine Kommission erfunden.

»Da sind wir uns ähnlich« – Bush-Krieger gegen Girlscamp

Irgendwann Mitte der neunziger Jahre hat Angela Merkel den Politiker Roland Koch zum ersten Mal getroffen, auf einem Parteitag. Da mäkelte er über das strahlende Blau hinter der Bühne und die neue Form der Buchstaben. Am Erscheinungsbild der Partei haben die Hessen immer etwas auszusetzen. Das frische Orange, das die Berliner 2003 erfunden hatten, ist den Hessen entschieden zu mädchenhaft.

Koch nahm Merkel damals nicht übermäßig ernst, sie war halt nur Ministerin im Umweltressort, was er für nicht weiter wichtig hielt. Merkel fand Koch auch nicht besonders spannend. »Er war der kommende Mann in Hessen«, erinnert sie sich mit feinem Lächeln. Christian Wulff aus Niedersachsen, den fand sie viel interessanter, auch programmatisch, außerdem war er geradliniger und berechenbarer. Frau Merkel ist von tückischer Nettigkeit: Immer nennt sie Koch in Zusammenhang mit Hessen oder mit Wulff. Das Signal lautet: Der ist ein Ministerpräsident von vielen, sein Revier liegt in der Provinz, mit der Berliner Machtzentrale hat er nichts zu tun.

Erst nach Kohls Wahlniederlage 1998 kamen die beiden wieder zusammen, als Koch und Schäuble die Doppelpass-Kampagne erfanden. Generalsekretärin Merkel gehörte damals zu den größten Skeptikern. Sie war es, die immer wieder darauf pochte, dem Nein zum Doppelpass das Ja zur Integration hinzuzufügen. Koch fand das nicht wichtig, um ihr später beiläufig mitzuteilen, dass ihr Hinweis hilfreich gewesen sei damals. Sie korrigierte sich nach seinem Wahlsieg ebenso. Nicht den Inhalt, aber die Umsetzung der Kampagne fand sie »bewundernswert«.

Während Kohls Spendenaffäre gerieten die beiden wieder zusammen. Er ließ sie wissen, dass er ihren Brief in der »FAZ«, mit dem sie den Abschied von Helmut Kohl vollzog, nicht angemessen fand. Die Depesche bedeutete ihm damals Verrat, nicht Befreiungsschlag. Angela Merkel ist bis heute überzeugt, dass diese Zeilen einen fortgeschrittenen Zerrüttungsprozess der CDU gestoppt haben, womit sie Koch am Ende mehr geholfen hat, als er sich womöglich eingesteht.

Koch und Merkel haben sich also durchaus ergänzt, haben Qualitäten dort, wo der andere Schwächen zeigt. Sie können inzwischen auch einigermaßen gleichberechtigt miteinander reden, seit er Ministerpräsident ist und sie Vorsitzende. Koch ist der bessere Analytiker, Merkel die bessere Psychologin. Koch denkt eher mechanisch, sie systemisch. Er will immer Recht haben, sie will immer siegen. Mag der Gedanke auch nicht realitätstauglich sein, aber die beiden wären zusammen ein unschlagbares Duo.

Das findet Angela Merkel, in Teilen, durchaus auch. Beide sind harte Knochen, da geben sie sich nichts, der Stand ihrer Härtekonten ist identisch. Und inhaltlich? In der Wirtschafts- und Sozialpolitik »sind wir uns ganz schnell einig, da brauchen wir keine zehn Minuten«, sagt sie. Überhaupt die politische Hardware, »da sind wir uns sehr ähnlich«. Leider sind sie fast immer in Stresssituationen aufeinander getroffen, nur einmal war sie beim ihm zu Hause in der Südstaaten-Villa, die sie gelungen eingerichtet fand. Sie schätzt Koch, »es macht Spaß, mit ihm über Politik zureden, weil er sehr gut schlussfolgert und Sachen auf den Punkt bringt«. Was sie überrascht, ist der Umstand, dass er »so unerbittlich gegen sich selbst ist«.

Die Annahme, dass er konservativ sein soll, sie aber liberal, kann sich nur auf Mentalitätsfragen beziehen. Hier die neugierige, aber vorsichtige Norddeutsche ohne Parteisozialisation, dafür aber mit einem jahrelangen Listigkeitstrainingslager in der DDR, dort der selbstgewisse, nicht eben leise Hesse und seine dröhnende Regionalpartei, deren Spitzenleute in ihrem Missionierungsdrang den Bush-Kriegern aus Texas nicht ganz unähnlich sind. Sie verfügt über einen Werkzeugkasten, der alles bietet vom Skalpell bis zur Dampframme, er fährt immer nur Panzer.

Die Herkunft bringt einen weiteren elementaren Unterschied mit sich. Mag Angela Merkel einerseits die CDU-Aufzucht fehlen, so verschafft ihr das andererseits eine große Unabhängigkeit. Einer wie Koch, der seit seiner frühen Jugend in der Partei verstrickt ist, muss unendlich viele Rücksichten nehmen, zum Beispiel bei der Besetzung seines Kabinetts. Er kann nicht die Besten nehmen, sondern muss Kumpels bedienen.

Eigentlich machen die beiden nur das, was sie einhellig von den Deutschen fordern. Sie strengen sich an, sie kämpfen, sie stehen in einem permanenten Wettbewerb, der sie hier besser werden lässt und dort ihre

Schwächen aufzeigt. Kaum liest Angela Merkel in der Zeitung, ihr fehle die »Aura der Macht«, da lässt sie schon überlegen, wie man diese Aura wohl erzeugen könne. Das Ergebnis: Seither läuft die CDU-Chefin, sobald Kameras lauern, nicht mehr allein die Sitzungsflure zu Pressekonferenzen entlang, sondern lässt sich von einer Entourage begleiten. Das sieht nach mehr aus.

Sie hat behutsam ihre Frisur reformiert, den Einsatz von Schminkutensilien gelernt und offenkundig auch das Reden, ihre physische Präsenz mit professioneller Hilfe verbessert. Vor allem hat sie sich darangemacht, den historischen Kern der CDU für sich zu reklamieren. In einem Beitrag für die »Süddeutsche Zeitung« vergleicht sie die derzeitige Umbruchsituation Deutschlands mit dem Jahr 1948, dessen erste Hälfte von Depression, die zweite, nach der Währungsreform dagegen von Aufbruchstimmung geprägt war, auch, weil die soziale Marktwirtschaft einem unsicheren Volk ein inneres Geländer bot. Ein halbes Jahr später ist in der »FAZ« zu lesen, warum Roland Koch das Jahr 1948 historisch so bedeutsam findet. Spannend wäre zu sehen, was passierte, wenn Angela Merkel sich einen Hund zulegt. Wie lange dauerte es, bis Koch mit einem größeren, schöneren Tier an der Leine daherkäme?

Es ist kein politischer, sondern vor allem ein kultureller Zwist, der die beiden trennt. Der Soziologe Heinz Bude sieht die beiden stellvertretend für eine bestehende innerdeutsche Kluft. Auf der einen Seite Eschborn, stellvertretend für die Regionen, die den Wohlstand erwirtschaften, Soldaten in die Welt schicken, das Land am Leben erhalten; auf der anderen Seite die lässigen Großstädter, die über die Provinzler grinsen und sich damit beschäftigen, neue Rollen auszuprobieren.

Merkel passt nicht in das Frauenbild von Roland Koch. Was fällt ihr ein, sich Posten zu schnappen. Unterbewusst spricht er ihr das Recht ab, in der CDU eine Spitzenposition zu bekleiden, die ihr einfach so, typisch Ossi, zugefallen ist, während sich andere über Jahrzehnte hocharbeiten mussten. Und erst ihre Mitarbeiterinnen: Büroleiterin Beate Baumann, Sprecherin Eva Christiansen, Vertraute wie Anette Schavan oder die junge Bankerin Hildegard Müller. Ein Girlscamp – das ist doch nicht die CDU.

In seiner Willenswelt scheitert sie jeden Tag, weil sie keine Führung koordinieren könne, die Partei viel zu weich positioniere, den Zustand des Landes verharmlose und viel zu rücksichtsvoll sei in der Opposition. In der Realität steht sie mit der CDU zwischen 40 und 50 Prozent. »Mit Formelkompromissen kommt man erstaunlich weit«, sagt er und gähnt wie eine Hyäne.

Die stiefelknallenden Hessenkrieger, die meinen, dass Charme, List und intrigatorische Eleganz in der Politik etwas für Weicheier ist, wirken seltsam altmodisch, starr und unflexibel gegen die Frau aus Mecklenburg-Vorpommern. Aber sie glauben, eine Tendenz auf ihrer Seite zu haben. Je näher die Bundestagswahl 2006 rückt, desto heftiger werden die Zweifel werden, ob die Westmannpartei tatsächlich mit einer Ostfrau in die Schlacht ziehen soll. Am Ende wird sich die CDU für eine bewährte Kraft entscheiden, da sind sich die Hessen sicher. »Ich unterstütze Sie als Parteivorsitzende, aber nicht als Kanzlerkandidatin«, soll Koch ihr schon früh mitgeteilt haben. Das hat Schneid, finden seine Hessen, und werde seinen Eindruck bei der Oberschwester schon nicht verfehlen.

Wenn sie sich da nur nicht täuschen. Angela Merkel beherrscht eine Kunst wie kaum jemand anders in der deutschen Politik: Sie kann die Dinge vom Ende her denken. Wie Koch sich in der Steuerfrage ohne Not in eine Sackgasse manövriert hat, das wäre ihr nie passiert. Anstatt von vornherein Bedingungen zu zementieren, denkt sie in Optionen, hält sich Wege offen, um am Schluss zu entscheiden, was erstens sie als Siegerin dastehen lässt, zweitens für die Partei akzeptabel ist und drittens bei ihren Gegnern größtmöglichen Schaden anrichtet. Ganz einfach.

Koch müht sich, gelassen zu wirken. Er ist ein guter Schachspieler, aber Getrickse liegt ihm nicht. »Mein politisches Leben war doch schon viel unlustiger für mich«, sagt er, »gegen Manfred Kanther habe ich damals auch Schuhe und Strümpfe verloren.« Nur: Damals war er 32, die Niederlage besiegelte nichts, war im Nachhinein vielleicht sogar hilfreich. Diesmal geht es um mehr. Eine Schlappe kann etwas Endgültiges haben.

Den letzten großen Auftritt des Jahres haben die beiden im Bundesrat, wo kurz vor Weihnachten so viele einschneidende Reformen auf den Weg gebracht werden sollen, wie sie Norbert Blüm in 100 Jahren nicht zustande gebracht hätte: Vorziehen der Steuerreform, Hartz III und IV, Reform von Sozialhilfe und Gewerbesteuer. Koch ist Verhandlungsführer der Unions-Länder, doch das ist kein dankbarer Posten.

Im Grunde funktioniert Deutschland ja nicht anders als Afghanistan. Berlin ist Kabul, hier sitzt die Macht, weitgehend isoliert und abgekoppelt vom Rest des Landes. Da draußen herrschen die Warlords, auch Ministerpräsidenten genannt, die ihre Claims verteidigen, die Hauptstadt bedrohen, nur eben nicht mit Kalaschnikows, sondern mit Interviews. Da wird gefordert, gewarnt, Allianzen beschlossen oder beendet. Denn keiner allein ist stark genug, seine Interessen durchzusetzen. Bündnisse sind gefragt und werden beim großen Stammestreffen geschmiedet. In Deutschland heißt das Treffen Vermittlungsausschuss, wo mit allen Tricks und rund um die Uhr geschachert wird. Es ist ein Konditionsspiel, das an alle Grenzen geht, physisch wie psychisch. Der hessische Warlord Koch schätzt solche Situationen. Er muss ein heilloses Durcheinander koordinieren, 12 Gesetze auf 2800 Seiten mit Änderungsanträgen, Tabellen, Unterverhandlungsrunden bilden, Ergebnisse zusammenfassen – ein Job, der selten mehr als drei Stunden Schlaf erlaubt. Die Staatskanzlei arbeitet rund um die Uhr, denn Koch sitzt in beiden Verhandlungsrunden, für Finanzen und Arbeitsmarkt. Koch sieht mehlig aus, er ist in diesem Jahr fünfzigmal nach Berlin geflogen, seinem Herzen dürften die Nächte nicht bekommen. »Er war am Anschlag«, sagt einer seiner Männer.

Als Wirtschaftsminister Clement einer Verhandlungsrunde beiwohnt und das Gespräch beginnt mit dem Satz: »Ich habe keine Zeit für den ganzen Quatsch hier«, da entgegnet Koch: »Dann treten Sie doch zurück.« Schon ist die Stimmung versaut. Star des Vermittlungsausschusses ist nicht das Fleißtier Koch, sondern der Bremer Bürgermeister Henning Scherf, der immer lacht, warmes Wasser trinkt, versucht, alle Schärfe aus den Verhandlungen zu nehmen, und jeden umarmt.

Angela Merkel schaut sich gelassen an, wie ihre Männer sich abstrampeln. Sie merkt, dass Koch zusammen mit Sachsen, Sachsen-Anhalt und Saarland gegen die von ihr vorgegebene Richtung marschieren will. »Wir brauchen keine Generalgouvernante«, giften die Männer, als sie interveniert. Sie lächelt und merkt sich die Anführer. Am Ende steht sie mit dem Kanzler vor den Kameras und lässt sich als gute Demokratin feiern, die der Verlockung der Blockade widerstanden hat. Und Koch? Ach ja, Koch. »Hat er ganz gut gemacht«, sagt Angela Merkel ein bisschen gönnerhaft hinterher in kleinem Kreis.

Ein schwacher Trost. Koch muss erfahren, dass er in allen Umfragen deutlich an Boden verloren hat. Der ehemalige Lösungspolitiker wurde 2003 vorwiegend als Motzer wahrgenommen, der immer gegen alles war. Stand er im September, als er erstmals im Politbarometer auftauchte, auf einer Skala von + 5 bis – 5 exakt bei 0, so war es am Ende des Jahres eine – 0,5. Merkel, Stoiber, Merz, alle lagen deutlich vor ihm. Er war in den Niederungen, bei Westerwelle und Trittin.

Der »Medientenor« des Meinungsforschers Roland Schatz ergab ein noch verheerenderes Bild: Über Koch gab es vergleichsweise wenig positive Meldungen, nach Hans Eichel war Koch der am häufigsten in Zeitungskommentaren kritisierte Politiker. Ab Oktober ebbte das Interesse an ihm schlagartig ab. Er hat übers Jahr nie die Medienpräsenz von Merkel und Stoiber erreicht,»Bild« ignorierte ihn, am positivsten schrieb, wie schmachvoll, die brave»Frankfurter Rundschau«.

Am Ende des Jahres wird das politische Foto des Jahres prämiert. Gewonnen hat ein Bild, auf dem etwas neblig Angela Merkel zu sehen ist, die breit lächelnd mit den Armen wedelt, niedlich unbeholfen, weil sie Siegerposen nicht kann. Erst auf den zweiten Blick erkennt man, dass es eine Leinwand ist, offenbar auf dem Parteitag. Unten, ganz klein, stehen wie die sieben Zwerge viele Männer. Sie heißen Böhmer, von Beust, Koch, Müller, Teufel. Sie gucken schlechtlaunig und klatschen.

Geduldspiele

»Ich muss mir nichts mehr beweisen.«
(Roland Koch im Frühjahr 2004)

Das Jahr 2004 beginnt mit einer Panne. Wie in jedem Winter fahren die Kochs von Eschborn Richtung Alpen. In Obergurgl wollen sie mit Weimars ein paar Tage Skifahren. Roland Koch zwängt sich hinter das Steuer seines alten Audi 100, über den seine Freunde abfällige Bemerkungen machen. Die Familie kommt bis Ulm. Dann gibt der Kühler seinen Geist auf. Der hessische Ministerpräsident steht auf dem Standstreifen und zückt seine ADAC-Karte. Hinter ihm wacht der schusssichere BMW, in dem die Bodyguards hinterhergetuckert sind. Koch bekommt einen Opel geliehen, die Reise kann weitergehen. Doch auch der Urlaub will nicht richtig gelingen. Das Wetter ist mies, und dann werden ihm auch noch die Leihski geklaut. So muss er auf die Mitternachtsabfahrt verzichten, auf die er sich so gefreut hat. Immerhin: In diesem Jahr versauen ihm weder Spendenaffäre noch K-Frage die wenigen Tage im Schnee.

Roland Koch hat über die Feiertage Bilanz gezogen: Was lief falsch im Jahre 2003? Zum einen hat er sich zu viel aufgeladen. Er wollte mit der einen Hand Hessen sanieren und mit der anderen die Bundes-CDU dirigieren. Das klappte nicht. Im Bund hat er bei so vielen Themen mitgemischt, dass er in der am Ende für keines stand, im Gegenteil: Er hat es Angela Merkel leicht gemacht, ihm Zuständigkeiten wegzunehmen.

Sein Schaufenster Hessen hat er über die Berliner Rangeleien vernachlässigt. Ihm blieb nicht verborgen, dass im Wiesbadener Landtag selbst Unions-Abgeordnete offen über die unklaren Hierarchien in der Staatskanzlei reden, sich beschweren über Kompetenzgerangel, Eifersüchteleien, über Berater, die Koch viel zu weit in die aggressive Ecke treiben, über überforderte Minister und höfisches Gehabe, vor allem aber darüber, dass der Ministerpräsident sich viel zu häufig in Berlin tummele. Hessen fühlt sich allein gelassen.

Das soll sich ändern. Koch sagt eine Reise nach Indien ab, Überrest des

Kandidaten-Reiseprogramms, das ihm 2003 ohnehin nicht die gewünschte Aufmerksamkeit brachte. Er will sich in der ersten Hälfte 2004 vor allem auf das Sparpaket konzentrieren, die Verwaltungsreform, das Wisconsin-Modell. Das ist sein Thema, das hat er erfunden, das kann ihm keiner wegnehmen. Im Februar fährt er nach Holland und Dänemark, wo solche Programme Erfolg versprechend laufen. An den Grenzen zu Niedersachsen, Nordrhein-Westfalen und Baden-Württemberg sollen Landkreise länderübergreifend das Wisconsin-Modell ausprobieren. Er verkündet die Halbierung der Zahl hessischer Sozialhilfeempfänger. Das ist verwegen. Noch jeder Politiker, der derart konkrete Versprechen machte, musste sie sich hinterher vorhalten lassen.

Es tut ihm gut, dass wenigstens Innenminister Otto Schily vor ihm kuschen muss. Der Senior in Schröders Regierung hat das neue Jahr mit einem Eigentor begonnen, als er den Umzug des Bundeskriminalamtes von Wiesbaden nach Berlin eigenmächtig verkündete. Es hagelte in Hessen Proteste. Schily ruft Koch auf dem Autotelefon an und will ihn abbringen, im Bundesrat eine Bestandsgarantie für das BKA und andere Bundesbehörden zu erwirken. Die Intervention bei Koch hatte der Kanzler befohlen. Koch lässt den ungewohnt kleinlauten Schily am Telefon zappeln, antwortet selten und kurz. Man verabredet sich zum Mittagessen in Berlin. Koch freut sich. Das ist seine Liga.

Aber die Arbeit liegt zu Hause. Weil er alle Großprojekte in die Staatskanzlei gezogen hat, muss er sich auch um jedes einzeln kümmern. Er wird sich mit Interviews zurückhalten, da er ohnehin immer nur als Merkel-Kritiker wahrgenommen wird. In der zweiten Jahreshälfte dann, zum Parteitag hin, will er wieder auf Bundesebene mitmischen. Vielleicht hat sich die Begeisterung über die Oberschwester bis dahin etwas gelegt.

Die Vorsitzende beginnt das Jahr fehlerfrei. Angela Merkel legt einen starken Auftritt in der Türkei hin, wo sie sich traut, die Hoffnungen auf eine EU-Aufnahme zu bremsen. Die Gesundheitsreform mit der Praxisgebühr, die sie im Konsens mit Rotgrün durchsetzte, fällt allein der SPD auf die Füße, die absolute Mehrheit von Ole von Beust bei der Hamburg-Wahl ist auch ihr Sieg. Ausgerechnet ein homosexueller CDU-Bürgermeister erledigt den Rechten Schill – das ist eine moderne Großstadt-CDU, der erste erfolgreiche konservative Angriff auf das urbane Milieu, das traditionell Rotgrün gehört. Und in Hessen? Da erhebt die Staatsanwaltschaft Wiesbaden Anklage gegen Manfred Kanther und wirft damit für die CDU die bange Frage auf, ob der alte Parteisoldat weiterhin treu zur CDU steht und eine Verurteilung wegen Untreue auf sich zu nehmen bereit ist. Der alte

Herr Milde hat sich um Kanther gekümmert und ihm versichert:»Sie sind einer von uns.« Bei kleineren Veranstaltungen in Wiesbaden hat er sich schon wieder blicken lassen.

Koch ist in den Umfragen zwar wieder leicht geklettert, liegt aber immer noch weit hinter der Vorsitzenden und dem Bayern. Er steckt nach wie vor mit beiden Beinen in schweren Fangeisen. Das eine ist die Merkel-Falle. Er kann sagen, was er will, jedes Wort wird in das Raster Koch-gegen-das-arme-Mädchen eingeordnet. Selbst wenn er sich für sie als Kanzler-kandidatin ausspräche, klagt er,»dann sagen alle, mein Gott, ist der Koch perfide«. Anfang des Jahres probiert er eine neue Variante.»Ich mag sie«, sagt er zu Journalisten. Doch das klingt erst recht taktisch. Wann mag er begreifen, dass er sie erst schlagen kann, wenn er sie als vollwertige Geg-nerin akzeptiert?

Mit dem anderen Bein sitzt Roland Koch in der Stoiber-Falle. Wie der Bayer hat er einen eingeengten Blick, begrenzt von der eigenen Heimat. Die Ergebenheitsadressen in Hessen, die gefühlte Allmacht über sein Bun-desland erzeugen die Illusion, so sei es anderswo auch. Ist es aber nicht. Im Rest der Republik, erst recht nicht in Berlin, hat man auf Koch gewartet. Sein Vorbild Kohl hat die Bonner Szene seinerzeit viel akribischer bearbei-tet. Er macht wie Stoiber den Eindruck, als setze er sich einen Tropenhelm auf, bevor er den Berliner Dschungel betritt.

»Ist das klug?« – Koch und der Bundespräsident

Fehler zu machen, so heißt eine politische Weisheit, ist nicht schlimm. Katastrophal ist es dagegen, einen einmal gemachten zu wiederholen. Zu Jahresbeginn unterläuft Koch der gleiche Schnitzer, den er bereits bei der Steuerreform machte: Er formuliert eine Maximalposition, die ihm sämtli-che Spielräume nimmt. Ebenso verfährt er bei der Wahl des Bundespräsi-denten. Schäuble muss es werden, fordert er, Diskussion unnötig.

Den Hessen fällt dabei eine zentrale Rolle zu. Deren FDP will Wolfgang Gerhardt als Kandidaten durchsetzen. Schäuble würde man nicht wählen, signalisieren die Wiesbadener Liberalen. Koch wiederum würde alles tun, um Gerhardt zu verhindern. Der hatte vor vier Jahren seinen Rücktritt in der Spendenaffäre gefordert.»Den Arsch wähle ich nicht«, will ein Ohren-zeuge auf einer Auslandsreise aus Kochs Richtung gehört haben.

Weil die Liberalen Schäuble womöglich verhindern, kommt Koch auf die

listige Idee, eben diesen Schäuble vorzuschlagen. Die Vorsitzende müsste
mit einem Kandidaten ins Rennen, dessen Wahl nicht sicher ist – das wäre
die Chance, ihr eine Niederlage beizubringen. Doch Angela Merkel durch-
schaut das Spiel.»Ist das klug, was Sie machen?«, fragte sie ihn am Telefon, um sich die Antwort selbst zu geben:»Ich glaube nicht, dass das klug
ist.« Sie geht auf Nummer Sicher und setzt in zähen Verhandlungen gegen
CSU und FDP Horst Köhler durch. Koch ist empört über das unwürdige
Nominierungsgerangel, das er mit seinem Schäuble-Vorstoß mit verursacht
hatte. Und bis zuletzt hatten er und Metz versucht, den Kandidaten Köhler
unmöglich zu machen. Sechs, setzen!

Zuweilen erinnert Koch an Bayern-Torhüter Oliver Kahn. Der ist auch
hoch motiviert, trainiert wie ein Wahnsinniger, brüllt auf dem Platz, um
sich und alle anderen anzutreiben, er wirft sich in jeden Ball, egal wie weh
es tut. Doch die entscheidenden Punkte, die big points, die vermasselt er,
mal im WM-Finale, mal in der Champions League. Es ist kontraproduktiv,
immer das Beste machen zu wollen, wo das Richtige gereicht hätte. Für
Rainer, den Friseur, ist die Sache klar.»Er muss lachen«, sagt er,»Roland
ist viel netter, wenn er lacht. Deswegen gewinnt der Schröder. Wenn der
lacht, dann gewinnt er die Herzen.«

Im Frühjahr 2004, zweieinhalb Jahre vor der Bundestagswahl, ist Koch
verdammt zu tun, was er am wenigsten mag: warten. Sicher, über die Kanzlerkandidatur wird erst in zwei Jahren entschieden, das Verfahren hat sich
beim letzten Mal bewährt. Bis dahin kann noch viel passieren. Erlebt Schröder ein weiteres Comeback? Bleibt Angela Merkel so unangefochten? Und:
Wäre Koch der unumstrittene Nachfolger, wenn sie stolpert? Oder würde
die Partei sich bei Christian Wulff besser aufgehoben fühlen? Und was ist
mit Stoiber?

Erinnerungen an die Troika werden wach. Da gab es auch eine Reihe nahezu Gleichstarker: Lafontaine, Scharping, Schröder. Ihr Kampf untereinander hat zehn Jahre gedauert und hinterließ einen entkräfteten Sieger. Merkel ist so flexibel wie Schröder, Stoiber so unklar wie Scharping und Koch
der Vertreter der traditionellen Parteilinie, so wie Lafontaine. Ist die Union
ebenfalls in drei Lager zerteilt, wie die SPD es lange war? Ist 2006 gar nicht
gewonnen? Wie entwickelt sich die Wirtschaft, wie die Stimmung, wie die
Bedürfnislage der Wähler? Für Koch ist es unendlich schwer, eine Strategie
zu finden. Nur eines ist klar: Dauernder Krawall funktioniert nicht.

Für die meisten politischen Köpfe ist klar, dass Koch nur eine Wahl hat
– er muss in die Mitte. Alexander Gauland, Büroleiter bei Wallmann und
einer der schlausten Kommentatoren im Land, rät Koch, allen neoliberalen

Versuchungen zu widerstehen und »das Publikum mal mit ein paar deutlichen Sätzen gegen den Raubtierkapitalismus zu irritieren«. Hans-Ulrich Jörges findet, Koch müsse »raus aus der rechten Ecke, er muss alles vermeiden, was Misstrauen schürt, was nach Hinterzimmer aussieht. Koch denkt viel zu taktisch, das spüren die Leute.«

Für den Politik-Professor Gerd Langguth leidet Koch unter dem Fluch der Perfektion: »Er verfügt über eine einzigartige Kombination von Voraussetzungen: das politische Elternhaus, die Bandenbildung, Erfahrung auf allen politischen Ebenen, das intellektuelle Format, die geschliffene Rede, Steherqualitäten. Genau das ist sein Problem. Er löst Minderwertigkeitskomplexe aus. Ihm fehlt die kleine Schwäche, das Menschliche.«

Manfred Güllner, Chef von forsa, dem bevorzugten Meinungsforschungsinstitut von Kanzler Schröder, hält Koch nach wie vor für den gefährlichsten Kandidaten der Union. Zwar habe er das Problem, dass ein Kanzler immer eine inhaltliche und eine menschliche Kompetenz brauche, er aber nur über eine davon verfüge. Andererseits sieht Güllner Merkels Schwäche als Kochs Chance. Je näher die Wahl rücke, glaubt der Demoskop, desto stärker werde ihr Profilproblem. Der Vorsitzenden werde zum Verhängnis, dass sie »von Ossis als Wessi und von Wessis als Ossi wahrgenommen« werde. Bei Koch fehle zwar das Vertrauen, aber immerhin stehe er für CDU pur.

Eben dort sieht auch der Duisburger Politik-Professor Karl-Rudolf Korte eine Chance für den Hessen: »Wenn die Union nicht nur von der Schwäche der SPD profitieren will, muss sie den Vorrat an Selbstverständlichkeiten zur Eigenmobilisierung auffüllen«, so Korte. »Das Selbstverständliche am konservativen Profil bringt Koch mit ein. Wenn die Union allerdings den Leipziger Weg geht, also Sozialreformen durch Systemwechsel vorantreiben will, dann wird sie die Ingenieurin dieses Kurses inthronisieren. Koch bleibt nicht mehr übrig, als loyal abzuwarten und die konservative Karte zu spielen.« Genau das ist es, was der Ungeduldsmensch Koch nur schwer erträgt.

»Sieger auf dem Feld der Leere« –
Koch und sein Vorbild Helmut Kohl

Es ist ein Freitagnachmittag, und Roland Koch sitzt in einem Café in Sichtweite des Brandenburger Tors. Er hat Zeit. Zeit für eine Latte macchiato, Zeit, über das Leben zu reden. Handy aus, keine Akten weit und breit, kein Blach, der mahnend auf seine Armbanduhr tippt. Koch übt sich in einer schwierigen Disziplin: Müßiggang. Er wirkt aufgeräumt und freundlich, doch es kostet ihn spürbar Kraft, sich zum gelassenen Nichtstun zu zwingen. Koch redet über die Zukunft, davon, dass er sich nichts mehr beweisen müsse, dass er genug Politik gemacht habe, dass er sich nicht als gescheitert betrachte, wenn es nicht weitergehe. Genauso gut könnte Oliver Kahn erzählen, dass es ihm egal ist, ob er das nächste WM-Finale gewinnt oder nicht.

Kann sein, dass Roland Koch gern gelassen wäre. Ist er aber nicht. Für die Bundestagswahl 2006 hat er sich den Wahlkreis von Heinz Riesenhuber gesichert, der dann in Rente geht. Koch gibt nicht auf, nicht er. Wenn die Laune mal wieder ganz unten ist, dann gibt es diesen einen Gedanken, der ihn immer wieder aufbaut. »Ach wissen Sie«, sagt er in einem Moment plötzlicher Offenheit, »das ist doch alles gar nichts, wenn ich mir angucke, was der Helmut Kohl ertragen hat, bis er Kanzlerkandidat war.«

Nach einer verplauderten Stunde schlendert Koch vom Brandenburger Tor die breite Straße »Unter den Linden« entlang, Richtung Osten, wo sonst Demonstranten johlen und pfeifen, jeden Tag eine andere aufgebrachte Minderheit: Mal Gewerkschafter, mal Palästinenser, mal Tierschützer, mal Studenten. Der alte Mann in dem schmucklosen Bürohaus, den Koch besuchen will, der interessiert sich nicht mehr für Demonstranten. Hat er alles gehabt, lauter, wüster, wütender.

Der Senior hat sich aus dem Tagesgeschäft verabschiedet. Oben in seinem Büro im vierten Stock ist eine Insel der Zeitlosigkeit, der Ruhe, da herrscht die kontemplative Gelassenheit des alten Elefanten. Der Lärm von der Straße dringt nur unwirklich zu ihm. Hier, über den Dingen, arbeitet Helmut Kohl am zweiten Band seiner Memoiren. Er freut sich, wenn Besuch kommt, zumal wenn es einer ist, den er in seinem »Tagebuch 1998–2000« gelobt hat. »Eine der ganz großen Hoffnungen der Union … vertrauenswürdig, kenntnisreich … glänzende politische Begabung … fähig, Politik zu gestalten und die Partei zu führen« – so urteilt der Altkanzler über Koch.

Koch ist öfter hier, nett grüßt er Kohls ewige Bürochefin Juliane Weber, die sein Talent entdeckte. An der Tür hängt ein Plakat der Europäischen Zentralbank, es zeigt tschechische Euros, die es noch gar nicht gibt. An der Wand ein Foto, darauf ist Kohl mit Papst Johannes Paul II. 1996 vor dem Brandenburger Tor. Eberhard Diepgen ist auch im Bild, er hat sich so geschickt gestellt, dass der Fotograf nicht vorbeiknipsen konnte. Daneben Kohls Urkunde über die Ehrenbürgerschaft Europas, unterzeichnet von allen Staatschefs der EU, auch von Gerhard Schröder. Im Rahmen gegenüber hängt das »Motto des Tages: Nach manchem Gespräch mit einem

Menschen hat man das Bedürfnis, einen Hund zu streicheln, einem Affen zuzuzwinkern oder vor einem Elefanten den Hut zu ziehen.« Roland Koch bewundert dieses Wartezimmer jedes Mal wieder: ein Museum, kleine Teile Weltgeschichte. Er ist ergriffen von dieser Aura, begeistert und angespornt. Kohl steht in der Tür, umspannt von dunkelblauer Strickjacke, als halte sie das Monument zusammen. Er hat immer Zeit für Koch. Er ist sein politischer Enkel, der einzige, der wahre. Auch wenn er das nicht zugibt, aus Rücksicht auf den Jungen.

An den Füßen trägt Kohl dicke Socken und bequeme Slipper, weil das Bücken und Schnüren doch etwas Last macht. »Bring mir noch 'ne Schorle«, raunt er einer jungen Assistentin zu, die aus dem Nichts aufgetaucht ist. Nicht mit Apfelsaft, sondern mit einem Schluck Weißwein. Am Nachmittag darf ein Altkanzler das. Kohl sitzt am liebsten am Ende des langen Büros, wo ein Perserteppich liegt, darauf stehen Stühle, ein Tisch, eine edle Anrichte mit einem großen, schönen Foto von Hannelore. Dahinter Zeichnungen von Erhard, Giscard, Adenauer.

Es ist, als sei ein fliegender Teppich geradewegs aus Ludwigshafen in diesem Büro gelandet. Wohnzimmer im Exil. Links sitzt er selbst, wuchtig wie immer, Angst einflößend für Feinde, Respekt gebietend für Freunde. Die beiden reden, das heißt, meist redet Kohl, aber er lässt sich auch berichten von Koch, aus seiner Partei, von alten Bekannten. In Wirklichkeit aber interessiert ihn das aktuelle Geschäft nicht so richtig, seit er nicht mehr mitmischt.

Der Altkanzler ist Realist genug, um zu wissen, dass »dem Wiesbadener« zu viel öffentliche Nähe zu ihm nicht unbedingt nützt. Das ist nicht gut für Koch. Noch nicht. Vielleicht nie. Mit fast übertriebener Distanz weigert sich Kohl, seinen Favoriten beim Namen zu nennen. »Der Hesse« oder »der Wiesbadener«, sagt er und betont: »Es ist falsch, wenn behauptet wird, ich hätte ihn ›gemacht‹. Roland Koch ist seinen eigenen Weg gegangen. Was richtig ist, dass er mir sehr früh als politisches Talent aufgefallen ist.« Nur im direkten Gespräch fällt das vertrauliche »Roland«.

Koch hat immer zu ihm gehalten und musste sich nicht entschuldigen wie Wulff, der 2003 nach seinem Wahlsieg die Aussöhnung suchte, nachdem er sich in der Spendenaffäre vom Altkanzler losgesagt hatte. Für Kohl war diese Phase sehr aufschlussreich, als sich die Partei sortierte in eine Schar Opportunisten, eine Menge Feiglinge und eine kleine Truppe Getreuer. Als der Dreck am tiefsten flog, war Kohl fast alleine, als sich der Qualm lichtete, kamen sie alle wieder an.

Koch stand immer richtig. Und bekam auch noch seine eigene Spendengeschichte an den Hals. Wer ein zutiefst gläubiger Mensch ist wie Kohl, wer an Vorherbestimmung glaubt, der kann die Zeichen und Parallelen kaum für Zufall halten. Der sieht viele schwere Prüfungen, die zu absolvieren sind, und die Aussicht auf gerechten Lohn. Wie er betrachtet Koch die Partei als Familie. Im letzten Sommer hat der Roland ihn erst zum Essen eingeladen ins hessische Staatsweingut Rauenthal mit einer jungen fröhlichen Truppe. Kohl fühlte sich wie früher: Rheingau-Wein, ein deftiger Imbiss auf dem Tisch, und er in einer Gruppe andächtig Lauschender wie Sozialministerin Lautenschläger, Staatskanzleichef Grüttner, Kochs guter Geist Blach, Haudegen Jung, Staatssekretär Gotthard, Landwirtschaftsminister Dietzel, Kochs Büroleiter Schäfer und Pressemann Metz natürlich.

Dankbar versorgte Kohl die Runde mit Anekdoten, nur ging es dabei leider zuweilen um Leute, die die Jungen nicht mal mehr vom Hörensagen kannten. Kohl hielt sich beim Essen auffällig zurück, aber nicht mit Kritik an der Bundesregierung. Entsetzt äußert er sich über Schröders USA-Politik, grummelt darüber, wie respektlos Rotgrün seinen Euro und die Stabilitätskriterien behandele, hadert mit der »FAZ«, die Schröder als Reformkanzler bezeichnet, obwohl er es doch war, der 1997 das meiste auf den Weg gebracht hätte, wenn Blockade-Lafontaine nicht gewesen wäre. Er erzählt, wie er mit seinem treuen Fahrer Ecki Seeber für ein paar Stunden nach Paris gebraust ist, er schwärmt von seinem Enkel, dem echten, und redet beklommen von Hannelore. Am Abend ist Kohl selig: Seine Partei, seine Familie, heile Welt – zumindest in Hessen, beim Roland.

Zuweilen, so hat es den Anschein, begegnet sich der Altkanzler in Koch noch einmal selbst. Wenn er vom Hessen erzählen soll, dann vermischen sich ihre beiden Lebensläufe, vermengen sich Kohls Erfahrungen mit Kochs aktueller Lage zu einem einzigen langen Fluss universeller Weisheiten. Je weiter man aufsteigt in der Politik, philosophiert Kohl, desto vorsichtiger muss man sein, dass man sich sein unbefangenes Urteil erhält, seine Sensibilität für die normalen Leute. Der Wiesbadener hat ja diese Fähigkeit, auf Leute zuzugehen, ohne sich mit ihnen gemein zu machen. Um normal zu bleiben, da muss man stark sein, schon wegen der Einflüsterungen von allen Seiten. Kurs halten, in der Mitte bleiben. Der Wiesbadener ist ja ein Mann der Mitte, kein Rechtsradikaler, das ist doch Quatsch.

Der weiß, wie die CDU funktioniert, nämlich wie ein indonesisches Hausboot, bestehend aus Mittelschiff und zwei Auslegern, links und rechts. Die geben dem Boot Stabilität, können es aber weder antreiben noch steuern. Klar, was das bedeutet: Man darf sich von Industriellen nicht vereinnahmen lassen, nicht mal von den Bankleuten in Frankfurt, aber auch nicht von den Arbeitnehmern, sondern allenfalls vom Mittelstand, so wie früher Erhard und natürlich er, Kohl.

Die Parallelen ihrer Leben sind verblüffend. Beide stammen aus geordneten, kleinbürgerlichen Verhältnissen, eingebettet in kleinstädtischen Mikrokosmen. Kohls Oggersheim ist Kochs Eschborn. Beide wuchsen auf im Schatten von weltmächtigen Konzernen, hier die BASF, dort die Hoechst AG. Beide fanden als Schüler zur CDU, die sie als Fortsetzung von Familienleben empfanden, als Heimat, Burg und Klub.

Beide scharten früh einen verschworenen Männerbund um sich, gehüllt in verklemmten, leicht homoerotischen Zeltlagerdampf, und führten ihn nach sizilianischem Vorbild. Beide waren die jüngsten Ministerpräsidenten, ohne jemals Minister gewesen zu sein, beiden wird anfangs nicht viel zugetraut gegen scheinbar unerschütterliche Vorsitzende, damals Barzel, heute Merkel. Beide haben ein gespanntes Verhältnis zu den Medien, vor allem dem gnadenlosen Fernsehen, und tauen erst im persönlichen Umgang auf, wenn man Glück hat. Beide haben Schwierigkeiten, beim Reden die Zuhörer anzuschauen, beide schätzen den geordneten Ablauf des Jahres mit verlässlichen Höhepunkten und Gewohnheitsurlaub: der eine fährt nach St. Gilgen/Wolfgangsee, der andere nach Wenningstedt/Sylt.

Auch der Pfälzer hielt sich mit 30 für früh vollendet und galt mehrfach als politisch so gut wie tot. 1966 als 36-Jähriger durfte Kohl erstmals zusehen, wie die Macht am Rhein funktionierte, als in Bonn sein Idol Erhard demontiert und die Nachfolge verhandelt wurde. Das war die Zeit, wo sich ein schwankender Kohl eines Nachts im Türrahmen festklammerte und vor ebenso weinseligen wie erstaunten Zeugen verkündete:»Ich sage Ihnen, ich werde Bundeskanzler der Bundesrepublik Deutschland.«

Wie Koch heute, musste Kohl damals allerdings feststellen, dass ihm der schnelle Aufstieg der frühen Jahre eine Leichtigkeit beim Weg nach oben vorgegaukelt hatte, die es auf den letzten Metern nicht mehr gab. Trotz seiner dröhnenden Präsenz und seiner Neigung, sich ungefragt zu allen Belangen der Partei und der Republik zu äußern, blieb der junge Ministerpräsident im großen Bonn nur»Sieger auf dem Feld der Leere«. Die Beschreibung von Kohl-Biograph Pruys trifft Koch am Anfang des dritten Jahrtausend präzise. Allem Fleiß und Radau beim Themensetzen, im Bundesrat, vor den Kameras zum Trotz bleibt das Gefühl, dass die Musik von anderen gemacht wird.

Ertragen, das ist eines ihrer gemeinsamen Leitmotive. Koch erlebte seine Demütigungen in der Schule, wo er nicht Opfer physischer, aber durchaus psychischer Gewalt wurde. Er hatte wenig herzliche Kontakte zu Mitschülern, war der picklige Außenseiter, er war der, über den jeder ungestraft lachen durfte. In dieser Zeit wuchs der Wille zur Rache, das Gefühl des Euch-werde-ichs-zeigen. Kohl erlitt das verächtliche Gelächter, als er in Bonn war und sich die linken Besserwisser lustig machten über seinen Dialekt, über »Birne« und den Saumagen. Das Ergebnis bleibt gleich: Die Demütigungen befeuerten ein Beweisenwollen, der Schub reicht für ein ganzes Politikerleben.

Kohl hebt mahnend den Finger, er ahnt, was als Nächstes auf den Wiesbadener zukommt. Hat er ja auch alles erlebt. »Die« werden den Roland hinstellen als Provinzheini, so wie ihn seinerzeit. »Die«, das sind Sozialdemokraten und ihre Journalisten, eben die anderen, Feinde. Aber da kann sich Koch gleich ein Beispiel nehmen an ihm, sagt Kohl mit lustvoller Selbstironie und klopft sich auf die Strickjacke. »Ich galt damals auch als ›Hinterwäldler‹. Es wurde behauptet, ich verstehe nichts von Außenpolitik und stamme aus der Provinz, aus Oggersheim, wobei bewusst verschwiegen wurde, dass meine Heimatstadt Ludwigshafen ist. Richtig ist, ich spreche Mundart und habe meine pfälzische Heimat nie verleugnet, und damit war ich medial das ideale Gegenstück zum Weltbürger Helmut Schmidt, der dargestellt wurde wie Bismarck von Lenbach gemalt.« Doch wen die Medien hassen, den können die Menschen trotzdem mögen. Hat er ja wohl bewiesen.

Kohl gluckst vergnügt. 16 Jahre Kanzler sind nicht schlecht, oder? Das lag daran, dass er bei der alles entscheidenden Demoskopenfrage »Würden Sie von diesem Mann einen Gebrauchtwagen kaufen?« immer besser abschnitt als Schmidt. Er wusste sich eben im Bunde mit der Mehrheit der Deutschen, die auch aus der Provinz stammen und alles lesen, nur keine hochtrabenden Feuilletons. Nicht mal das verflixte Fernsehen konnte ihm was anhaben, da hat es der Roland heute natürlich schwerer, weil der »in gar keiner Form telegen ist.« Dagegen lässt sich in nicht viel machen, sagt Kohl. Jeder Versuch zu Imagekorrekturen wirkt nur verhängnisvoller. »Man darf sich nicht umstylen, man muss bleiben, wie einen der liebe Gott geschaffen hat«, sagt Kohl, »man kann an sich arbeiten, sich verbessern, aber auf gar keinen Fall verändern lassen.«

Für den bekennenden Kohl-Fan und »Bild«-Chef Kai Diekmann sind die Ähnlichkeiten von Altmeister und Musterschüler augenfällig: »Koch ist ein Bauch-Politiker wie Kohl, beide verfügen über diesen ausgeprägten politischen Instinkt, den man nicht lernen kann, sondern einfach in sich trägt. Beide sind brillante Wahlkämpfer. Und Koch ist genauso standfest wie Kohl. In der hessischen Spendenaffäre hat er bewiesen, dass er sich nicht wegduckt, wenn Eisen fliegt. Von diesem Typus Politiker gibt es nicht allzu viele.«

Der Vergleich hat allerdings auch seine Grenzen. Bei allen Gemeinsamkeiten liegen ihre Naturen meilenweit auseinander. Hier der kühle, kränkliche, bis zur Abschreckung allwissende Frugal-Calvinist Koch, da der unverwüstliche Barock-Katholik mit reichlich Emotionen und Pathos, berüchtigt für seine unbeschwerte und fröhliche Art, der die Presse anfangs durch Frische begeisterte, Wähler durch sozialstaatliche Gesinnung, seine Sekretärinnen durch spontane Ausflüge in die Eisdiele und die Passanten in der Mainzer Fußgängerzone, weil er im Schaufenster eines Fachgeschäfts für Oberhemden bei der Anprobe ungerührt seinen mächtigen Oberkörper entblößte.

Kohl war der Mann der Mitte, er ließ es menscheln, er galt als modern, als flott und kraftstrotzend im Kreis der parfümierten Steifgreise, sein Kampfname lautete »Troubadour des Fortschritts«. Koch dagegen ist alles andere als fröhlich, er wirkt verkrampft und angestrengt. Er wird weniger mittig, eher rechts wahrgenommen, als Anwalt des Kapitals, nicht als Schutzpatron des kleinen Mannes. Die Einheit Deutschlands ist ein Kostenposten für ihn, keine Herzensangelegenheit.

Jener mit Aufbruchstimmung angereicherte wind of change, der Kohl wie Schröder auf ihre Weise umwehte, der fehlt bei Koch. Wo er ist, herrscht Argwohn, nicht Zukunftsoptimismus. Mag Kohls Karriere auch Schnittmuster für Kochs Planung sein, der Dicke war um diese Zeit doch wesentlich weiter, stabiler, hatte weniger Konkurrenz, ein besseres Image, ein eindrucksvoller vorgetragenes Selbstbewusstsein, war mehrheitsfähiger, öffnete sich zur feindlichen Seite, wenn auch nur am Anfang. Koch und seine Leute hocken schon jetzt in jenem Bunker, gemauert aus Misstrauen, für dessen Errichtung Kohl ein paar Jahre Kanzleramt brauchte.

Dass sein Enkel in den letzten Monaten einige kapitale Fehler gemacht und die politische Mitte sogar der CSU überlassen hat, das hat den alten Elefanten verwundert, manche meinen, sogar verärgert. »Da war ich früher trickreicher«, sagt er im kleinen Kreis und nimmt nicht ohne Wohlgefallen zur Kenntnis, dass ihn Angela Merkel inzwischen mindestens so oft besucht wie der Wiesbadener. Und geschickt ist sie auch. »Unterschätzt mir das Mädchen nicht, die hat einiges von mir«, das hat er ja immer gesagt. Hat sie allen, die sie vor drei Jahren für erledigt erklärten, nicht gezeigt, was sie drauf hat? Wer hat das Mädchen entdeckt damals? Und von wem hat sie die Machttechniken abgeguckt? Obwohl: Adenauer – Erhard – Kohl – Merkel, daran muss man sich erst noch gewöhnen.

Und was soll der Hesse jetzt tun? »Er muss sich treu bleiben«, rät Kohl, »er muss in sich ruhen, Gelassenheit verbreiten, ganz besonders im Fernsehen. Die Leute schätzen das, wenn ein Politiker Ruhe ausstrahlt und erst nach eingehender Prüfung entscheidet in dieser ganzen gesellschaftlichen Hektik.« Das dauerte zwar etwas länger, bis die Zuschauer das gemerkt haben, aber »dann bleibt es den Leuten hängen«. Und das kann der Roland doch, sagt Kohl streng: Ruhe bewahren, Souveränität ausstrahlen, Gelassenheit zeigen.

»Ob es das alles wert ist?« –
Die Einsamkeit des Roland Koch

Gunther Dahlem, der Freund aus Kindertagen, macht sich manchmal Sorgen um Roland. Er ist hin- und hergerissen zwischen Mitgefühl für einen Menschen, mit dem er viele Stunden echter herzlicher Jungenfreundschaft erlebte, und herzlicher Verachtung für die Politik, die seinen alten Kumpel prägt, sein Leben reglementiert, seine Familie und Ehe belastet, die immerhin aus zwei guten alten Schulkameraden besteht, deren Trauzeuge er war. »Roland ist ziemlich einsam«, glaubt Dahlem, der seit Jahren vergeblich darauf wartet, dass der alte Freund mit einer Flasche Wein unterm Arm vor der Tür steht.

Dahlem hat sein Leben anders organisiert, er ist Lehrer, er fährt gern Kajak, geht mit der Familie zum Langlauf. Er braucht nicht viel Geld, hat lieber mehr Freizeit. Ist in Kochs Wertewelt überhaupt Platz für Menschen, die nicht 18 Stunden am Tag für das neue Wirtschaftswunder arbeiten? Dahlem fürchtet, dass sich ihre Lebenswelten untrennbar auseinander entwickelt haben. Er spricht in der Vergangenheitsform über seinen Freund. Die beiden sind im Begriff, sich aus den Augen zu verlieren. Unausgesprochen bleibt Dahlems Frage: »Ob es das alles wert ist?« Die Frage hat sich Koch nie gestellt, weil die Antwort so klar ist für ihn.

Koch muss weiter, immer weiter. Partei, Staatskanzlei, Gremien, Regieren, Optimieren. Im März, auf dem Landesparteitag der CDU, die jetzt Hessen-Partei heißt, hegt Koch arge Bedenken, dass er wegen des Sparpakets, wegen Hohmann oder einfach so einen Denkzettel bekäme von den Delegierten, meist adipöse Männer um die 50. Wie immer hechtet Koch mit einer Flanke auf die Bühne, was Anke Koch überhaupt nicht leiden kann. »Es kommt der Tag, da bricht er sich ein Bein.« Koch redet zwei Stunden, kassiert den stärksten Applaus bei der Passage gegen das Kopftuch und wird am Ende mit 95 Prozent wieder gewählt. Die Leute stehen auf, klatschen und sind stolz auf ihren Roland. Er grinst im Rausch des totalen Glücks. Alles wie immer.

Etwas befremdlich fanden die knapp 400 Delegierten nur die Stelle, als er gesagt hat, dass Angela Merkel »unangefochten die Nummer eins der CDU« sei, die »ganz besonders meine Unterstützung hat«. Und dann hat er hinzugefügt: »Von mir wird es keine Initiative für eine Kanzlerkandidatur geben.« Wie muss man das jetzt übersetzen? »Nummer eins der CDU«, heißt nicht Nummer eins der Union, da gibt es ja auch noch Stoiber. Dass es von ihm keine Initiative zur Kanzlerkandidatur geben wird, ist insofern lustig, weil sein ganzes Leben eine Initiative für die Kanzlerkandidatur ist. In Wirklichkeit ändert sich gar nichts, außer dass Koch beschlossen hat, geduldig zu sein, sich um Hessen zu kümmern und nichts zu tun, was nach Streit aussieht.

Als der Parteitag vorbei ist, das Licht in der Halle erloschen, da sitzt Roland Koch nebenan in der Gaststätte noch auf ein Glas Mineralwasser mit seiner Frau. Anke Koch ist nicht unglücklich, dass diese Kanzlerei jetzt mal aufhört für einen Moment. Bald sind die Jungs aus dem Haus, haben ihren Führerschein, kriegen den alten Audi, es ist Platz im Haus und Zeit zum Reisen. Mit Roland Koch Hand in Hand am Strand? »Warum denn nicht?«, sagt Anke Koch, »er hat seine romantischen Seiten.«

Plötzlich zittert es in Kochs Hosentasche, das Handy vibriert, eine SMS ist gekommen. Ausnahmsweise nicht von Metz, sondern von der Vorsitzenden. Sie gratuliert zur Wiederwahl und endet: »Auf gute Zusammenarbeit, Angela Merkel.« Und Koch bemüht sich tatsächlich darum. In den nächsten Monaten ändert sich die Strategie des Besserhessen grundlegend: Er ist leise, nimmt sich in den Gremien zurück, gibt sich als zuverlässiger Teamspieler. Unterwürfigkeitsgesten? Hat die Frau Vorsitzende gewonnen? Aber nicht doch. Wenn man einen Feind nicht sofort besiegen kann, so lautet die alte Regel, dann umarmt man ihn. So lange, bis ihm die Luft wegbleibt.

10 Gründe, warum Roland Koch auf jeden Fall Kanzler wird

1 Die CDU ist traditionell eher eine Koch- als eine Merkel-Partei, sie wird eine Frau aus dem Osten nicht zur Kanzlerkandidatin nominieren.

2 Die Krise Deutschlands ist dramatischer als angenommen, Reformansätze wie Schröders Agenda 2010 reichen nicht aus. Die deutschen Wähler sehen in Koch den starken Mann, der die Kraft und Visionen hat, das Land zu modernisieren.

3 Roland Koch löst sich von seinem provinziellen Rechtsimage. Internationale Auftritte und seine Freundschaft zum Dalai-Lama erzeugen beim Wähler den Eindruck, dass hier ein Politiker von Format und Verantwortungsbewusstsein am Werk ist.

4 Roland Koch ist nicht unterzukriegen. Er steht alle Affären und Krisen durch. Einen derart emaillierten Kämpfer wünschen sich die Deutschen an der Spitze.

5 Nach der Ära der Achtundsechziger erlebt das gute alte Deutschland eine Renaissance. Werte wie Disziplin, Ordnung, Fleiß, Familiensinn und Ehrgeiz gelten nicht länger als spießig, sondern als unabdingbare Bürgerpflichten.

6 Terror und Wirtschaftskrisen verunsichern die Menschen zunehmend. Immens ist der Bedarf nach einem Politiker, der für Sicherheit und Ordnung steht.

7 Es gibt ein Kohl-Revival, der Altkanzler steht als Symbol für die gute alte Zeit. Und Koch ist sein Enkel, er symbolisiert die Ära Kohl, als alles besser war.

8 Das Lavieren, Täuschen und Tricksen von Politikern aller Parteien stößt die Wähler ab. Die Transparenz von Kochs politischer Leistung im Internet (»Versprochen – gehalten«) steht für Realitätssinn und Überprüfbarkeit.

9 Politiker aller Parteien werden in Aussehen und Statements immer glatter und verwechselbarer. Der kantige ungeschliffene Hesse wird zum Markenzeichen, er steht für Authentizität und Selbstbewusstsein.

10 Roland Koch hat das attraktivste Programm. Seine Ideen für die Mo-

dernisierung von Sozialhilfe und Arbeitsmarkt, von Bildung und Gesundheitswesen sind für die Mehrzahl der Bürger am ehesten nachvollziehbar, finanzierbar, gerecht und zukunftstauglich. Hessen entwickelt sich zum Musterland.

10 Gründe, warum Roland Koch auf keinen Fall Kanzler wird

1 Die CDU ist eine moderne Volkspartei, der deutschen Einheit verpflichtet und stolz darauf, eine Kanzlerkandidatin aus dem Osten präsentieren zu können.

2 Schröders Agenda 2010 hat eine Wende in den Köpfen und Kassen eingeleitet, die eine Initialzündung für das Gesunden Deutschlands bedeutet. Kochs Kritik am Standort wird als kontraproduktive Schwarzmalerei wahrgenommen.

3 Roland Koch ist wie Edmund Stoiber ein Regionalpolitiker. Die Zustimmung in seiner Heimat überträgt sich nicht auf die Republik. Insbesondere Nord- und Ostdeutsche fürchten Revanchismus, Großstädter halten ihn für wenig präsentabel und im internationalen Vergleich für peinlich.

4 Das Image von Roland Koch ist ruiniert. Doppelpass-Wahlkampf, Spendenaffäre und Merkel-Mobbing haben seinen Ruf als Buhmann der deutschen Politik zementiert. Weder innerhalb noch außerhalb der CDU verlangt jemand nach einem Kandidaten Koch.

5 Die Achtundsechziger haben in Deutschland unumkehrbar eine Cappuccino-Kultur geschaffen. Urbanes laisser-faire gilt als erstrebenswerte Haltung, Koch dagegen als spießig.

6 In Zeiten von Terror und Wirtschaftskrisen erleben Werte wie Freiheit, Fairness und Miteinander eine Renaissance. Das Koch'sche Auftreten erinnert zu sehr an den aggressiven Franz Josef Strauß. Der Hesse verbreitet keine Sicherheit, sondern Angst.

7 Es gibt kein Kohl-Revival, der Altkanzler ist Symbol innenpolitischer Tatenlosigkeit, die als Ursache für viele aktuelle Krisen bei Bildung, Gesundheit, Rente wahrgenommen werden. Der Enkel-Status wird für Koch zur Bürde.

8 Die Bürger haben sich daran gewöhnt, dass Politiker genauso lavieren, täuschen und tricksen wie jeder andere Steuerzahler auch. Kochs Appelle für mehr Transparenz und Leistungskontrolle sorgen eher für Furcht und Unbehagen.

9 Die Mediendemokratie erfordert, wie in den USA, einen stromlinienförmigen Politikertypus. Der kantige ungeschliffene Hesse wird als aggressiver und unbelehrbarer Außenseiter wahrgenommen.

10 Die Ideen von Roland Koch, insbesondere sein Wisconsin-Modell, erweisen sich als nicht alltagstauglich. Kosten und Erfolge stehen in krassem Gegensatz. Die Modernisierung der Verwaltung erweist sich als Millionengrab, die Rhein-Main-Region erlebt aufgrund der Abwanderung von Banken und Finanzdienstleistern eine schwere Krise. Der Nimbus des Modernisierungspolitikers ist dahin. Hessen geht es nicht besser als anderen Bundesländern.

Personenregister

Adenauer, Konrad 9, 161, 323, 328
Adriano, Alberto 195
Agali, Victor 213
Albrecht, Ernst 281
Allende, Salvador 45
Al-Wazir, Tarek 190, 193, 197, 258, 299
Armitage, Richard 263
Ash, Timothy Garton 302
Aurenz, Helmut 90

Badeck, Georg 114f
Bahr, Egon 9
Banzer, Jürgen 69, 221
Bartsch, Matthias 184
Bartzel, Rainer 43, 48
Bastian, Gerd 103
Baumann, Beate 230, 313
Baumann, Willy 75
Bäumer, Marie 215
Beck, Kurt 282
Beckenbauer, Franz 223
Becker, Boris 154
Beckstein, Günther 240
Beltz, Matthias 37
Benda, Ernst 67
Bender, Wilhelm 220, 222
Beust, Ole v. 143f, 230, 307, 310, 316, 318
Biedenkopf, Kurt 30, 67, 216, 281
Birkert, Reinhard 66
Bismarck, Otto v. 326

Blach, Martin 203, 274, 283f, 286, 288, 290, 295f, 321, 324
Blackwill, Robert 302
Blair, Tony 16
Blanco, Roberto 37
Blaul, Iris 125
Blüm, Norbert 143, 314, 251
Böckenförde, Ernst-Wolfgang 164
Bohl, Friedrich 127, 136
Bohl, Hans 119
Böhm, Franz 30
Böhmer, Wolfgang 316
Böhr, Christoph 93, 125, 127, 163, 228, 252
Bökel, Gerhard 250, 253ff
Borchert, Jürgen 214f
Börner, Holger 80, 88
Bouffier, Volker 15, 47, 68, 84f, 87ff, 98f, 101, 115f, 118, 123, 131, 149, 163, 165, 229, 225, 265f
Brand, Michael 85, 203
Brandt, Willy 8f, 37, 87, 111, 172, 208
Breuer, Rolf 222
Brückner, Friedhelm 102f
Brüderle, Rainer 193
Brumann, Willy
Bsirske, Frank 253
Bude, Heinz 313
Bühler, Oswald 180, 182, 184
Bury, Hans Martin 167

Udo Ulfkotte
Der Krieg in unseren Städten
Wie radikale Islamisten Deutschland unterwandern
Band 16340

Bestsellerautor Udo Ulfkotte hat dieses Netzwerk der Islamisten mit Hilfe exklusiver und brisanter Informationen von deutschen Sicherheitsbehörden enttarnt. Er nennt Namen von Personen, Familien und Organisationen, die zum Angriff auf unseren Rechtsstaat rüsten. Ihr Ziel: ein islamischer Gottesstaat.

Fischer Taschenbuch Verlag

fi 16340 / 1

Wolfgang Koydl
John Kerry
Eine neue Politik der Weltmacht USA?

Band 16605

Wolfgang Koydl, langjähriger Washington-Korrespondent der »Süddeutschen Zeitung«, zeichnet ein biographisches Porträt des Bush-Herausforderers John Kerry, das sein privates Umfeld und die prägenden Stationen seines Lebens – etwa seine Kindheit im Nachkriegs-Berlin und den Vietnam-Krieg – ebenso berücksichtigt wie seine politischen Leistungen und Positionen. Einen Schwerpunkt in der Darstellung bildet neben der zukünftigen Außenpolitik der USA, Kerrys Einstellung zum ›Kampf gegen den Terror‹ und seinen umweltpolitischen Vorstellungen die zukünftige Rolle Europas.

Fischer Taschenbuch Verlag

fi 16605 / 1

Lothar Lienicke / Franz Bludau
Todesautomatik
Die Staatssicherheit und der Tod des
Michael Gartenschläger
Band 15913

Michael Gartenschläger war 17, als er wegen Protests gegen
den Mauerbau in der DDR zu lebenslanger Haft verurteilt
wurde. Von der Bundesrepublik 1971 »freigekauft«, gelingt
ihm ein spektakulärer Coup – er baut zwei Selbstschussgeräte
an der innerdeutschen Grenze ab. Bei einem weiteren De-
montageversuch wird er 1976 von einem Stasi-Sonderkom-
mando erschossen.

»… ein glaubwürdiges, ein notwendiges Buch.«
Deutschlandfunk

»… kritisch distanziert,
dabei einfühlsam, ja liebevoll …
Das Buch ist einer Form der
Zivilcourage gewidmet.«
Süddeutsche Zeitung

Fischer Taschenbuch Verlag

fi 15913 / 1

Ralf Dahrendorf
Liberal und unabhängig
Gerd Bucerius und seine Zeit
Band 15942

Lord Dahrendorf, Sozialwissenschaftler, liberaler Politiker
und zeitkritischer Intellektueller, spiegelt in der Biographie
des liberalen und unabhängigen Hamburger Politikers und
Verlegers Gerd Bucerius die deutsche Geschichte des
20. Jahrhunderts bis zur Wiedervereinigung – Chancen und
Fährnisse von Nation und Demokratie, Rechtsstaat und
Marktwirtschaft.

Fischer Taschenbuch Verlag

fi 15942 / 1

Enja Riegel
Schule kann gelingen!
Wie unsere Kinder wirklich fürs Leben lernen
255 Seiten. Gebunden

Schule kann gelingen! Enja Riegel macht es vor. Ihre Schule
erreichte eine überdurchschnittliche Platzierung im internationalen Schulvergleich. Sie erzählt von ihren Erfahrungen als
Direktorin und gibt konkrete Beispiele, die anschaulich illustrieren, wie sie es geschafft hat, dass ihre Schüler mit Spaß
und Freude »wirklich fürs Leben lernen« – mit Phantasie statt
Bürokratie, Förderung statt Verwaltung, Engagement statt
Frustration. Keine graue Theorie, sondern tatsächliche und
bewährte Lebenspraxis!

»Morgen mit in die Schule nehmen!«
Brigitte

S. Fischer

fi 1-062940 / 1

Claudia Rusch
Meine freie deutsche Jugend
Mit einer Nachbemerkung von Wolfgang Hilbig
156 Seiten. Gebunden

»Ich musste versprechen, nie wieder öffentlich Honecker-
Witze zu erzählen und Polizisten nicht mit ›Bullen‹ anzusprechen – selbst wenn ich es nett meinte.«

Claudia Rusch erzählt mit Herz und Humor von einer fast
normalen Kindheit in der DDR, die glücklich war, auch wenn
sie von bitteren Erfahrungen nicht ganz unbehelligt blieb.

S. Fischer

fi 1-066058 / 1

Joseph Wilson
Politik der Wahrheit
Die Lügen, die Bush die Zukunft kosten könnten
Aus dem Englischen von Karin Balzer, Ulrich Enderwitz,
Monika Noll und Grace Pampus
415 Seiten. Gebunden

Joseph Wilson, langgedienter Diplomat und Botschafter der
USA, wurde weltweit bekannt, als er im vergangenen Jahr
öffentlich die Kriegslügen der Bush-Administration auf-
deckte. In einem Akt der Vergeltung und Einschüchterung
wurde seine Frau Valerie Plame durch hohe Beamte des
Weißen Hauses als CIA-Agentin enttarnt – politische Beobachter sprechen von einem neuen Watergate. Joseph Wilson
erzählt die ganze Geschichte und liefert einen ebenso an-
schaulichen wie spannenden Bericht aus dem Innersten der
Macht, mit interessanten Einblicken in die Politik der USA
der letzten drei Jahrzehnte.

S. Fischer

fi 1-049220 / 1

Harald Müller
Amerika schlägt zurück
Die Weltordnung nach dem 11. September

Band 15774

Die Terroranschläge vom 11. September haben die Welt verändert. Ist seitdem aber auch eine neue Weltordnung entstanden? Nach Ansicht des bekannten Friedensforschers Harald Müller nutzt die USA-Regierung diese Gelegenheit vielmehr, um ihre Position als einzige Weltmacht zu zementieren: in politischer, wirtschaftlicher und kultureller Hinsicht. Eine fundierte und packende Analyse zu den Auswirkungen dieser Strategie auf die Weltpolitik.

Fischer Taschenbuch Verlag

fi 15774 / 1

Andres Veiel
Black Box BRD
Band 15985

Alfred Herrhausen, Vorstandssprecher der Deutschen Bank,
1989 Opfer eines Attentats der RAF. Mörder unbekannt.
Wolfgang Grams, RAF-Terrorist, 1993 bei einem Schuss-
wechsel mit der GSG 9 umgekommen. Umstände mysteriös.
Zwei Männer, die scheinbar nichts gemein haben. Der
genaue Blick jedoch entdeckt Parallelen in diesen beiden
deutschen Biogroaphien.

»Es ist ein packendes Buch. Und es ist
eines der besten Bücher über die RAF-Zeit,
die ich je gelesen habe.«
Heribert Prantl, Süddeutsche Zeitung

Fischer Taschenbuch Verlag